本书受国家社科基金项目"技术标准化中的专利劫持行为及其法律规制研究"(项目批准号：12FX111)资助

重大法学文库

技术标准化中的专利劫持行为及其法律规制研究

Research on Patent Hold-up in Standardization and Its Legal Regulation

李晓秋 著

中国社会科学出版社

图书在版编目(CIP)数据

技术标准化中的专利劫持行为及其法律规制研究 / 李晓秋著. —北京：中国社会科学出版社，2019.5

（重大法学文库）

ISBN 978-7-5203-4339-8

Ⅰ.①技⋯ Ⅱ.①李⋯ Ⅲ.①专利法-研究-中国 Ⅳ.①D923.424

中国版本图书馆 CIP 数据核字（2019）第 080144 号

出 版 人	赵剑英
责任编辑	梁剑琴
责任校对	李　剑
责任印制	郝美娜

出　　版	中国社会科学出版社
社　　址	北京鼓楼西大街甲 158 号
邮　　编	100720
网　　址	http://www.csspw.cn
发 行 部	010-84083685
门 市 部	010-84029450
经　　销	新华书店及其他书店

印　　刷	北京君升印刷有限公司
装　　订	廊坊市广阳区广增装订厂
版　　次	2019 年 5 月第 1 版
印　　次	2019 年 5 月第 1 次印刷

开　　本	710×1000　1/16
印　　张	23
插　　页	2
字　　数	387 千字
定　　价	98.00 元

凡购买中国社会科学出版社图书，如有质量问题请与本社营销中心联系调换
电话：010-84083683
版权所有　侵权必究

给我亲爱的女儿宝宝和儿子贝贝

《重大法学文库》编委会

顾　问：陈德敏　陈忠林
主　任：黄锡生
副主任：张　舫
成　员：黄锡生　刘西蓉　秦　鹏　张　舫
　　　　王本存　程燎原　陈伯礼　胡光志
　　　　曾文革　齐爱民　宋宗宇　杨春平
　　　　张晓蓓　焦艳鹏　张　燕

出 版 寄 语

《重大法学文库》是在重庆大学法学院恢复成立十周年之际隆重面世的，首批于2012年6月推出了10部著作，约请重庆大学出版社编辑发行。2015年6月在追思纪念重庆大学法学院创建七十年时推出了第二批12部著作，约请法律出版社编辑发行。本次为第三批，推出了20本著作，约请中国社会科学出版社编辑发行。作为改革开放以来重庆大学法学教学及学科建设的亲历者，我应邀结合本丛书一、二批的作序感言，在此寄语表达对第三批丛书出版的祝贺和期许之意。

随着本套丛书的逐本翻开，蕴于文字中的法学研究思想花蕾徐徐展现在我们面前。它是近年来重庆大学法学学者治学的心血与奉献的累累成果之一。或许学界的评价会智者见智，但对我们而言，仍是辛勤劳作、潜心探求的学术结晶，依然值得珍视。

掩卷回眸，再次审视重大法学学科发展与水平提升的历程，油然而生的依然是"映日荷花别样红"的浓浓感怀。

1945年抗日战争刚胜利之际，当时的国立重庆大学即成立了法学院。新中国成立之后的1952年院系调整期间，重庆大学法学院教师服从调配，成为创建西南政法学院的骨干师资力量。其后的40余年时间内，重庆大学法学专业和师资几乎为空白。

在1976年结束"文化大革命"并经过拨乱反正，国家进入了以经济建设为中心的改革开放新时期，我校于1983年在经济管理学科中首先开设了"经济法"课程，这成为我校法学学科的新发端。

1995年，经学校筹备申请并获得教育部批准，重庆大学正式开设了经济法学本科专业并开始招生；1998年教育部新颁布的专业目录将多个部门法学专业统一为"法学"本科专业名称至今。

1999年我校即申报"环境与资源保护法学"硕士点，并于2001年获准设立并招生；这是我校历史上第一个可以培养硕士的法学学科。

值得特别强调的是，在校领导班子正确决策和法学界同仁大力支持下，经过校内法学专业教师们近三年的筹备，重庆大学于2002年6月16日恢复成立了法学院，并提出了立足校情求实开拓的近中期办院目标和发展规划。这为重庆大学法学学科奠定了坚实根基和发展土壤，具有我校法学学科建设的里程碑意义。

2005年，我校适应国家经济社会发展与生态文明建设的需求，积极申报"环境与资源保护法学"博士学位授权点，成功获得国务院学位委员会批准。为此成就了如下第一：西部十二个省区市中当批次唯一申报成功的法学博士点；西部十二个省区市中第一个环境资源法博士学科；重庆大学博士学科中首次有了法学门类。

正是有以上的学术积淀和基础，随着重庆大学"985工程"建设的推进，2010年我校获准设立法学一级学科博士点，除已设立的环境与资源保护法学二级学科外，随即逐步开始在法学理论、宪法与行政法学、刑法学、民商法学、经济法学、国际法学、刑事诉讼法学、知识产权法学、法律史学等二级学科领域持续培养博士研究生。

抚今追昔，近二十年来，重庆大学法学学者心无旁骛地潜心教书育人，脚踏实地地钻研探索、团结互助、艰辛创业的桩桩场景和教学科研的累累硕果，仍然历历在目。它正孕育形成重大法学人的治学精神与求学风气，鼓舞和感召着一代又一代莘莘学子坚定地向前跋涉，去创造更多的闪光业绩。

眺望未来，重庆大学法学学者正在中国全面推进依法治国的时代使命召唤下，投身其中，锐意改革，持续创新，用智慧和汗水谱写努力创建一流法学学科、一流法学院的辉煌乐章，为培养高素质法律法学人才，建设社会主义法治国家继续踏实奋斗和奉献。

随着岁月流逝，本套丛书的幽幽书香会逐渐淡去，但是它承载的重庆大学法学学者的思想结晶会持续发光、完善和拓展开去，化作中国法学前进路上又一轮坚固的铺路石。

陈德敏

2017年4月

内 容 提 要

技术标准是人类技术立场的共同语言、契约基础，具有准公共产品属性，旨在大规模推广技术、保护消费者利益、促进经济发展。专利权是发明人享有的一种自由，具有私权品性，旨在通过授予发明创造人以独占权来鼓励创新、推动技术进步。二者秉性不同。但是，随着经济全球化的扩展、信息技术的勃兴，加之专利权人的主观因素等，技术标准与专利权积极融合，或者不可避免地走向融合，呈现出专利技术标准化趋势。专利技术标准化可以推动社会科技进步和行业发展，提升技术标准质量，便利消费者，提高生产者效益，提升竞争水平，促使专利权人通过标准网络效应和锁定效应获得更多经济利益，增强对产业的支配力。但是，专利技术标准化也容易产生专利劫持行为、专利许可费堆叠、反向专利劫持行为和专利丛林现象，引发专利权滥用，形成市场垄断，可能构筑新的技术壁垒，阻碍技术创新和产业发展。

本书遵循"创新驱动发展"之理念，紧紧围绕"技术标准化中的专利劫持行为"这个核心议题，以美欧实践为研究样本，以解决我国问题为研究出口和依归，以多学科的视野，主要采用案例分析法、比较分析法、文献分析法等多种研究方法，系统地阐述了法律规制技术标准化中专利劫持行为的基本理论和模式。

本书由导论、正文和结论三部分组成，共九章：第一章"导论：技术标准化中的专利劫持行为——理论假设抑或现实刻画"，主要介绍研究背景，提出问题；第二章"技术标准化中专利劫持行为的基本理论"，首先从"劫持"的语义分析入手，其次从不同学科领域进行探究，最后重点阐释技术标准化中专利劫持行为的释义、主要表现形式、主要特征、带来的影响、法律定性，以及与部分概念的考辨；第三章"技术标准化中专利劫持行为的产生机理"，着重探析技术标准化中专利劫持行为产生的逻辑起点、技术路径、政策因素、经济利益驱动因素和法律制度的诱因；第四章"技术标准化中专利劫持行为法律规制的正当性"，从伦理学、经济学、管理学、法学的视角出发，分析法律规制技术标准化中的专利劫持行为的理据；第五章"技术标准化中专利劫持行为法律规制的模式选取"，分析比较法律规制技术标准化中专利劫持行为的模式；第六章"美欧技术标准化中专利劫持行为法律规制的实践及启示"，主要介绍美国、欧盟及其部分成员国关于技术标准化中专利劫持行为的立法、司法和行政执法实践；第七章"我国技术标准化中专利劫持行为法律规制的检视"，首先详细分析技术标准化中专利劫持行为在我国存在衍生的可能性和现实性，其次全面深入地描述和解读现行立法、司法、行政管理和执法的实践，并与美欧实践进行比较；第八章"我国技术标准化中专利劫持行为法律规制的完善建议"，针对我国技术标准化中专利劫持行为法律规制面临的问题，逐一提出相应的解决方案；第九章"结论：技术标准化中专利劫持行为的法律规制——共识与期冀"，对全书进行回顾和总结，回应研究主题，重述本书之主要观点，旨在表达"共识与期冀"，从而与导论形成呼应，自成一体。

目　录

第一章　导论：技术标准化中的专利劫持行为
　　——理论假设抑或现实刻画 ……………………………（1）
第二章　技术标准化中专利劫持行为的基本理论 ………………（11）
　第一节　劫持的语义分析 ……………………………………（12）
　第二节　不同学科领域中的"劫持" …………………………（13）
　　一　社会学视野中的"劫持"——社会行为失范的
　　　　一种表现 ………………………………………………（13）
　　二　经济学视野中的"劫持"——契约人逐利的表现 ………（14）
　　三　法学视野中的"劫持"——行为人实施违法行为的表现 …（16）
　第三节　技术标准化中专利劫持行为的内涵 ………………（24）
　　一　不同释义 ……………………………………………（24）
　　二　主要表现形式 ………………………………………（28）
　　三　主要特征 ……………………………………………（29）
　　四　带来的影响 …………………………………………（32）
　　五　法律定性 ……………………………………………（39）
　第四节　技术标准化中专利劫持行为与其他概念的考辨 ………（48）
　　一　技术标准化中的专利劫持行为与专利怪客 ………（48）
　　二　技术标准化中的专利劫持行为与专利经营实体 ………（50）
　　三　技术标准化中的专利劫持行为与专利主张实体 ………（52）
　　四　技术标准化中的专利劫持行为与专利恶意诉讼 ………（52）
　本章小结：定义迷思与解思 …………………………………（54）

第三章 技术标准化中专利劫持行为的产生机理 …………(56)
第一节 逻辑起点——专利技术标准化 …………………(56)
一 标准、技术标准与技术标准化 ……………………(57)
二 专利权的基本阐释 …………………………………(64)
三 技术标准与专利权融合的缘由及其效应 …………(65)
第二节 技术路径 ……………………………………………(76)
一 具体形式 ……………………………………………(76)
二 必备技术元素——标准必要专利 …………………(77)
第三节 政策因素 ……………………………………………(81)
一 主要标准组织制定的专利政策概览 ………………(82)
二 模糊的 FRAND 许可政策为专利劫持行为提供了
"动机" …………………………………………………(84)
三 柔性的专利信息披露政策为专利劫持行为提供了
"可能" …………………………………………………(88)
四 缺失的"标准必要专利保证政策"成就了专利劫持
行为的"宽口径" ………………………………………(89)
第四节 经济利益驱动背景 …………………………………(90)
第五节 法律制度诱因 ………………………………………(91)
一 专利权授予制度的症结 ……………………………(92)
二 专利权的天然垄断性 ………………………………(93)
三 诉讼制度的滥用 ……………………………………(94)
四 专利侵权救济制度的"帮助" ………………………(95)
第六节 产生过程及实证分析 ………………………………(97)
一 产生的基本轨迹 ……………………………………(97)
二 运行的样态实例 ……………………………………(99)
本章小结：机理解构与透视 ………………………………(103)

第四章 技术标准化中专利劫持行为法律规制的正当性………(105)
第一节 伦理学中的公平正义原则 …………………………(105)
一 作为法律制度伦理基础的公平正义 ………………(106)
二 技术标准化中专利劫持行为打破了专利和标准化法
律制度的公平正义生态 ………………………………(108)
三 法律规制能够回复专利和标准化法律制度的公平

正义价值 …………………………………………………（110）
　第二节　经济学中的交易成本理论 ……………………………（111）
　　一　交易成本理论的内涵与精髓 ……………………………（112）
　　二　技术标准化中的专利劫持行为导致交易成本的增加 …（114）
　　三　法律规制有利于交易成本的降低 ………………………（116）
　第三节　管理学中的管理效益原则 ……………………………（117）
　　一　管理效益原则的内蕴 ……………………………………（118）
　　二　技术标准化中的专利劫持行为违背了管理效益原则 …（118）
　　三　法律规制有益于管理效益的提升 ………………………（120）
　第四节　法学中的原则和理论 …………………………………（120）
　　一　法哲学中的权利限制原则 ………………………………（120）
　　二　民法中的帝王原则——诚实信用原则 …………………（124）
　　三　专利法中的利益平衡原则 ………………………………（128）
　　四　标准化法中技术标准之准公共物品属性原理 …………（135）
　　五　反垄断法中的竞争理论 …………………………………（139）
　本章小结：正当性之立论与证成 ………………………………（143）

第五章　技术标准化中专利劫持行为法律规制的模式选取 …（146）
　第一节　单一法律规制模式 ……………………………………（146）
　　一　民法规制 …………………………………………………（147）
　　二　专利法规制 ………………………………………………（149）
　　三　反垄断法规制 ……………………………………………（163）
　　四　标准化法规制 ……………………………………………（166）
　　五　民事诉讼法规制 …………………………………………（169）
　第二节　多维法律规制模式 ……………………………………（172）
　　一　单一法律规制模式的局限性 ……………………………（172）
　　二　多维法律规制的前提和基本构成 ………………………（178）
　　三　多维法律规制的根本和实现根本的手段 ………………（179）
　　四　多维法律规制模式的优越性 ……………………………（180）
　本章小结：法律规制模式的现有设计与综合评判 ……………（183）

第六章　美欧技术标准化中专利劫持行为法律规制的实践及启示 ……（185）
　第一节　美国实践 ………………………………………………（186）

一　立法规制 …………………………………………… (186)
　　二　司法规制 …………………………………………… (192)
　　三　行政规制 …………………………………………… (201)
　　四　美国实践的特点 …………………………………… (215)
第二节　欧洲实践 ……………………………………………… (217)
　　一　立法规制 …………………………………………… (218)
　　二　司法规制——以禁令救济为分析主线 …………… (223)
　　三　行政规制 …………………………………………… (236)
　　四　欧洲实践的特点 …………………………………… (238)
第三节　美欧实践的比较及启示 ……………………………… (240)
　　一　美欧实践的比较 …………………………………… (240)
　　二　美欧实践的启示 …………………………………… (242)
本章小结：域外考察与本土镜鉴 ……………………………… (245)

第七章　我国技术标准化中专利劫持行为法律规制的检视 …… (248)
第一节　我国技术标准化中专利劫持行为法律规制的背景 … (249)
　　一　技术标准化中专利劫持行为在我国衍生的可能性和
　　　　现实性 ………………………………………………… (249)
　　二　技术标准化中专利劫持行为与创新目标相悖 …… (256)
第二节　我国技术标准化中专利劫持行为法律规制的现状 … (258)
　　一　现行主要的法律资源 ……………………………… (259)
　　二　既有的司法实践 …………………………………… (262)
　　三　已有的行政管理和执法经验 ……………………… (267)
　　四　与美欧的比较 ……………………………………… (277)
第三节　存在的主要不足 ……………………………………… (280)
　　一　法律资源不敷使用 ………………………………… (281)
　　二　司法实践尚为缺乏 ………………………………… (284)
　　三　行政举措和执法经验不够丰富 …………………… (287)
本章小结：问题的梳理与反思 ………………………………… (289)

第八章　我国技术标准化中专利劫持行为法律规制的
　　　　完善建议 ……………………………………………… (291)
第一节　树立四个基本观念 …………………………………… (292)

一　选择合适的立场 …………………………………………（292）
　　二　秉持增进创新的理念 ……………………………………（293）
　　三　遵循利益平衡原则 ………………………………………（293）
　　四　维护产业利益和国家利益 ………………………………（294）
　第二节　选用优化模式：多维法律规制模式 ……………………（295）
　第三节　制定具体举措 ……………………………………………（296）
　　一　健全立法 …………………………………………………（296）
　　二　厘正司法 …………………………………………………（309）
　　三　鼎新执法 …………………………………………………（317）
　本章小结：建议的甄别与提出 ……………………………………（322）

第九章　结论：技术标准化中的专利劫持行为
　　　　　——共识与期冀 …………………………………（324）

主要参考文献 ………………………………………………………（331）

后记 …………………………………………………………………（350）

第一章

导论：技术标准化中的专利劫持行为
——理论假设抑或现实刻画

在当今的知识经济时代，科学技术迅猛发展，技术标准愈来愈受到人们的关注。无论是企业的发展，还是国家综合国力的提升，技术标准都发挥着至关重要的作用。"得标准者，得天下。"就企业而言，技术标准是企业占据市场竞争制高点的有力武器。正所谓"三流企业卖苦力，二流企业卖产品，一流企业卖技术，超一流企业卖标准"[①]。正是因为美国英特尔公司确立了中央处理器技术标准、微软公司控制了操作系统技术标准、苹果公司把持了手机的应用技术标准，这些巨头才能成为市场竞争的主导者和价值再分配制度的设计者。随着国际电信中的5G标准渐行渐近，世界各国及其相关企业对5G标准的角逐已经展开。[②] 2016年11月18日，深圳华为技术有限公司（以下简称华为公司）在美国内华达州的里诺召开的3GPP RAN1 #87会议[③]上，力推极化码[④]而最后胜出，极化码被选定

[①] 张平、马骁：《标准化与知识产权战略》（第2版），法律出版社2005年版，第1页。

[②] 国际电信标准分为1G/2G/3G/4G，5G标准正在研发，这些标准由世界标准组织国际电信联盟（International Telecommunications Union，ITU）中的无线电通信局（International Telecommunications Union-Radio Communications Sector，ITU-R）制定。2015年6月24日，国际电信联盟公布5G技术标准化的时间表，将于2020年制定。

[③] 3GPP RAN1 #87会议是由第三代合作伙伴计划（3rd Generation Partnership Project，3GPP）的RAN WG1工作组，即无线物理层工作组于2016年11月14—19日举行的会议，主要讨论5G技术中的短码方案。See About 3GPP, http://www.3gpp.org/about-3gpp。

[④] 极化码是一种新型编码方式，与极化码相对的是美国主推的低密度奇偶校验码（Low-density Parity-check，LDPC）、法国主推的涡轮码（Turbo）2.0。在2016年10月10—14日于法国里斯本举行的3GPPRAN1#86-BIS会议中，美国高通公司的LDPC被确定为5G eMBB场景的长码块数据信道编码方案。

为 5G 控制信道的 eMBB 场景编码最终方案,① 这为其进入 5G 标准奠定了基础。为了向未来新的网络设备需求爆发过渡,摆脱传统电信业务的掣肘,诺基亚公司在包括德国、美国等 11 个国家的法院提起 40 件专利侵权诉讼,指控苹果公司侵犯其被用于显示器、用户界面、软件、天线、芯片组合以及视频编码等领域的标准必要技术专利。② 这表明,智能手机产业中的又一场标准必要专利世纪大战已经点燃。技术标准作为一种符合世界贸易组织(World Trade Organization,WTO)发布的《技术性贸易壁垒协议》(Agreement on Technical Barriers to Trade,TBT 协议)中确定的技术性贸易壁垒,③ 它不仅是国家实行贸易保护的重要手段,也是国家在国际贸易中获取全球话语权的得力法宝。比如,作为我国近两年迅速崛起的新兴行业——电动平衡车,2015 年有 1000 个生产厂家,已形成 4000 亿元人民币的产业规模,拥有 1200 万台的出货量,超过 60% 的产品出口到美国。④ 但由于 2015 年全美出现了 40 起平衡车意外起火事故,美国消费品安全协会(Consumer Product Safety Committee,CPSC)合规和现场运营办公室常务主任豪威尔(Robert J. Howell)于 2016 年 2 月 18 日宣布,美国境内生

---

① 国际电信联盟无线电通信局确定了 5G 三大主要应用场景:增强型移动宽带(Enhance Mobile Broadband,eMBB)、大规模机器类通信(Massive Machine Type Communication,mMTC)和超高可靠低时延通信(Ultra Reliable & Low Latency Communication,uRLLC)。较之 3G、4G 时代的语音和数据业务,这些场景对应的是 VR/AR、车联网、大规模物联网、高清视频等各种应用。

② Auchard, Eric, and Jussi Rosendahl, *Nokia sues Apple for infringing patents, industry back on war footing*, https://www.yahoo.com/news/nokia-sues-apple-infringing-patents-industry-back-war-010426840—finance.html? ref = gs.

③ 《技术性贸易壁垒协议》是世界贸易组织管辖的一项多边贸易协议,其宗旨在于规范各成员实施技术性贸易法规与措施的行为,指导成员制定、采用和实施合理的技术性贸易措施,鼓励采用国际标准和合格评定程序,保证包括包装、标记和标签在内的各项技术法规、标准和是否符合技术法规和标准的评定程序不会对国际贸易造成不必要的障碍,减少和消除贸易中的技术性贸易壁垒。但该协议有条件地允许成员方采取技术性贸易措施,这一举措实际为国际贸易中消除关税壁垒后的各国和地区另行打开了采用非关税壁垒的大门。

④ 张文扬:《平衡车将再遭"337 调查"六家中国企业被诉专利侵权》,经济观察网(http://www.eeo.com.cn/2016/0910/291870.shtml)。

产、销售、进口的电动平衡车必须符合 UL2272 标准①和相关要求，否则这些产品将会被定为危险品，在海关进口过程中将会被扣押，甚至被召回。② 新的标准无疑让中国平衡车行业困难重重甚至"失去平衡"，也为那些"野蛮生长"的平衡车企业退出竞争吹响了号角。③

当今的知识经济时代也是知识产权时代。在知识产权时代，无形财产已远远超过了有形财产成为现代社会最重要的财产类型。④ 专利权是知识产权的重要组成部分，它是一国立法者通过专利法律制度明确赋予发明创造者的一种专有权。作为一种专有权，专利权能够确保发明创造者对该发明技术在一定期限内享有独占权，即非经权利人的许可或者根据法律规定，任何人不得擅自使用专利权，否则将承担法律责任。专利权制度的功能在于鼓励发明创造人不断创新，促进发明技术转化为现实生产力，不断推动科技进步、经济发达、文化发展。对于企业，现行的专利法律制度为他们提供了专利权掘金的绝好机会。⑤ 正如美国原总统林肯所说："专利给天才之火添加了利益之油。"美国高通公司（Qualcomm Inc.）是其中的典范。根据高通公司 2015 年度报告，该公司的专利许可费收入 82.02 亿美元，占到公司营业总收入 252.81 亿美元的 32.44%。⑥ 其中专利许可费

---

① UL2272 平衡车电路系统认证标准是由全球知名安全科学公司——美国承保实验室公司（Underwriters Laboratories Inc., UL 公司）于 2016 年 1 月 29 日公布，该标准是自愿性标准而非强制性标准，涉及产品范围广泛，要求符合以下电气及防火要求：零部件要求、认证电性能测试、认证机械性能测试、认证环境测试。标准的具体内容请参见 UL 公司官方网站：http://ulstandards.ul.com/standard/? id=2272。

② See Self-balancing Scooters from Office of Compliance and Field Operations of Consumer Product Safety Committee, http://www.cpsc.gov/global/business-and-manufacturing/business-education/selfbalancingscoot erletter.pdf? epslangu age=en. 另外，截至 2016 年 9 月 22 日，美国消费品安全协会已召回因不符合该标准的 12 批次平衡车。http://search.cpsc.gov/search? site=en_us.public_site.Recal ls&output=x ml_no_dtd&getfields=*&tlen=120&client=CPSC_frontend&proxystylesheet=CPSC_frontend&filter=0&dnavs=inmeta：date：2016-01-01.2016-09-23&q=Self-balancing%20Scooters+inmeta：date：2016-01-01。

③ 参见李心萍《平衡车产业为何"野蛮生长"》，《人民日报》2016 年 5 月 16 日第 19 版。

④ 吴汉东主编：《中国知识产权制度评价与立法建议》，知识产权出版社 2008 年版，序页。

⑤ 梁志文：《论专利危机及其解决路径》，《政法论丛》2011 年第 3 期。

⑥ "Qualcomm Incorporated Annual Report Pursuant to Section 13 or 15 (d) of the Securities Exchange Act of 1934 for the Fiscal Year Ended September 27, 2015", http://investor.qualcomm.com/secfiling.cfm? filingID=1234452-15-271&CIK=804328.

主要集中在公司研发并享有专利权的码分多址技术和长期演进技术。对于国家而言，良好的专利法律制度无疑是提升核心竞争力的重要工具和举措。马克·吐温曾借用小说《亚瑟王朝的美国人》中的人物摩根之口，声称："一个国家没有专利局和良好的专利法律制度，就像一只螃蟹，它不能再前行，而只能侧行和后退。"[①] 由此可见，专利权不仅仅是一种实现激励创新和维护公正的民事权利，它还是企业的一种竞争工具，同时也是一种维护国家利益与竞争优势的战略手段。[②]

技术标准作为一种公共物品，旨在以大规模使用提高生产效率、便利消费者、增强竞争力。专利权作为一种私权，旨在通过授予发明创造人以独占权来鼓励创新、推动技术进步。可见，二者有明确的界分。这种界分在早期的技术标准中有着鲜明的烙印。但是，随着经济全球化的到来、信息技术的勃兴，技术标准与专利权不可避免地走向了融合。这是因为技术标准如果要反映最优技术，就不得不将目光投向已经获得专利权的技术。在知识产权时代，高新技术领域的研究人员越来越注重对自己智力劳动成果的保护，而专利法律制度为发明创造的保护提供了最佳法律机制，这导致标准组织在制定标准时无法避开专利，从而出现专利技术标准化的态势。另外，专利权人为了追求最大利益，主观上会积极推动自己拥有的专利权所指向的技术方案成为标准或进入标准，利用"技术标准"发力以获得更多的市场竞争力和更高的经济效益。实际上，这也是众多企业和国家实行的"技术专利化、专利标准化、标准垄断化"标准化战略，该战略的制定势必进一步加快和扩大专利权与标准融合的速度和规模。以国际电信联盟披露的专利数据库为例，2012年1月1日至今，诺基亚公司总共提议了648项专利作为标准必要专利，华为公司、松下公司、夏普公司、西门子公司、高通公司、苹果公司、三星公司、SK电讯公司也提议了多项专利。[③]

---

① See Twain, Mark, *Chapter 9: the Tournament from a Connecticut Yankee in King Arthur's Court*, New York: Random House, p. 33.

② 王先林：《从个体权利、竞争工具到国家战略——关于知识产权的三维视角》，《上海交通大学学报》（哲学社会科学版）2008年第3期。

③ 数据来源于国际电信联盟网站，http://www.itu.int/net4/ipr/search.aspx。

表 1-1　　2012 年 1 月 1 日至今 ITU 披露的专利数据库中的
专利权人提议标准必要专利数　　（单位：件）

公司名称	所属国家	提议标准必要专利数
诺基亚公司	芬兰	1219
华为公司	中国	130
松下公司	日本	9
夏普公司	日本	11
西门子公司	德国	12
高通公司	美国	33
苹果公司	美国	4
三星公司	韩国	19
SK 电讯公司	韩国	0

这表明，在国际上的领先企业无一不是技术标准主导者、专利巨人。

但技术标准与专利权的融合并不能消除二者之间的冲突，这种冲突的存在决定了专利技术标准化也是一把双刃剑。具有垄断地位的专利权被纳入技术标准后，事实上形成了专利权人在市场上独占的优势地位——"议价权"，而对更多经济利益的追逐促使标准必要专利权利人"劫持"其他的市场参与者。换言之，无论是参与标准制定或者是未参与标准制定的专利权人，都可能通过"专利权大棒"妨碍或者阻止标准的实施。目前，在电信、软件、音像技术、光学以及智能手机和平板电脑等高科技行业范围内掀起了一场利用专利标准劫持他人以获取更多经济利益的战争。标准必要专利大战来得如此猛烈，令世界众多知名企业皆未幸免"专利劫持行为"（patent hold-up）。比如美国蓝博士公司不当披露专利信息案[1]、微软公司诉摩托罗拉公司违反 FRAND（fair, reasonable and non-discriminatory）承诺案[2]、德国 IPCom 公司获取技术专利无效案[3]、华为公司诉美国交互

---

[1] Rambus, Inc. v. InfineonTechnologiesAG et al., 222 F. R. D. 280 (E. D. Va. 2004).

[2] Microsoft Corp. v. Motorola, Inc., No.C10-1823JLR, 2013 WL 2111217 (W. D. Wash. Apr. 25, 2013), Microsoft Corp. v. Motorola, Inc., No. 14-35393, 2015 U. S. App. LEXIS 13275 (9th Cir. July 30, 2015).

[3] IPCom GMBH & Co. KG v. Nokia GMBH, [2011] EWCA Civ 6.

数字技术公司等标准必要专利使用费率纠纷系列案①……这些案件仅是专利标准劫持大战中的冰山一角。随着新技术的发展和专利标准化的推进，利用标准必要专利劫持其他企业甚至他国利益的违法行为不断滋生，加剧了专利失灵或者专利危机。② 因此，专利技术标准化在给专利权人带来利益、促进技术创新、发挥新技术的社会价值的同时，也会产生专利劫持行为、专利费叠加等风险。

"当标准化恣意地限制创造力迸发，湮灭推动社会和技术进步的力量的时候，它便成为危险和邪恶之源。"③ 在技术标准化过程中，专利劫持行为是最为根本和最为棘手的问题，它阻碍后续创新投入，产生巨大的社会成本，影响社会公众的福祉实现，损害专利制度的功能。诺贝尔经济学奖获得者贝克尔曾指责道："正是千疮百孔的专利制度为劫持和过度诉讼打开了大门。"④ 经济学学者为此主张取消专利制度。⑤ 专利劫持行为甚至引起了美国前总统奥巴马的忧虑，他曾在2013年2月14日发布《专利主张与美国创新》报告时指出："当不生产产品的专利权人产生劫持他人使

---

① 华为技术有限公司诉美国交互数字技术公司等标准必要专利使用费率案，广东省高级人民法院（2013）粤高法民三终字第305号民事判决，广东省深圳市中级人民法院（2011）深中法知民初字第857号民事判决；华为技术有限公司与美国交互数字技术公司等滥用市场支配地位纠纷案，广东省高级人民法院（2013）粤高法民三终字第306号民事判决，广东省深圳市中级人民法院（2011）深中法知民初字第858号民事判决。

② 专利失灵或者专利危机主要包括：专利商业化程度、专利劫持、累积创新领域的创新受阻；专利丛林、专利竞赛导致的资源浪费、专利授权质量太差、专利制度的人权困境和发展鸿沟、专利权利滥用（如拒绝许可行为）。See Burk, Dan L., and Mark A. Lemley, *The Patent Crisis and How the Courts Can Solve It*, Chicago: University Of Chicago Press, 2009, p. 5; Baker, Scott, "Can the Courts Rescue Us from the Patent Crisis", *Texas Law Review*, Vol. 88, No. 593, 2010. Also see Bessen, James, and Michael J. Meurer, *Patent Failure: How Judges, Bureaucrats, and Lawyers Put Innovators at Risk*, Princeton, PA: Princeton University Press, 2000, pp. 1-260。

③ David, Paul A., and Geoffrey S. Rothwell, "Standardization, Diversity and Learning: Strategies for the Coevolution of Technology and Industrial Capacity", *International Journal of Industrial Organization*, Vol. 14, No. 2, 1996.

④ Becker, Gary, *On Reforming the Patent System*, The Becker-Posner Blog, http://www.becker-posner-blog.com/2013/07/on-reforming-the-patent-system-becker.html.

⑤ Boldrin, Michele, and David K. Levine, *The Case Against Patents*, Fed. Reserve Bank of St. Louis Research Div. Working Paper Series, Paper No. 2012-035A, 2012, http://research.stlouisfed.org/wp/2012/2012-035.pdf.

用专利技术的想法,并看是否能够从中榨取何种钱财时,这不仅仅是劫持专利,而是劫光他们的财产。"① 因此,在"技术专利化—专利标准化—标准全球化"时代,如何消除专利劫持行为带来的负效应是国内外必须关注和研究的一个重要课题。

近年来,美国以司法判例的方式,对核发技术标准中的专利权人永久禁令的原则、计算技术标准中的专利侵权赔偿金的方式、承担律师费的规则等进行了一系列的改革尝试;在立法方面,国会委员在2005—2017年提出了重新采用技术贡献度计算赔偿金规则、加强专利审查以提升专利品质、设定专利权人提起诉讼的条件、限制选择诉讼地点、完善专利权无效程序等专利改革法案。白宫还在2013年发布了针对专利劫持行为的多项行政措施和立法建议。美国通过司法、立法、行政的"三元联动"立体化机制正努力寻找阻断"技术标准中的专利劫持"的突破口,确保美国创新领头羊的地位不可撼动。与此同时,欧盟、韩国、日本等地区和国家都对技术标准化中的专利劫持行为现象及其新动向给予了极大关注,欧盟委员会(European Commission, EC)专门发布《专利与标准》报告②、欧盟法院(Court of Justice of the European Union, CJEU)弃用德国法院创设的"橙皮书标准"规则,欧盟设立统一专利法院(Unified Patent Court, UPC)以确保专利侵权纠纷案件处理的同一性,韩国、日本修改《知识产权许可指南》以阻遏技术标准化中的专利劫持行为,确保本国或者本地区企业的利益。

在专利化生存③的今天,知识产权(尤其是专利权)和技术标准等非关税壁垒已经取代关税壁垒和行政壁垒,成为我国企业在参与国际经济竞争中面临的主要壁垒。近20年来,我国企业在走向国际市场过程中遭遇了越来越多的技术标准化中的专利侵权指控,比如因DVD专利收费而导

---

① Exec.Office of the President, Patent Assertion & U.S.Innovation, http://www.whitehouse.gov/sites/default/files/docs/patent report.pdf (quoting statements m ade by President Obama on February 14, 2013).

② European Commission, *Patents and Standards: A Modern Framework for IPR-Based Standardization*, http://ec.europa.eu/geninfo/query/resultaction.jsp?QueryText=+Patents+and+Standards%3A+A+Modern+Framework+for+IPR-Based+Standardization&sbtSearch=Search&swlang=en.

③ 王晋刚、张铁军:《专利化生存——专利刀锋与中国企业的生存困境》,知识产权出版社2005年版,前言。

致的国内企业全军覆没事件、欧盟针对温州打火机的 CR 法案①等，而技术密集型企业，如华为公司、中兴通讯股份有限公司（以下简称中兴公司）、小米科技有限责任公司（小米公司）、联想集团更是频频遭遇技术标准化中的专利劫持行为之扰。毋庸置疑的是，目前我国存在技术标准化中的专利劫持行为发生和发展的基础和条件。② 有学者曾指出，中国面临着专利劫持行为者提起大规模诉讼的风险。③ 这其中，必然难逃技术标准化中的专利劫持行为之劫！但是，我国专利立法中尚未规定专利权滥用的规制手段，专利审查和专利司法还存在诸多不足，尚未确立如何判定专利恶意诉讼的标准以及采取何种制裁措施。虽然《中华人民共和国反垄断法》（以下简称《反垄断法》）第 55 条有对利用专利权限制、排除竞争的规定，但规定粗略，缺乏可操作性。最高人民法院于 2016 年 3 月 22 日发布的《关于审理侵犯专利权纠纷案件应用法律若干问题的解释（二）》（以下简称《专利法司法解释（二）》）在第 24 条专门规定了因技术标准中的专利许可引发的侵权纠纷处理规则，为规制技术标准化中的专利劫持行为指明了方向，但适用对象有限，且与现行专利法的修改草案并不一致，令人担忧。④ 因此，如何有效应对技术标准化中的专利劫持行为，消除发展之掣肘，不仅关系着扎根中国国土的企业的健康成长，而且关系着"走出去"的中国企业能否走得更远、更稳。

在推行《国家知识产权战略纲要》和"创新驱动发展战略"实施的

---

① 2002 年 4 月 30 日，欧盟议会通过的一项法规（Child Resistance law，CR 法案），规定售价在 2 欧元以下的打火机必须安装防儿童开启安全锁，否则不准进入欧洲市场。2002 年 5 月 13 日，欧洲标准化委员会（European Committee for Standardization，CEN）采用关于打火机的欧洲标准（EN）13869，规定了打火机防止儿童开启（Child Resistance for Lighter）的安全要求和测试方法。2006 年 2 月 9 日，CR 法案重启（Child Resistance Safety Mechanism for lighter）。这意味着进入欧洲市场的中国打火机必须满足该标准，由于该标准中的技术多为外国专利权人享有，我国打火机生产企业必须向标准中的外国专利权人支付专利使用费，从而涤除了我国企业的低成本优势，迫使我国企业退出欧洲市场。

② 程永顺、吴莉君：《"专利地痞"在中国的现状评述及对策研究》，《知识产权》2013 年第 8 期。

③ 易继明：《遏制专利蟑螂——评美国专利新政及其对中国的启示》，《法律科学》（西北政法大学学报）2014 年第 2 期。

④ 朱理：《标准必要专利的法律问题：专利法、合同法、竞争法的交错》，《竞争政策研究》2016 年第 2 期。

过程中，我国不仅应重视专利权的创造、实施、保护和运用，还应"制定和完善与标准有关的政策，规范将专利技术纳入标准的行为，支持企业、行业组织积极参与国际标准的制定"。《关于深化体制机制改革加快实施创新驱动发展战略的若干意见》（以下简称《意见》）在强调健全技术标准体系，强化强制性标准的制定和实施的同时，也强调切实加强反垄断执法，及时发现和制止垄断行为。2015年12月23日印发的《国务院关于新形势下加快知识产权强国建设的若干意见》（以下简称《知识产权强国建设意见》）明确提出要"规制知识产权滥用行为"。当前，我国正在进行《中华人民共和国专利法》（以下简称《专利法》）的第四次修改。在2015年4月1日公布的《专利法修改草案（征求意见稿）》（以下简称《征求意见稿》）中，增设 X1 条①，专门规定专利权的行使要求。对于标准必要专利，《征求意见稿》新增设了第 X9 条规定。② 本次修改案中的内容能否最后通过，即便通过，能否应对国内外的专利劫持行为者实施的专利劫持行为，尚需深入论证。此外，原国家工商行政管理总局（现国家市场监督管理总局）已经制定并公布了《关于禁止滥用知识产权排除、限制竞争行为的规定》、国家发展和改革委员会（以下简称国家发改委）正在制定《关于滥用知识产权的反垄断指南》，表明政策制定者、立法者、执法者已着眼技术标准化中的专利劫持行为。但我国理论界对于这个问题的关注还只是近几年的事情，理论研究还有待拓展、深入。基于此，深入分析以防备技术标准化中的专利劫持行为出击中国，已非纸上谈兵，而是与我国在技术标准化中的专利劫持行为来袭之时如何从容面对密切相关。

在"技术专利化—专利标准化—标准全球化"时代，标准必要专利带给一国科技创新的命运，也许如狄更斯在《双城记》中的开篇名言所述："这是最美好的时代，也是最糟糕的时代。"③ 技术标准化中的专利劫持行为是专利技术与标准媾和的冲突具化，其对创新、竞争、消费者和社会造

---

① 《征求意见稿》第 X1 条规定：行使专利权应当遵循诚实信用原则，不得损害公共利益，不得不正当地排除、限制竞争，不得阻碍技术进步。

② 《征求意见稿》第 X9 条规定：参与国家标准制定的专利权人在标准制定过程中不披露其拥有标准必要专利的，视为其许可该标准的实施者使用其专利技术。许可使用费由双方协商；双方不能达成协议的，由地方人民政府专利行政部门裁决。当事人对裁决不服的，可以自收到通知之日起三个月内向人民法院起诉。《专利法修订草案（送审稿）》将其调整为第85条。

③ ［英］查尔斯·狄更斯：《双城记》，孙法理译，译林出版社2008年版，序言篇。

成了严重损害，加剧了专利危机。随着创新国际化、经济全球化、专利标准扩大化的进一步推进，如何运用法律规制技术标准化中的专利劫持行为，消解技术标准的推广与有专利权人的保护所生之摩擦，是国内外学术界和实务界应予以关注的一个重要命题。借鉴、学习发达国家和地区规制技术标准化中的专利劫持行为的经验，建构中国本土化的法律规制制度，服务我国创新目标的建设，是国家知识产权战略和知识产权强国建设过程中推进全国专利战略事业的题中之义，也是本书阐释的要旨所在。

第二章

技术标准化中专利劫持行为的基本理论

专利劫持行为是研究法律规制技术标准化中专利劫持行为的核心词语。日常生活和经济学研究以及法律研究特别是刑法研究常会用到"劫持"这个术语。人们不禁要问，什么是技术标准化中的专利劫持行为？尽管"劫持"早已成为刑法学家们的研究主题，[1]但要回答专利法领域的专利劫持行为存在一定的困难。因为专利劫持行为只是一个模糊的流行词汇，并非一个严谨的法律术语，它也不是精准的专业名词，更不是确切的事实界定。虽然本书从既有的文献中尚未找到权威定义，而且还知道亚里士多德的法言"给事物下定义是危险的事"，但"法律概念分析的目的是揭示并说明法律这类事物所具有的独特性，以深化人们对法律的理解"[2]，即比克斯指出的"通过区分观念和范畴的逻辑结构或必然的、本质的属性来探求我们的世界的某些方面的真"[3]。据此，本书以为，研究技术标准化中专利劫持行为的法律规制必须回到逻辑的起点：解读什么是技术标准化中的专利劫持行为。要阐释什么是技术标准化中的专利劫持行为，我们需要先回答：什么是劫持？与之相关的问题还包括：不同语境中的"劫持"的异质性和同质性，技术标准化中专利劫持行为的主要表现形式、特征、法律定性等。

---

[1] 《中华人民共和国刑法》在第121—122条专设了"劫持航空器罪""劫持船只、汽车罪"。

[2] 刘叶深：《法律概念分析的性质》，《法律科学》（西北政法大学学报）2011年第1期。

[3] [美]布赖恩·比克斯：《牛津法律理论词典》，邱昭继等译，法律出版社2007年版，第40页。

第一节 劫持的语义分析

哈特曾指出,"作为文字上的启示,定义是利用一个独立的词来给出语言上的解说,它主要是标明界限或者是一个事物与其他事物区别开来的问题。但是,有时大家都会陷入一种窘境,就像说'我认识大象,但我不能给大象下一个定义'这句话的人一样"①。此番表述说明了哈特对传统法学中的定义方法并不苟同,他主张"要把语义分析方法移植到法学中以改善法学的研究方法,解决法学领域的混乱和难题"②。

"劫持"在现代汉语中等同于"要挟、挟持",《现代汉语辞海》将其解释为"用暴力威逼挟持"③。"劫持"在古代汉语中已有应用,如《汉书·赵广汉传》:"司直萧望之劾奏:'广汉摧辱大臣,欲以劫持奉公。'"再比如,北齐颜之推《颜氏家训·省事》:"或有劫持宰相瑕疵,而获酬谢,或有喧聒时人视听,求见发遣。"就"要挟"而言,它的基本含义是扬言要惩罚、报复或危害某人而强迫他答应自己的要求,或者利用对方的弱点,仗势自己的实力,胁迫对方满足自己的要求。如蒋一葵在《长安客话·女直》中写道:"腥膻野性,或乘虚而零窃,或纠众而跳梁,或执词而要挟。"清朝林则徐的《会谕义律》也曾有"伊欲要挟而求,岂本大臣、本部堂反不能宽间以待乎?"之表述。"挟持"有两个义项:第一,从两旁抓住或架住被捉住的人,如《汉书·萧望之传》:"吏民当见者,露索去刀兵,两吏挟持。"第二,倚仗权势或抓住别人的弱点,强使其服从,如宋苏辙《历代论二·邓禹》:"听禹坚守北道时出挠之,而使别将挟持其东。"在英语中,劫持被翻译成"kidnap, abduct, hijack, seize, hold up or hold-up or keep or place or put or take under duress",它主要用于描述一种外力压榨下的不法行为。④《牛津袖珍英语词典》中对于劫持的解释有四个义项:一是延迟进展,二是使用暴力威胁进行抢夺,三是提供

---

① [英]哈特:《法律的概念》,张文显等译,中国大百科全书出版社2003年版,第15页。
② 张文显、于莹:《法学研究中的语义分析方法》,《法学》1991年第10期。
③ 翟文明、李治威主编:《现代汉语辞海》,光明日报出版社2002年版,第570页。
④ [英] Catherine Soanes 编:《牛津袖珍英语词典》(第9版),外语教学与研究出版社2004年版,第431页。

范例，四是保持强壮。在法律英语中，"劫持"具有如下含义：大陆法系和英美法系的刑法所规定的某种犯罪行为；私法中在签订合同过程中表达不自由、不真实的意思表示。《布莱克法律词典》将"劫持"翻译成"holdup、stickup"，其基本含义是"一种武力抢夺，主要采用武器威胁被害人"①。可见，"劫持"在普通英语、现代汉语中的意思相同，但法律英语中的"劫持"则被限定了范围。

通过对"劫持"一词进行的语义考察可以发现，"劫持"一词的核心义项是外力胁迫下的一种非自愿行为。具体表现为："劫持"主体有自己的实力或者权势，被"劫持"者具有自身弱点，"劫持"的方式表现为武力、威逼、挟制，"劫持"的目的是让被"劫持"者服从，"劫持"者的主观状态表现为"故意"，旨在"劫持"行为的发生，多表现为积极主动，"劫持"的效果违背被"劫持"者的愿望。

第二节 不同学科领域中的"劫持"

从劫持的语义分析可以知道，该词的使用范围广泛，不仅在社会生活领域，也在经济领域和法律领域中生根发芽，还陆续出现在网络空间安全学、金融学等领域。实际上，经济学、社会学、法学早已对劫持行为给予了极大关注，本书也仅讨论"劫持"在这三个学科领域的不同面相。

一 社会学视野中的"劫持"——社会行为失范的一种表现

"失范"最早是由法国社会学家涂尔干于18世纪提出的，他眼中的失范即是一种不安的状态。社会行为失范指的是"某一社会群体的成员判定违反其准则或价值观念的任何思想、感受和行动"②。在社会科学的研究中，社会失范行为是重要的研究对象。不仅如此，社会失范行为还是社会学研究的一个重要范畴。一般认为，社会生活中出现的一些反常行为，如

---

① Garner, Bryan A., ed., *Black's Law Dictionary* (8th Edition), St. Paul, MN: Thomson West, 2004, p.1454.
② ［美］杰克·D. 道格拉斯、弗兰西斯·C. 瓦克斯勒：《越轨社会学概论》，张宁、朱欣民译，河北人民出版社1987年版，第11—12页。

违法犯罪行为、与众不同的行为等都被认定为失范行为。根据不同的分类标准，可将社会失范行为进行分类。以对社会的发展效应方向为标准，社会失范行为可分为积极失范行为及消极失范行为。就消极失范行为而言，其具体表现为经济生活领域的"不正当竞争行为"、政治生活领域的"权力的寻租"和"权力的资本化"、社会生活领域的集体无意识行为和去社会化行为。"劫持行为"主要表现为一种依靠强力达成需求的行为，比如社会上出现的劫持人质、劫持网络流量、劫持新闻自由等现象，其中心点都在于"规范缺乏、含混或社会规范变化多端以致不能给社会成员提供指导的社会情境"[①]。所以，社会学研究中的劫持行为更多地凸显其"失范"性。

二　经济学视野中的"劫持"——契约人逐利的表现

"劫持"是经济生活中最普遍的现象，在经济学中又被称为"敲竹杠""投机行为""套牢"或者"要挟"等。"敲竹杠"问题是现代微观经济理论的热点问题之一，是新制度经济学的中心议题。在新制度经济学家特别是交易费用学派的视野里，契约是分析交易最基本的方法，一切经济关系问题都可以转化为或理解为契约问题并用其契约方法来研究。交易成本经济学中假设的"经济人"与古典经济学、新古典经济学的"经济人"[②]并不相同，前者建立在"契约人"[③]的基础上。而"契约人"的行为表现不同于"经济人"的理性行为，区别在于前者存在有限理性[④]与可能产生机会主义行为[⑤]。契约人第一个特征表明，由于人的有限理性，交

---

① 任亮：《社会转型期的社会失范行为——基于社会共享价值观的分析》，《理论学刊》2007年第6期。

② "经济人"又称"理性经济人""实利人"或"唯利人"，最早由英国经济学家亚当·斯密提出。基本要义在于假定"人完全理性、拥有完全信息、追求经济利益的最大化"。

③ 契约人与"经济人"相对，是指处于一种交易关系中，而且这种交易背后总有某种契约支持的"实际的人"。

④ 有限理性是指介于完全理性和非完全理性之间的在一定限制下的理性，比如交易参与人的身心、智能、情绪等，在追求效益极大化时所产生的限制约束。"有限理性"概念的主要提倡者是诺贝尔经济学奖得主西蒙，但他并没有为有限理性下定义。自从他提出有限理性概念半个世纪以来，经济学家对什么叫有限理性至今并没有公认一致的看法。

⑤ 机会主义行为是指在信息不对称的情况下，人们不完全如实地披露所有的信息及从事其他损人利己的行为。

易双方要想签订一个完全契约①是不可能的;契约人第二个特征表明,仅仅相信缔约者的口头承诺无法保证契约会自动履行。由于机会主义的存在,缔约各方都会采取各种策略行为来谋取自己的利益,因此不可避免地会出现拒绝合作、失调、成本高昂的再谈判等危及契约关系持续下去的情况。② 经济学家据此认为,由于当事人的有限理性和机会主义行为,在资产专用性条件下容易产生"可占用的专用性准租"③,出现事后机会主义,进而形成"锁定效应"④,最后导致"敲竹杠"。克莱茵认为:"'敲竹杠'行为是一方利用交易伙伴已经做出了专用性投资并且治理交易关系的契约是不完全的这一事实,来侵占来自关系专用性投资的准租金。"⑤ 由此可知,"敲竹杠"行为成立的前提有:一方做出了专用性投资,且专用性投资产生了准租金;除此之外,契约并不完全。由于"敲竹杠"行为的存在,市场不再具有竞争性,单纯的市场力量无法实现"帕累托最优"⑥,这时就需要依靠其他机制安排。⑦ 由此可见,经济学中的"劫持"或者"敲竹杠",源于资产专用性与契约不完全性。当然,资产专有性并

---

① 完全契约是指缔约双方都能完全预见契约期内可能发生的重要事件,愿意遵守双方所签订的契约条款,当缔约方对契约条款产生争议时,第三方劝说法院能够强制其执行,它是以完全竞争市场的假设条件为前提。

② 卢现祥、朱巧玲主编:《新制度经济学》(第二版),北京大学出版社 2012 年版,第172 页。

③ "可占用的专用性准租"这一概念最早是由后契约机会主义提出的,它是指一项资产在最优用途上的价值与次优用途上的价值之差。

④ "锁定效应"本质上是产业集群在其生命周期演进过程中产生的一种"路径依赖"现象,是由美国圣塔菲研究所研究员、斯坦福大学经济与人口学教授阿瑟率先提出。他认为,事物的发展过程对道路和规则的选择有依赖性,一旦选择了某种道路就很难改弦易辙,一旦形成行为规划就很难改变这种规则。因此贡献,他获得了 1990 年度"熊彼特经济学奖"。人们随后称之为"阿瑟的路径锁定效应",简称锁定效应。

⑤ Klein, Benjamin, "Fisher—General Motors and the Nature of the Fisher", *Journal of Law and Economics*, Vol. 43, No. 1, 2000.

⑥ 帕累托最优,也称为帕累托效率 (Pareto Efficiency)、帕雷托最佳配置,是由意大利经济学家帕累托在进行广泛的统计研究后创建的理论,是指资源分配的一种理想状态,被称为公平与效率的"理想王国"。

⑦ 戴菊贵:《敲竹杠问题的本质及其解决方法》,《中南财经政法大学学报》2011 年第 4 期。

不一定产生"敲竹杠",① 还取决于确定性及交易频率。一般来说,资产专用性越高、不确定性越大、交易越频繁,则"敲竹杠"的可能性就越大。

三 法学视野中的"劫持"——行为人实施违法行为的表现

(一) 刑法学中的"劫持"——部分犯罪的构成要件之一

无论是英美法系国家,还是大陆法系国家,劫持行为是刑法规制的犯罪行为之一。主要表现为未经监护人同意且违背他人意志,劫持一定年龄的未成年人或者为索取赎金而实施的劫持人质的行为;也指向为达到某种目的而劫持飞机等交通运输工具的行为。根据劫持的对象不同,各个国家的刑法设定了不同的刑罚。比如《加拿大刑法》第280条、第281条分别针对16岁以下和14岁以下的受害人规定了"诱拐罪",并采用不同的刑罚。此种犯罪行为,主要指以非法剥夺父母的监护权或者其他有权监护人的监护权,用劫持、欺骗、拘留、隐藏等方式,违反他人意志而拐走16岁以下未结婚的人或14岁以下的人,实施第一种行为将承担不超过5年的监禁刑罚,实施第二种行为将承担不超过10年的监禁刑罚。我国《刑法》明确规定了劫持航空器罪和劫持船只、汽车罪。比如,第122条规定以暴力、胁迫或者其他方法劫持船只、汽车的犯罪行为人,将被处以5年以上10年以下有期徒刑,如果造成严重后果,将对犯罪行为人处以10年以上有期徒刑或者无期徒刑。

劫持行为构成犯罪,必须具有犯罪行为的特征。作为一种犯罪行为,它包括犯罪的主观要件和客观要件,具体是指行为主体基于其意志,为达到某种目的和欲望而实施的侵害法律保护的利益的各种外部举动。其特征表现为行为的意志自由性、行为的主体存在性、行为的举止性、行为的实行性、行为的危害性。尽管这两种犯罪规定了劫持行为的具体表现是暴力、胁迫或者其他方法,但何为暴力、何为胁迫以及哪一种程度的暴力和胁迫指向了刑法中的"劫持"、此处的"暴力、胁迫"与我国刑法规定的其他罪名如抢劫罪、强奸罪等中的"暴力、胁迫"有什么区别、其他方法究竟包含哪些方法,我国并无相关的司法解释,理论界对此也有不同的认识。比如,张明楷教授认为"暴力"的含义在各种不同场合会发生变

---

① 聂辉华、李金波:《资产专有性、敲竹杠和纵向一体化——对费雪—通用汽车案例的全面考察》,《经济学家》2008年第4期。

化，为此，他根据"暴力"的内涵和外延之不同，将"暴力"区分为"最广义的暴力""广义的暴力""狭义的暴力""最狭义的暴力"。在他看来，劫持航空器中的"暴力"应是指"最狭义的暴力"，即"只要是对机组成员等人不法行使有形力，并达到足以抑制其反抗的程度，便属于本罪的暴力"。① 康树华、张小勇教授也主张对暴力按照不同的标准加以分类：依照暴力的属性可分为犯罪学中的暴力和刑法学中的暴力；按照暴力作用于人体的程度分为一般的暴力、造成轻伤的暴力、造成重伤和死亡的暴力，等等。② 谢望原、刘艳红教授对于"劫机"中的"暴力""胁迫""其他方法"有另一番见解。按照他们的分析，"暴力"是一种采用力量造成侵害的方式，这种力量可能有形，也可能无形；可能直接，也可能间接；可能及于人，也可能及于物。而"胁迫"主要表现为行为人采取以前述暴力或其他任何威胁恐吓之内容对他人进行逼迫挟持，实行精神强制，使人产生恐惧心理而不敢反抗。至于"其他方法"，则是指犯罪行为人实施前面两种手段以外的任何能排除他人反抗的手段。③ 由此可见，准确认定"劫持"还有赖于刑法学者、刑事立法者、司法者在解读与重新建构中的良性互动。

(二) 民法学中的"劫持"——意思表示瑕疵的体现

在民法学中，"劫持"或者"劫持行为"并非专门术语，其替代词为"胁迫"或"要挟"。④ 胁迫制度可追溯至罗马法，后被两大法系不同程度予以继受。在理论上，民法学者柳经纬教授等人提出，胁迫是意思表示瑕疵中三大著名瑕疵之一。⑤ 就"胁迫"的内涵而言，梁慧星教授主要强调这种不法加害使他人产生了恐惧心理，他人基于该恐惧心理而做出了某种意思表示；⑥ 我国台湾地区学者史尚宽先生说："因胁迫之意思表示，谓

---

① 张明楷：《刑法学》（第4版），法律出版社2011年版，第619页。
② 康树华、张小虎主编：《犯罪学》（第3版），北京大学出版社2011年版，第226页。
③ 谢望原、刘艳红：《论劫持航空器罪及其惩治》，《法制与社会发展》2003年第1期。
④ 最高人民法院《关于贯彻执行〈中华人民共和国民法通则〉若干问题的意见》第69条：以给公民及其亲友的生命健康、荣誉、名誉、财产等造成损害，或者给法人的荣誉、名誉、财产等造成损害为要挟，迫使对方作出违背真实意思表示的，可以认定为胁迫行为。
⑤ 柳经纬、李茂年：《论欺诈、胁迫之民事救济——兼评〈合同法〉之二元规定》，《现代法学》2000年第6期。
⑥ 梁慧星：《民法总论》，法律出版社1996年版，第171页。

表意人因他人之胁迫发生恐怖之念，而为之意思之表示。"① 简而言之，胁迫是一种有瑕疵的意思表示。在理论上，一般认为"胁迫"的构成要件包含：一是存在胁迫行为；二是有胁迫故意；三是胁迫之事由应为非法，这又包括：手段非法、目的合法，手段合法、目的非法，手段、目的皆为非法；四是被胁迫人因被胁迫而产生恐惧心理；五是被胁迫人基于恐惧而为的意思表示。具备这五个条件，可以认定实施的行为属于"胁迫"。② 被胁迫当事人作出的意思表示属于意思表示不自由，法律行为的效力会受到影响。无论是英美法系的契约法，还是大陆法系的合同法，都规定受胁迫人因"胁迫"签订的合同可以请求撤销，也可以按照契约或者合同规定履行相应义务。③ 我国立法规定略显不同。根据《民法通则》的规定，基于对方的胁迫，一方当事人违背自己真实意思而为的民事行为应被认定为无效。而对基于胁迫签订的合同，《合同法》根据是否损害国家利益规定了不同的法律效果：如是，该合同无效；如否，该合同可以被请求变更或者撤销。④ 由此可见，受胁迫订立的合同的法律效力有三种：无效合同、可撤销合同、有效合同。这不同于《法国民法典》《意大利民法典》的相关规定，其中法国规定此种合同应无效，意大利则规定可以撤销。⑤

据此看来，民法领域虽未采用"劫持"之表述，但"胁迫"或者"要挟"已经具备其外观，这种行为是研究"私法秩序下绝大多数法律关系的起点——意思表示"⑥的重要内容。但需要说明的是，胁迫或者要挟的性质、程度、法律效力、第三人胁迫的法律效力等问题依然没有一致的回答。

（三）知识产权法学中的"劫持"——知识产权人滥用知识产权的表现

在知识产权法领域，"劫持"并非立法文本中的表达。在理论研究

---

① 史尚宽：《民法总论》，中国政法大学出版社2000年版，第433页。
② 郑玉波：《民法总则》，中国政法大学出版社2003年版，第360—361页。
③ 杨桢：《英美契约法》，北京大学出版社1997年版，第240页。
④ 《合同法》第52条、第54条第2款。
⑤ 《法国民法典》第1111条："对缔结债务的人实施的胁迫，构成契约之无效原因；即使由为其利益订立契约的人以外的第三人实施的胁迫，亦同。"《意大利民法典》第1434条："胁迫是合同被撤销的原因，尽管其是由第三人实施的。"
⑥ 米健：《意思表示分析》，《法学研究》2004年第1期。

中，梁志文教授针对知识产权领域的要挟现象作了总体诠释，他将"知识产权要挟"描述为"利用知识产权'敲竹杠'，是指权利人以行使或以即将行使知识产权请求权为由，对被其权利所能涵盖的知识产品的无过错侵权人进行要挟，以获取高于正常市场条件下的知识产权许可费用，而无过错的侵权人因为预期能够合法生产或销售知识产品而投入了大量属于沉没成本的资金，往往在谈判中处于劣势，在该种情形下常常不得不接受大大高于知识产权本身价值的、但尚不至于没有任何利润的许可使用费标准"[①]。根据这一定义，知识产权要挟主要体现为一种策略，权利人实施此策略的主要目的是获取高于其知识产权价值的许可使用费，但是知识产权要挟者通常不提供最终的产品或许可服务，仅仅是拥有知识产权的主体，又被称为知识产权经营体。除此之外，知识产权要挟者也有可能是最终产品的生产者或者服务提供者，利用知识产权劫持市场达到排斥正当竞争的目的，从而获得垄断利益。而被要挟者通常是处于市场成熟而非开拓阶段的最终产品生产者或者服务提供者。这些生产者或者服务者已经为产品的生产或者服务的提供投入了大量的成本。如果停止利用要挟者的知识产权进行生产或者提供服务，则意味着将增加更多的成本。为此，被要挟者不得不接受要挟者所提出的不合理要求，支付高额许可费或者转让费。因此，知识产权要挟者在行使知识产权时，违背诚实信用原则和权利不得滥用原则，不符合正当竞争的精神，属于滥用知识产权的行为。

  本书通过研究还进一步发现，无论是知识产权劫持还是知识产权要挟，其频繁出现的领域更多是在专利法领域，而商标法领域[②]和著作权法领域对此的研究甚少或者不可见。简言之，专利劫持行为几乎成为知识产权劫持的替代词。专利劫持行为的雏形要追溯至 1835 年。当时，一个发明者获批了一种用于锻造过程中利用煤的技术的专利权，但他并不真正使用该技术，而是以此要求使用该项技术的铁匠支付使用费，其理念在于防止竞争的更好办法是让使用此项技术的人支付几美元。一位来自美国宾夕法尼亚的起诉者在其诉讼中针对专利权人利用专利制度的行为指出："这

---

  ① 梁志文：《反思知识产权请求权理论——知识产权要挟策略与知识产权请求权的限制》，《清华法学》2008 年第 4 期。

  ② 崔国斌：《商标挟持与注册商标权的限制》，《知识产权》2015 年第 4 期；李晓秋：《论商标挟持行为的司法控制》，《现代法学》2017 年第 4 期。

样的专利制度易于招致滥用,是一种不公正、苛刻的法律制度。"① 在18世纪晚期,一些被称作"专利鲨鱼"的专利权人向购买其技术从事农作物生产的农民要求其支付专利费,他们的行为被一些国会人员表述为"威胁、恐吓,或者敲诈"并"给农民带来极度不便和巨大成本"。② 为此,美国国会通过举行听证会,提出法律修改议案,最后通过立法清除某些专利。③

就称谓而言,专利劫持行为又称为专利要挟、专利挟持、专利阻滞(专利阻抑)、专利拦劫,该用语由墨杰斯和勒尔森首次采用。④ 在两位作者撰写的《论专利保护范围的复杂经济学》中,他们将经济学中的"劫持"用于阐述专利法领域的现象:为避免专利保护范围太宽,法院在认定是否侵犯专利权时可以采用"逆向等同原则"⑤来阻止先期专利权人的侵权指控、劫持在后改进发明人,从而保护改进发明人的利益,确保累积性创新的实现。在该文中,两位作者并未对专利劫持行为的内涵作出注解,但为人们描述了专利法领域中的"劫持"图景:在典型的累积性创新产业中,如计算机和电子通信产业、生物产业等,获得专利权的专利保护宽度大,容易对后续专利权人的创新和应用造成障碍。这一点也为本森所赞同。⑥

专利劫持行为研究卓绝的齐恩教授则将专利劫持行为放大,她以经济学中的"劫持"为参照,指出"当产品开始制造或者制造完毕的时候,有人主张其拥有该产品上的某种专利。提出主张的专利权人利用这种优

---

① Lubar, Steven, "The Transformation of Antebellum Patent Law", *Tech. & Culture*, Vol. 32, 1991.

② 8 Cong. Rec. 1371 (1879).

③ Chien, Colleen V., "Reforming Software Patents", *Hous. L. Rev.*, Vol. 50, 2012.

④ Merges, Robert P., and Richard Nelson, "On the Complex Economics of Patent Scope", *Colum. L. Rev.*, Vol. 90, 1990.

⑤ 逆向等同原则,我国台湾地区学者称为逆均等原则,我国大陆地区学者称为逆向等同原则,也有称为逆等同原则,或者相反等同原则,当被控侵权物再现了专利权利要求中记载的全部技术特征时,本应属于字义侵害,但如果被控侵权物与专利技术相比,已经发生了根本变化,是以与专利技术实质不同的方式实现了与专利技术相同或基本相同的功能或效果,被控侵权行为人可据此否认相同侵权,应不被判定为侵权行为。

⑥ Bessen, James, "Holdup and Licensing of Cumulative Innovations with Private Information", *Economics Letters*, Vol. 82, No. 3, 2004.

势：不是因为专利技术本身的经济价值，而是生产者担心改换产品以避免包含的专利技术所带来的高昂成本。更为糟糕的是，因为专利诉讼花费巨大成本，产品制造人即被告不得已支付基于和解协议的滋扰费用。"① 阳东辉教授认为，"专利劫持行为是指上游专利权人对下游主体的技术革新或产品开发设置专利障碍或者下游专利权人阻碍上游专利权人使用基础专利或进行进一步创新的行为"②。笔者曾对专利劫持行为进行了专门研究，认为专利劫持行为是指行为主体自己从事技术研究并申请获得专利，或从其他公司尤其是破产公司或者小公司，以及从个人发明人等处购买专利，以向技术使用者提起专利侵权诉讼相威胁等手段，主张高额专利许可费的行为。该定义与齐恩教授的观点基本一致，但不同于墨杰斯和本森的界定，强调专利劫持行为主要发生在专利许可中的专利权人和该专利权人的技术使用者之间，墨杰斯、本森的定义稍显宽泛，集中度不够，尚不能从文义之中睹见经济学领域中"劫持"的本性：投资人（产品制造者）对沉没成本、转换成本的担忧，专利权人对可占用性准租的"讹诈、勒索"。本书也不完全接受阳东辉教授所做的界定，此界定将专利劫持行为和反向专利劫持行为均视为专利劫持行为，具有法律逻辑的自洽性不足之嫌疑，还混同了专利劫持行为与反向专利劫持行为，对问题真相的揭示不够。而梁志文教授将知识产权劫持中的被劫持人描述为无过错侵权人，本书也难以苟同，因为专利劫持行为中的被劫持人未经许可利用他人专利权，即使不存在故意，也有过失，其主观状态难咎过错，所谓绝非"无辜侵权人"。

专利劫持行为是专利权人在一定时期内运用专利的过程，是由主体、客体、时间、空间、实施手段和实施目的等要素构成。在实施目的元素中，如何认定"过高"的专利许可费是关键。相对于"正常"价格，"过高"表明专利许可费远远超过正常价格水平。一般来说，专利许可费实行市场调节价，可由专利权人依法自主制定，但自主制定绝非制定过高价格。专利许可费是指获准使用专利技术的被许可人向许可人支付的对价，是专利技术权利人基于专利发明的合理回报。可见，支付专利许可费是专

---

① Chien, Colleen V., "Holding up and Holding out", *Mich. Telecomm. L. REV.*, Vol. 21, No. 1, 2014.

② 阳东辉：《专利阻滞的负效应及其法律规制》，《知识产权》2008年第4期。

利技术被许可人的义务,获得合理回报的专利许可费是专利权人的权利。专利许可费的支付和专利授权关系着专利许可合同双方主体的利益。"合理回报"意味着确定专利许可费要公平,而绝非是专利权人向专利技术使用者索要超出了正常的专利许可费或者"高额许可费"!如何确定公平的专利许可费或者"正常的专利许可费"?关于这一点,各国并无相应的规定,实践中尚存争议。尽管如此,专利许可费的多少,首先,通常由专利许可方和被许可方双方应本着友好协商并自愿达成收费共识。其次,在确定费用时,应根据专利许可的方式不同而不同,比如获得独占许可权的技术使用者比获得普通许可或者排他许可的方式支付的专利许可费更高。最后,专利许可费可以根据专利实施难易程度、收益高低等情况及专利本身价值的大小来确定,即部分学者所言的"贡献度原则"①。因此,在双方未能达成共识的情况下,专利权人不考虑专利技术的贡献度,即专利本身的价值大小、专利权许可类型的差异、专利实施难易程度等因素而要求专利技术使用者支付相应的费用,违反公平定价原则,应认定为"高额许可费"。而在技术标准化语境中,专利权人这种"不公平定价'权'"由于技术标准的存在而进一步强化。

专利权人的"过高定价"行为属于不正当行使其权利的行为,权利人利用其优越地位,向专利技术使用者索要高额的许可费而不正当地限制交易或采取不公正的交易方法。这与《与贸易有关的知识产权协定》(*Agreement on Trade-Related Aspects of Intellectual Property Rights*,TRIPs,以下简称《知识产权协定》)第 7 条规定相悖。② 因此,包括专利许可行为在内的行使知识产权行为不得阻碍技术创新、不得妨碍技术传播和损害双方利益、不得破坏利益平衡,否则将不受到保护。行使知识产权应遵守诚实信用原则、权利不得滥用原则、不得侵害他人利益的原则等基本原则。禁止权利滥用从观念的发展到作为立法原则的存在,其本质在于权利人行使权利的行为超越了界限,违反权利设置的目的。因此,索要高额许可费的

---

① 叶文庆博士认为,专利贡献度至少应当考虑以下因素:第一,该专利对现有技术有多大改进;第二,使用该专利技术的部件占整个产品的价值比;第三,该专利多大程度上决定了消费者的选择。参见叶文庆《"公平的"专利许可费的法律思考》,《海峡法学》2014 年第 2 期。

② 《知识产权协定》第 7 条:知识产权的保护和实施应有利于促进技术革新、技术转让和技术传播,有利于生产者和技术知识使用者的相互利益,保护和实施的方式应有利于社会和经济福利,并有利于权利和义务的平衡。

这种行为违反了专利法律制度促进技术传播和社会发展，增加消费者福祉的宗旨，是权利滥用行为在专利法领域的表现。

作为一种权利滥用行为，专利劫持行为从不同的角度，按照不同的分类标准，有不同的表现形式。第一，以其存在的范围为标准，分为一般的专利劫持行为和特殊的专利劫持行为。前者是指专利劫持行为发生在一般情形下的专利许可过程中，尤以累积创新环境[①]为甚；后者是指专利劫持行为发生于专利标准化情景中。第二，以其表现形式的历史演进为标准，分为低级的专利劫持行为、中级的专利劫持行为、高级的专利劫持行为。低级的专利劫持行为是指早期的专利许可形式中存在的现象，中级的专利劫持行为是指累积创新环境背景下专利许可形式中存在的现象，高级的专利劫持行为是指专利标准化过程中许可专利时发生的异象。第三，以发生的手段为标准，分为以诉讼相威胁的专利劫持行为和以发送律师函相威胁的专利劫持行为。第四，以实施专利劫持行为的主体类型为标准，分为个人发明者实施的专利劫持行为和公司实施的专利劫持行为，其中后者又分为小公司实施的专利劫持行为和大公司实施的专利劫持行为。第五，以实施专利劫持行为的专利权的有效性为标准，分为基于有效专利的专利劫持行为和无效专利的专利劫持行为。无论是哪一种类型的专利劫持行为，皆具有以下特征：仅存在于专利法领域，特别是专利许可过程中；实施目的主要是获得高额的许可费或者打击竞争对手；实施行为具有普遍性和全球性。

据此看来，知识产权法领域中的"劫持"主要表现为一种策略，且更多出现在专利法领域，其实质是行为人违反诚实信用原则权利的行使方式，属于典型的权利滥用行为，应当受到道德和法律的苛责。而专利劫持行为现象伴随专利制度的产生即存在，发展于累积创新环境，兴盛于技术标准化时代。由此可以看出，如果认为专利劫持行为只是一个"经济问题"那就错了，实际上，专利劫持行为涉及复杂的法律问题，专利劫持行为人和被劫持人在法律框架下利用法律和双方各自的实力展开利益博弈。作为一种经济现象，专利法领域中的"劫

[①] 美国伯克利加州大学经济学和公共政策教授斯科奇姆总结了三种累积性创新：基础和应用研究、基本研究工具和质量梯。参见［美］斯科奇姆《创新与激励》，刘勇译，上海人民出版社2010年版，第124—125页。

持"与经济学领域研究中"劫持"具有相通性，它是经济学中的"劫持"在累积创新环境或者专利标准化情景的再现，是专利权人对专利技术使用者特别是产品制造者的技术革新或产品开发设置专利障碍（主要表现为以提起诉讼要求法院发布禁令为威胁、发送律师函等），以获得超额许可费，达到非法之目的。而随着经济全球化的到来和技术标准化的推进，专利劫持行为现象更加普遍，专利劫持行为的危害更加严重，专利劫持行为的形式更加多样，专利劫持行为的法律规制更加有挑战性。

第三节 技术标准化中专利劫持行为的内涵

一 不同释义

技术标准化中的专利劫持行为是专利劫持行为的高级形式。[①] 经济学领域和法学领域的著名学者夏皮罗教授是第一个真正对技术标准化中专利劫持行为进行界定的学者，他将经济学中的"劫持"引入专利法领域，指出："专利劫持行为是指在标准和专利相结合的环境中，一个上游的专利权人对一个下游的使用者（用户）强制索取远高于正常合理许可费的现象。"[②] 夏皮罗对技术标准化中专利劫持行为的解读已为技术标准化中的专利劫持行为研究人树立了标杆。

勒姆利教授也针对标准和专利相结合后出现的劫持问题进行阐释，他认为在专利侵权诉讼中，单个专利权人要求侵权人交纳产品价格 1% 的专利费看似合理，也易于得到法院支持，但问题在于侵权产品并非由单一专利组成，这意味着侵权人支付总专利费后可能所剩无几，根本无利可图，从而出现的结果就是：专利权人的不合理要求阻碍生产商推广标准、妨碍

[①] Chien, Colleen V., "Holding up and Holding out", *Mich. Telecomm. L. Rev.*, Vol. 21, No. 1, 2014.

[②] Shapiro, Carl, "Navigating the Patent Thicket: Cross Licenses, Patent Pools Standard Setting", Jaffe, Adam, and Joshua Lerner & Scott Stern (eds.), *Innovation Policy and the Economy* 1, Cambridge: MIT Press, 2000, p. 125.

产品市场化。① 小林教授和怀特教授认为专利劫持行为是指在标准组织中，其成员针对已经投入特定投资的专利标准使用者，当其知悉该产品含有该专利标准技术时，向其索要比未被纳入标准组织前的专利权更高的许可费率。②

原美国司法部反垄断局（Antitrust Division of Department of Justice）的副总检察长、现墨里森&美富律师事务所律师梅尔在2008年春天参加的由美国律师协会反托拉斯部举行的一次有关"专利劫持行为"的会议中阐述了其内涵，他把关注的目光集中在必要专利权人在标准制定前不披露专利，而在标准制定完成后才履行披露义务的情形。梅尔认为在这种情况下，基于经济成本的考虑，不可能推翻已有标准再制定新标准。而这样的考虑也让核心专利权人具备了对现有标准的挟持地位。③ 美国联邦贸易会在《发展中的知识产权市场：专利公告和竞争救济的矫正》报告中将"专利劫持行为"定义为"专利权人从已产生沉没成本的被指控侵权人处获得更多许可费的能力，该高额许可费的产生源于其作为标准必要专利的存在，从而导致此时的许可费远比最初设计专利时可以获得的许可费高"④。欧盟委员会认为："技术标准化中的专利劫持行为是指专利权实施中的特殊情形，即专利权保护的专利技术一旦标准化，实施此种专利技术则被锁定，专利权人因此能够索要比锁定效应产生前更高的专利许可费。"⑤ 可见，欧盟委员会认同美国贸易委员会对"专利劫持行为"的定义。

我国学者多援引夏皮罗的观点来阐释技术标准化中的专利劫持行为，

---

① See Lemley, Mark A., "Ten Things to Do about Patent Holdup of Standards (And One Not to)", *Boston College Law Review*, Vol. 47, 2007.

② Kobayashi, Bruce H., and Joshua D. Wright, Intellectual Property and Standard Setting, George Mason Law & Economics Research Paper No. 09-40, http://ssrn.com/abstract=1460997.

③ Meyer, David L., *How to Address "Hold Up" in Standard Setting Without Deterring Innovation: Harness Innovation by SDOs*, http://www.justice.gov/atr/speech/how-address-hold-standard-setting-without-deterring-innovation-harness-innovation-sdos.

④ FTC, The Evolving IP Marketplace: Aligning Patent Notice and Remedies with Competition, http://www.ftc.gov/sites/default/files/documents/reports/evolving-ip-marketplace-aligning-patent-notice-and-remedies-competition-report-federal-trade/110307patentreport.pdf.

⑤ ECSIP Consortium, *Patents and Standards: A Modern Framework for IPR-based Standardization*, http://ec.europa.eu/DocsRoom/documents/4844/attachments/1/translations/en/renditions/pdf.

但各自的解释均有差异，比如吴广海副教授认为，技术标准化中的专利劫持行为指标准必要专利权人利用享有专利权的优势，对标准使用者收取索要高于正常标准的使用费的行为。[①] 林欧博士陈述为："在标准确定之后，特定标准的使用人，当进入某些投资阶段中，尤其是随着某些投资的增加，就会导致被选择作为标准的关键技术的专利所有权人获得重要的支配力，专利权人凭借此优势地位向使用者提出一系列的过分要求。"[②] 可见，何为技术标准化中的专利劫持行为，国内外学界和实务界尚存有不同表达，但内涵差异并不大。

技术标准化中的专利劫持行为确非既定法学术语，它是专利劫持行为的一种高级形式，是研究人员针对在标准与专利相结合的情景下，专利权人许可专利权过程中出现的一种现象的描述。本书所指的技术标准化中的专利劫持行为，具体是指标准组织成员或者非标准组织成员在其专利技术被确定为标准后，向标准必要专利技术使用者发送律师函或者以提起专利侵权诉讼相威胁等手段，主张高额专利许可费的行为。该定义与夏皮罗教授、勒姆利教授的观点基本一致，强调专利劫持行为发生的语境、实施专利劫持行为的主体、专利劫持行为发生的目的。但本定义更加凸显了实施专利劫持行为的手段，即利用标准必要专利权利人地位发送律师函或者提起专利侵权诉讼，另外还将上游专利权人区分为标准成员和非标准成员，更加细化。作为专利劫持行为的特殊形式或者说高级形式，它强调技术标准化中专利劫持行为主要发生在标准必要专利许可中的专利权人和该专利技术使用者之间，不能泛化为一般的专利劫持行为。更重要的是，技术标准化的专利权人向标准技术使用者主张高额许可费。何谓技术标准化中的高额许可费？前文已述及一般意义上的专利劫持行为中涉及的高额许可费的认定规则。对于技术标准化中的专利劫持行为，合理许可费尤应结合技术标准化的特殊语境进行分析。在理论上，经济学家指出，合理许可费应以专利纳入标准之前而非纳入标准之后为计算基点，因为专利纳入标准后将导致其他参与者被排除在竞争环境之外。[③] 法学家认为，标准必要专利

[①] 吴广海：《标准设立组织对专利权人劫持行为的规制政策》，《江淮论坛》2009年第1期。

[②] 林欧：《技术标准化中专利挟持的反垄断规制》，《科技管理研究》2015年第18期。

[③] Shapiro, Carl, and Hal Varian, *Information Rules: A Strategic Guide to the Network Economy*, Harvard: Harvard Business School Press, 1999, p. 241.

的许可费并不能因为专利技术被标准采用后而比以前提高。① 罗伯特法官则认为："合理的许可费不应当考虑基于标准而产生的价值，而应当考虑这一专利对技术改进的贡献。"② 本书以为，确定技术标准化中的专利权人所获得的合理许可费的基本原则是既能保证技术创新者获得足够的回报，又能保证标准的顺利推广，防止过高而让专利权人获得额外增值利益，剥夺被许可人与专利权人进行充分有效竞争的机会，防止过低而让专利权人无法获得足额的许可费，从而降低纳入标准的热情。

需要说明的是，上文中谈到齐恩教授对于专利劫持行为的定义非常经典，对本书具有重要的启示，但该定义不仅仅适用于专利标准化的环境，也适用于非专利标准化的其他情境中，所以直接加以援引，针对性不够强。相对而言，本书比较认同吴广海副教授和林欧博士对技术标准化中的专利劫持行为的界定，但前者定义的缺点在于未能体现劫持的"手段"，后者在于过分强调"私人标准组织中的成员"，忽视标准组织的多样性，也忽略了标准外成员实施专利劫持行为的可能性。

还需注意的是，技术标准化中"劫持"与刑法领域的"劫持"虽用词一样，但差异甚大，自应区别"劫持"的具体形式：前者重在以提起诉讼或实际发起诉讼、发送律师函等方式，后者则采用暴力、胁迫或者其他方式，程度严重，构成犯罪，属于刑法规制的范畴。除此之外，前者劫持的对象是专利技术使用者，后者劫持的对象则限定为人、船只、飞机等；前者的劫持主体和被劫持对象具有专利许可法律关系，后者的劫持主体和被劫持对象并无特定的法律关系；前者限定在技术标准化语境中，后者并无特定的语境。但本书认为，技术标准化中的专利劫持行为与经济学中的"劫持"一脉相承，是专利法领域中"专利劫持行为"的特别形式，它有着民法中的"劫持"替代语——"胁迫"的烙印，积聚了"胁迫"的法律特性。简而言之，技术标准化中的专利劫持行为兼具经济学领域、专利法领域和民法领域中的"劫持"品格。

---

① Lemley, Mark A., and Carl Shapiro, *A Simple Approach to Setting Reasonable Royalties for Standard-Essential Patents*, Stanford Public Law Working Paper No. 224026, https://papers.ssrn.com/sol3/papers.cfm?abstract_id=2243026.

② Microsoft Corp. v. Motorola Inc., No. C10-1823JLR, 2013WL 20111217 (W.D.Wash. Apr. 25, 2013).

二　主要表现形式

实践中，技术标准化中的专利劫持行为主要包括以下五种情形：

1. 披露专利信息不当。墨杰斯将此称为"隐藏的敌人（snake-in-the-grass）"[①]，它是指在标准制定过程中，专利权人故意隐藏或不当披露现存的或者已经申请但尚未获得授权的相关信息，导致标准组织误以为该技术不具有专利权。然而，当技术标准制定完成后甚至被广泛应用后，纳入标准的技术持有人再以专利权人的身份向标准使用者主张权利。如美国的加利福尼亚联合石油公司案[②]、戴尔计算机公司案[③]以及发生在美国和欧洲的蓝博士案[④]。

2. 索要高额许可费。墨杰斯将此称为"诱售法"。[⑤] 它是指专利权人加入标准组织并预先同意标准制定组织的 FRAND 许可条款，且将按此条款的规定向标准使用者许可专利技术。但标准制定完成或者推广实施后，专利权人违反 FRAND 条款规定向标准使用者索要高额许可费，或者拒绝按照合理的条款和条件对专利技术进行授权。如发生在美国的高通公司诉博通公司标准必要专利使用费纠纷案[⑥]、在德国的诺基亚公司诉 IPCom 标准必要专利使用费纠纷案[⑦]、在中国的华为公司诉美国 IDC 公司标准必要

[①] Merges, Robert P., and Jeffery M. Kuhn, "An Estoppel Doctrine for Patented Standards", *Cal. L. Rev.*, Vol. 97, No. 1, 2009.

[②] In re Union Oil Co. of Cal., Dkt. No. 9305 (FTC 2003), https://www.ftc.gov/os/adjpro/d9305/index.shtm.

[③] United States v. Dell Computer Corporation, FTC Matter/File Number: 962 3105, Civil Action Number: A-98-CA-0210, https://www.ftc.gov/sites/default/files/documents/cases/1998/04/complai6.htm.

[④] In re Rambus Inc., Dkt. No. 9302 (FTC 2002), http:www.ftc.gov/os/adjpro/d9302/index.shtm; Rambus Inc. v. F.T.C., 522 F.3d 456, 469 (D.C. Cir. 2008); cert. denied, 129 S. Ct. 1318 (2009). Also see generally Proposed Commitment: Rambus Inc., Case C-3/38.636-Rambus (undated), http://ec.europa.eu/competition/antitrust/cases/decisions/38636/commitments.pdf.

[⑤] Merges, Robert P., and Jeffery M. Kuhn, "An Estoppel Doctrine for Patented Standards", *Cal. L. Rev.*, Vol. 97, No. 1, 2009.

[⑥] Broadcom Corp. v. Qualcomm Inc., 501 F.3d 297, 314 (3d Cir. 2007).

[⑦] Nokia GmbH v. IPCom GmbH & Co. KG, [2012] EWHC 225 (Pat).

专利使用费率纠纷案。

3. 通过转让规避FRAND原则的约束力。它是指专利权人加入标准组织并同意按照FRAND许可条款，将专利技术许可给标准使用者。但待其将专利技术转让给第三方后，第三方作为专利受让人不再同意按照此原则将专利许可给标准必要专利技术使用者。

4. 标准必要专利权人滥用禁令救济。这是墨杰斯所称"诱售法"的另一种表现。在欧美技术标准垄断的案件中，标准必要专利权利人常以专利侵权为由向法院申请禁令，禁止标准使用者使用该技术，从而对标准使用者形成压力并被迫接受苛刻的许可条件。比如德国的"橙皮书标准"案[①]。

5. 非标准化成员索要过高许可费或滥用禁令。标准必要专利的权利人既可能是标准化组织成员，也可能是非标准化组织成员。[②] 非标准化组织成员并不参加标准化制定过程，可能知晓也可能并不知晓标准的制定。尤其是对于知晓标准制定的"标准外人"而言，在某种意义上，他们也有可能以专利作为条件阻止标准的执行，例如索要过高许可费或者滥用禁令救济。但这种情况在实践中比较少见。[③]

三 主要特征

技术标准化中的专利劫持行为是专利权人在一定时期内运用专利的过程，是由主体、客体、时间、空间和实施手段等要素构成。相比于经济学、刑法学、民法学中的"劫持"，技术标准化中的专利劫持行为具有以下特征：

1. 仅存在于标准化领域，特别是标准必要专利的许可过程中。专利劫持行为是存在于标准化背景下，特别是标准必要专利许可过程中出现的一种现象，在这一点上，它区别于刑法中的"劫持"，也仅仅是经济学、

[①] See http：//www.ipeg.com/blog/wp-content/uploads/EN-Translation-BGH-Orange-Book-Standard-eng.pdf；Urteil des Kartellsenats vom 6.5.2009 - KZR 39/06, http：//juris.bundesgerichtshof.de/cgi-bin/rechtsprechung/document.py？Gericht=bgh&Art=en&sid=b303f31bca967370d31cdcf59616f987&nr=48134&pos=8&anz=15.

[②] Lim，Daryl，*Patent Holdups*，http：//ssrn.com/abstract=2667979.

[③] 丁道勤、杨晓娇：《标准化中的专利挟持问题研究》，《法律科学》（西北政法大学学报）2011年第4期。

民法学、专利法学中特别指向的一种"劫持",具有自己的特质。专利许可是指专利权人(许可方)通过签订合同的方式允许他人(被许可方)在一定条件下使用其取得专利权的发明创造的全部或者部分技术的权利。[①] 在经济全球化和复杂技术时代,专利实施的主要形态不再是自己实施,而是将自己的专利技术许可给他人实施。但在诸如电子信息产业、移动通信、生物技术等标准依赖性产业中,累积创新与序贯创新已成为创新的重要特点,标准成为产业发展的引擎,主要表现为每一种产品中都包含了大量的专利权,而这些专利权由众多的不同企业或者个人拥有,专利权所保护的专利技术都是标准,这为专利劫持行为的发生创造了条件。

2. 实施专利劫持行为的主体主要是拥有大量专利权的公司。根据RPX公司统计,目前大约有380家公司专事实施专利劫持行为。[②] 典型的专利劫持行为实施者,如始建于1992年、总部设在加利福尼亚州纽波特海滩的美国阿卡西亚公司拥有70个专利组合,[③] 美国高智公司在2013年12月公布了其拥有70000件知识产权资产,其中40000件盈利专利资产,[④] 并公开了32000件可供搜寻的专利清单、[⑤] 美国交互数字技术公司约有1699件专利。[⑥]

3. 实施专利劫持行为的主体既有实体公司,也有自己通常不制造生产产品,不旨在促进技术转化的非专利实施体。随着标准必要专利大战的持续爆发,实体公司和非专利实施体都非常活跃。相对而言,后者更为常见。就后者而言,它们一般不生产产品,主要是通过获取专利许可费来收益,实现商业目的,如前文谈及的高通公司、高智公司和交互数字技术公司等,它们都没有自己的生产线,不生产具体的有形产品。

4. 用以专利劫持行为中的专利主要由购买或进行技术创新所得。根据美国加州大学黑斯廷法学院的费尔德曼教授和伊文教授的统计,在高智公司目前所拥有的40000件专利中,部分属于自己研发,但数量少,而大

---

① 吴汉东主编:《知识产权法学》(第五版),北京大学出版社2011年版,第202页。
② 数据来源:https://www.patentfreedom.com/about-npes/litigations/。
③ 数据来源:http://acaciaresearch.com/portfolio/。
④ 数据来源:http://www.intellectualventures.com/about/faq。
⑤ 数据来源:http://patents.intven.com/finder。
⑥ 数据来源:https://www.patentfreedom.com/about-npes/litigations/。

部分则主要是从欧洲专利权人处购买。① 而另一个专利劫持行为者，内存芯片厂商蓝博士公司是一个旨在开发提高计算机处理能力、使计算机威力更强大的研究技术公司，其拥有的专利如RDRAM技术和XDR技术则主要是自己研发，不断技术创新所得，然后将其研发的这些技术许可给诸如AMD公司、英特尔公司等这样的厂商。

5. 实施者在起诉前分析锁定实体目标公司。为确保专利劫持行为的成功，专利劫持行为实施者在决定对侵权公司进行起诉前，将对目标公司进行深入分析。在获得充足的关键证据和资料后，专利权人即向目标公司发起起诉。

6. 实施方式通常表现为发送律师函、提起诉讼相威胁或申请法院颁发禁止令。在美国，专利诉讼费用高昂，耗时长久；而对于产品制造商，特别是复杂产品的制造商，禁令的颁布，将对他们造成不可弥补的损失，必须要承受沉没成本或转换成本。专利劫持行为人常以提起诉讼或者申请法院颁布禁令来要挟产品制造商，从而获取利润。

7. 实施者常常设立空壳公司以掩盖不法行为。在实践中，即使标准实施者通过努力与标准必要专利劫持行为人能够达成和解协议，但标准必要专利劫持行为人通常会要求协议另一方与之签订禁止相关信息，包括有关真正的专利权人和利益方的披露协议，导致被劫持人难以知晓真正的劫持者，从而给被劫持人增添了搜索成本。与此同时，被告也很难利用有效的防御策略，例如要求分担诉讼费用制衡专利劫持行为人。目前，高智公司拥有大约1300家空壳公司，这给技术使用方造成了信息错觉，从而难以有效防止技术标准化中专利劫持行为的发生。

8. 具有全球性。有学者提出，美国独特的专利法律制度土壤是专利劫持行为发生的温床，专利劫持行为的实施主体在目前并没有演变成困扰各国的难题，并由此得出专利劫持行为具有地域性。② 本书认为，近年技术标准化中专利劫持行为的重灾区是美国，但在技术标准化和经济全球化时代，专利劫持行为实施者早已在各国展开布局并已实施专利劫持行为，

---

① Feldman, Robin, and Tom Ewing, "The Giants Among Us", *Stan. Tech. L. Rev.*, No.1, 2012.

② 张韬略：《美国IT产业"专利流氓"诉讼的制度根源和最新发展趋势》，《中国知识产权》2014年第3期。

如2013年在中国审结的华为公司诉IDC公司滥用市场支配地位垄断一案即是例证。更为重要的是，无论是中国的企业，还是韩国、日本的企业，如果其标准技术产品要进入美国市场，则可能受到专利劫持行为的滋扰。基于此，专利劫持行为不仅没有地域性，相反，它却有着越来越明显的全球性。

四　带来的影响

技术标准化中专利劫持行为是技术标准与专利结合的附随现象，其对专利法律制度功能的发挥、创新的持续性、竞争环境的形成等带来不同层次的影响并具有辐射效应。这些影响既有负效应，也有正效应，但从总体上看，负效应远远多于正效应，且效应具有辐射性。

（一）负效应

技术标准化中专利劫持行为作为一种专利运营之异化行为，备受诟病。它以不同方式在以下不同层面产生危害：破坏专利制度的功能、阻碍后续创新投入、浪费了社会资源和阻碍了专利技术标准化发展、阻止市场竞争、损害社会公众利益等。与一般专利劫持行为产生的负效应相比，它的危害更大，破坏性更强、影响面更广。

1. 破坏专利制度的功能

专利法律制度是科技进步和商品经济发达的产物。伴随第一次工业革命的到来，现代化大生产也开始出现，推动商品经济快速发展，先进的科学技术在经济发展中起着重要的作用，是竞争者获得竞争力的最有效方式。对于新技术，研发人员和社会公众有着不同的期待。就研发人员而言，他们渴望自己的智力创造成果能得到法律的有效保护，避免他人侵权或者搭便车，从而保证自己的竞争优势；而社会公众则期待新技术信息的尽早公开和免费使用，以防止重复研究，浪费社会资源和人力，推动新技术尽快转化为生产力，促进社会经济发展。在此历史条件下，专利法律制度在世界范围内广泛发展起来。一般认为专利法的立法目标是促进创新，鼓励新技术的发展，增加人类的知识储备。[①] 专利法律制度的功能主要有以下几个方面：一是保护功能。专利制度通过授予发明专利申请人垄断

---

① Burk, Dan L., and Mark A. Lemley, "Policy Levers in Patent Law", *Va. L. Rev.*, Vol. 89, 2003.

权,确保其在一定期限内对该发明创造享有专有权并受到法律保护,制裁侵权者。二是鼓励创新功能。发明创造人享有的独占权可以确保他在生产中自己实施或者向他人转让或许可该技术以取得经济利益、收回投资成本,并为继续研究开发提供物质条件保障。三是传播功能。"公开"是专利权合法存在的重要理由之一,它是专利权作为垄断权保护的代价。"公开"即是让发明创造人负有的一项义务,要求发明创造人在规定的时间内、按照规定的方式将发明创造的信息向社会展示,这种展示有利于发明创造技术信息的扩散和传播,推动更加先进的技术产生。此外,专利法律制度还有教导功能,专利申请人通过专利文献,主要是说明书的详细描述对社会公众进行一定程度的技术教导,依据说明书教导本领域的普通技术人员对该发明的技术细节应该得到完全的掌握。[①] 专利劫持行为实施者往往只着眼于获得巨额收益,甚至为减少成本,也不进行真实的研究开发投入和技术研发过程,违反了专利法激励创新、推动专利技术实施的立法宗旨。英特尔公司前 CEO 格鲁夫大加抨击美国现行专利体制,他引用美国前总统杰弗逊的话说:"'发明的真正价值在于它对大众的有用性',但目前的专利制度距离该原则愈来愈远。"[②]

2. 阻碍后续创新投入

创新一般是指人类在认识和改造客观世界与主观世界的实践中获得新知识、新方法,既表现为过程,又表现为结果状态。著名经济学家萨缪尔森教授说:"'创新'是一个与熊彼特有密切关系的术语。"[③] 在熊彼特的创新理论中,他把"创新"定义为生产函数的变化,或者说"执行新的组合"。[④] 在随后的著作中,他还阐述了技术创新的思想。后续创新正是沿着熊彼特的技术创新思想轨迹得以发展,它强调创新资源的逐渐丰富、创新知识的不断累积、创新动力和机制作用的连续、企业竞争力的持续提升的过程等。当然,该定义极为广泛,无论是技术性变化的创新,还是非

---

① 梁志文:《论专利制度的基本功能》,《吉首大学学报》(社会科学版) 2011 年第 3 期。

② 天虹:《英特尔前 CEO 抨击美国专利体制为投机者服务》,http://www.ccidnet.com/2009/0504/1755923.shtml。

③ [美] 保罗·萨缪尔森、威廉·诺德豪斯:《宏观经济学》(第十六版),萧琛等译,华夏出版社 1999 年版,第 13 页。

④ [美] 约瑟夫·熊彼特:《经济发展理论》,何畏等译,商务印书馆 1990 年版,第 73 页。

技术性变化的组织创新都涵摄其中。① 技术标准化中专利劫持行为产生的首要危害表现为降低了将发明专利作为后续创新资源投入的可能性。美国学者指出："现代技术创新具有明显的顺序特征，是一种站在巨人肩膀上的创新。"② 在专利法的视野中，创新存在"产生阻碍效果的专利"问题，因为在前创新可能阻碍对衍生创新的使用。而衍生创新也有可能阻碍原专利权人继续进行某些技术改进。在实际的工业化生产中，企业要制造一个新产品或推出一项新工艺，如果自己并非这些新产品技术方案或者新工艺方案的多数专利权人，其制造新产品或者使用新工艺提升产品质量的希望将受到阻碍。除非，它通过支付许可费的方式，向其他许多拥有该产品或者工艺的交叉专利的厂商取得使用许可权，否则将不可避免地侵害相关专利权，面临侵权诉讼的窘境。③ 所以说，专利劫持行为能够阻止对增值创新和基础创新进行投资，造成专利制度最初鼓励创新、促进产业发展的目的无法实现，后续发明者不能继续进行创新改进，从而就会不可避免地陷入"反公地悲剧"的两难境地。

3. 滋生高昂的社会成本

技术标准化中专利劫持行为的核心在于专利权人基于"垄断控制权"，通过威胁标准技术使用者，要求其对产品支付高额许可费。作为专利权人，他拥有法律赋予的独占权，有权禁止他人未经许可使用标准必要专利技术，有权要求他人使用专利技术时支付合理的使用费。作为标准技术使用者，如果他不使用此项标准必要技术，他生产的产品将不符合技术标准，从而被"驱逐出市场"。为了确保自己能够生产符合技术标准的产品，他必须主动或者被动使用"技术标准"。但如果使用者被迫要求支付过高使用费，过高部分必然会转嫁至消费者，从而导致消费成本增加。与此同时，因为需向专利劫持行为者支付高额费用，市场竞争者的准入成本和维持成本必然要提升，否则不能进入市场，也不能继续进行生产。再者，部分专利劫持行为中的专利质量低劣甚至无效，权利主体仍提起诉讼，不仅浪费司法资源，增加司法成本，也耗费其他诉讼当事人的资财。

---

① 傅家骥：《技术创新学》，清华大学出版社1998年版，第5页。

② Scotchmer, Suzanne, "Standing on the Shoulders of the Giants: Cumulative Research and the Patent Law", *Journal of Economic Perspectives*, Vol. 5, No. 1, 1991.

③ 阳东辉：《专利阻滞的负效应及其法律规制》，《知识产权》2008年第4期。

根据统计，美国司法平均成本为 65 万美元，而针对一项超过 500 万美元的专利敲诈案件，其成本平均达到 2500 万美元。[①] 可见，技术标准化中专利劫持行为主体实施的诉讼策略带来了巨大的社会成本，阻碍了研发的投入，导致创新市场的低效率，影响社会公正目标的实现。

4. 阻止专利技术标准化发展

标准在技术和经济发展中起着重要作用。在制定技术标准的过程中，参与技术标准的制定者在很大程度上都持有技术标准中所涉及的相关必要专利，从理论上看，必要专利持有人应以诚信为本，严格按照相关专利政策，披露和许可其所持有的相关必要专利技术。标准制定组织往往也会要求相关必要专利持有人声明其权利的同时，披露其所持有的必要专利信息，并宣布是否选择以 FRAND 方式许可其专利技术。但实际上，在技术标准的制定和修订过程中，某些专利劫持行为人为了使自身占据市场主导地位，通过各种市场经济手段，让标准化制定组织采用自己的相关专利，但他们并不或者不完全披露自己的专利技术信息，采取少披露甚至是不披露的手段，来排除或限制相关使用者进入此市场领域内。某些技术标准使用者可能为此不得不放弃该标准，从而客观上造成该标准发展受阻。加之标准组织设计的规制政策漏洞，都有可能给技术标准化的发展增添障碍。

5. 阻止标准产品市场的有序竞争

竞争是市场经济发展的核心，是其基本的经济制度和重要的经济法则。市场的要义是竞争，竞争者力求以最优的服务、最高的质量、最少的成本、最低的价格争夺消费者。市场竞争是市场经济的目标指向，体现了市场经济的价值，促使市场经济成为资源配置的最佳手段。由此可见，市场竞争在市场经济中的根本地位。有学者为此指出竞争的作用在于："不竞争，无自由。竞争充分激发和维系人的主动性、积极性和创造性，因而能促进生产力的发展，提高效益，增加财富，缓解稀缺。"[②] 标准必要专利权作为一种强势的市场力量，推动权利主体在该标准技术领域形成垄断地位，获得更多利益，从而在一定程度上激发创新。但与此同时，标准必要专利权也会限制、排除标准产品的市场竞争，破坏竞争秩序。技术标准

---

① Executive Office of the President, *Patent Assertion and U. S. Innovation*, https：//www.whitehouse.gov/sites/default/files/docs/patent_ report. pdf。

② 邱本：《论市场竞争法的基础》，《中国法学》2003 年第 4 期。

化中专利劫持行为主体利用这种市场力量,以提起诉讼或者授予禁令相威胁,制造无形壁垒,产生"锁定效应",影响、降低市场新进入者的创新优势,为标准产品新竞争者、新技术产品进入市场筑起高门槛。可见,技术标准化中专利劫持行为无疑破坏了正当的竞争秩序,不符合市场竞争之理念。

6. 损害公共利益

何为公共利益?我国学者胡鸿高教授提出:"公共利益是一个不确定的法律概念,它以价值选择为基础,呈现历史性特征。"① 法理学家博登海默教授说:"公共利益这个概念意味着在分配和行使个人权利时决不可以超越的外部界限。"② 一般认为,公共利益代表了大多数人的利益。专利劫持行为的目标对象不仅包括实力雄厚的企业,也包括还处于初创期的中小企业、个人用户和开发者。有数字表明,专利劫持行为主体在 2012 年发出了超过 100000 封律师函,威胁大企业、中小企业甚至终端消费者。部分公司因为避免专利劫持行为而不得不改变其商业运行模式、退出机制、人员雇佣、资金的募集等。近年来,苹果公司、三星公司之间爆发的手机专利大战,促使很多企业竞相通过购买专利的方式,扩充专利组合,以有效防御专利侵权诉讼,还可以增加自己与其他竞争者谈判过程的筹码。但是,对专利权人来说,一旦一个产品包含有技术标准时,他有可能在自己的专利技术纳入标准之后提高许可费,从而导致产品价格提升,损害消费者的利益。不仅如此,专利权人如果申请法院发布禁令,要求产品制造商停止生产和销售含有其专利权的产品,不仅让生产者和销售者承担巨大损失,也将损害消费者的自主选择权。③ 自主选择权是法律赋予消费者的一项重要权益,但专利劫持行为却可能让消费者的这种自主选择权落空。企业以支付高额的专利许可费为代价,从专利劫持行为者处获得相应的专利技术使用权,必然会导致专利产品成本的上升。这是因为具有逐利

---

① 胡鸿高:《论公共利益的法律界定》,《中国法学》2008 年第 4 期。

② [美] E. 博登海默:《法理学——法律哲学与法律方法》,邓正来译,中国政法大学出版社 1999 年版,第 317 页。

③ 我国《消费者权益保护法》第 9 条规定:消费者享有自主选择商品或者服务的权利。消费者有权自主选择提供商品或者服务的经营者,自主选择商品品种或者服务方式,自主决定购买或者不购买任何一种商品、接受或者不接受任何一项服务。消费者在自主选择商品或者服务时,有权进行比较、鉴别和挑选。

本性之企业为了转移成本,会将付出的高额专利许可费计入产品价格,从而让消费者最终承担这些增加的费用。可问题的症结还在于,从整个成本的转移链条上来看,终端消费者所支出的费用,绝大部分是由专利劫持行为者获得,而真正的发明创造者所获甚少,这无疑是不公平的,也不利于促进技术创新,进而损害社会公众的利益,降低社会的福祉。

(二) 正效应

需要提及的是,尽管技术标准化中专利劫持行为给生产型企业、社会带来危害,但它在一定程度上也具有积极意义,能产生一些正效应。主要表现在:

1. 增强标准必要技术的流动性

在标准必要专利劫持行为的影响下,一些大型企业开始组建专利联盟,联盟成员把属于自己的包括标准必要专利的部分专利集中起来,建立一个专利池,并由联盟机构统一经营和管理,对外许可专利;成员之间也可以交叉许可专利,共享专利技术。这样既可以在一定程度上防止专利劫持行为的侵袭,又可以使它们在面对专利劫持行为人提起诉讼的时候有足够的力量和技术支持。还有部分企业通过在市场上收购对它们有潜在威胁的专利,建立共同防御基金,并由基金统一管理、投资,这些企业不仅可以获得丰厚的回报,还可以使用标准必要专利,从而大大减少了遭受标准必要专利劫持行为的风险。比如,世界上著名的专利防御公司 RPX 公司。总之,无论是专利联盟还是防御基金,这些模式增强了企业内部与内部、内部与外部的技术流动。有学者在英国《经济学家》上发文指出,"就像银行创造了资本市场、保险业创造了风险市场一样,专利制度的成长会创造一个创新市场"[1],而专利劫持行为为这个市场"创造了可信的诉讼威胁、提高了专利的流通性、确立了保证市场供求平衡的价格、提高了专利市场的效率"[2]。

2. 解决部分独立发明者、小型企业等遭遇的"专利之困"

多年以来,一些科研机构、小微企业以及个人常常面临这样的困境:一是不充足的科研经费,二是难以承受的专利申请费用尤其是国外专利的

---

[1] Cukier, Kenneth, *A Market for Ideas*, http://www.economist.com/node/5014990.

[2] McDonough Ⅲ, James F., "The Myth of The Patent Troll: An Alternative View of The Function of Patent Dealers in an IdeaEconomy", *Emory Law Journal*, Vol. 56, 2006.

申请费用,三是即使成功申请了专利,但囿于自身的经济实力和尚缺乏的专利经营经验,他们很难实现专利技术成果的商业化,"久不售"之窘境不能给发明人带来经济利益,不能有效激励这些发明主体继续创新。而技术标准化中专利劫持行为人通过搜寻这些主体手中有潜在应用价值的专利,或者通过收购的方式或通过资助专利申请的方式使这些技术发挥出应有的价值,推动这些技术标准化,能够让发明人也从中获得了一定的回报,可以在一定程度上降低研究成本,从而消除研发资金短缺之烦恼,解决研发技术商业转化率低的瓶颈问题。来自高智公司的报告显示,它们每年给发明人支付的费用超过了给专利诉讼律师的费用。CEO 梅尔沃德一直为公司在进行辩解:"高智公司的商业模式能有效刺激无形资产经济的发展,也能有效激励创新;保证发明者更富有,能获得足够的资金;还能为人类社会提供更多的发明。"[1]

3. 唤醒了大量的沉睡专利

技术标准化中专利劫持行为人往往来自优秀的律师团队和顶尖的技术人员之组合,他们具有丰富的专利管理和经营经验,握有大量价值极高的专利情报信息,擅长通过自己的日常经营行为和信息优势唤醒大量的沉睡专利,使它们发挥其应有的商业价值。美国学者据此认为,专利劫持行为人可以视为"专利经销商",它鼓励了专利交易,加快了专利的流动,重新调整了市场激励机制,使市场达到"出清"的目的。[2] 甚至有学者还认为:"大量的专利诉讼并不可怕,它推动了'专利许可企业'的发展,在一定程度上解决了专利市场失灵的问题。"[3]

4. 有效打击技术标准化中的反向专利劫持行为人

从实施专利劫持行为本身的手段和目的来看,我国学者提出:"专利劫持行为并不具有道德上的可责性;相反它具有一定的伦理正当性。"[4]

---

[1] Schwartz, David, and Jay P. Kesan, "Analyzing the Role of Non-practicing Entities in the Patent System", *Cornell Law Review*, Vol. 99, No. 2, 2014.

[2] McDonough Ⅲ, James F., "The Myth of the Patent Troll: An Alternative View of the Function of Patent Dealers in an Idea Economy", *Emory Law Journal*, Vol. 56, 2006.

[3] Watanabe, Yuichi, "Patent Licensing and the Emergence of a New Patent Market", *Hous. Bus. & Tax L. J.*, Vol. 9, No. IX, 2009.

[4] 和育东:《专利渔翁现象引发的思考》,载国家知识产权局编《专利法研究 2010》,知识产权出版社 2011 年版,第 352 页。

这是因为，在 19 世纪末，"公司"盛行，导致经济主体结构发生了重要改变，专利权的主体结构也随之发生变化，即专利权人从以独立发明人为主到以公司为主的转换。公司专利权人的出现，意味着独立发明人的重要地位开始下降，已经形成的利益优势渐渐丧失，专利法律制度以激励发明人为基础的传统伦理不断受到质疑，独立发明人的利益空间不断限缩，其缺乏足够的财力和能力来实施其专利，也缺乏足够的财力支付诉讼费而只好放弃诉讼，还缺乏足够的人力来应对侵权行为，更缺乏足够的经验来应对侵权，尤其是面对大公司的侵权，结果只得任由大公司"反向劫持"。而专利劫持行为的出现，恰好可以制衡大公司的"反向专利劫持行为"，防止美国硅谷出现的新现象——"效率侵权"[1]。专利劫持行为人向独立发明人或者小公司购买专利，然后依照司法程序要求专利侵权者支付高额许可费或者巨额赔偿，从而让专利权回归到应有的价值轨道，这有利于激励自然人的创新活动，有效打击大公司等反向专利劫持行为人。不仅如此，在技术标准化中，由于 FRAND 原则的模糊性，标准必要专利技术实施者也会基于投机的心理，常常策略性地利用该原则反向劫持标准必要专利权人，损害标准必要专利权人的正当权益。比如，多方寻找借口拒绝达成标准必要专利许可协议或拒绝支付许可费，或者拖延支付许可费或压低许可费，从而让标准必要权利人的研发投入无法获得合理补偿。

五　法律定性

关于技术标准化中专利劫持行为的法律定性涉及两方面的问题：首先，专利劫持行为是合法行为还是违法行为；其次，如果作为一种违法行为，它是一种什么样的违法行为。目前学界对技术标准化中专利劫持行为的法律性质尚存有争议，但其争议主要集中在专利劫持行为究竟属于一种什么样性质的违法行为。而对于专利劫持行为的合法性与违法性问题，大部分学者都认为专利劫持行为具有违法性，仅有极少部分学者和律师认为，从经济学的角度看，专利劫持行为是专利权人基于对市场的判断，利用专利权作为一种垄断权进行许可并从中获得利润的交易行为，不应该认

---

[1]　Nocera, Joe, *The Patent Troll Smokescreen*, http://www.nytimes.com/2015/10/24/opinion/the-patent-troll-smokescreen.html.

定为非法行为。① 加莱托维奇教授、哈伯教授与加州大学伯克利分校的勒温妮教授认为专利劫持行为不利于计算机、电子信息等产业创新的观点并不正确,真正应该做的不是指责专利劫持行为人,而应该着眼于产业的改变。② 他们还通过研究,澄清标准必要专利劫持行为破坏创新毫无经验证据,从而进一步否认专利劫持行为的非法性。③

本书对于专利劫持行为的违法性也不予以质疑,因为经济学中的"劫持"主要是对事实状态的一种客观描述,没有主观方面的是非判断,不说明"劫持"是"好"是"坏";法学意义上"劫持"往往带有否定性评价,无论是在刑法领域还是民法领域。违法行为就是指违反现行法律,给社会造成某种危害的、有过错的行为。依据侵犯的法律、法规之不同,分为民事违法行为、刑事违法行为、行政违法行为;依据情节严重程度之不同,可分为一般违法行为和严重违法行为。技术标准化中专利劫持行为的实施主体利用法律制度的漏洞,以提起诉讼或者申请法院颁布禁令威胁标准产品生产者,其目的不在于对标准必要专利权价值的考量,而旨在追求超高额的许可费,违反了专利制度激励创新的宗旨,扰乱了竞争,阻碍了标准的推行,减损了消费者福祉。④ 由此可以看出,技术标准化中专利劫持行为的违法性不言而喻。这种违法行为是一种属于民事领域的行为。

在确定技术标准化中专利劫持行为是一种违法行为后,本书拟进一步对其违法行为进行识别。对于违法行为的性质,目前主要有权利滥用行为说、垄断行为说、违约行为说。

---

① Geradin, Damien, and Miguel Rato, "Can Standard-Setting Lead to Exploitative Abuse: A Dissonant View on Patent Hold-Up, Royalty Stacking and the Meaning of Frand", *Euro. Competition J.*, Vol. 3, No. 1, 2007.

② Galetovic, Alexander, and Stephen Haber & Ross Levine, "Patent Holdup: Do Patent Holders Holdup Innovation?", *Hoover IP*2, *Working Paper Series No.*14011, 2014, http://faculty.haas.berkeley.edu/ross_ levine/Papers/PatentHoldup_ 7may2014.pdf. 但加来托维奇等人的观点招致勒姆利的猛烈批评,他认为这三位作者的研究所依赖的数据系购买所得,并不真实,结论荒谬。See Lemley, Mark A., "Faith-based in Intellectual Property", *UCLA L. Rev.*, Vol. 62, No. 5, 2015.

③ Galetovic, Alexander, and Stephen Haber & Ross Levine, *No Empirical Evidence that Standard Essential Patents Hold-up Innovation*, http://papers.ssrn.com/sol3/papers.cfm? abstract _ id = 2588169.

④ 吴广海:《标准设立组织对专利权人劫持行为的规制政策》,《江淮论坛》2009年第1期。

1. 权利滥用行为说

权利具有复杂性，界定呈现多维度。我国法理学学者程燎原教授等对权利做了经典的注解："权利是由自由意志支配的，以某种利益为目的的一定的行为自由。"① 作为人们为或者不为一定行为、要求他人为或者不为一定行为以及请求国家强制力给予协助的自由，并非绝对自由，这是因为"权利具有相对性：权利存在着来自外在的限制，权利的行使存在着具体的边界"②。如果权利人在行使权利过程中一旦超过了具体的边界，给他人利益或者社会公共利益造成一定的损害，权利的行使就转变为权利的滥用。这也印证了法国著名的启蒙思想家、法学家孟德斯鸠的说法："一切有权力的人都容易滥用权力。"③

但权利滥用行为是一个十分模糊和抽象但又很重要的概念。罗马法时代已经产生禁止权利滥用之观念，其后慢慢演进为当代民法的一项基本原则并在 1907 年的《瑞士民法典》中加以确立。遗憾的是，《瑞士民法典》虽然正式使用了"权利滥用"的概念，但并没有对其进行界定。那么何为"权利滥用"或者"权利滥用行为"，学界尚存争议，其中，以"范围说"和"目的说"最具代表性。④ 持有范围说的学者认为："权利滥用其实很简单，它是指某一行为未超越主观权利的范围，但其行使违反了整体意义上的，即作为强制性社会规范的集合的法律。"⑤ 此种观点强调权利行使的界限，虽然便于实践操作，但是不能涵盖所有的权利滥用行为。比如，对于拒绝许可知识产权行为、提起诉讼行为而言，由于其行为似乎在法律范围之内，按照此种学说并不能认定其属于权利滥用行为。而目的说

---

① 程燎原、王人博：《赢得神圣——权利及其救济通论》，山东人民出版社版 1998 年版，第 31 页。

② 易继明：《禁止权利滥用原则在知识产权领域中的适用》，《中国法学》2013 年第 4 期。

③ [法] 孟德斯鸠：《论法的精神》（上），张雁深译，商务印书馆 1982 年版，第 154 页。

④ 关于构成权利滥用的标准，各国先后确立了故意损害、缺乏正当利益、选择有害的方式行使权利、损害大于所取得的权利、不顾权利存在的目的、违反侵权法的一般原则 6 个标准。比如故意损害标准，著名民法学者胡长清认为权利乃法律分配一部分社会利益于权利人，行使权利之结果，固不免使他人发生损害，然如专以损害他人为目的，则属权利之滥用。又如《德国民法典》第 226 条的规定："权利的行使，不得专以损害他人为目的。"

⑤ [法] 雅克·盖斯旦、吉勒·古博：《法国民法总论》，陈鹏等译，法律出版社 2004 年版，第 700 页。

强调权利的行使违反了法律设置此项权利的目的,即权利的社会性,违反了诚实信用原则。正如埃尔曼所言:"今天,大多数法律制度都在试图对不受约束的个人主义表现加以控制,控制的方式是通过立法判决或立法发展出一种广泛而略失雅致地称作'权利滥用'的概念,这种概念认为,一项权利即使是被合理地取得,也不能够用来满足与其原始目的相悖的目的。"①但此种观点的局限之处在于实践中难以考察专利权滥用人的主观目的。总体上看,这两种观点并未揭示权利滥用行为的本质。与此同时,在禁止权利滥用的演进之路中,判定权利滥用行为的标准正在从主观标准走向客观标准,比如基于社会和经济的目的之违反、公序良俗之违背、诚信原则之违反、将权利扩张至法律允许的范围外等客观情形的判定。由于每个学说并非尽善尽美,因此本书认为应当兼采这两种学说对于权利滥用行为的界定,即权利滥用是指权利人超过法律范围行使权利或者违反设置权利本身的目的,损害他人合法权益或社会公共利益的行为。构成权利滥用的要件包括主体是行使权利的人、权利行使者主观上存在过错、客体是他人的合法权益或社会公共利益、客观上存在侵害他人权益或社会公共利益的行为。

就专利权而言,它是自然人、法人或其他组织在一定期限内对其发明创造所依法享有的独占性实施权,是一种私权。②相比于物权,专利权的保护范围更加难以界定、不太容易获得可替代的专利发明、专利权与公共利益有更多的交集,这些特点使得专利权的行使比起行使物权更容易偏离立法者的目的,出现专利权滥用情形。③根据上文的分析,专利权的滥用应从两个方面加以考量:一是专利权人行使权利时是否超出专利法律规范设定的权利自身的范围,二是即使没有超出设定范围,但专利权的行使是否违反了专利法律制度的价值和目的,是否违背了其欲实现的公共政策(包括创新政策、竞争政策、标准实施政策等)。依此标准,一般认为,专利权滥用的表现形式主要为拒绝许可或不实施专利、滥用市场优势地位、延长保护期、滥发警告函、滥用诉权等。这些行为又可以根据权利基础的不同性质,划分为三类:以权利的绝对性为

---

① [美]埃尔曼:《比较法律文化》,贺卫方、高鸿钧译,生活·读书·新知三联书店1990年版,第70页。
② 刘银良:《知识产权法》(第二版),高等教育出版社2014年版,第125页。
③ 张吉豫:《禁止专利权滥用原则的制度化构建》,《现代法学》2013年第4期。

基础的拒绝许可或者不实施或实施不充分的行为；以权利的相对性为基础的排除或限制竞争的市场行为；以程序性权利为基础的规则滥用专利权行为。

技术标准化中的专利劫持行为主体通过滥发警告函、滥用诉权提起诉讼相威胁，获取超额许可费，其明知自己专利权保护范围太宽或者明知违反披露义务。可见，专利劫持行为人首先在主观上就有滥用专利权的故意；其次，他的行为超越了专利权本身的边界；最后，专利权人直接拒绝许可或者通过索要高额要价，从而变相拒绝许可标准必要专利技术，以此来控制市场准入。这种行为不仅违背了专利制度旨在保护创新、鼓励技术实施运用的初衷，也背离了标准化制度旨在推广技术标准的目的，影响了标准的扩大发展和整个社会的科技进步。因此，技术标准化中的专利劫持行为可以认定为一种典型的专利权滥用行为，这种行为因技术标准的存在而增添了"动力"，带来更大的危害，应予以禁止。

2. 垄断行为说

垄断行为是指违反竞争法的行为，其目的在于形成有利的经济地位或扩张经济规模，具有社会危害性。它是反垄断法规制的对象。在理论上，学者们对垄断行为的表现形式有不同的分类方法。如以具体组织形式为标准，将垄断行为分为：短期价格协定①、卡特尔②、辛迪加③、托拉斯④和康采恩⑤等；以形式特征为标准，可以把垄断行为分为：协议垄断⑥和滥

---

① 短期价格协定是资本主义垄断组织的初级形式，指参加者采用口头或书面方式，就某类商品的价格作出共同规定，以便控制市场，获取垄断利润。协定存在的时间大多是短暂的，一旦达到目的或市场条件发生变化时，往往即自动解散。

② 卡特尔是指生产同类商品的企业，为了获取高额利润，在划分市场、规定商品产量、确定商品价格等一个或几个方面达成协议而形成的垄断性联合。

③ 辛迪加是同一生产部门的企业为了获取高额垄断利润，通过签订协议，共同采购原料和销售商品，而形成的垄断性联合。

④ 托拉斯是垄断组织的一种高级形式，通常指生产同类商品或在生产上有密切联系的企业，为了获取高额利润，从生产到销售全面合并，而形成的垄断联合。

⑤ 康采恩是分属于不同部门的企业，以实力最为雄厚的企业为核心而结成的垄断联合，是一种高级而复杂的垄断组织。

⑥ 协议垄断是指两个或者两个以上的经营者（包括行业协会等经营者团体），通过协议或者其他协同一致的行为，实施固定价格、划分市场、限制产量、排挤其他竞争对手等排除、限制竞争的行为。

用市场经济优势地位①两大类;从产生与行政权力的关系看,可以将垄断行为分为:经济性垄断②和行政性垄断③等。西方国家反垄断理论中所称的垄断一般都是指经济性垄断。在实践中,纵观各国立法,对垄断行为的表现形式从不同的角度作出不同的归纳。例如,美国的《谢尔曼法》(An Act to Protect Trade and Commerce against Unlawful Restraints and Monopolies, Sherman Act)规定了独占性垄断和限制性垄断两类;日本《关于禁止私人垄断和确保公正交易法》(Act on Prohibition of Private Monopolization and Maintenance of Fair Trade)规定了私人垄断、不正当交易限制、经济力的过度集中及不公正交易方法三类;德国的《反限制竞争法》(Restriction of Competition Act, GWB)将垄断行为分为:卡特尔、滥用市场优势和企业兼并三类;欧洲共同体的《罗马条约》④规定了两类非法垄断形式:阻碍、限制或妨碍市场内部竞争的行为和滥用经济优势的行为。我国《反垄断法》规定的垄断行为既有经济垄断,也有行政垄断。其中,第3条规定

---

① 市场经济优势地位是指在市场经济的大背景下某企业或几个企业的集合,在竞争的相关市场上,在作出自己的市场决策或行为时,仅考虑自己的利益最大化,而不受其竞争对手、交易对方或消费者所限制,能自主决定自己产品的价格与供求关系,能左右竞争的一种情形。滥用市场经济优势地位是指企业获得前述所指的市场经济优势地位后并滥用这种地位,对市场中的其他主体进行不公平的交易或排斥竞争对手的行为。它既包括获得市场支配地位的企业,也包括虽不具有市场支配地位,但在特殊的交易环境中居于有利地位的情形,即具有相对经济优势地位的企业实施的不公平交易或者排斥竞争对手的行为。

② 经济性垄断是经济发展到一定阶段的产物,源于经济力优势的占有者为了保持自己的优势而采用非竞争的手段,不允许他人再与之进行竞争,根本特征在于以集中的经济力或联合的经济力支配市场,从而有使他人成为经济从属者的可能。

③ 行政性垄断有两个术语,一个是"政府垄断",一个是"政府授予垄断",前者是政府直接行使垄断权力(比如酒类专卖、烟草专卖),后者是政府将垄断经营权授予某一个企业。行政垄断与经济垄断的差别在于:第一,主体不同;第二,手段不同;第三,结果不同。

④ 1951年4月18日,法国、意大利等6国在巴黎签订了为期50年的《关于建立欧洲煤钢共同体的条约》(Treaty of Paris founding the European Coal and Steel Community,简称 Euratom 条约或者 ECSC 条约,2002年失效)。1957年3月25日,在欧洲煤钢共同体的基础上,法国、联邦德国等6国政府首脑和外长在罗马签署了《建立欧洲经济共同体条约》(Treaty Establishing European Economic Community,EEC 条约)和《欧洲原子能共同体条约》(Treaty establishing the European Atomic Energy Community,Euratom 条约或者 EAEC 条约),这两个条约合称《罗马条约》。

了经济垄断的情形：垄断协议、滥用市场支配地位①和具有排除、限制竞争效果的经营者集中②；第 8 条将行政垄断与经济垄断并列，包括限定商品、妨碍流通、歧视排斥、强制垄断、限制规定等。

专利法律制度以赋予专利权人"合法垄断"的方式来激励创新，其激励创新的最终目的在于促进社会经济发展，增加社会整体福利。但是，在现代科技高速发展、市场竞争异常激烈和世界经济一体化的背景下，专利权绝非只是作为一种激励创新的手段而存在，而是一种决定市场优势力大小或者市场支配力大小的重要指标。简言之，专利权人以通过对技术的控制，达到在一定领域对市场的控制。然而，这种权利往往被权利人滥用，从而演化为垄断市场、排除、限制竞争的工具。哈耶克曾指出："把财产概念扩展到诸如发明专利权、版权和商标权这样的领域，可能会威胁自由竞争的市场秩序。"③ 而技术标准化则进一步增加了专利权人拥有市场支配地位的能力，引发更多的专利权滥用。这是因为专利权人借助技术标准的网络效应和规模效应，通过专利权许可形成垄断。特别是在市场进入方面，标准作为一种技术壁垒可以排斥不符合这些标准的产品进入市场，从而产生排斥竞争、限制市场进入自由的后果。可见，技术标准化减少了其他生产者进入市场的机会，抬高了其他生产者进入市场的门槛。垄断行为说认为标准制定和实施过程中的专利劫持行为破坏了专利权的公平性、正义性、稳定性和边界的有限性，而使得标准无法正常地制定、实施、运行，会损害拥有竞争性技术的其他主体的利益，也会减少其他拥有替代性专利技术的人并入技术标准的可能性，甚至对整个技术标准的体系造成破坏，让其他权利人和技术使用者丧失了进入市场的机会。可见，技术标准化中专利劫持行为者限制、排除了其他经营者进入市场的机会。因

---

① 滥用市场支配地位，是指经营者滥用其在相关市场内具有的能够控制商品价格、数量或者其他交易条件，或者滥用其能够阻碍、影响其他经营者进入相关市场能力的市场地位。比如，以不公平的高价销售商品或者以不公平的低价购买商品等。滥用市场支配地位行为与不正当竞争行为中的一些行为看起来较为相似，但前者以具有市场支配地位为基础，后者一般无此要求。

② 具有排除、限制竞争效果的经营者集中，是指经营者合并，经营者通过取得其他经营者的股份、资产，以及通过合同等方式取得对其他经营者的控制权或者能够对其他经营者施加决定性影响的情形。

③ [英]哈耶克：《个人主义与自由秩序》，邓正来译，生活·读书·新知三联书店 2003 年版，第 167 页。

此,反垄断法律必须要对这种滥用市场支配地位的行为加以规制。比如,美国和欧盟的反垄断执法机构主要关注违背专利信息披露义务、FRAND许可原则下寻求禁令救济、通过专利转让规避专利许可声明这三类较为典型的专利权行使行为。①

3. 违约行为说

违约行为或违约源于英美合同法,现在已成为两大法系共同之表达。但是,对于什么是违约行为,两大法系的学者的表达还存在一定的分歧。英美法系学者一般以债务人违反合同义务的形态为标准来界定;大陆法系学者则主要以债权的目的是否实现或者以债务的不履行为标准来定义。前者注重违约行为的过程,后者注重违约行为的结果,二者的关注点存在差异,但本质上具有同一性。我国学者认为违约行为是合同当事人违反合同义务的行为,即当事人一方不履行合同义务或者履行合同义务不符合约定,从而与合同签订的本旨相悖。② 此种行为具有主体特定性、客观性和违法性、结果的损害性和合同成立的前提性等特征。违约行为的主体性是指合同义务的违反只能发生在特定的当事人之间;行为的客观性和违法性是指一方当事人的行为在客观上存在,但是不符合合同约定的义务要求;行为结果的损害性是合同一方当事人的实际行为状态和结果低于或者不是债权实现所要求的程度,损害了合同另一方当事人的利益;行为发生的前提条件是已经存在合同。

在技术标准化中,专利劫持行为有五种表现形式,如在制定标准的过程中,核心专利的权利人故意隐瞒或不当披露现存专利或者专利申请信息,而在标准制定完成后,专利权人才披露相关专利信息。如果推广该标准,标准必要专利权人可能拒绝按照 FRAND 条款对专利进行授权,从而劫持现行标准;或者核心专利权利人在制定标准过程中,承诺采用 FRAND 原则向标准技术使用者许可其专利。但标准确立后,核心专利权利人通过诉讼威胁或者发布律师函等形式,向标准技术使用者索要不公平、不合理的许可费,对不同的标准技术使用者采用歧视的专利许可政策。我国广东省高级人民法院民三庭副庭长张学军法官认为:"对于

---

① 赵启杉:《论对标准化中专利权行使行为的反垄断法调整》,《科技与法律》2013年第4期。

② 谭启平主编:《中国民法学》,法律出版社2015年版,第455页。

组织内成员，合同是成立的。……对于组织外成员，根据最高人民法院对合同成立的司法解释，即只要双方当事人清楚、标的清楚、数量清楚，则合同就可以成立……"[1] 美国法院也常以合同义务的违反来处理此种案件。依此，专利权人一旦加入标准组织，就向标准必要专利技术实施者发出了要约，只要后者作出承诺，标准必要专利合同即成立。而此时，如果标准必要专利权人拒绝按照FRAND原则许可专利标准技术，或者因故意隐瞒、不当披露导致不能履行的，则属于违约，应承担违约责任。

本书认为，技术标准化中专利劫持行为的法律性质具有"复合性"，即既有可能是权利滥用行为，同时又是垄断行为；既是垄断行为，又是违约行为；既是权利滥用行为，又是违约行为，因此认定时应予以综合考量。揭示技术标准化中专利劫持行为的具体法律性质应考量：（1）是否侵犯他人受到法律保护的权利和利益；（2）是否具有违法性，即是否违反民事法律、法规的规定。民事违法行为根据违反的义务性质之不同，分为违约行为和侵权行为。前者是指合同当事人违反合同约定，不履行或者不完全履行合同义务的行为，后者是指民事主体违反法定义务，侵害他人民事权利或者利益的行为。就技术标准化中的专利劫持行为而言，专利权人以提起诉讼或者滥发律师函相威胁，获取超额利益，其法律性质首先体现为一种权利滥用行为。但专利权的滥用不只是涉及反垄断问题，首先它也不是反垄断法方面的问题。[2] 技术标准化中专利劫持行为侵犯了产品制造者的合法利益，损害了市场竞争，与专利法律制度和标准法律制度的功能相悖。至于有没有构成垄断，则应依据反垄断法进行认定。专利权本身是一种私权，是一种法定"专有权"或者"垄断权"。一般情形下，专利权人行使自己的权利并不构成反垄断法中应予以规制的行为，除非专利权人利用专利权危害竞争；不仅如此，这种危害竞争达到一定程度因而"应当"规制；最后，这种行为违反了反垄断法。[3] 正因为如此，美国部分学

---

[1] 该观点摘录于张学军法官于2015年12月12日在参加由最高人民法院深圳大学知识产权司法保护理论研究基地主办、深圳大学法学院承办的"标准必要专利研讨会"的发言。http://www.zhichanli.com/article/21307。

[2] 王先林：《知识产权法与反垄断法》，法律出版社2001年版，第93页。

[3] 吕明瑜：《知识产权垄断的法律控制》，法律出版社2013年版，第84页。

者对运用反垄断法调适专利劫持行为的实践表示怀疑。[①] 至于是否是一种违约行为,其判定应基于标准必要专利权人和被指控标准必要专利技术使用人之间是否建立了基于专利许可使用的合同,在合同履行过程中,专利权人是否违反了专利许可使用合同中约定的义务。在标准化语境中,对于加入了标准化组织的专利权人如果违反了事前或者事后的专利信息披露要求和 FRAND 原则,以高价索取许可费、禁令威胁或者拒绝许可等行为,应同时认定为一种违约行为。

第四节 技术标准化中专利劫持行为与其他概念的考辨

国内、国外学者在涉及专利劫持行为的理论文章除经常使用专利劫持行为外,还频繁使用其他表述来描述同一现象,本书把这些术语分为四组:第一组,专利怪客、专利流氓、专利地痞、专利蟑螂、专利怪物、专利地奥、专利螳螂、专利钓饵(patent mine)、专利诱饵、专利恶魔、专利恶鬼、专利巨魔、专利魔头、专利妖怪、专利鲨鱼(patent shark)、专利丛林、专利灌木丛(patent thicket)、专利掮客(patent brokering)、专利伏兵(patent ambush)、专利海盗(patent pirate)、专利勒索者(patent extortionist)、专利敲诈者、专利地雷(patent trap)、专利恐怖分子(patent terrorist)、专利潜水艇(patent submarine)、专利绦虫(patent tapeworm)等;第二组,专利经营实体(专利控股持有公司、专利授权和执行公司、非专利实施体)、专利交易商(patent dealer)、专利货币化实体;第三组,专利主张实体;第四组,专利恶意诉讼(frivolous litigation)。仔细研究起来,实际上技术标准化中专利劫持行为与这四组中的术语指向还存有一些差异,本书认为有必要对这些概念进行澄清。

一 技术标准化中的专利劫持行为与专利怪客

专利怪客的英文是 patent troll,其中 troll 含有"怪物"之意,它源于

[①] Kobayashi, Bruce H., and Joshua D. Wright, "Substantive Preemption, and Limits on Antitrust: An Application to Patent Holdup", *Journal of Competition Law & Economics*, No. 5, 2009.

斯堪的纳维亚传说中的一种超自然动物,有时是一个巨怪,有时是一个矮人,专门蛰伏在桥下,伺机吓唬路人。patent troll 一词的语源开始于1993年,被用于描述公司积极向法庭提起专利诉讼,由此可见,该词从诞生之日起就打上了浓厚的贬义色彩,太过宽泛,它传递着社会各界对它作为负面形象的不屑和轻蔑。2001年,英特尔公司前助理法务长德提肯使用"专利勒索者"(patent extortionist)来形容曾经控告过英特尔的技术搜寻许可与咨询服务国际公司(Tech Search International, Inc.)及其律师尼诺,因为该公司以5万美元购买的芯片制造方法专利,却以800万美元来收取授权费用,他认为此公司的这种行为就像地痞流氓的行为。他的言论由此招致了诽谤之诉,此后他改用专利怪客来描述依靠购买专利而进行诉讼获利的不受欢迎的原告,从此该词流行开来。但是有关专利怪客的定义至今仍没有一致的表述和界定,被德提肯指责为专利怪客的尼诺对此定义为"专利寄生虫",即依赖发明者的供养,对创新没有任何贡献的公司或者个人。[1] 勒姆利教授指出,专利怪客的范围有大有小,但真正的专利怪客就是有着"怪客"的品性。[2] 一般认为,专利怪客指本身不从事研究或者不生产制造产品,而依靠购买或者所持的专利对侵权者提起诉讼或者寻求专利许可而获取巨额费用的公司、个人或者其他主体。[3] 但是专利怪客一词,如同当年的"知识产权霸权主义"等词语一样,"用一种先入为主的标签化提法,抽离了许多复杂、细致的信息,将某一类主体和现象简单化、平面化"[4],意味着一旦一家企业或个人被归类为专利怪客,便似乎在道德上陷入困境,它的行为和获利由于没有伦理基础,从而也失去了正当性。

这样看来,技术标准化中专利劫持行为与专利怪客既有区别,也有联系。二者区别在于技术标准化中专利劫持行为强调标准化过程中的行为本身,专利怪客是对实施这种行为的一种主体的统称,标准化语境中专利怪

---

[1] See Niro, Raymond P., "Who is Really Undermining the Patent System—'PatentTrolls' or Congress?" *Marshall Rev. Intell. Prop. L.*, No. 6, 2007.

[2] Lemley, Mark A., "Is Universities are Patent Trolls?" *Frodham Intell. Prop. Media & Ent. L. J.*, Vol. 18, 2008.

[3] 李晓秋:《美国〈拜杜法案〉的重思与变革》,《知识产权》2009年第3期。

[4] 刘晓春:《从 Vringo 商战看"专利流氓"的去标签化》,《中国贸易报》2014年8月21日第5版。

客的所有行为未必就应该认定为专利劫持行为；二者联系在于标准化背景下实施专利劫持行为者可以被认定为专利怪客，专利怪客的主要行为表现为劫持标准行为。所以，在本书中，尽管承认两者给社会造成的影响、规制的法律基础以及规制模式有相同之处，但在概念表述上并不赞成将二者等同。

二 技术标准化中的专利劫持行为与专利经营实体

鉴于专利怪客一词存在的诟病，不少学者和实务部门人员开始使用专利经营实体替代专利怪客一词。达菲教授说："专利经营实体是指那些从不将自己的技术进行商业转化，而是着力向使用该项技术的主体提起诉讼并为之带来巨大商业风险的专利权人。换用一个略加贬义的词语，即'专利怪物'。"[1] 齐恩教授说："专利经营实体就是那些不生产产品也不实施专利的公司。"[2] 袁晓东教授等指出，专利经营实体（非运营实体）在学界有多种称谓，包括专利控股（持有）公司、专利授权和执行公司、专利流氓等。此种公司并不从事实际产品的生产制造，而是将专利权经营作为公司的总体商业战略。[3] 笔者曾提出，专利经营实体是指不进行生产制造或销售产品的公司或者个人，经由独立研发、专利（申请）转让或许可、其他专利权人的委托或授权获得技术或者专利的组合，以转让或许可专利、提起专利诉讼或者防御专利诉讼为主要手段，向受让（被许可）方或者侵权方收取专利转让（许可）费、侵权赔偿金或者抗辩侵权之指控。[4]

从此定义可以看出，专利经营实体具有以下特征：第一，主体为拥有专利（申请）权的独立发明人、大学、公司或者其他组织等。比如"发明大王"爱迪生、被奉为美国"专利怪物"先驱者的技术搜寻许可与咨询服务国际公司的缔造者布朗律师、威斯康星校友研究基金、高智公司；

---

[1] Duffy, John, "Innovation and Recovery", *Intellectual Property Law Review*, Vol. 14, No. 2, 2010.

[2] Chien, Colleen V., "Of Trolls, Davids, Goliaths, and Kings: Narratives and Evidence in the Litigation of High-tech Patents", *North Carolina Law Review*, Vol. 87, No. 1, 2009.

[3] 袁晓东、孟奇勋：《专利集中战略：一种新的战略类型》，《中国科技论坛》2011年第3期。

[4] 李晓秋：《危机抑或机遇：专利经营实体是非置辩》，《中国科技论坛》2012年第11期。

第二，专利的来源主要是通过自己的技术创新、从他处购买、接受委托或者授权。如麻省理工学院拥有的专利则主要基于自己的研发创新，而高智公司的专利主要是通过购买获得；第三，专利经营实体与专利实施实体（Patent Practicing Entities，PPE）最大的区别在于前者通常不生产制造或者销售有形产品，其提供的是专利技术等无形产品；第四，专利经营实体运作模式主要通过专利商业化的二级市场或者提起诉讼获得赔偿，或者用于权利人防御他人的专利侵权攻击。根据不同的标准，专利经营实体可以分为不同的类型。比如，依主体类型的不同，专利经营实体可以分为个人、独立发明人、大学、科研机构、公司或者其他组织。勒姆利和阿里森等学者分得更细，包括：开设失败的公司、从生产商转变而来的公司、大学附属机构或者遗产管理部门、独立财团、筹备阶段的公司等10类。[①] RPX公司则将专利经营实体分为专利主张实体、大学和科研机构、个人发明者、非竞争性实体四类。[②] 依据专利（申请）权的来源，可以分为自我研发、从他处购买或取得独占许可权、接受委托或授权的专利经营实体，如美国高通公司、克罗斯诺技术公司、DVD6C、DVD3C、MPEG-2专利池。依据商业模式之不同，分为基于诉讼而营利的专利经营实体和基于专利转让和许可而营利的专利经营实体，如NTP公司和高智公司。

从以上对于专利经营实体的界定可以认为，技术标准化中专利劫持行为与专利经营实体二者也不相同。专利经营实体是法律关系研究中的主体范畴，技术标准化专利劫持行为在法律关系研究中指向客体范畴。孔特雷拉斯在对专利经营实体提出的标准必要专利主张进行实证研究后提出，如持有标准必要专利的专利权人是专利经营实体时，应对FRAND原则和标准组织的专利政策施加一些限制。[③] 专利经营实体并不必然就是专利怪客，后者只是前者的一种表现形式而已。

[①] Allison, John, and Lemley, Mark A. & Joshua Walker, "Patent Quality and Settlement Among Repeat Patent Litigants", *Georgetown Law Journal*, Vol. 99, No. 3, 2011.

[②] RPX Corporation, *2014 NPE Litgation Report*, http://www.rpxcorp.com/wp-conten t/uploads/2014/12/RPX_ Litigation_ Report_ 2014_ FNL_ 03.30.15.pdf.

[③] Jorge, Contreras, *Assertion of Standards-Essential Patents by Non-Practicing Entities*, University of Utah College of Law Research Paper No. 144, http://ssrn.com/abstract=2700117.

三 技术标准化中的专利劫持行为与专利主张实体

由于专利怪客的讽刺意味太过浓重,而专利经营实体的类型又过于宽泛,依据《美国发明法》第 34 条及美国总统的要求,总统办公室、国会问责委员会(Government Accountability Office,GAO)等联合对美国专利经营公司进行了调查,并组织专利权滥用研讨会。2011 年 3 月,联邦贸易委员会发布了调查报告,其中进一步细化"专利经营实体"概念,并将那些纯粹以诉讼作为获利手段的公司称为"专利主张实体"。该术语也为总统办公室的报告采用,而国会问责委员会则将之称为"专利货币化实体"。与专利经营实体和专利主张实体相比较,专利货币化实体更关注专利权的金融价值。[①]

依前述诠释来看,相对于技术标准化中的专利劫持行为,专利主张实体依然指向的是一种主体;相对于专利怪客一词,专利主张实体的称谓更具有中立性,但二者指向内涵基本一致;相对于专利经营实体的称谓,专利主张实体的概念外延更为准确。

四 技术标准化中的专利劫持行为与专利恶意诉讼

专利恶意诉讼是恶意诉讼在专利法领域中的特定表现形式,具体是指专利诉讼的一方当事人没有法律依据,故意提起诉讼,旨在损害另一方当事人或者第三人的人身权益或者财产权益。笔者曾撰文分析如何认定专利侵权诉讼是否属于专利恶意诉讼,并列出了以下要件:(1)提起诉讼一方当事人在主观上存在损害相对人的故意,[②] 具体表现为明知不符合诉讼法规定,却仍然提起诉讼。(2)提起诉讼一方当事人提起的诉讼没有法律依据。如提起诉讼的当事人所依据的专利是通过欺诈或者"脏手"原

[①] 袁晓东、高璐琳:《美国"专利主张实体"商业模式、危害及政策研究》,《情报杂志》2015 年第 2 期。

[②] 重大过失能否成为恶意诉讼的主观状态,尚有争议。本书认为,不宜将重大过失纳入认定恶意诉讼的范畴。否则,恶意的含义过于宽泛,有可能对当事人行使正当的诉权造成减损。这一点也为其他学者和实务界人士赞同,如知识产权学者、华中科技大学郑友德教授,原深圳市腾讯计算机系统有限公司专利总监、现深圳峰创智诚科技有限公司王活涛先生。参见王活涛、郑友德《专利恶意诉讼及其法律应对》,《知识产权》2009 年第 5 期。

则[1]而取得。(3)提起诉讼一方当事人实施了恶意诉讼行为,即向法院提起了诉讼。(4)造成损害结果。对方当事人因此诉讼遭受合法权益的损害。(5)行为与损害结果有直接的因果关系。(6)提起诉讼一方当事人的请求未获得法院支持。[2]

将技术标准化中的专利劫持行为与专利恶意诉讼进行比对,可以发现二者有同质性,也有异质性。其同质性体现在:手段相同,均表现为一种行为;结果相同,均对经济秩序和社会生产力造成一定程度上的破坏,给相对人、司法和社会带来交易成本;行为性质相同,均符合专利权滥用的构成要件,属于专利权滥用。尽管技术标准化中专利劫持行为和专利恶意诉讼有着较多的同质性,但是二者属于专利法领域的两种不同现象,其异质性表现在以下几个方面:

第一,实施主体性质不同。技术标准化中专利劫持行为的实施主体既有公司,也有个人,其中部分公司和个人的主营业范畴就是经营专利,不进行实体产品的生产;而专利恶意诉讼行为的实施主体往往与恶意诉讼的指向方存在竞争利害关系,一般属于产品生产商。

第二,针对目标对象不同。技术标准化中专利劫持行为所指向的对象往往是一些大公司,根据知识产权诉讼研究公司提供的《2015年度专利诉讼报告》,韩国三星电子公司、美国苹果公司等依然是标准化时代中的高科技领域专利劫持行为者提起专利诉讼的最大目标,其中,苹果公司共遭遇57起专利诉讼,三星公司共遭遇64起专利诉讼。[3] 专利恶意诉讼的针对目标对象则一般是其竞争者,专利恶意诉讼人旨在用诉讼方式达到打击竞争对手的非法目的。

第三,权利主张依据不同。技术标准化中的专利劫持行为虽然本质上也是一种滥诉行径,但是行为人合法持有专利权,而且绝大多数专利劫持行为人所持有的专利既满足专利审查的形式要件,也满足实质要件,且是标准必要专利权利人;而专利恶意诉讼的行为人却往往并非真正的专利权人或者所持专利并不真正符合授权条件,不满足提起诉讼的法定要件。

---

[1] Keystone Driler Co. v. Gen. Excavator Co., 290 U.S. 240, 244-245 (1933).

[2] 李晓秋:《未决之命题:规制专利恶意诉讼的"路"与"困"——兼评新〈专利法〉第23条、第62条》,《学术论坛》2010年第2期。

[3] Lex Machina, *Annual Patent Litigation Year in Review Report*, Lex Machina, https://lexmachina.com/media/press/2015-patent-litigation-year-in-review-report/.

第四，目的不同。技术标准化中专利劫持行为的目的因实施主体不同而不同：对于专利经营实体而言，它们是为了通过诉讼或者发送律师函来赚取金钱，赢得利润，维持自身的生存，确保未来发展；对于产品生产者而言，它们往往通过劫持方式打击竞争对手，获得更大的市场空间。专利恶意诉讼的目的是给另一方的利益造成损害，并不一定以金钱为目标，其诉求呈现出多样化的特点。①

第五，行为的具体表现形式不同。技术标准化中专利劫持行为主要表现为以提起诉讼作为威胁手段和以寄送律师函要挟标准产品生产者；而专利恶意诉讼则表现为竞争者以恶意提起诉讼方式损害竞争者利益。

第六，诉讼结局不完全相同。技术标准中的专利劫持行为者旨在获取高额许可费。因此，只要被劫持方同意给付，双方则可达成庭外和解，专利劫持行为人同时予以撤诉。专利恶意诉讼中的原告旨在利用诉讼制度打击竞争对手，而非金钱给付。对于原告这种主观上存有"恶意"之行为，法院在裁定为恶意诉讼后，受害人可以提起侵权之诉，要求"恶意"原告承担相应的民事责任。

本章小结：定义迷思与解思

"一切之中最容易的事情是反驳定义，但最困难的事情则是构造定义。"② 技术标准化中专利劫持行为的法律界定是本论题研究的逻辑起点。如果没有较为准确的界限范围，这将减损其理论上存在的意义，也会在实践操作中增添难度。博登海默说："概念乃是解决问题所必须和必不可少的工具，没有限定专门的概念，我们并不能清楚和理智地思考法律问题。"③ 然而"劫持"含义的模糊性和宽泛性影响了界定技术标准化中专

---

① 我国在实践中还存在另一种情形，即专利权人与专利侵权人之间共谋串通，虚构法律关系和事实，骗取法院判决或调解，以获得部分省市旨在帮助企业在海外维权而专门在知识产权发展专项资金中设立的海外专利维权专项资助项目。参见聂鑫《专利恶意诉讼的认定及其法律规制》，《知识产权》2015 年第 5 期。

② [古希腊] 亚里士多德：《形而上学》，吴寿彭译，商务印书馆 1997 年版，第 518 页。

③ [美] E. 博登海默：《法理学——法律哲学与法律方法》，邓正来译，中国政法大学出版社 2004 年版，第 663 页。

利劫持行为的准确性。无论是学界还是实务界，他们对于技术标准化中专利劫持行为的界定方式和界定内容并不统一。既有研究多采取了回避单纯从概念上定义技术标准化中专利劫持行为的做法，采用描述或者列举的方式揭示它的一些属性，但由于研究的目的不同，它们还不能构成技术标准化中专利劫持行为的科学定义。本书认为：技术标准化中的专利劫持行为是指标准组织成员或者非标准组织成员利用被纳入标准的专利权，向标准必要专利技术使用者发送律师函或者以提起专利侵权诉讼相威胁等手段，主张高额专利许可费的行为。综合起来看，本书阐释的技术标准化中的专利劫持行为具有以下品性：

第一，存在于专利标准制定和许可过程中。第二，实施主体主要是拥有大量专利权的公司，比如德国的 IPCom 公司拥有 1200 多个专利组合、美国 IDC 公司拥有 3989 件专利组合等。第三，实施主体既有实体公司，也有自己通常不制造生产产品、不旨在促进标准技术转化的非专利实施体，尤以后者居多，它们不进行实体生产，主要提供标准必要专利权授权或者许可服务。无论是 NTP 公司，还是 Alliacense 公司、eDekka 公司、Data Carriers 公司和 Wetro Lan 公司，都不生产有形产品，有着自己独特的商业经营模式。第四，用以专利劫持行为的标准必要专利主要由购买（专利转让或者专利许可）或进行技术创新所得，比如从一些破产公司、个人发明者手中购买，这些专利比较细微，但稳定性好。第五，实施标准必要专利劫持行为者在起诉前必须分析锁定实体目标公司。利用标准必要专利权向标准必要专利技术使用者索要超额专利许可费是专利权人行使劫持行为的主要目的。为达到此目的，标准必要专利权人在起诉前或者发送律师函之前，必须对侵权目标、争议专利进行详尽细致的考察，分析锁定某一个或者某一类实体目标公司，以达到非法之目的。第六，实施方式通常以提起诉讼相威胁或申请法院颁发禁止令为手段。由于诉讼的不确定性、禁令的威胁、高额赔偿的担忧，技术标准化中专利劫持行为人往往屡试不爽。第七，有 5 种表现形式。第八，具有全球性。专利劫持行为虽然产生、发展并发达于美国，但经济全球化和标准化时代的纵深化，专利劫持行为不仅存在于美国，还早已漂洋过海，在全球蔓延。中国、德国、英国、韩国、印度等国家和地区在标准制定和实施过程中已遭遇专利劫持行为。第九，它是一种滥用专利权的非法行为，特殊情况下这种滥用行为可以被认定为反垄断法中的垄断行为。第十，它与专利怪客、专利经营实体、专利主张实体、专利恶意诉讼并不相同，不宜混同。

第三章

技术标准化中专利劫持行为的产生机理

"人是理性最大化者"这一概念暗示,人们会对激励作出反应,即如果一个人的环境发生变化,而他通过改变其行为就能增加他的满足,那他就会这样去做。① 技术标准化中专利劫持行为是专利权人在经济全球化和技术标准必要专利化的背景下运营、管理专利权的一种表现形式。它是专利法律制度和标准化法律制度的伴生品,对技术标准的使用和推广以及产业的发展造成极大的影响。技术标准化中专利劫持行为的兴起有极其深刻的科技②、经济、政策与法律因素,对致因要素的有效识别以及对其产生的过程、运行实例进行深入的了解能更好地明确法律规制的方向和选择法律规制措施。

第一节 逻辑起点——专利技术标准化

随着经济全球化和科技变革的纵深推进,技术标准的重要性越来越凸显。与此同时,包括专利权在内的知识产权已成为衡量企业竞争力提升和国家话语权掌控的"标配"。可以说,在技术标准化和知识产权时代,企业甚或国家在技术标准化过程中利用专利权,即专利技术标准化是追求经

---

① [美]波斯纳:《法律的经济分析》(上),蒋兆康译,中国大百科全书出版社1997年版,第3—4页。

② 基于分析的需要和篇幅的考虑,本书在分析"科技因素"时将其分解为:技术标准化中专利劫持产生的逻辑起点——专利技术标准化和技术路径。

济最大利益的最佳途径。

一 标准、技术标准与技术标准化

(一) 标准的定义

作为汉语常用词的"标准"一词初见于东晋,指的是道德标准,强调准则、榜样、楷模。"标准"的用法见于北魏建昌四年,唐朝时比较普遍,南宋时其内容已经多样化,涉及人文、管理、技术等不同领域,其间朱熹对"标准"的内涵作出严格界定。[①] 可见,"标准"的适用范围广泛,意为准则、规范、榜样、高水平的标杆。技术领域的标准仅是其中一种标准,起源于工业标准。关于标准的定义,目前并没有一致的界定。吴太轩副教授梳理了"标准"的定义,并列出了比较有代表性的六种观点。[②] 第一种,盖拉德定义。盖拉德认为:"标准是对计算单位或基准、物体、动作、过程、方式、常用方法、容量、功能、性能、办法、设备、状态、义务、权限、责任、行为、态度、概念和构思的某些特性给出定义,做出规定和详细说明。它是为了在某一时期内运用,而用语言、文件、图样等方式或者模型、样本及其他表现方法所做的统一规定。"[③] 第二种,桑德斯定义。桑德斯将标准定义为:"是公认的权威机构批准的一个个标准化工作成果。它可以采用以下形式:A. 文件形式,内容是记载一系列必须达到的要求;B. 规定基本单位或物理常数,如安培、米等。"[④] 该定义强调标准是标准化工作的成果,是经权威机构批准的。该定义具有较大影响,认可范围广泛。第三种,世界贸易组织(World Trade Organization, WTO)的定义。该组织制定的《技术性贸易壁垒协议》对标准的定义是:"经公认机构批准的、规定非强制执行的、供通用或重复使用的产品或相关工艺和生产方法的规则、指南或特性的文件。"[⑤] 第四种,欧洲标准

---

① 胡雄伟:《标准之词源考》,《标准科学》2009 年第 7 期。

② 吴太轩:《技术标准化的反垄断规制》,法律出版社 2011 年版,第 14—15 页。

③ Gaillard, John, *Industrial Standardization: Its Principles and Application* (1st ed.), New York: H. W. Wilson company, 1934, p. 2.

④ [英] 桑德斯主编:《标准化的目的与原理》,中国科学技术情报研究所译,科学技术文献出版社 1974 年版,第 47 页。

⑤ See Article 2 of Annex 1 of Technical Barriers to Trade, https://www.wto.org/english/res_e/public ations_e/tbttotrade_e.pdf.

化委员会①的定义。该组织将标准定义为"一种设计用来作为规则、指南或者界定的技术文件。该文件是经协商一致制定并能反复使用"②。第五种,国际标准化组织(International Organization for Standards,ISO)③的定义。依据 ISO 与国际电工委员会(International Electro - technical Commission,IEC)④的规定,标准是指"经协商一致制定并经一个公认机构批准,为在一定的范围内获得最佳秩序,对活动和其结果规定共同的和重复使用的规则、导则或特性的文件"⑤。第六种,我国 2002 年发布的《标准化工作指南第一部分:标准化和相关活动的通用词汇》中定义标准为"在一定范围内获得最佳程序,经协商一致制定并经公认标准机构批准,共同使用和重复使用的一种规范性文件"⑥。该定义与 ISO、IEC 对标

---

① 欧洲标准化委员会成立于 1961 年,总部设在比利时布鲁塞尔。是以西欧国家为主体、由国家标准化机构组成的非营利性国际标准化科学技术机构。它与欧洲电信标准化协会(European Telecommunications Standards Institute,ETSI)、欧洲电工标准化委员会(European Committee for Electro-technical Standardization,CENELEC)组成欧洲三大标准化机构。宗旨在于促进各成员之间的标准化协作,制定本地区需要的欧洲标准(EN,除电工行业以外)和协调文件(HD),CEN 与 CENELEC 和 ETSI 一起组成信息技术指导委员会(ITSTC),在信息领域的互联开放系统(OSI)制定功能标准。

② See https://www.cen.eu/work/ENdev/whatisEN/Pages/default.aspx.

③ 国际标准化组织于 1947 年 2 月 23 日正式成立,总部设在瑞士的日内瓦,作为一个全球性的非政府间国际组织,它是世界上最大、最具权威性的国际标准化机构,其前身是国家标准化协会国际联合会(International Federation of National Standardizing Associations,ISA)和联合国标准协调委员会(United Nations Standards Coordinating Committee,UNSCC)。其目的是促进国际合作和工业标准的统一。目前共出版了 22269 项国际标准。https://www.iso.org/about-us.html。

④ 国际电工委员会成立于 1906 年,是世界上成立最早的国际性电工标准化机构,负责有关电气工程和电子工程领域中的国际标准化工作。该委员会的目标是:有效满足全球市场的需求;保证在全球范围内优先并最大限度地使用其标准和合格评定计划;评定并提高其标准所涉及的产品质量和服务质量;为共同使用复杂系统创造条件;提高工业化进程的有效性;提高人类健康和安全;保护环境。该委员会 1947 年作为一个电工部门并入国际标准化组织,1976 年又从该组织中分立出来。截至 2017 年 12 月 31 日,共有 104 个技术委员会,100 个分技术委员会,6606 项国际标准。http://www.iec.ch/about/activities/facts.htm。

⑤ 参见 ISO 与 IEC1991 年联合发布的第二号指南(ISO/IEC Guide 2)《标注化和有关领域的通用术语及其定义》。

⑥ 参见我国 2002 年 GB/T20000.1-2002《标准化工作指南第一部分:标准化和相关活动的通用词汇》第 2.3.2 条。

准的定义基本相同。

前述关于标准的定义虽然在形式和表述上有所差异，但归纳起来，它们都主要从以下几个方面揭示了标准的内涵：（1）本质是一种经济和贸易的管理手段，是一种维护经济和产业发展秩序的策略，是一种特殊的公共产品，代表公共利益。（2）适用范围广泛，目前集中在网络化技术（如 USB、Wi-Fi、Bluetooth、TCP、IPv6、HTML）、电子通信技术（如 CDMA、GSM、UMTS、LTE）和电子媒体技术（CD、DVD、BluRay）三大领域。[1]（3）制定基础来源于科学，它是现代科学技术和实践经验的综合成果。（4）作用主要表现在确保质量／可靠性[2]、传递信息[3]、兼容／协同[4]、减少多样化[5]。[6]（5）制定标准的对象是"重复性事物"，只有"重复性的事物"才能制定标准。（6）制定标准的目标在于促进技术、保护技术、协调技术和优化技术，并能"获得最佳秩序"以提高社会效益。

此外，《布莱克法律词典》等工具书也对"标准"进行了界定。[7]

（二）技术标准的内涵

1. 技术标准与标准

标准以其实现的目的分类，有质量标准、安全标准和技术标准等。按性质来分，有技术标准、工作标准和管理标准。在《标准化法》中，依据标准适用的范围，分为国家标准、行业标准、地方标准和企业标准。而

---

[1] Contreras, Jorge L., "Technical Standards and Bioinformatics", Jorge L. Contreras & Jamie Cuticchia, eds., *Bioinformatics Law: Legal Issues for Computational Biology in the Post-Genome Era*, Chicago: ABA Publishing, 2013; *American University*, WCL Research Paper No. 2014-10, https://ssrn.com/abstract=2313788.

[2] 标准在产品或服务的功能水平、服务期限、效率和安全性等方面做出了相应的规定。

[3] 标准给出了产品的有关信息。

[4] 在产品系统中，标准规定了产品与辅助产品之间兼容协同所必需的特性。

[5] 标准减少多样复杂性以取得规模经济作用。

[6] Tassey, Gregory, "Standardization in technology-based markets", *Research Policy*, Vol. 29, 2000.

[7] 在《布莱克法律词典》中，"标准"有两个词项：一是指习惯、同意或权威所接受的作为正确的模式，二是测量可接受性、质量及精确度的水准。See Garner, Bryan A., ed., *Black's Law Dictionary* (8th Edition), St. Paul, MN: Thomson West, 2004, pp. 1412-1413.

针对国家标准和行业标准，依据是否有强制力，又分为强制性标准和推荐性标准。① 可见，技术标准作为标准的一种，二者在总体上是被包含与包含的关系。标准既体现了对产品或者服务的质量要求，也包含了对产品或者服务的技术要求，体现了人与人之间的契约性；既有客观标准，也有主观标准。随着技术的迅猛发展，尤其是移动通信等信息高科技技术的出现，技术标准成为"标准"领场的主角。与早前的技术标准相比，它具有自身的重要特性：与知识产权特别是专利权联系非常紧密，二者相互融合。

2. 技术标准的定义

关于技术标准的定义，目前尚未达成一致。有学者认为："技术标准是指一种或一系列具有一定强制性要求或指导性功能，内容含有细节性要求和有关技术方案的文件，其目的是让相关的产品或服务达到一定的安全要求或市场进入的要求。"② 有学者认为："技术标准一般指企业为进行一定产品生产或者为进入市场而在涉及产品质量或者安全等方面必须达到的一定技术要求。因此，技术标准是一种强制性的技术要求。"③ 还有学者认为："一项技术标准是记录一种或多种针对人与人、目标、过程或其结合匹配的一个或者多个问题的解决方案，它是能够在任何一种技术领域下共同和重复使用的技术规范。"④按照欧盟委员会的观点，技术标准是"一种与产品或服务相关并得到大多数生产商和用户承认的技术规范"⑤，其目的是让有关的产品或服务达到一定的安全要求或进入市场的要求。相比较而言，张平教授等对技术标准做出的定义更全面、更能揭示技术标准的本质，即技术标准是一种技术产品的共同方案、共同立场、共同表达。目

---

① 《标准化法》第7条第1款：国家标准、行业标准分为强制性标准和推荐性标准。保障人体健康，人身、财产安全的标准和法律、行政法规规定强制执行的标准是强制性标准，其他标准是推荐性标准。

② 张平、马骁：《标准化与知识产权战略》，知识产权出版社2002年版，第14页。

③ 王晓晔：《技术标准、知识产权与反垄断法》，《电子知识产权》2011年第4期。

④ Lean, Gary, and Peter Hall, "Standards and Intellectual Property Rights: An Economic and Legal Perspective", *Information Economics and Policy*, Vol. 16, 2004.

⑤ Verbruggen, Johan, and Anna Lörincz, "Patents and technical standards", *IIC - International Review of Intellectual Property and Competition Law*, Vol. 33, No. 2, 2002.

前，技术标准的适用范围非常广泛，可谓是无处不在。①

3. 技术标准的特征

从前述定义可以看出，技术标准具有以下几个方面的特征：一是达到公认的技术水平。技术标准是人们对某种技术产品或者技术服务的技术属性的共识，如果不满足此种技术水平就不是合格的技术产品或者技术服务；或者说只要不按照这个技术要求生产技术产品或者提供技术服务，就是一个不兼容的技术产品或者技术服务。只是要提及的是，技术标准中作为共认的技术水平并不一定代表了本领域最先进和最高水平。二是系统性。技术标准并非单个技术方案，而是一系列技术规范构成的整体系统规则，具有完备性和全面性。三是垄断性。技术标准通过设置一定的门槛将不符合技术标准要求的产品或服务排除在外，确保了技术标准拥有者的垄断性、技术标准产品或者服务的独占性。四是相对稳定性。技术标准作为技术活动的共同规则和契约基础，一旦形成便具有一定的稳定性，从而可以确保技术使用者的可预期性和满足推广要求。五是公开性。技术标准一旦制定，则应向公众公开。六是普遍适用性。技术标准是某种技术产品或者服务的技术表达，因此就这类产品或者服务而言，技术标准的适用具有普遍性，特别是法定标准。

4. 技术标准的分类

技术标准根据不同的分类标准有不同种类。一般来说，根据技术标准制定主体和产生过程的不同，可以将技术标准分为两大类：法定标准和事实标准。② 法定标准是由标准组织设立的，包括国际标准化专门组织③、

---

① Contreras, Jorge L., "Patents, Technical Standards and Standards‑Setting Organizations: A Survey of the Empirical", *Legal and Economics Literature*, https://papers.ssrn.com/sol3/papers.cfm?abstract_id=2641569.

② 这种分类并非绝对，法定标准和事实标准并非非此即彼的关系，它们之间既有相同，也有不同。二者的划分界限在于反映知识产权政策和市场影响力在标准制定过程中的作用。

③ 国际标准化组织、国际电工委员会及国际电信联盟是目前世界上三个最主要的国际化标准组织。其中，国际标准化组织制定综合类的国际标准，国际电工委员会专门制定电工方面的国际标准，国际电信联盟是联合国专门机构之一，主管信息通信技术事务，由无线电通信（ITU‑R）、标准化（ITU‑T）和发展（ITU‑D）三大核心部门组成，它负责制定电信方面的国际标准。

政府标准化组织①或者政府授权的标准化组织②和区域标准化组织③依照法定程序制定的标准，是最实用、成本最低、代表性最强的技术集合。事实标准是由产业界采用并"自发"形成的标准，是一种企业标准或者行业标准④，或者说是一种私有协议（Proprietary Protocol）和普通事实标准。私有协议是由单个企业开发的，具有封闭性、垄断性、排他性、私有性。例如，路由器发明者思科公司缘于正式标准的滞后，在1987年开发了第一个可支持大型互联网连接的内部网关路由协议（Interior Gateway Routing Protocol，IGRP），进一步巩固了技术优势和市场地位。普通事实标准既有开放型模式⑤，也有封闭型模式⑥。在现实中，开放型标准更为常见。但这种模式并未绝对分开，二者时常因需要而发生转化。例如，DVD技术中6C和3C集团形成的标准。⑦ 事

---

① 政府标准化组织是指在国家范围内建立的标准化机构以及政府确认（或承认）的标准化团体，或者接受政府标准化管理机构指导并具有权威性的民间标准化团体，如美国国家标准学会（American National Standards Institute，ANSI）、英国标准学会（British Standards Institution，BSI）、德国标准化学会（Deutsches Institut für Normung，DIN）、法国标准化学会（Association Francaise de Normalisation，AFNOR）、日本工业标准调查会（Japanese Industrial Standards Committee，JISC）、中国国家标准化管理委员会（Standardization Administration of the People's Republic of China，SAC）等。

② 如中国国家标准化管理委员会，它由我国国务院授权统一管理全国的标准化工作。

③ 随着世界区域经济体的形成，区域标准化日趋发展。区域标准化是指世界某一地理区域内有关国家、团体共同参与开展的标准化活动。目前，有些区域已成立标准化组织，如欧洲标准化委员会、欧洲电工标准化委员会、欧洲电信标准学会、太平洋地区标准大会（Pacific Area Standards Congress，PASC）、泛美技术标准委员会（Pan American Standards Commission，COPANT）、非洲地区标准化组织（African Organization for Standardization，ARSO）等。

④ 行业标准是由行业标准组织制定的标准。其中行业标准组织是指制定和公布适应于某个业务领域标准的专业标准团体，以及在业务领域开展标准化工作的行业机构、学术团体或国防机构。如美国电气电子工程师学会、美国国防部（United States Department of Defense，DOD或DoD）以及我国国防科学技术工业委员会（Commission for Science，Technology and Industry for National Defense of the People's Republic of China，COSTIND）等。

⑤ 开放型标准是指形成标准的规格及接口均向其他企业开放的技术标准。在开放型模式中，标准制定者虽然拥有关于产品的知识产权，但其将标准的具体内容公开，并以低价或免费的形式许可其他企业使用其标准技术。

⑥ 封闭型模式是指标准的技术内容不对非标准组织成员开放的技术标准。

⑦ DVD生产领域存在着两个兼容的事实标准，分别由两个典型的企业联合组织发布和掌握。其一是由日立公司、松下公司、三菱电机公司、时代华纳公司、东芝公司、JVC公司组成的"6C"联盟，其二是由飞利浦公司、索尼公司和先锋公司组成的"3C"集团。

实标准的形成主要是因为某些企业在某一领域暂时处于领先地位，而标准化组织尚未订立正式标准，该企业的内部标准又因为产品的绝对优势被广泛接受，从而被确立为整个行业的标准或者国家标准，实现"赢者通吃"局面，成为真正"游戏规则"的操盘手和制定者。

根据实施标准是否具有强制性，可将技术标准分为强制性标准和推荐性标准。强制性标准是由国家或者相关组织运用行政和法律手段强行制定和实施，任何企业都要遵循，不得违反。推荐性标准是指"凡由国家或者行业制定的标准，并不强制厂商和用户采用，而是通过经济手段或者市场调节促使他们自愿采用的标准"[1]。可见，企业对于推荐性标准是否采用可以自行决定。

此外，根据技术标准实施的目的，可分为兼容性技术标准和公益性技术标准。前者的制定是为了提高生产效率，形成产业规模效益，最终造福消费者，如计算机网络通讯的 TCP/IP 协议标准的广泛应用；后者是为了社会公共利益目的的实现。

无论是法定标准还是事实标准，强制性标准还是推荐性标准，兼容性标准还是公益性技术标准，显然都具有公共产品的特性。

（三）技术标准化的原理

技术标准化是标准化工作的一个重要部分，标准化在通常意义上指的就是技术标准化。桑德斯认为："标准化是为了所有有关方面的利益，特别是为了促进最佳的经济，并适当考虑产品的使用条件与安全要求，在所有有关方面的协作下，进行有秩序的特定活动所制定并实施各项规定的过程。"[2] ISO 和 IEC 将标准化定义为"针对现实或者潜在的问题，为制定（供有关各方）共同重复使用的规定所进行的活动，其目的是在给定的范围内获得最佳秩序、促进最佳的共同效益"[3]。我国国家标准 GB/T20000.1—2002 在《标准化工作指南第一部分：标准化和相关活动的通用词汇》中将标准化界定为"为了在一定的范围内获得最佳秩序，对现实问题或潜在问题制定共同使用和重复使用的条款的活动"[4]。可以看出，

---

[1] 舒辉编著：《标准化理论与实务》，经济管理出版社 2000 年版，第 24 页。

[2] ［英］桑德斯主编：《标准化的目的与原理》，中国科学技术情报研究所译，科学技术文献出版社 1974 年版，第 49 页。

[3] ISO/IEC 第 2 号指南《标准化与相关活动的基本术语及其定义》。

[4] GB/T20000.1—2002《标准化工作指南》（第一部分：标准化和相关活动的通用词汇）。

技术标准化实质上是制定和实施技术标准的一系列动态工作的综合体。静态的标准是标准化运作过程的核心，动态过程的标准化是使静态的标准产生、生效并被广泛遵守的过程。因此，标准是标准化的后果，标准化是标准得以产生、执行的保障，经济利益或社会效益是标准化的目的。

二 专利权的基本阐释

专利权是自然人、法人或其他组织在一定期限内对其发明创造所依法享有的专有权。与其他知识产权保护的客体不同，专利权保护的客体是发明创造。发明创造获得专利权的保护，滥觞于威尼斯共和国在1474年3月19日颁布的世界上第一部专利法《发明人法规》（Inventor Bylaws）。在此之前，专利仅是中世纪的君主用来颁布某种特权的证明。1624年，英国颁布《垄断法》（Statute of Monopolies），确立了它在现代专利法的鼻祖地位，其中规定只有新产品才能得到专利证书，还注意到专利权与社会公共利益的平衡问题。这表明专利权不再是西方封建君主发出的特许状，而是一种根据法律规定形成的专有权，它是发明人经过一定的法律程序，经过专利主管部门授权的法定权利。其目的在于通过授予发明人以一定期限的独占权，从而换取发明人公开发明创造，降低技术信息的搜寻与交换成本。[1]

专利权保护的发明创造主要表现为技术方案，这些技术方案符合专利保护要求的新颖性、创造性和实用性。获得专利授权后，专利权人享有对授权发明的垄断权，具体表现为独占实施权和许可他人实施专利权。当然，法律为这种垄断权的保护设定一定的期限，这意味着在专利保护期内，他人未经专利权人许可，也没有其他法定理由，为商业目的实施权利人的专利即构成侵权。这还意味着，法律保护期限届满后，专利技术自然进入公共领域。这显然不同于法律对有形财产的保护。与此同时，专利技术作为一种技术方案，具有无形财产的特性，这决定了专利权作为一种财产权，其保护的边界划定存在一定的难度，一方面导致专利权人容易滥用自己的权利，另一方面也容易招致侵权。再者，专利权具有地域性，作为一种法权，它只能依一定国家的法律产生，且只在其依法产生的地域内有效。

---

[1] 顾金焰：《专利标准化的法律规制》，知识产权出版社2014年版，第20页。

三 技术标准与专利权融合的缘由及其效应

（一）技术标准与专利权的异质性和同质性

有的学者将技术标准与专利权异质性概括为三个方面：公益性与私益性、有偿性与无偿性、开放性与垄断性。① 有的学者将这种异质性表述为：公权产品属性与专利权客体私的属性、统一属性与垄断属性、受侵害后的保护手段相异。② 我们认为，技术标准与专利权的不同之处主要表现在以下几个方面：第一，本质属性不同。技术标准的本质是将重复性的通用技术统一化，是为社会公共利益服务的一种产品或者社会资源，是公共领域的产物，可以无偿实施，不应被任何私有主体所拥有并成为私有主体牟利的工具。而专利权是法律通过对符合专利授权条件的技术方案授予一定时间的垄断权，它的本质是一种私权，一种重要的具有排他性的财产权，可以自己实施也可以有偿许可他人实施的专有权。同时，法律还对专利权作出了种种限制，确保它的行使不滑出权利的轨道。第二，产生方式不同。技术标准的内容是专门组织或者企业规定技术指标、参数、性能、程序文件等，而专利权是由一国专利主管部门授予某一项技术方案的权利。第三，保密程度不同。一般来说，技术标准在制定之前或者之后都是公开的，需要征询多数人的意见，而专利技术方案在公布之前是保密的，国防专利则一直不公开。③ 第四，实施方式不同。技术标准的实施分为强制性或者自愿性，而专利权的实施只有在符合法律规定的条件时才能强制许可④，其他情形下的许可实施需经双方协商一致。第五，修改方式不同。技术标准的修改方式包括废止不符合技术发展和实际需要的标准、在原有标准中增加新的内容或者将现有标准细分出更多的技术标准。而专利权的修改方式只能在一定期限内不超出原有权利范围进行修改。第六，保护时效不同。技术标准的保护时效并没有具体规定，依据标准设立组织的

---

① 蒋坡：《论技术标准与专利技术之融合与冲突》，《政治与法律》2008年第8期。

② 郭济环：《国家标准与专利融合后的法律冲突分析与研究》，《科技与法律》2011年第11期。

③ 《国防专利条例》（2004年）第2条：国防专利是指涉及国防利益以及对国防建设具有潜在作用需要保密的发明专利。

④ 比如，我国《专利法》第48—51条规定了经强制许可的四种情形：经申请的强制许可、基于公共利益强制许可、基于公共健康目的的强制许可、基于依赖性专利的强制许可。

设定。专利权的保护期限依据各国专利法的规定,如我国专利法规定发明专利的保护期限为 20 年①;美国专利法规定发明专利的保护期限是 20 年,但在特殊情形下,专利权人可以要求美国专利商标局延展专利保护期限,最长容许延展期限为 5 年。② 第七,价值定位不同。技术标准是一种公共产品,是以为整个产业或者行业服务的社会本位为其价值定位,强调社会公众利益的满足。而专利权是一种民事权利,其价值本位是以权利为主导,强调公平、平等、契约、有偿等私权利特性,但最重要的在于追求个人利益的最大化。专利权与技术标准的价值定位之别注定了二者融合势必导致原有利益平衡的破坏,存在效率与秩序的冲突。第八,保护路径不同。就技术标准和专利权本身的保护来看,技术标准可以作为著作权中的作品进行保护,主要体现为技术标准作品的精神权利和财产权利。而专利权保护的技术方案,重点在于这种技术方案的独占实施权和许可使用权。

技术标准与专利权的相同之处主要表现在以下三个方面:第一,都与技术有关。无论是产品标准中的结构、安全性能,还是工艺标准中的制造、加工、检测等步骤,这些都是技术的指标和内涵。而发明专利和实用新型专利都是技术方案,唯有技术方案才可以满足专利授权的门槛条件。③ 第二,二者的公布实施都需要经过专门的公开、审查和批准程序。法定技术标准的制修订都必须经过特定程序,事实标准的确立也有自己的程序。就专利权而言,各国都对专利权的授予规定了相应的程序。我国和美国还规定授权后他人可以提出无效宣告请求,美国还允许他人提出授权

---

① 《专利法》第 42 条:发明专利权的期限为二十年,实用新型专利权和外观设计专利权的期限为十年,均自申请日起计算。

② See 35 U. S. C. 156 Extension of patent term, https://www.uspto.gov/web/offices/pac/mpep/consolidated_laws.pdf.

③ 在专利法中,发明和实用新型专利权保护的客体必须是一种技术方案,此被称为专利授权条件的"第一道门槛",符合"门槛"条件的技术方案是利用自然规律解决技术问题、具有技术效果的技术手段。根据《专利审查指南》(2014)第一部分第二章第 6.3 节以及第二部分第一章第 2 节的规定,"技术方案"是对要解决的技术问题所采取的利用了自然规律的技术手段的集合。技术手段通常由技术特征来体现。未采用技术手段解决技术问题,以获得符合自然规律的技术效果的方案,不属于《专利法》第 2 条第 2 款、第 3 款规定的客体。关于专利法中授权的第一道门槛"可专利主题的适格性"的理论探讨,可参见李晓秋《信息技术时代的商业方法可专利性研究》,法律出版社 2012 年版,第 83—119 页。

后复审。① 第三，二者对技术和经济发展都有重要意义。在经济全球化和知识产权时代，技术标准和专利权从分离渐渐走向融合，二者不仅同为企业竞争力提升的重要手段和企业经营的高级形态，而且同为一国经济和社会发展的战略内容。②

(二) 技术标准与专利权融合的原因

技术标准与专利权的秉性并不相同。因此，在技术标准滥觞之初及至20世纪60年代，二者的关联度微乎其微。然而，技术标准和专利权的秉性也并非完全相反。随着知识经济时代的到来，世界各国的角逐更多指向信息和知识的垄断，而标准必要专利已成为重要指标。以 IEEE 技术标准为例，根据 IEEE 专利数据库提供的信息，该组织的技术标准制定与专利技术息息相关。如表 3-1 所示。

表 3-1　　　　　　IEEE 技术标准包含的必要专利情况③

技术标准	拥有标准必要专利技术的公司数（个）	技术标准已确定的必要专利数（件）	技术标准	拥有标准必要专利技术的公司数（个）	技术标准已确定的必要专利数（件）
IEEE 标准 31—754	9	3	IEEE 标准 802.22—802.22.1	25	60
IEEE 标准 802—802.1 和附件	116	95	IEEE 标准 1003.1—1101.1	5	4
IEEE 标准 802.3 和附件 802.3.1	172	95	IEEE 标准 1149.1—1149.10	17	34
IEEE 标准 802.5—802.10 和附件	20	18	IEEE 标准 1212.1—1355.1	10	20
IEEE 标准 802.11 及附件	208	490	IEEE 标准 1363—1364	22	80

---

① 美国为了应对近年来专利大幅增长所带来的低质量专利问题，于 2011 年完成"世纪专利法修改"，最后修订通过《美国发明法案》，通过加强美国专利商标局行政无效专利的手段，以提高专利授权质量，规定从 2012 年 9 月 16 日起，保留单方再审制度（Ex Parte Re-examination），以双方复审制度（Inter Partes Review, IPR）取代双方再审制度，并增加一项新的 PGR（Post Grant Review）制度，对 2013 年 3 月 16 日以后申请的专利允许利益关系人请求适用 PGR 程序。美国新的专利授权后行政审查机制主要有三种：单方再审、双方复审和授权后复审。

② 宋河发、穆荣平、曹鸿星：《技术标准与知识产权关联及其检验方法研究》，《科学学研究》2009 年第 2 期。

③ 根据 IEEE 标准相关专利的标准化委员会（IEEE-SA）记录的官方数据统计而成。http：//standards.ieee.org/about/sasb/patcom/patents.html。

续表

技术标准	拥有标准必要专利技术的公司数（个）	技术标准已确定的必要专利数（件）	技术标准	拥有标准必要专利技术的公司数（个）	技术标准已确定的必要专利数（件）
IEEE 标准 802.12—802.15.10	60	71	IEEE 标准 1390—11073—20601	182	103
IEEE 标准 802.16—802.16.1	87	103	IEEE 标准 C37.30.2—C57.163	6	4
IEEE 标准 802.17—802.21	50	73			

由此可见，技术标准与专利权的融合，即专利标准化已成蔚然之势。为什么这二者要结合？其原因大致如下：

第一，技术标准与专利权客体的同质性奠定了融合的可能性。前文已谈到，技术标准与专利权的客体均为技术方案，而技术方案唯有推广使用才能体现价值，这不仅是技术标准制定的目的，也是专利权制度的立法目的。实际上，这种可能性也表现在技术标准与专利权互为依赖：包含专利权的技术标准体现了技术的新颖性和创造性，包含在技术标准中的专利权则由于技术标准的推广使用而增加了财产价值，因此，二者互为补充，有利于弥补天然的制度缺陷。①

第二，技术标准的制定无法避开专利技术。技术是标准制定和贯彻实施的基础。随着知识经济时代的到来，科技发展迅速，技术的生命周期不断缩短；与此同时，人们的知识产权保护意识增强，注重对发明创造申请专利并获得专利权，专利文献丰富。在制定技术标准过程中，如果意图避开专利技术，几乎没有可能，因此在制定标准时往往无法避开该领域中的那些核心专利技术，这种现象在信息通信领域尤为明显。

第三，技术标准的制定主动纳入专利技术。首先，在知识产权时代，一项技术标准要达到内容科学有效并能适应时代要求，而体现时代特点的技术往往是最新的技术成果，并且获得了专利权，这就要求技术标准的制定者必须将核心专利融入标准体系当中，才能反映最先进的技术成果。其次，在技术标准制定过程中，专利权人为了满足更大的经济利益，实现垄断市场目的，会主动要求将自己的专利技术纳入技术标准中。由于技术标

---

① 郭济环：《技术标准与专利融合的动因分析》，《中国标准化》2011 年第 11 期。

准化制度的本质之一是在相关的标准化领域内实现技术的统一,因此,专利的许可范围会随着技术标准适用范围的不断扩大而自动扩大,专利权的许可收益当然会增加。与此同时,专利权人通过将自己专利技术主动申请加入技术标准,可以因技术标准的稳定性而变相突破专利权的时间性限制;还可以因加入技术标准形成的专利联盟而获得低价专利许可甚至免费许可的筹码,降低成本。

第四,经济全球化时代一国经济发展的策略选择。随着世界贸易组织的建立,贸易壁垒不再是关税,而是技术,其核心是技术标准。与此同时,在高科技领域,企业的竞争力主要依赖于知识产权的质量和数量。为此,经济发达国家将标准化战略与知识产权战略作为国家战略的重要内容。比如,在国际贸易过程中,发达国家利用知识产权和技术标准对进口到本国的产品设置种种阻碍,以谋求贸易利益最大化。显然,将技术标准与专利权结合形成的专利标准化战略是其不可缺少的重要选择。无论是日本的"知识产权立国"战略,还是我国的"国家知识产权战略",都对专利标准化给予了极大关注。

(三) 技术标准和专利权融合产生的效应

技术标准和专利权的融合,即专利标准化是公共产品和私人利益的融合物,这决定了专利标准化对内可以促进产业分工和贸易的发展,增强产品的兼容性,引发网络效应,有利于促进创新,对外则意味着技术壁垒和产业壁垒,可能会加剧"专利丛林"、诱发专利劫持行为、形成一定程度上的垄断,阻碍技术创新与进步。总体上来说,专利标准化既有正效应,也有负效应。以下的概括体现了技术标准和专利权融合效应的主要风貌:

1. 专利标准化的正效应

第一,推动社会科技进步和行业发展,提升技术标准质量。就技术标准而言,只有具备科学性、先进性、实用性,才有可能被市场认可、被消费者接受。否则,技术标准就只能"看着很美",不具有推广的价值,不能为其中的标准必要专利专利权人带来利益,势必挫伤标准制定者和专利权人创新的积极性。由此可见,融合的技术标准与专利权的命运休戚与共,有利于推动社会科技进步,促进相关行业的发展,提升标准的质量。比如，2000年5月，ITU确定了四大主流无线接口标准——WCDMA[①]、CDMA-2000[②]、TD-SCDMA[③]以及WIMAX[④]技术标准，并将其写入3G技术指导性文件《2000年国际移动通讯计划》当中。2015年6月19日，ITU在美国圣地亚哥召开的ITU-R WP5D第22次会议上，完成了第五代移动通信发展史上的一个重要里程碑，确定了被称为"IMT-2020"中IMT的名称、愿景和时间表等关键内容，并确定了制定的时间表，拟定于2016年12月5—9日在日内瓦召开核心小组会议。[⑤]这为众多通信企业的发展和研发指明了方向，也为通信行业不断的科技进步和飞跃奠定了基础。

第二，便利消费者。经济学鼻祖斯密曾经指出："消费是一切生产的唯一目的。生产者的利益，只有在能促进消费者的利益时，才应加以注意。"[⑥] 在现代社会，产品的技术组成越来越复杂，专业化程度越来越高，消费者对产品的性能及安全指标了解甚少。专利标准化可以有效保障消费者的权利，它通过规定产品的技术要求来确保产品的质量，加之这些专利

---

① 全称为Wideband Code Division Multiple Access，意为宽频分码多重存取。这是基于全球移动通信系统网（Global System for Mobile Communications，GSM）发展出来的3G技术规范，是欧洲提出的宽带CDMA技术，它与日本提出的宽带CDMA技术基本相同，目前正在进一步融合。其支持者主要是以GSM系统为主的欧洲厂商，日本公司也或多或少参与其中。

② 全称为Code Division Multiple Access 2000，是由窄带CDMA（CDMA IS95）技术发展而来的宽带CDMA技术，也称为CDMA Multi-Carrier，由美国高通北美公司为主导提出，摩托罗拉公司、Lucent公司和后来加入的韩国三星公司都有参与，韩国现在成为该标准的主导者。

③ 全称为Time Division-Synchronous Code Division Multiple Access（时分同步CDMA），该标准是由中国独自制定的3G标准，简称TD，是中国电信行业百年来第一个完整的移动通信技术标准，采用智能天线、联合检测、接力切换、同步CDMA、可变扩频系统、自适应功率调整等技术，具有系统容量大、频谱利用率高、抗干扰能力强等优点的移动通信技术。

④ 全名是微波存取全球互通（Worldwide Interoperability for Microwave Access），又称为802.16无线城域网，是又一种为企业和家庭用户提供"最后一英里"的宽带无线连接方案。将此技术与需要授权或免授权的微波设备相结合之后，由于成本较低，将扩大宽带无线市场，改善企业与服务供应商的认知度。2007年10月19日，国际电信联盟在日内瓦举行的无线通信全体会议上，经过多数国家投票通过，WiMAX正式被批准成为继WCDMA、CDMA2000和TD-SCDMA之后的第四个全球3G标准。

⑤ 参见http://www.itu.int/en/ITU-T/focusgroups/imt-2020/Pages/default.aspx。

⑥ [英]亚当·斯密：《国民财富的性质和原因的研究》，郭大力、王亚南译，商务印书馆1974年版，第227页。

标准代表了最新颖和最具创造性的技术，也是专门机构认真挑选后的技术，因此保证了消费者对新技术享有安全使用的权利。更重要的是，专利标准化增强了产品的兼容性，为消费者提供了更多的选择权，减少了不必要的浪费，节省了消费成本。比如，手机充电器产品、USB接口、电脑的操作系统等都是符合技术标准的产品，消费者不需要担心因购买了此产品的使用局限性。

第三，有助于提高标准产品生产者的效益，形成规模经济效应。专利标准化通过增强生产工序的统一性和流水线作业的可能性，从而提高机器设备使用效率，最大限度扩大劳动成果的重复利用，减少劳动耗费，积累更多的销售经验，这在一定程度上有利于企业形成规模经济。

第四，有利于专利权人获得更多经济利益。对于任何一个专利权人来说，授权许可的最佳效果是在确保合理的许可价格时，被许可者数量达到最大化，竞争对手数量的最小化，从而有效推广自己的专利技术，获取更多利润甚至垄断利润。而专利标准化旨在统一技术要求和规范，标准实施者需要按标准的要求开展生产或者提供服务。这意味着凡是标准使用者，都应该获得专利许可，并支付专利许可费。因此，专利标准化确保了专利权人获得更大的经济利益可能性。比如，高通公司凭借其拥有的3900多项CDMA移动通信领域的国际标准中的专利和专利申请，向包括我国在内的电信设备制造商发放了专利许可，占据了20%的无线市场。

第五，有利于提升竞争水平。专利标准化可以淘汰无法按照标准生产产品和提供服务的厂家，使市场竞争者的数量减少，这种减少的企业主要是生产劣质产品的厂商数量，而这些厂商往往由于没有技术生产能力而进行不正当竞争行为，扰乱了竞争市场。比如，本书在"导论"部分介绍我国国内平衡车企业由于标准缺失，竞争呈现一片乱象，而即将出台的行业标准无疑有利于规范平衡车企业的有序竞争。

2. 专利标准化的负效应

尽管专利标准化的正效应很明显，但我们还要认识到，专利标准化也容易引发专利权滥用、专利丛林、专利权人垄断、专利劫持行为、反向专利劫持行为、构筑新的技术壁垒以限制竞争、阻碍技术创新等一系列法律问题。

第一，容易引发专利权滥用。专利权和技术标准的本质属性不同，这导致二者融合后其冲突在所难免。在巨大利益的诱惑下，标准必要专利权人容易滥用权利。比如，在标准制定过程中，技术拥有者可能将并不属于必要技术特征的权利要求申请进入标准中或者故意隐瞒专利权，或者专利技术具有唯一性，本身无须借助技术标准来扩大影响力，或者因专利权在并入技术标准的谈判中未达到自己要求时拒绝许可专利技术；另外，专利权人在标准实施过程中搭售与专利标准技术无关的技术，如美国法院审理的"微软垄断案"中，微软公司曾要求全球电脑或用户如要获得视窗授权，必须购买与视窗无关的原料、零件、技术等。尤其是利用视窗95的授权协议时，要求个人计算机制造厂商必须附加安装微软的 IE 浏览器，作为微软公司继续供应视窗95的条件，这实质上是排除了其浏览器的主要竞争对手——网景通信公司的市场竞争机会。① 在中国行政反垄断第一案中，国家发展和改革委员会认定美国高通公司因搭售非无线通信标准必要专利、要求我国手机生产企业将专利进行免费反向许可、对我国境内手机销售商要求以整机售价收取专利费等违法行为的存在而罚款60.88亿元（合9.75亿美元）。② 这些滥用行为违背了专利标准化的初衷，给社会公共利益的实现设置了障碍。

　　第二，容易形成市场垄断，破坏有序竞争状态。专利权是一种合法的垄断权，而技术标准加强了专利权的垄断性，打破了专利的"诺德豪斯均衡"。③ 技术标准作为技术产品的共同技术方案，专利权人搭乘技术标准的"便车"，凭借对技术标准的把持，在技术标准的"网络效应"④ 作用下，该项专利技术很快会在市场上被广泛使用，形成规模效应和强有力的市场竞争优势，从而轻松获得垄断地位或者垄断利润。前述谈及的专利权人拒绝许可、索要不合理许可费等专利权滥用行为，如果触碰反垄断法的

---

① United States v. Microsoft Corporation, 253 F. 3d 34 (D. C. Cir. 2001).

② 参见《中华人民共和国国家发展和改革委员会行政处罚决定书》，http://www.sdpc.gov.cn/gzdt/201503/t20150302_666209.html。

③ 诺德豪斯建立了专利经济学分析的基本模型。根据该模型，尽管专利制度给专利权人带来一定的垄断利润，但是由于专利的保护期限具有一定的限制，专利带来的生产成本的下降，因此并未减少消费者福利，甚至会增加消费者福利。See Nordhaus, William D., "The Optimum Life of a Patent: Reply", *American Economic Review*, Vol. 62, No. 3, 1972.

④ 网络效应是指某一产品对一名用户的价值取决于使用该产品的其他用户的数量，称为网络外部性，比如传真机、电话机、电子邮件、手机、信用卡、借记卡以及其他需要双向对接的产品。

底线,即滥用市场支配地位,则将被认定为垄断行为。

第三,产生专利丛林。科技的进步使得技术的复杂性越来越强,一个产品的制造涉及众多不同的技术,而一个技术又涉及不同的技术点,每一个技术点都有可能对应一个或者多个专利,即存在大量互补性专利。以4G通信技术为例,其中可大致分为讯号控制、讯号处理、接收与传送、持续连接网路、媒体存取控制、加/解密、压缩/解压缩等技术领域,这些领域的标准是由 ITU 主导,委由 ETSI 统筹管理欧、美、中、日、韩通信产业相关协会的技术专利资料。据统计,目前在该领域拥有标准必要专利数量的前 10 名国家和地区以及前 10 名公司如表 3-2 所示[①]:

表 3-2　　4G 技术领域拥有标准必要专利数量的前 10 名
国家和地区以及前 10 名公司　　　（单位:件）

序号	国家/地区	4G 标准必要专利数量	公司	4G 标准必要专利数量
1	美国	1661	高通公司	655
2	中国大陆	1247	三星公司	652
3	韩国	1062	华为公司	603
4	日本	678	诺基亚公司	505
5	芬兰	612	IDC 公司	418
6	瑞典	399	爱立信公司	399
7	中国台湾	89	中兴公司	368
8	法国	67	乐金公司	317
9	加拿大	52	摩托罗拉公司	310
10	德国	35	大唐电信公司	273

世界著名的专利风险管理公司 RPX 公司曾指出,影响智能手机的活跃专利数多达 250000 个专利。[②] 因此,对于 4G 技术使用者而言,其要使用某种技术标准,必须经过大量的专利许可交易,这就会导致用户与专利

[①] 参见赖明丰《从制造到智造,放眼 5G 突围抢攻 4G 技术新脉动》,http://portal.stpi.narl.org.tw/index/article/41。

[②] O'Connor, Daniel, *One in Six Active U. S. Patents Pertain to the Smartphone*, http://www.project-disco.org/intellectual-property/one-in-six-active-u-s-patents-pertain-to-the-smartphone/#.WASKNij_qHt.

权人的谈判必须"穿越层层丛林"①，不仅耗费高昂的成本，而且还面临较高的转换成本而带来的"锁定效应"、搭便车、敲竹杠或者专利劫持行为等问题。

第四，产生专利劫持行为。专利劫持行为是"专利丛林"现象的一种表现。在技术标准制定和实施过程中，部分专利权人故意隐瞒专利技术，或者在标准实施过程中，拒绝按照标准组织制定的 FRAND 原则许可专利，加之复杂技术时代产品技术不再简单，其中可能涉及多个专利标准，即使产品制造者尽"洪荒之力"也可能未能避免专利侵权。此时，标准必要专利权人利用标准必要专利的独占性，利用发送律师函或者在专利诉讼过程中请求发布禁令相威胁等手段，与标准必要专利技术使用者讨价还价，由于标准技术使用者担心巨额的转换成本，因此被迫向专利标准人支付超出正常数额的许可费。②

第五，产生反向专利劫持行为。反向专利劫持行为，又称为 FRAND 劫持或者反向专利劫持行为，它与专利劫持行为是一对"孪生兄弟"，彼此对立，却又紧密相连，两者"本是同根生"，只因角度的不同，成为标准必要专利环境中的一对矛盾。③ 格拉丁教授早就指出，在技术标准化过程中，相对于专利劫持行为受到关注的热度，还要防止反向专利劫持现象。④ 反向专利劫持行为主要是指"标准实施者策略性的利用 FRAND 原则、反向'劫持'标准必要专利权人的现象"⑤。具体而言，标准必要专利技术使用人（尤其是一些本身就拥有大量专利权的公司）在技术标准实施过程中，以种种理由或借口，拒绝接受专利许可条件或者通过种种手段拖延取得许可并支付专利许可费，恣意免费使用标准必要专利技术，从

---

① Shapiro, Carl, "Navigating the Patent Thicket: Cross Licenses, Patent Pools, and Standard-Setting", In Jaffe, Adam B. et al., *Innovation Policy and the Economy I*, Cambridge: MIT Press, 2000, pp. 119-150.

② 更多阐述参见本书其他部分。

③ 黄薇君、李晓秋：《论标准必要专利的 FRAND 劫持》，《科技进步与对策》2017 年第 1 期。

④ Geradin, Damien, *Reverse Hold-Ups: The (Often Ignored) Risks Faced by Innovators in Standardized Areas*, http://www.konkurrensverket.se/globalassets/english/researc h/presentation - by - damien - geradin-reverse-hold-ups-theften-ignored-risks-faced-by-innovators-in-standardized-areas. pdf.

⑤ 李扬：《如何应对"FRAND 劫持"》，《中国知识产权报》2015 年 6 月 10 日第 11 版。

而使标准必要权利人的研发投入无法获得合理补偿的现象。比如，在"苹果公司诉摩托罗拉公司标准必要专利许可费纠纷案"[①]中，经过长达三年的谈判，苹果公司仍然拒绝向摩托罗拉支付符合FRAND原则的许可费，法院还查明，没有任何证据能够显示摩托罗拉有专利劫持行为，反而是苹果公司"非善意"地利用摩托罗拉公司难以获得禁令，进而实施反向劫持，因此，代表法庭多数意见的雷娜法官判决不支持苹果公司关于向摩托罗拉公司发布禁令的请求。

第六，可能构筑新的技术壁垒。随着世界贸易组织的建立，阻碍国际贸易的关税壁垒正逐步被打破，但是其他种类的非关税壁垒正在形成。比如，知识产权和标准技术壁垒正成为非关税壁垒的主要形式，其占领和保护市场的作用日益凸显。无论是美国，还是德国、英国，甚或日本、韩国等国家，都一直致力于区域和国际标准化，积极利用技术的绝对优势不断将自己的专利权纳入标准，并努力推动该专利标准国际化，构筑相应的技术壁垒，从而阻挡他国产品进入己国，维护自己的市场。

第七，阻碍技术创新。英国的调查表明，约有60%的企业认为在技术创新过程中，技术标准具有促进和阻碍创新的双重作用。[②] 首先，专利技术标准是把双刃剑。就不利而言，标准必要专利技术权利人往往具有垄断地位，加之"锁定效应"的存在，迫使竞争对手很难突破标准掌控者的技术垄断，因此，可能阻止技术的进步。其次，专利标准化有可能使企业满足现状，在心理上依赖标准，不再愿意去投入、进行研发来改变产品的质量或者服务水平的提高，从而阻碍革新观念的产生。再次，专利标准化对非标准必要专利技术的强烈排斥，企业按照"take it or not"方式选择专利技术标准，这导致其他经营者很难突破专利标准化技术的禁锢，即使有替代技术，也难以形成有效市场，从而降低了革新技术的预期收益，也势必影响到与专利标准不符的新材料、新技术标准的积极性。最后，现代技术创新具有明显的顺序特征，是一种站在巨人肩膀上的再创新。[③] 质言之，后续创新依赖于前期创新，如果新加入的厂商无法以合理的价格获得

[①] Apple Inc. and Next Software, Inc. (formerly known as Next Computer, Inc.) v. MOTOROLA, INC. (now known as Motorola Solutions, Inc.) and Motorola Mobility, Inc., Nos. 2012-1548, 2012-1549, 757 F. 3d 1286 (2014).

[②] 刘振刚主编：《技术创新、技术标准与经济发展》，中国标准出版社2005年版，第77页。

[③] 同上书，第275页。

相关的技术信息,相关生产、资金积累都将无法进行,后续创新也将无以为继。①

需要说明的是,专利标准化产生的正、负效应还有其他表现,本书暂不一一列举。

第二节 技术路径

专利标准化是专利劫持行为产生的技术逻辑起点。然而,要全面认识技术标准化中专利劫持行为的产生机理,还需要进一步分析专利与标准如何结合。通过考察技术标准化中专利劫持行为产生的方式或者说技术路径,将有利于找到法律规制专利劫持行为的节点。

一 具体形式

在实践中,技术标准化中专利劫持行为产生的方式有两种:

第一,基于权利影响的产生方式。这种产生方式又分为两种:

其一,技术标准规定产品的功能性要求或者指标的要求,其中专利是实现这些要求的具体实施技术方案。换言之,某项或某些专利的应用是技术标准的实现途径或者技术支撑。② 比如2002年6月19日,欧洲标准化委员会在公布的技术性规章《打火机——防止儿童开启要求及测试方法》中规定:"其他国家和地区出口至欧洲2欧元以下的打火机必须安装儿童的'安全锁',否则不准进入欧洲市场。"③ 从法规上看,该项标准中并未限定安装"安全锁"的哪一项专利技术,安装"安全锁"仅是一项功能性要求,但安装的要求却是无形中要求了企业拥有生产该"安全锁"的技术,而此项生产技术承载了有关专利技术,因此,该项技术标准是通过植入功能性要求的专利技术而成。这种方式是在技术标准和专利权的结合中表现最多。

---

① 安佰生:《标准化中的知识产权——一个政策的视角》,《电子知识产权》2009年第2期。
② 杨帆:《国际技术标准》,法律出版社2006年版,第41页。
③ See EN 13869 - 2002, http://eur-lex.europa.eu/legal-content/EN/TXT/? uri = celex: 52006SC1630.

其二，技术标准中的技术部分有产品或服务的某种特点，而专利又是实现这种特征的技术方式。这种情况下，技术标准中所要求的特征与某些专利文件技术方案的内容出现了部分重合，而且重合部分是技术标准中的必要专利或者基础性的专利。这又分两种情形：一是技术标准的全部指标、结构等技术要素被专利权的独立权利要求中的必要技术特征覆盖；二是技术标准中可独立实施的部分指标、结构等主要技术要素被专利权独立权利要求的必要技术特征覆盖，这种结合方式多在电子计算机技术、网络技术、通信技术等行业，这也是最容易发生专利劫持行为的方式。

第二，基于无权利影响的产生方式。在此种方式中，技术标准的技术部分包含有某个专利技术方案中的全部技术特征。显然，技术标准中的技术部分可能恰好包含一个完整的专利技术方案，这种结合方式较少，多存在于环保、建筑领域。尽管如此，部分专利权人也可能据此滥用专利权，主张专利劫持行为。

可以看出，无论技术标准中技术的实现需要借助于某类专利技术，还是必须借助于某种专利技术，抑或包含某种专利技术，标准必要专利权人都有可能依此实施专利劫持行为。

二　必备技术元素——标准必要专利

前述已经谈到，专利技术标准化势必带来诸多负效应，比如引发专利劫持行为。而成功实施专利劫持行为的"底气"和"支撑"在于其对被纳入标准中的技术方案享有专利独占权。因此，在技术标准化中，其基本原则是应当尽量选用成熟技术，避免/避开专利技术。但问题在于，无论是标准与专利的哪一种结合方式，都可以找到专利权的影子，都为专利劫持行为留下了"入口"。更何况，标准和专利技术越来越不可分，越来越多的专利技术进入标准中成为必要专利。因此，在一定程度上说，标准必要专利不仅是技术标准化中专利劫持行为的"发生器"，也是"助推器"。那么，究竟什么样的专利或者技术方案是必不可少的，可以被纳入技术标准中，即什么是标准必要专利？标准必要专利如何推动"专利劫持行为"？

（一）标准必要专利的界定

标准必要专利，亦称必要专利、基本专利、核心专利、关键专利，理论界和实务界目前对于其定义尚未达成一致。王晓晔教授认为："标准必要专利是指技术标准包含的必不可少和不可替代的专利,也就是企业为生产某种产品实施某项技术标准必不可少的专利。"[1] 李扬教授等人认为:"如果技术标准的实施必须以侵害专利权为前提,则即使存在其他可以被纳入标准的技术,该专利对相关技术而言,就是必要的专利。"[2] 马海生副教授认为:"标准必要专利是为实施技术标准所必需的专利技术,是技术标准中专利许可的实施对象。"[3] 罗娇认为,标准必要专利就是指实施某项标准必不可少的专利。[4] 何隽副教授则指出,必要专利与必要专利技术[5]要求并不相同,对某一特定标准而言,专利的一些权利要求具备必要性,而另一些权利要求则不具备。在标准制定过程中,信息披露的基础是必要专利,而在标准实施过程中,许可的基础是必要专利权利要求。[6] 勒姆利教授和夏皮罗教授认为,标准必要专利就是覆盖了标准中技术的专利。[7]

在实践中,部分标准化组织也对此进行了界定。比如,国际电信联盟将标准必要专利界定为:"任何可能完全或部分覆盖标准草案的专利或专

---

[1] 王晓晔:《论标准必要专利的特殊性》,《中国价格监管与反垄断》2015年第10期。

[2] 李扬、刘影:《FRAND 标准必要专利许可使用费的计算——以中美相关案例比较为视角》,《科技与法律》2014 年第 5 期。

[3] 马海生:《技术标准中的"必要专利"问题研究》,《知识产权》2009 年第 2 期。

[4] 罗娇:《论标准必要专利诉讼的"公平、合理、无歧视"许可——内涵、费率与适用》,《法学家》2015 年第 3 期。

[5] 美国电气及电子工程师学会则认为标准必要专利权利要求是指"某项标准草案的标准条款(无论其是强制性的还是可选择性的)一定会使用到的专利权利要求(包括专利申请的权利要求),而且在该草案被批准之时,没有其他商业上或技术上可替代的方案存在"。美国的数字电视国家标准对必要专利权利要求的定义如下:实施美国的数字电视国家标准时,由于没有其他替代的技术方案,因此不得不侵犯到的某一专利权利要求所覆盖的保护范围,该专利权利要求被称为必要专利权利要求。我国 AVS 标准制定组织对必要专利权利要求的定义为:"生产符合 AVS 标准的产品或提供的技术服务,根据授权或公布专利的所在国法律,不可避免地侵犯到某一项专利权利要求所要求保护的技术方案。本书以为,必要专利权利要求固然与必要专利不同,但技术标准中纳入必要专利权利要求,则此项专利理应被认定为必要专利,而纳入标准的必要专利,其权利要求必然是部分或者全部都是必要专利权利要求,因此,从这点上说,二者概念替换应无可非议。

[6] 何隽:《技术标准中必要专利问题再研究》,《知识产权》2011 年第 2 期。

[7] Lemley, Mark A., and Carl Shapiro, "A Simple Approach to Setting Reasonable Royalties for Standard-Essential Patents", *Berkeley Technology Law Journal*, Vol. 28, 2013.

利申请。"2015年6月26日发布新修订的第二版《ITU-T/ITU-R/ISO/IEC共同专利政策实施指南》将必要专利定义为"实施某项特定的建议或可供使用文件所必需的专利"。[1] 美国国家标准学会认为标准草案中可能需要使用的专利即是必要专利。[2] 美国高级电视系统委员会公司（Advanced Television Systems Committee, Inc., STSC）在1995年9月15日通过的STSC数字电视国家标准中将"必要专利"界定为"技术标准必要专利池中的专利"。[3] 我国《国家涉及标准必要专利的管理规定（暂行）》第四条规定："国家标准中涉及的专利应当是必要专利，即实施该项标准必不可少的专利。"

综上所述，对于标准必要专利的定义，无论是标准组织的政策，还是理论界的研究，尽管尚不统一，但均认为定义标准必要专利的关键是其"必要性"，即该专利技术在制定标准时无法避免、不可取代。换言之，标准必要专利是指在技术标准制定之时，为使某一产品或技术服务达到技术标准的要求而必须采用的专利技术方案，该技术方案没有其他替代技术。

（二）标准必要专利的特征

美国司法部的反垄断局（Anti-Monopoly Bureau of the U.S. Department of Justice）曾指出，衡量一项专利是否为必要专利的因素之一是该项技术必需和技术标准所指向的产品或方法有必然的直接的联系，而且不能为其他非专利技术所替代。[4] 因此，标准必要专利具有以下三个重要特征：

1. 在技术上的必不可少性。标准必要专利的必不可少性是指一个产品缺少任何一个必要专利都会导致其产品不符合相关技术标准的要求，这体现了该技术的市场依赖度和认可度。因此，在技术标准实施过程中，该项专利无法被绕过，该专利也就变成了技术标准中所必不可少的专利。

2. 在技术上存在互补性。与技术标准有关的专利之间的关系有三种：

---

[1] See Guidelines for Implementation of the Common Patent Policy for ITU-T/ITU-R/ISO/IEC (June 26, 2015), §2 Explanation of terms.

[2] Guidelines for Implementation of ANSI Patent Policy, §3.1.

[3] Advanced Television Systems Committee, Inc. Patent Policy, §11.b, http://atsc.org/policies/policy-documents/.

[4] Bekkers, Rudi, and Geert Duysters & Bart Verspagen, "Intellectual Property Rights, Strategic Technology Agreements and Market Structure, The Case of GSM", *Research Policy*, Vol. 31, 2002.

竞争性关系①、互补性关系②、障碍性关系③。标准必要专利之间应存在互补性，不应是竞争性关系或者障碍性关系。④ 如果两个或者两个以上的技术可以独立实现技术标准的技术要求或功能，且该专利技术可以被其他技术取代，很显然，该专利技术不会被技术标准采用，即使采用，其中一项技术也成了"多余"，否则无法满足技术上的必不可少性。由此可见，必要专利之间的互补性是必要专利在技术上的必不可少性的要求和延伸。

3. 标准必要专利为专利劫持行为提供"来源"。对于技术标准的实施者而言，他们只能依赖标准必要专利来对产品进行投资、生产；对于技术标准中的标准必要专利权利人而言，他们通过技术标准化后，该项专利的使用范围得以扩大，获得更多经济利益不言而喻。更重要的是，基于标准必要专利技术的必不可少性，标准必要专利权人成为生产该产品的技术垄断者。概括起来说，标准必要专利不可避免地会产生以下后果：

其一，标准化前与标准必要专利开展竞争的技术因为没有被纳入标准而失去了价值，甚至变得完全没有价值，标准必要专利在相关技术市场已成为一个垄断性的技术，其他技术不能取代。

---

① 竞争性关系的专利是指在某项产品或技术方法实施的过程中，可以择一选择的专利技术，对于技术标准实施者来说，这两项专利的技术方案都能够实现技术标准的规定，可以相互替换。

② 互补性关系的专利是指彼此之间相互依存，共同构成生产某种产品的技术方案，互补性专利一般是由不同的发明人独立研发获得。

③ 障碍性关系的专利是指研究人员以他人的专利技术为基础，进行二次开发，开发得到新的专利技术，该专利技术的实施需要借助前一项专利的技术方案，后一项专利称为从属权利，前一项专利称为基本专利，从属专利在基本专利的基础上二次开发，获得了新的技术效果，但从属专利的实施需要以基本专利的授权为基础，基本专利由于从属专利的存在也不能升级使用从属专利公开的技术方案，因此二者互为障碍。

④ 需要说明的是，一般情况下竞争性专利与互补性专利的区别较为明显，但有时二者的区别并不明显。当两种专利技术中存在部分的重复或替代性内容，但二者结合后能够获得更好的技术效果，例如提高了生产效率，或提高了产品质量，而技术标准所规定的技术效果正好需要这两种专利技术的整合，此时，这两种专利技术之间既存在竞争性关系，又存在互补性关系。与此同时，障碍性专利原则上应当排除在技术标准之外，但如果技术标准在绕开某一障碍性专利时发现该专利为技术标准所必需的，或绕开该技术标准需要付出极大的经济成本，实质上构成不能回避，在这种情况下该专利因为商业因素考虑而成为必要专利，因此该专利也应当纳入技术标准中。

其二，标准必要专利成为技术的垄断者以后，标准化产品的生产商如果得不到标准必要专利权人的许可，其产品或者服务就达不到标准，从而被排除在市场之外。这就是说，取得标准必要专利的使用权就成为相关生产企业的一种强制性要求。这种情况下，如果标准必要专利权人拒绝实施许可，或者以不公平高价实施许可，专利劫持行为将由此产生。标准必要专利技术使用者如果按照专利权人的不合理要求，势必支付高额许可费；如果拒绝专利权人的不合理要求，在进入司法裁决以前，则不能进入市场。总之，标准必要专利权人获得了市场的独占机会，其他竞争者或者生产者则没有进入市场的可能性。

其三，标准必要专利是实施技术标准必不可少的技术，这为标准必要专利权人实施"劫持"行为，即"劫持"标准必要专利技术使用者提供了动机。由于在涉及产品兼容和互联互通的行业中，技术密织，生产商即使在大量生产或者巨额投资前尽到合理注意义务，也可能难以保证所实施的技术不侵犯标准必要专利技术。而专利劫持行为者，尤其是并不从事真正生产的标准必要专利权利人，采用向标准必要专利实施者提起侵权之诉或者发送律师函相威胁以获得超额利益。而善意的、未经许可的标准必要专利技术使用者由于投入了大量的人力和资力，即已经产生了"沉没成本"，如果转换，必然产生高昂的"转换成本"，由此不得不接受标准必要专利权人提出的不合理条件。

由此可见，在技术标准化的"领场"内，标准必要专利为专利劫持行为者实施劫持行为提供了动机，触发了劫持行为的发生。

第三节 政策因素

如前所述，随着技术的发展，技术标准和专利跃过沟壑，走向融合。为此，标准化组织或者授权管理机构逐渐制定了纳入技术标准的专利政策。专利政策在一定程度上解决了专利标准化过程中产生的问题，比如FRAND原则和专利信息披露政策提高了标准制定的效率和成本，提升了专利权人的创新积极性，增强了标准本身的竞争性和国际影响力。但是，标准制定组织或者授权管理机构并不承担任何涉及专利权的责任，也不参与具体的许可事务，而且制定的FRAND许可政策和专利信息披露政策存在的不确定性已广为诟病，这也为专利劫持行为的发生埋下了伏笔，提供了天然契机。

一 主要标准组织制定的专利政策概览

目前，ITU、ISO、IEC、ANSI 等标准组织都制定了相应的专利政策，而且三大国际标准组织 ITU、ISO、IEC 还就专利政策共同制定了实施指南。① 现概述如表 3-3 所示②：

表 3-3　　　　　　　　主要标准制定组织的专利政策

标准组织	是否排斥专利纳入技术标准	专利权信息披露原则、主体和范围	专利许可政策	是否提供专利信息数据	是否保证信息数据中专利的必要性
ITU	否	鼓励尽早披露；ITU 的成员；已知专利和未决专利	免费许可或 FRAND 许可	是	否
ISO	否	鼓励尽早披露；成员或者非成员；已知专利和未决专利	免费许可或 FRAND 许可	是	否
IEC	否	鼓励尽早披露；成员或者非成员；已知专利和未决专利	免费许可或 FRAND 许可	是	否
ANSI	不反对必要的专利技术进入标准	鼓励早期披露；标准制定过程中的所有参与者；已知专利和未决专利	免费许可或 FRAND 许可	是	否

---

① 自 2007 年 3 月 1 日，ITU、ISO、IEC 就专利政策制定并发布共同实施指南开始后，已于 2012 年 4 月 23 日和 2015 年 6 月 26 日重新发布修订后的版本。这两次修订是三大国际标准组织针对最新的经济形势变化做出的调整，主要集中在对专利定义、专利政策适用对象、许可声明的效力、专利转移、采标等问题进行进一步明确和细化。

② 宋伟、姚远编著：《技术标准下专利联盟理论与实务》，中国科学技术大学出版社 2016 年版，第 30—31 页。其中 TIA 是电信工业协会（Telecommunications Industry Association）的简称；BSI 是英国标准学会（Britain Standard Institute）的简称；IETF 是互联网工程任务组（Internet Engineering Task Force）的简称；VITA 是 VMEbus 国际贸易协会（VMEbus International Trade Association）的简称；OPCA 是职业规划咨询协会（The Occupational Program Consultants Association）的简称；TV-Anytime Forum 的中文名为即时电视标准协会；DVD Forum 的中文名为 DVD 标准协会；AVS 是数字音视频编解码技术标准（Audio and Video Coding Standard）的简称；IGRS 是信息设备资源共享协同服务标准（Intelligent Grouping and Resource Sharing），即"闪联"标准；Bluetooth SIG 是蓝牙国际联盟（Bluetooth Special Interest Group）的简称。

续表

标准组织	是否排斥专利纳入技术标准	专利权信息披露原则、主体和范围	专利许可政策	是否提供专利信息数据	是否保证信息数据中专利的必要性
TIA	否	鼓励早期披露；标准制定小组的参与者；已知专利和未决专利	免费许可或FRAND许可	是	否
IEEE	不反对基本专利技术进入标准	鼓励早期披露；所有标准制定参与者；已知专利和未决专利	免费许可或FRAND许可	是	否
ETSI	否	披露义务；ETSI的成员；未规定	FRAND许可	是	否
BSI	否	披露义务；BSI的成员；授权专利	免费许可或FRAND许可	是	否
ATSC	否	鼓励尽早披露；所有标准制定参与者；已知专利和未决专利	免费许可或FRAND许可	是	否
IETF	否	尽早披露且必须披露；所有标准制定参与者；已知专利和未决专利	免费许可或FRAND许可	是	否
VITA	否	强制性事先披露，工作组成立60天内披露；VITA工作组成员；已知专利和未决专利	免费许可或FRAND许可	是	否
OPCA	否	起草规范前60天披露；OPCA工作组成员；已知专利和未决专利	免费许可或FRAND许可	是	否
TV-Anytime Forum	否	未规定	FRAND许可	否	否
DVD Forum	否	未规定	FRAND许可	否	否
AVS	否	最低限度披露义务；AVS成员；已知专利和未决专利	免费许可或FRAND许可	是	否
IGRS	否	事中和事后披露；IGRS成员；已知专利和未决专利	FRAND许可	否	否
Bluetooth SIG	否	未规定	免费许可	否	否

通过对各标准组织制定的专利政策的梳理，我们发现，大部分标准组织（特别是国际标准化组织）在专利标准化过程中大都恪守较为"中立"甚或说"消极"之状态，它们虽然制定了明确的专利政策、指南及程序、建立了标准必要专利数据库、文件体系等，但这些政策毕竟属于行业自

律，其制定的内容的约束力难以保证，部分政策并不具有可操作性，从而为标准必要专利权人或者标准外成员实施专利劫持行为留下了空间。

二 模糊的 FRAND 许可政策为专利劫持行为提供了"动机"

(一) FRAND 许可政策的基本内涵

从表 3-3 可以看到，在标准组织制定标准的过程中，除了声明免费许可的情况外，大多将 FRAND 许可政策作为专利政策中标准必要专利的许可指引，是标准必要专利许可活动中的一项基本原则。就其内涵来看，FRAND 许可政策要求纳入标准的必要专利的权利人应同意以公平、合理和非歧视条件向标准必要专利实施者许可自己的专利，在一定程度上对标准必要专利权利人的权利行使进行一定的限制，从而为技术标准的顺利制定和推广使用扫除了障碍。但是，该原则并未界定何为公平、合理和非歧视条件。作为一项基本原则，它被标准化中的专利权人和标准实施人所普遍接受，主要服务于两大目标：（1）确保标准实施者采纳标准，向市场提供产品，促进标准实施；（2）对标准必要专利做出投资的专利权人提供合理的回报。[①] 因此，该项政策的目的在于规制标准必要专利的许可授权行为，平衡专利权人和标准实施者的利益。[②]

(二) FRAND 许可政策的特征

FRAND 许可政策是多数标准组织所制定的专利政策，也是标准组织制定的知识产权政策中最重要的内容之一。此项政策具有以下特点：

第一，标准组织的决定性。表 3-3 中列明了世界上 17 个标准组织制定的专利政策，就标准必要专利的许可方式而言，其设定了三种许可模式：免费许可或者 FRAND 许可、免费许可、FRAND 许可。由此可见，是否采用 FRAND 许可政策，即要求标准必要专利权人按照 FRAND 方式向未来实施此项标准必要专利的技术实施者许可专利，并非由标准必要专利权人首先选定，而是由标准组织设定。

第二，许可政策的原则性。无论是 ITU，还是 ISO、IEC 等全球性标准组织，它们都将 FRAND 许可政策作为技术标准制定和实施中遵循的重

[①] Lemley, Mark A., and Carl Sharpiro, "Patent Holdup and Royalty Stacking", *Texas Law Review*, Vol. 85, No. 7, 2007.

[②] 孟雁北：《标准制定与实施中 FRAND 承诺问题研究》，《电子知识产权》2014 年第 11 期。

要准则。作为一项准则，其表现方式为标准组织通过设立一个基本的框架或者通过对此政策进行扼要说明，或简单列举数种符合原则的做法。因此，标准必要专利许可是否合理、是否公平、是否非歧视，需要依据双方所达成的许可条款进行裁量。

第三，许可政策的普遍适用可能性。FRAND作为专利政策中的一项准则，此项许可政策不仅适用于加入标准组织的成员，而且也适用于未加入标准组织的成员，要求纳入标准中的专利权人共同遵守，不加以区别。如果专利权人不同意该项政策，可以要求标准组织不把自己的专利纳入标准，从而确保专利权人的自由度和技术标准的统一性、开放性。

（三）FRAND许可政策触发了专利劫持行为的"动机"

尽管大多数标准化组织的专利政策中都对FRAND原则作出了明文规定，但实际上关于它的内涵却并不清晰，事实上也没有任何标准组织对此进行准确界定，这就使得FRAND许可政策充满了模糊性和争议性。有学者曾指出："对于什么是FRAND，没有一个统一的衡量标准，甚至没有初步的指导原则。"[1] 为此，有学者分析后指出，这是因为制定FRAND许可政策的人员一般都是技术人员，而非律师。[2]

涉及FRAND许可政策的核心问题有两个：一是FRAND许可政策的性质，二是FRAND许可费的确定。对于前者，理论界和实务界的观点并不一致。有的学者提出了五种可能的理论：第一，缔约过失论；第二，侵权行为论；第三，不正当竞争行为论；第四，权利滥用论；第五，垄断行为论。[3] 有法官明确提出，FRAND承诺在作出该承诺的标准必要专利权利人、标准制定组织及其成员之间成立合同关系。[4] 还有的法官认为，

---

[1] Brooks, Roger G., and Damien Geradin, "Interpreting and Enforcing the Voluntary FRAND Commitment", *International Journal of IT Standards and Standardization Research*, Vol. 9, No. 1, 2011.

[2] See Lichtman, Douglas, "Understanding the RAND Commitment", *Hous. L. Rev.*, Vol. 47, 2010.

[3] 何怀文、陈如文：《技术标准制定参与人违反FRAND许可承诺的法律后果》，《知识产权》2014年第10期。

[4] 朱理：《标准必要专利的法律问题：专利法、合同法、竞争法的交错》，《竞争政策研究》2016年第2期。

FRAND 条件既是合同义务,也构成一项不可撤销的承诺。① 我国台湾地区学者则提出 FRAND 授权声明的法律性质有 8 种:契约说、授权要约说、意图声明说、预约说、利益第三人契约说、利益第三人预约说、独立请求权基础说、自我拘束义务说。② 美国学者主张,如果专利权人参与制定技术标准时,承诺以 FRAND 原则许可自己的专利,纳入标准后又不与技术标准实施人诚信地协商许可条件,或对不同实施人施加歧视性的许可条款,违反诚实信用原则,美国法院应不支持永久禁令救济的诉讼请求。③ 不同的认识决定了因 FRAND 许可发生纠纷时不同的处理路径,而这样的不确定显然为标准必要专利权人和标准必要专利技术实施者增添了判断的难度,但同时也因其自由裁量性为实施专利劫持行为甚至反向劫持行为促成了"动机"。

对于 FRAND 许可费的确定,这已经成为一个跨越法学与经济学的问题。实际上,标准必要专利权人应向标准技术使用者收取多少专利许可费才是公平合理且无歧视,很难找到一个精确的标准答案。张平教授认为,由于标准必要专利许可使用费问题本身的复杂性,导致无法总结出一套数学计算公式并加以适用。④ 西南政法大学马海生副教授感言:"一个公平的、合理的、无歧视的标准必要专利许可费(率)谁说了算?一句戏谑的话也许就是真理:谁权力大谁说了算。"⑤ 在表 3-3 所列的 17 个标准组织中,虽然都将 FRAND 政策作为技术标准制定和实施的重要政策,但除了 IEEE 组织对 FRAND 的内涵和合理的许可费进行了界定,其他标准组织并未进一步阐明 FRAND 的内容,也没有提供如何判定许可费是否合理、公平和无歧视的方法。2015 年 2 月,IEEE 对其制定的专利政策进行了修改,其中规定标准必要专利权许可中合适的费率应当排除标准中的其他专利技术的价值,具体确定时应当考虑的因素包括但不限于这三项:一是标准必要专利的功能性价值;二是标准必要专利对标准实施的技术贡献率;

---

① 胡伟华:《FRAND 原则下许可使用费的司法确定》,《人民司法·应用》2015 年第 15 期。
② 参见杨宏晖《论 FRAND 授权声明之意义与性质》,《月旦法学杂志》2015 年第 12 期。
③ Carrier, Michael A., "A Roadmap to the Smartphone Patent Wars and FRAND Licensing", *CPI Antitrust Chronicle*, Vol. 2, 2012.
④ 张平:《涉及技术标准 FRAND 专利许可使用费率的计算》,《人民司法·案例》2014 年第 4 期。
⑤ 马海生:《标准必要专利许可费司法定价之惑》,《知识产权》2016 年第 12 期。

三是必须基于平等自愿的许可。① 贝克尔教授等对 ISO、IEC、ITU、IEEE、ETSI、ANSI 等 10 个标准制定组织的知识产权政策进行调查研究后，发现绝大部分都未对"合理、公平和无歧视"进行界定。② 马海生副教授曾对 29 家标准制定组织的专利许可政策进行研究，他发现没有界定"合理、无歧视"含义的标准制定组织占到了总数的 86.2%。③ 而勒姆利教授早在 2002 年对 43 家标准化组织进行实证研究后发现，没有一家标准化组织对"合理、公平和无歧视许可费"进行详细描述。由于 FRAND 许可费确定的标准几无规定，这为标准必要专利权人利用市场优势实施专利劫持行为提供了可能性。

　　FRAND 许可政策促成专利劫持行为产生的"动机"还在于其许可协议的保密性，即许可费协议的不公开性。在实践中，标准必要专利权利人与标准实施者签订的许可协议通常以商业秘密为由进行保密，不予公开。在标准必要专利使用费率信息被当作商业秘密而不公开的情况下，标准必要专利权人为了追求利益，很有可能会利用标准必要专利使用费率信息保密的优势地位和标准必要专利权人的强势地位，任意违反 FRAND 原则而向谈判方"漫天要价"，而标准必要专利实施人却很难举证其违反了 FRAND 原则，无法判断是否"公平""合理"或者构成"歧视"。④ 因此，FRAND 许可协议的不公开可能促成标准必要专利权人实施专利劫持行为。

　　综上所述，虽然将遵守 FRAND 原则作为专利技术纳入标准的前提条件，但该规定并不明确，缺乏可操作性，从而使得该许可承诺虽然表现为一种义务承担，却更像是一种口号式的"倡导"。

---

① *IEEE Statement Regarding Updating of its Standards - Related Patent Policy*，http：//www.ieee.org/about/news/2015/8_february_2015.html? WT.mc_id=std_8feb.

② Bekkers, Rudi, and Andrew S. Updegrove，*A Study of IPR Policies and Practices of a Representative Group of Standards Setting Organizations Worldwide*，https：//ssrn.com/abstract = 2333445 or http：//dx.doi.org/10.2139/ssrn.2333445.

③ 马海生：《专利许可的原则——公平、合理、无歧视许可研究》，法律出版社 2010 年版，第 162 页。

④ 祝建军：《标准必要专利使用费条款：保密抑或公开——华为诉 IDC 标准必要专利案引发的思考》，《知识产权》2015 年第 5 期。

三 柔性的专利信息披露政策为专利劫持行为提供了"可能"

技术标准化中专利信息披露政策是标准化组织制定的专利政策的核心制度之一。专利信息披露政策是指标准化组织中的成员依据标准化组织的规定，向其披露其所拥有、所控制、所了解的专利权信息，标准化组织向社会公众公布其制定的标准中所含有的专利技术的信息。[①] 依此定义，专利信息披露政策的披露主体既有标准化组织的成员，也有标准化组织；披露的对象既有标准化组织，也有社会公众；披露的范围既包括专利权信息，也包括含有专利技术的信息。另外，专利信息披露还应包括专利权转移的信息。[②] 专利信息披露政策的本质在于为了使专利信息透明化，促使专利的推广更为便利，避免专利劫持行为出现，有效解决全球化环境下更加复杂的技术问题，同时还可以消减标准的落后性，有利于整合技术以形成最优水平的标准体系。[③]

目前，世界上的标准组织对于专利信息披露政策的要求有三种类型：第一种也是多数标准组织采用的方式，鼓励披露或者鼓励尽早披露，如IUT、ISO、IEC三大标准组织都采用这种模式；第二种，设置了披露义务，要求尽早披露或者履行强制性披露义务，或者规定最低限度披露义务，如ETSI、BSI等标准化组织；第三种，不规定披露义务。而对于披露的范围和披露的时间，从表3-3中可知，各标准组织的要求也不一样。因此，在一定程度上说，目前的标准化组织对于专利信息披露政策的态度并不一致，而且更多呈现出"柔性"特点。而这种"柔性"，特别是对规定不负有披露义务的标准必要专利权人而言，无疑为他们实施专利劫持行为提供了"可能"。这是因为，一方面，专利权人在标准组织制定标准过程中由于不负有专利权信息或者含有专利技术信息的披露义务，享有信息优势地位，一旦等标准制定完成后，尤其是等到标准必要专利实施者投入成本开始实施专利技术后，他们就向制造者主张专利权，从而索要高额许可费或者赔偿费用。而标准必要专利技术实施者基于对标准的信任甚或依

[①] 巫晓倩:《对标准专利信息披露制度的思考》,《电子知识产权》2014年第11期。
[②] 朱翔华:《国际标准组织专利政策的最新进展》,《中国标准化》2014年第3期。
[③] 王贞华、樊延霞:《技术标准中专利信息不披露行为的审查对策》,《知识产权》2014年第8期。

赖，使用该项技术，但等到专利权人主张权利时才发现转换成本更加高昂，只能选择同意专利权人的不合理主张。另一方面，专利权人为获得垄断地位，可以借助标准的力量拓展对外专利许可的范围，所以许多专利权人会积极向标准化组织"披露"，而这种积极披露也会导致根本不满足必要性的非必要专利，甚至非专利技术进入标准，从而增加标准制定者和标准实施者的成本，制造专利劫持行为的"借口"。

四 缺失的"标准必要专利保证政策"成就了专利劫持行为的"宽口径"

标准必要专利保证政策是指标准组织通过一定程序，确认专利权人申请的专利权所保护的权利要求是实施该标准所需的技术。换言之，标准技术实施者如实施标准中包含的技术，该技术方案的必要性和权利主体均非常明确。但从表3-3可以看出，17个典型的标准组织都没有制定标准必要专利保证政策。实际上，标准组织不对标准必要专利的识别和许可费的分配作出规定，这已成为标准组织的惯常做法。[①] 其基本解释是，标准组织的任务是为技术标准选择最适宜的组成技术，即标准组织是在做技术判断。至于这些被选定的技术是否落入了他人专利权的保护范围，则是法律问题，并不应该由标准化组织承担鉴定任务，标准组织的工程技术人员也没有能力做这种鉴定，这种鉴定工作还容易耽搁标准制定进程，使标准制定工作的方向发生错误。[②]

然而，正如上面提及的，专利标准是企业获得竞争力、话语权、经济利益的重要武器，因此，在标准制定过程中，部分专利权人会积极向标准制定组织披露专利，期冀自己的专利技术被标准组织纳入，从而成为标准必要专利。但问题在于：这些专利技术是否真的是实施技术标准的"必要专利"？如果不是，这个纯技术问题便变成了一个非常重要的法律问题：法律如何应对非必要专利权人越来越多、越来越频繁、越来越恣意的滥发律师函件或者以提起诉讼相威胁标准技术使用者，影响生产，破坏竞争之行为，即专利劫持行为？

---

① Lim, Daryl, "Standard Essential Patents, Trolls, and the Smartphone Wars: Triangulating the End Game", *Penn. St. L. Rev.*, Vol. 119, 2014.

② 马海生：《技术标准中的"必要专利"问题研究》，《知识产权》2009年第2期。

第四节　经济利益驱动背景

专利权是专利制度的核心概念，它是专利主管部门依法授予公民、法人或者其他组织对其发明创造在一定期限内享有的一种排他性权利。[①] 这种排他性权利也是一种富有财产性质的资源，在资本形态上表现为无形资产。[②] 正因为如此，各国、各企业也非常重视专利权的运营，将其作为一种重要的无形资产加以管理。在市场经济的发展过程中，专利权不再仅仅起着鼓励发明者创新的作用，专利权正充分发挥其作为私人财产的价值，这主要体现在专利权人实施专利的程度。专利实施表现为专利技术商品化，包括将专利权作为资本进行投资、专利许可、专利转让以及专利侵权诉讼等方式。

技术标准是一种公共产品，具有统一性和普适性。在经济学家眼里，技术标准具有极强的网络效应（Network Effects）特征，尤其是在信息技术等高科技技术领域。网络效应是由经济学家罗霍尔夫教授于1974年提出，他认为："一个用户从通信服务所获得的效用随着加入这一系统的人数的增加而增加。"[③] 夏皮罗和卡茨教授将网络效应定义为："当消费同样产品的其他使用者的人数增加时，某一使用者消费该产品所获得的效用增量。"[④] 尼克罗密德斯则认为网络效应是一种需求方的规模经济。[⑤] 我国经济学家陈剑等人认为，网络效应是使用者从用户网络中获得的额外的福利变化。[⑥] 简言之，技术标准中的网络效应就是标准产品对一名用户的价值

[①] 齐爱民、朱谢群、李晓秋等：《知识产权法新论》，北京大学出版社2008年版，第216页。

[②] 吴汉东：《知识产权的无形价值及经营方略》，《中国知识产权报》2014年1月29日第008版。

[③] Rohlfs, Jeffrey, "A Theory of Interdependent Demand for a Communications Service", *Bell Journal of Economics*, Vol. 5, No. 1, 1974.

[④] Katz, Michael L., and Carl Shapiro, "Technology Adoption in the Presence of Network Externalities", *Journal of Political Economy*, Vol. 94, No. 4, 1986.

[⑤] See Economides, Nicholas, "The Economics of Network", *International Journal of Industrial Organization*, Vol. 14, No. 6, 1996.

[⑥] 闻中、陈剑：《网络效应与网络外部性：概念的探讨与分析》，《当代经济科学》2000年第6期。

取决于使用该标准产品的其他用户的数量，主要表现在四个方面：安装基础效应①、消费者预期效应②、正反馈机制③、锁定效应。④ 专利权作为企业获得经济利益的重要工具，通过技术标准化可以扩大用户的安装基础、影响消费者的预期、增强技术标准的正反馈机制以及提高市场壁垒，对标准的推广和市场渗透产生重要的影响。

经济利益是指在一定社会经济形态中满足人们经济需要的生产成果，它是人类社会最具普遍意义的基本利益。经济利益可以形成为达到其目标的行为动力，经济利益主体对自身利益的追求而表现出的行为倾向与趋势，是人的一种最基本动力源泉。换言之，经济利益驱动是人类既普遍又深刻的一条基本规律。经济利益的获取与分配涉及道德伦理、法律正义。专利标准化可以有效降低专利许可的交易成本、推进技术标准的使用，提升专利权的价值，促使技术标准化中的专利权人获得更多经济利益。就专利权人而言，专利运用的首要原则是最短时间内获取最大经济利益，而对更多甚至最大经济利益的追逐可能导致专利权人在标准化过程中背离经济伦理和法律正义，比如实施专利劫持行为。即是说，从市场角度看，作为"经济人"的市场主体，特别是标准必要专利权利人总是想以最少的成本，来获取最大、最强的收益，而专利劫持行为无疑是实现此目的的典型方式。

第五节　法律制度诱因

技术标准化中的专利劫持行为是专利制度和标准化制度共同的衍生品。它是纳入标准组织的专利权人利用法律制度设计的漏洞衍生而成。

---

① 安装基础即为使用某种技术标准的固定用户群体。

② 消费者预期效应是指消费者对技术标准产品未来的网络规模、辅助产品的供应及技术更新升级等问题进行一定的预期，在符合理想预期的情况下，消费者则会购买。

③ 正反馈机制是网络经济的市场主体呈现出"强者更强，弱者更弱"的马太效应或者从众效应。即当用户在评价某个技术标准优劣时，很大程度上将会依赖于该技术标准用户安装基数规模的大小。

④ 宋伟、姚远编著：《技术标准下专利联盟理论与实务》，中国科学技术大学出版社2016年版，第24—26页。

与此同时，纳入技术标准的专利授权范围太宽、专利权本身具有不确定性、标准必要专利主张禁令的禁禅效应等都有可能助长专利劫持行为的产生。

一 专利权授予制度的症结

任何发明创造要获得专利权必须满足"三性"：新颖性、创造性、实用性。此外，审查人员对于发明人的技术方案申请还要考察发明创造是否属于专利法中的可专利主题、撰写的技术方案说明书是否充分公开。在判定新颖性的过程中，审查人员要选定一定的标准：现有技术和抵触申请，在考察申请技术方案是否具有创造性时，审查人员同样要以现有技术为标准进行比对。由于世界上越来越多的国家实现全球新颖性标准，现有技术不仅包括公开出版的专利文献数据库、期刊，而且还包括使用方式，也包括网络再现的方式，这就决定了专利审查人员面临越来越多的挑战和困难，这也是"问题专利"不断呈现的原因。勒姆利教授和夏皮罗教授早年通过实证研究，发现进入诉讼中的专利权超过50%都被认定为无效，因此，他们将授予的专利权称为"概率专利权"。① 勒姆利教授等人对于专利诉讼的实证研究的结论没有发生大的变化，研究结果表明进入诉讼中的43%专利权都被认定为无效。② 波斯纳法官为此对"低质量的专利滋生现象"表达了深深的质疑。③ 据来自高通公司的研究人员的统计，在真正的标准必要专利诉讼中，只有那些多次被提起诉讼的标准必要专利的有效性才可以得到保证。④ 换言之，诉讼次数越少，标准必要专利的有效性越低。

除此之外，在专利劫持行为的发源地——美国，专利法并未禁止商业

---

① Lemley, Mark A., and Carl Shapiro, "Probabilistic Patents, *Journal of Economic Perspectives*", Vol. 19, No. 2, 2005.

② Allison, John R., and Mark A. Lemley & David L. Schwartz, "Understanding the Realities of Modern Patent Litigation", *Texas Law Review*, Vol. 92, 2014.

③ Posner, Richard A., *Why There Are Too Many Patents in America*, The Atlantic, http://www.theatlantic.com/business/archive/2012/07/why-there-are-too-many-patents-in-america/259725/.

④ Gupta, Kirti, and Mark Snyder, *Smart Phone Litigation and Standard Essential Patents*, Hoover IP Working Paper Series No. 14006, https://ssrn.com/abstract=2492331.

方法可以获得专利权，美国自20世纪90年代"街道银行"案①开始对商业方法授予专利，这为技术标准化中的专利劫持行为的发生首先埋下了祸根。商业方法是信息技术时代电子商务、金融、保险、证券、通信技术等信息产业繁荣和发达的制胜法宝。但是，由于缺乏有丰富经验的审查员和完善的现有技术数据库，商业方法专利申请的授权率高达90%，几乎是普通专利申请授权率的两倍，这导致以商业方法专利，特别是商业方法软件专利作为诉争对象的诉讼远高于其他专利。2014年3月31日美国最高法院就"何时应授予软件专利权"举行听证会，但最后并未给出明确答案。实际上，不确定的商业方法及软件专利为技术标准化中的专利劫持行为的发生提供了可能性。②

其次，在专利权授权制度中，部分授予的专利权保护范围太宽，这也为专利劫持行为提供了土壤和丰富的资源。

最后，部分授予专利权的权利要求采用功能或效果特征来限定发明，导致保护范围模糊而不确定，成为审查和侵权判断中的难题，其他公司也难以从专利公开信息中识别相关专利是否与自己的技术相同，从而尽早避免侵权。

值得一提的是，专利申请的海量增长，各个国家的专利审查员数量的严重缺乏，导致专利申请审查的延滞或者疏漏从而产生问题专利，也必然为技术标准化中的专利劫持行为提供了可乘之机。

二 专利权的天然垄断性

专利权是技术方案发明人依法享有的一种独占性权利。作为一种独占性权利，专利权人可以排除任何其他人未经许可实施该专利发明，也可以与他人签订专利许可合同和专利转让合同，还可以基于专利权的交换价值签订专利权质押合同。《知识产权协定》对产品发明的专利权和方法发明的专利权的内容进行了明确规定。对于产品发明，专利权人享有制造权、使用权、销售权、许诺销售权和进口权以及许可权、转让权等权能；对于

---

① State Street Bank & Trust Co. v. Signature Financial Group, Inc., 927 F. Supp. 502, 38 USPQ2d 1530 (D. Mass. 1996).

② 袁晓东、高璐琳:《美国"专利主张实体"的经营模式、危害及其对策》，《情报杂志》2015年第2期。

方法发明，专利权人的权能体现为使用权、许诺销售权、销售权以及进口依据该方法直接获得的产品权，以及许可权和转让权等。[①] 从《知识产权协定》的规定可知，无论是产品专利权人享有的制造权、使用权、许诺销售权、销售权、进口权，还是方法专利权人享有的使用权、许诺销售权、销售权以及进口依据该方法直接获得的产品权，这些权利皆属于专利权人的独占权，只有专利权人自己可以行使，或者他人经过专利权的许可行使这些权利。他人如需制造、使用、销售或者许诺销售、进口含有发明专利的产品，均需取得专利权人的许可。技术标准化中专利劫持行为是专利权人利用专利权作为敲诈、威胁标准技术实施者以获取不当利益的武器，其核心在于专利权人有意放大标准必要专利许可权的功能，使其发生了偏移。

三 诉讼制度的滥用

诉权是指"可以为诉的权利"，民事诉权就是当事人享有的因民事实体权利义务关系发生争议，请求法院予以裁判解决的权利。[②] 在英美法中，与民事诉权比较相近的术语是"民事救济权""诉诸司法的权利"等。从权利制度的设计内容来看，任何一种权利原则上只是确定一种调整人们行为的规范，这种规范并不具体规定权利主体如何行使权利。在这一点上，权利制度的内容模式"容易为权利人滥用权利留下空隙"。[③] 民事诉权亦如此。比如在日本，"滥用诉权属于违反诚实信用原则的范畴，即非公正、非诚实和非善意地行使诉权或滥用纠纷解决请求权"[④]。民事诉权的滥用主要表现为滥用起诉权、提出显无事实根据的诉讼请求、通过行使诉权来侵害对方当事人的合法权益等。部分技术标准化中专利劫持行为

---

① 《知识产权协定》第28条："（1）专利应赋予其所有权人以下专有权：（a）如若一专利的客体是产品，则有权防止第三方未经其同意而进行制造、使用、标价出售、销售或为这些目的而进口该产品的行为；（b）如若一专利的客体是一方法，则有权防止第三方未经其同意而使用该方法的行为，或使用、标价出售、销售或为这些目的而进口至少是以此方法直接获得产品的行为。（2）专利所有权人还应有权转让或以继承方式转移该专利并签订许可合同。"

② 李龙：《民事诉权论纲》，《现代法学》2003年第2期。

③ 张晓薇：《民事诉权正当性与诉权滥用规制研究》，法律出版社2014年版，第3页。

④ [日]谷口安平：《程序的正义与诉讼》（增补本），王亚新、刘荣军译，中国政法大学出版社2002年版，第167—177页。

主体明知其专利并非标准必要专利，甚至无效或者专利在指控侵权产品中所占价值很小的情形下，依然提起诉讼并要求被指控标准必要专利实施者，即所谓的侵权人支付巨额赔偿或者发布禁令，造成被告疲于应付耗时长久的诉讼，支付巨额的律师费用，从而侵害被告的合法利益。部分技术标准化中的专利劫持行为主体利用诉讼费用高昂迫使对方选择和解。相关的研究表明，在专利侵权诉讼中，被告支付的诉讼平均费用是850万美元，如败诉，支付的侵权损失赔偿金平均为1200万美元。尽管技术标准化中的专利劫持行为主体也要花费500万美元左右的诉讼费用，但由于可能得到高达1200万美元的侵权损害赔偿金，这对技术标准化中的专利劫持行为主体来说，无疑是一个难以阻挡的巨大诱惑。

表3-4　　　　　　　　专利侵权诉讼双方当事人的损益[①]

费用	原告（专利劫持行为人）	被告（被专利劫持行为人）
立案费（美元）	100000	0
和解协议金（美元）	50000	50000
和解损失（美元）	100000	-500000
和解投资收益率（%）	400	
诉讼费用（美元）	5000000	8500000
侵权损害赔偿费用（美元）	12000000	0
胜诉率（%）	29	71
预期损失（美元）	1500000	8500000
诉讼投资收益率（%）	-30	—

四　专利侵权救济制度的"帮助"

没有救济就没有权利。无论是英美法系国家抑或大陆法系国家，在专利侵权纠纷的救济途径中，禁令和赔偿均是重要的救济方式。专利法领域中的禁令是指法院在专利诉讼前或者专利诉讼中责令一方当事人实施某种行为或禁止实施某种行为的命令。《知识产权协定》规定了禁令制度，但比较原则为各国的禁令制度设计留下了很大的空间。在美国，

[①] Schaerr, Gene C., and Loshin Jason, *Doing Battle With "Patent Trolls": Lessons from the Litigation Front Lines*, http://www.wlf.org/Upload/misc/pres sclips/101210ForbesOTD.pdf.

专利侵权诉讼中禁令包括三种：临时限制令（Temporary Restraining Order）、初步禁令（Preliminary Injunction）、永久禁令（Permanant Injunction）。其中，前两者是临时性措施，属于民事诉讼法中的行为保全制度范畴。永久禁令是法院对案件进行了实质审理，认定被告侵权后作出判决时给予胜诉方的一种救济措施，禁止被告再次侵权。永久禁令对原告来说是一种有效的保护手段，有助于弥补损害赔偿的不足。[1] 永久禁令的颁布会使从事实业的被告处于极度不利的谈判地位，它会阻止侵权专利产品的上市和销售，使侵权企业不得不考虑沉没成本与技术转换成本。特别是在技术标准环境中，侵权的标准必要专利只占产品一小部分的情形下，或者生产这种产品必须要利用此种标准必要专利技术的情况下，发布禁令会使企业遭受重大损失，这会迫使企业选择和解，并同意支付较高的专利许可费。而在德国，立法和司法都采用了一种"有利于专利权人"风格，这对标准必要专利权利人而言，获得法院的禁令支持更加容易。[2] 同时，原告在诉讼中享有极大优势，如果胜诉将获得胜诉酬金，这大大节约了诉讼开支。但胜诉被告往往并不能获得律师费的补偿。另外，在标准必要专利诉讼中，标准必要专利权利人往往与专利权实施主体有关，由于被告因为有实施技术生产的行为，所以他要承担较多的举证义务；而对于作为原告的专利劫持行为人来说，由于很多不进行实体生产，也不实施专利，只是从事专利运营，因此，他的举证义务负担要轻许多。这就导致被告考量是否卷入诉讼或者进一步参加诉讼的决定因素可能不是自己的技术侵犯了原告的标准必要专利权，而是高昂的诉讼成本、长久的耗时、大量的人力。

此外，在美国的专利侵权诉讼中，法院一旦认定被告侵权，被诉人需要承担数额巨大的赔偿金。[3] 与此同时，法院还会要求被告承担原告的律

---

[1] 张玲、金松：《美国专利侵权永久禁令制度及其启示》，《知识产权》2012年第11期。

[2] Herrle, Maximilian R., *Economy in Danger? The Failures of German Injunction Jurisprudence in Patent Litigation with Special Regard to Standard Essential Patents and Their Solution*, Chicago-Kent College of Law Research Paper, https://ssrn.com/abstract=2172387.

[3] 根据《美国专利法》第284条规定，若是专利权人能证明被告有侵害其专利权之事实并能证明其损害存在，法院应根据专利权人所提出之证据决定或估定其赔偿金额，该金额不得少于被告实施该发明所需的合理许可费用；且当法院确定侵权人属恶意时，还会增加损害赔偿之数额，最高可达原本法院或陪审团估定数额的3倍。

师费用。小企业难以承担，因此害怕应诉而宁愿选择和解。而逐年增加的专利侵权损害赔偿金或者和解费，则成为技术标准化中专利劫持行为主体在美国提起诉讼的重大诱因。

所以，无论是在美国还是德国，专利权人在专利侵权诉讼中获胜概率大、法院在专利侵权事实认定成立后倾向于自动颁发禁令，这些都给专利权人在和解谈判中提供了有力支持。在美国，司法判决中还创造了一系列被认为是"天文数字般的专利侵权赔偿案"，这大大刺激了专利权人提起诉讼的积极性。对于那些依靠真正的标准必要专利，或者并非真正的标准必要专利，甚至是"问题专利"提起诉讼以获取巨额利益的专利劫持行为者来说，在这里可以完美筑建自己的天堂。

第六节 产生过程及实证分析

要对技术标准化中专利劫持行为有一个较为清楚的认识，洞悉它的产生过程或者基本轨迹非常必要，而实证分析无疑可以加强直观认识。

一 产生的基本轨迹

技术标准化中专利劫持行为的实施不是一个单独的行为，它由系列行为组合而成，其生命过程描述如下：

第一步，募集资本，成立公司（包括空壳公司），确立实施专利劫持行为的实施载体。专利劫持行为如要实施，首先得有主体。技术标准化中专利劫持行为主体主要有两种：一种是非实体生产商，即专门的专利经营实体，通常由专利律师、发明者或者专利权人单独成立或者分别成立，主要从事的经营业务范畴表现为专利管理和运营。为避免专利劫持行为实施主体受到社会公众指责，专利劫持行为人往往以空壳公司为掩护，如蓝色尖峰公司、无线星球公司；另一种是实体生产商，如三星公司、苹果公司、摩托罗拉公司等。

第二步，购买专利或者获得专利独占许可权，或者通过自己研发、申请获得专利权，为被纳入标准并实施专利劫持行为储备专利资源。专利劫持行为的实施不仅依赖于享有专利权，还依赖于被纳入标准，这就要求专利劫持行为主体在成立公司后必须精心挑选、甄别、评估专利，在此基础上与专利出让人或者许可人达成协议，购买专利或者获得该专利的独占许可权；或者精心组织研发团队进行技术专利化（研发、专利公开、专利授权）。

第三步，积极参与标准组织、提交标准提案或参与技术工作组讨论，提交专利声明或参与专利许可程序，推动专利标准发布实施；或者在标准制定过程中故意隐藏或不当披露相关专利信息，等待标准出台。

第四步，违反FRAND许可政策不公平许可或者歧视许可或者拒绝许可。标准化组织在专利标准化的进程中无一例外会要求专利权人对纳入标准的专利作出事前声明，即遵守FRAND许可政策许可专利，无论是加入标准组织内的成员还是未加入标准组织的成员。对于与标准必要专利权人存在竞争关系的标准必要专利技术使用者而言，标准必要专利权人为了获取标准必要专利技术产品的垄断市场，会以种种理由拒绝许可或者不公平、歧视许可自己的技术；对于与标准必要专利权人不存在竞争关系的标准必要技术使用者而言，标准必要专利权人为了获取更多的经济利益，会向技术使用者要求支付不合理的许可费用。

第五步，寻找作为目标公司的标准必要专利技术使用者。在实施专利劫持行为前，技术标准化中的专利劫持行为实施主体需要认真挑选目标公司。一般来说，目标公司多为使用标准必要专利技术的大公司，比如苹果公司、谷歌公司、华为公司、中兴公司等；劫持者和被劫持者常常存在竞争关系。

第六步，评估可能受到侵害的专利权的有效性和必要性。一般来说，技术标准化中专利劫持行为人在寻找到了侵权目标后，开始着手组织律师和技术专家对可能受到侵害的专利权的有效性和必要性进行评估，以确保诉讼占有优势地位。

第七步，发出律师函或者直接提起诉讼索要超出专利技术价值的许可费用或者赔偿费用。技术标准化中专利劫持行为主体在确认目标公司生产的产品或者工艺方法中使用了自己的专利后，便开始向目标公司发出律师函，要求以超过专利技术价值的合理范围的专利许可费进行许可；或者以直接提起诉讼，要求法院发布禁令、支持高额赔偿相威胁，进而促成尽快达成不合理的专利许可协议。

技术标准化中专利劫持行为的生命轨迹如图3-1所示：

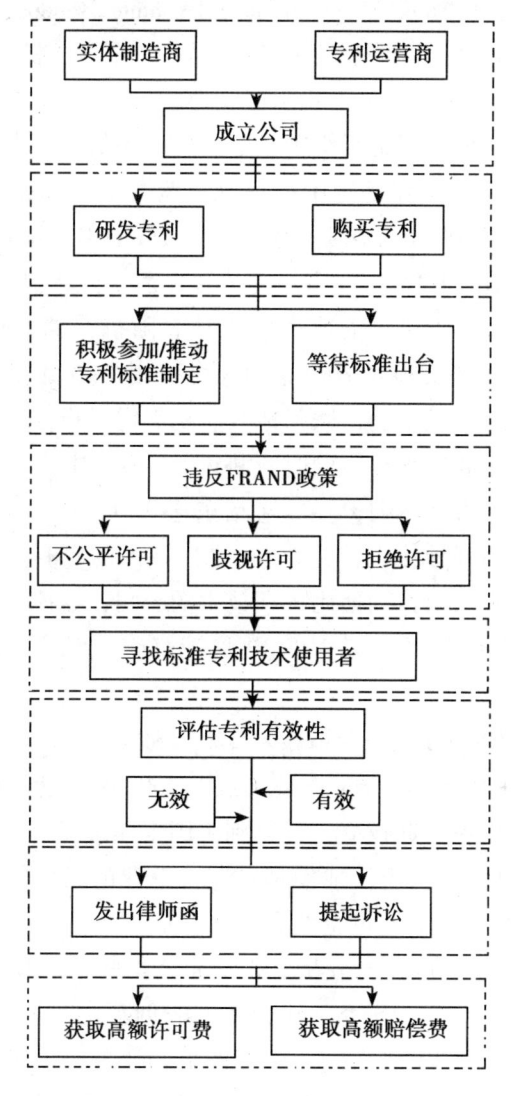

图 3-1 技术标准化中专利劫持行为的产生轨迹

二 运行的样态实例

(一) 美国蓝博士公司不当披露专利信息案

电子器件工程联合委员会 (Joint Electron Device Engineering Council, JEDEC) 是一个以促进电子元器件及其相关产品的发展为目的的标准制定组织,自 20 世纪 90 年代初,JEDEC 开始为电脑存储新一代技术制定同步动态随机存储芯片标准（Synchronous Dynamic Random Access Memory，SDRAM）。蓝博士公司并不生产存储器产品，主要是通过专利授权获取利润。该公司在1992年加入了JEDEC，并参与了这个标准的制定。同时蓝博士公司利用它在标准制定组织中了解到的相关信息，进一步修改其专利申请，使其专利覆盖正在制定中的标准。蓝博士公司在1996年退出JEDEC，其控制的动态随机存储器私有标准（Direct Rambus Dynamic Random Access Memory，DRDRAM）在市场上失败之后，开始提起专利侵权诉讼，宣称拥有SDRAM标准和双倍速率同步动态随机存储器标准相关的专利权，要求所有的标准实施者缴纳专利许可费用。2000年，蓝博士公司正式向美国弗吉尼亚州里士满市联邦地区法院起诉，指控七家大型存储器厂商侵犯四项标准必要专利权，同时威胁说："诉讼中失败的公司不授予专利使用权。"从2000年6月开始，包括东芝公司、日立公司、索尼公司在内的多家日本公司开始让步，并就SDRAM技术的专利授权达成协议。对于未能达成专利授权协议的使用该项技术的公司，蓝博士公司首先起诉指控德国英飞凌科技公司在其某些电脑记忆产品设计中侵犯了它的专利权。[1]

（二）德国 IPCom 公司获取技术专利无效案

位于德国普拉克的 IPCom 公司成立于2007年，它由德国最著名的专利诉讼律师弗洛威特发起设立，并得到美国丰泽投资公司的资金支持。该公司目前拥有10多名员工，他们都是非常专业的经济学家、工程师和法律人士。该公司与10个外包企业合作，并雇用了几位工程师和科研机构进行细分市场的研究和公司分析。IPCom 公司的活动仅限于对专利的管理，不从事产品生产或者研究。作为一家非创新、非生产的公司，IPCom 公司在2007年经过非常周密的调查、评估和谈判，决定收购德国罗伯特博世公司的专利组合，该组合是由1200多项移动通信领域的专利构成，其中1/4的专利是 GMS、通用分组无线服务技术或通用移动通信系统之类的标准无线技术。这些专利对于该行业普遍采取的标准是必不可少的，几乎所有涉及移动部门的市场参与者都使用这些专利。这些专利技术已在欧洲获得了专有权，其中的50%也在相关市场中获得了专利权，如在美国、

---

[1] 案例摘自 Rambus, Inc. v. InfineonTechnologiesAG et al., 222 F.R.D. 280 (E.D. Va. 2004)。

日本、中国和韩国市场。由于未能就智能手机中的手机接收到来自基站的传输与手机本身更新同步技术专利和移动手机连接网络过程中的管理技术专利达成许可协议，诺基亚公司主张 IPCom 公司包括这两项专利在内的 15 项专利无效，IPCom 公司以诺基亚公司侵犯专利权为由，于 2009 年向英国高等法院大法官庭专利法庭提起反诉，法院判决 IPCom 的专利部分有效，诺基亚公司侵犯了 IPCom 公司的部分专利权。法院还判决 IPCom 公司向欧洲专利局获得修改后的专利申请不再是必要专利。①

（三）IDC 公司滥用市场支配地位纠纷案

IDC 公司是一家美国无线技术专利授权厂商，不进行任何实质性生产。在移动通信标准领域，IDC 公司大约 19500 多项专利是 2G、3G（The 3rd Generation，3G）、4G 技术标准中的必要专利，除此之外，还涉及该公司已经提交的专利申请。这些专利和专利申请大多集中在美国、中国以及欧洲地区。IDC 公司也是欧洲电信标准化协会成员，根据该协会的知识产权政策，它同意按照公平、合理无歧视原则许可其必要专利。在本案中，原告华为公司是全球通信设备及终端生产商之一，经营范围涵盖开发、生产、销售程控交换机、数据通信设备、无线通信设备等产品，其生产产品时需要使用 2G、3G、4G 技术标准中的必要专利技术，其中包括 IDC 公司的专利技术。华为公司是欧洲电信标准化协会成员，自 2008 年以来，华为公司根据 IDC 公司在标准制定时所做出的承诺，与 IDC 公司就标准必要专利的使用费举行了多次协商，但双方未对涉案专利达成许可协议，主要障碍来自 IDC 公司。IDC 公司提出，除了有偿授权许可 2G、3G 和 4G 标准中的必要专利外，还要求华为公司免费许可其所有专利给自己。但华为公司认为，IDC 公司要求的专利许可费数额，无论采用哪一种方式进行计算，都远远超过了世界上其他使用这些专利技术的公司支付的专利费用。在谈判过程中，IDC 公司曾于 2011 年 7 月 26 日在美国同时向法院和国际贸易委员会指控华为公司涉嫌侵犯自己的专利权，并要求发布禁令和限制令。同年年底，华为公司以 IDC 公司违反 FRAND 原则为由，向深圳市中级人民法院提起诉讼。②

---

① Nokia GmbH v. IPCom GmbH & Co. KG, [2011] EWCA Civ 6, [2012] EWHC 225 (Pat).

② 华为技术有限公司与 IDC 公司滥用市场支配地位纠纷上诉案，广东省高级人民法院 (2013) 粤高法民三终字第 306 号民事判决。

（四）摩托罗拉公司滥用标准必要专利违反欧洲竞争法案

摩托罗拉公司是全球芯片制造、电子通信的领导者。为获得更大市场和更多利益，近年与苹果公司、微软公司在全球多个国家的法院发生专利诉讼大战，其中涉诉部分专利为标准必要专利。2011年摩托罗拉公司在德国曼海姆地区法院起诉苹果公司侵犯其在欧洲拥有的标准必要专利，这两项标准必要专利的专利号为：EP0847654、EP 1010336。前者涉及多个寻呼机状态同步的系统和方法，后者涉及在分组无线电系统的移动起源传输中执行倒计时功能的方法。二者均为美国专利的同族专利。该标准必要专利与欧洲电信标准协会的 GPRS 标准有关并作为 GSM 标准的一部分。当时，在欧洲电信标准协会制定标准时，摩托罗拉公司宣称其拥有一些标准必要专利，并承诺基于 FRAND 条款对外许可这些专利。① 由于与苹果公司未能就标准必要专利的许可达成一致，摩托罗拉公司请求法院颁布禁令阻止苹果公司在德国继续销售 iPhone 和 iPad 品牌下的相关设备。苹果公司以强制许可提出抗辩，但法院最后认为，苹果公司之前向摩托罗拉公司提出的许可协议提案未能充分满足 FRAND 原则，故支持标准必要专利权人摩托罗拉公司的禁令救济请求。② 2011年12月9日，苹果公司提起上诉，德国卡尔斯鲁厄地区高等法院最后撤销了一审法院的禁令判决。③ 为此，苹果公司向欧盟委员会进行投诉。欧盟委员会在 2012 年 4 月正式对摩托罗拉公司展开调查。2013年5月，欧盟委员会发表"异议声明"。④ 2014年4月29日，欧盟委员会作出正式决定：认定摩托罗拉公司违反了《欧盟运行条约》(Treaty on the Functioning of the European Union, TFEU) 第 102 条，即禁止在欧洲共同市场中占支配地位的经济主体滥用其垄断地

---

① 参见韩伟《标准必要专利行使的反垄断规制——以欧盟 2014 年摩托罗拉、三星案为视角》，载国家知识产权局编《专利法研究 2013》，知识产权出版社 2015 年版，第 218 页。

② Motorola v. Apple, 2012, Higher Regional Court of Karlsruhe, Federal Republic of Germany, Case No. 6 U 136/11.

③ Motorola v. Microsoft, 2012, Regional Court of Mannheim, Federal Republic of Germany, Case No. 2 O 240/11.

④ Press released by European Commission, *Antitrust*: *Commission Sends Statement of Objections to Motorola Mobility on Potential Misuse of Mobile Phone Standard-Essential Patents*, http://europa.eu/rapid/press-release_IP-13-406_en.htm.

位对欧盟市场经济带来限制竞争性负面影响的行为。①

本章小结：机理解构与透视

技术标准化中专利劫持行为的产生有着特定的技术逻辑起点、技术路径、政策因素、经济利益驱动背景、法律制度诱因、运作过程。专利标准化是专利劫持行为诞生的逻辑起点。在此特定的技术环境中，专利技术标准化对现代的经济和社会非常重要，它被公认为"推动现代经济的火车头"。②但是，尽管专利权和标准有着同质性：保护的客体均与技术有关，获得和实施需要经过专门的公开、审查和批准程序、制度目标一致，二者却又有着截然不同的本质属性、产生方式、保密程度、实施方式、修改方式、保护期限、价值定位、保护模式。二者的同质性为其融合并带来正效应提供了可能，二者的异质性则为融合后必然存在不可弥合的冲突并滋生专利劫持行为等负效应埋下了伏笔。在技术路径上，专利权和技术标准的结合有多种方式，但无论哪一种方式，二者结合后都会确立标准必要专利。然而，标准必要专利也在一定程度上成了专利劫持行为的"发生器"和"助推器"。从政策因素考量，专利标准化中 FRAND 许可政策的不确定性和模糊性、专利信息披露政策的"柔性"、标准必要专利保证政策的缺失则为专利劫持行为的产生提供了各种可能。最大经济利益驱动专利技术标准化中的标准必要专利权人以合法或者违法的方式行使专利权，这为标准必要专利权利人利用专利劫持行为追求高额许可费或者巨额赔偿费用

---

① 这些行为包括但并不仅限于这四种：（1）不公平贸易条件；（2）限制生产、销售或技术开发，使消费者遭受损害的行为；（3）歧视性商业行为；（4）搭售和附加其他不合理交易条件的行为。但是该决定没有对摩托罗拉公司作出罚款。其理由是：第一，以往欧盟委员会或欧盟法院尚未对这样的案件作出过罚款的决定；第二，欧盟成员国法院在是否对摩托罗拉进行罚款的问题上，没有达成一致。See Press released by European Commission, *Antitrust: Commission Finds That Motorola Mobility Infringed EU Competition Rules by Misusing Standard Essential Patents*, http://europa.eu/rapid/press-release_IP-14-489_en.htm。

② U.S. Dep't of Justice & Fed, Trade Comm'n, *Antitrust Enforcement and Intellectual Property Rights: Promoting Innovation and Competition*, https://www.justice.gov/atr/antitrust-enforcement-and-intellectual-property-rights-promoting-innovation-and-competition。

或者阻止竞争者分享市场利益注入了强大的"动机"。在法律制度范畴，专利授权制度的症结、专利权的天然垄断性、诉讼制度的滥用、侵权救济制度的"滥用"等是技术标准化中专利劫持行为的产生诱因。这些致因因素共同作用，"成就"了技术标准化中的专利劫持行为。在运作机理层面，技术标准化中的专利劫持行为有着特定的演进轨迹，美国的蓝博士公司不当披露专利信息案、德国 IPCom 公司获取技术专利无效案、IDC 公司违反 FRAND 原则案、摩托罗拉公司滥用标准必要专利违反欧洲竞争法案四个典型案例揭示了技术标准化中专利劫持行为的具体实践运作机制、规律和路径。本书通过对技术标准化中专利劫持行为产生的机理和运作机理进行深度解析，透视专利劫持行为的产生、演进脉络，有助于寻找有效的法律规制路径和节点的突破。

第四章

技术标准化中专利劫持行为法律规制的正当性

正当性是指某种制度或者行为符合人们的特定价值标准。只有具备正当性，秩序发展才能长期存续。因此，寻求妥实的正当性依据，对于秩序的形成及发展至关重要。构建技术标准化中专利劫持行为法律规制制度亦需要找寻相应的理论依据，以证成正当性阐释。由于技术标准化中专利劫持行为的法律规制研究具有交叉学科的特点，因而理论依据的选择可以涉及伦理学、法学、经济学、管理学等多个领域，具有相当的复杂性和挑战性。本部分从寻找法律规制技术标准化中专利劫持行为的恰当路径的需求出发，尝试从伦理学、经济学、管理学、法学（法哲学、民法学、专利法学、反垄断法学）等不同视角，追问技术标准化中专利劫持行为法律规制的理论根基，其正当性叙事旨在塑造技术标准化中法律规制专利劫持行为现象的品性与合理性。

第一节 伦理学中的公平正义原则

伦理是指人伦之间相互对待的普遍性真理或"应该"的状态，表征的是人类生活的秩序以及秩序之间的关系，含有人们在处理人伦关系时所应该遵循的准则、规范。[1]伦理学是一门以伦理道德为研究对象的独立学

---

[1] 参见王泽应编著《伦理学》，北京师范大学出版社2012年版，第2页。

科，其研究对象涵盖了伦理生活、道德问题和道德现象等方面。[①] 由此可见，道德是伦理学研究的基点。道德与法律皆是古老但经久不衰的话题，二者在社会控制和自我控制领域发挥重要作用。从伦理学视角探究法律现象中的道德问题，旨在凸显并实现法律机制中的道德意蕴及其诉求。相比单纯的法律方法来说，融入伦理学思维和方法的观察与思考，可以避免"道德至上"或"法律至上"的片面性；从这样一个角度出发，看到的才是真正的法律，是符合历史、符合社会的法律，只有法律与道德实现完美的结合，法律才能达到真正的完美；其对法律现象的分析结果也有助于形成符合时代所要求的理论形态与观念支撑，这样才更能让人们去接受法律，遵守法律，法律的实施才能得到保证。

一 作为法律制度伦理基础的公平正义

在伦理道德范畴中，公平正义自古以来就被人们列为基本的道德范畴，它不仅是对个人道德品质的基本要求，而且也是人类社会行为的基本道德准则，是千百年来人们不懈追求的美好社会理想与愿望，是人们追求的永恒目标。因此，在一定程度上说，人类社会的发展历史，就是不断追求公平正义的写照。"公正、正义、公平和公道都是同一概念。只不过，正义一般用在庄严、重大的场合。公平与公道，一般用于社会生活的日常领域。公正则介于正义与公平或公道之间：它比公平和公道更郑重一些，比正义更平常一些，因而适用于任何场合。"[②] 那么，什么是正义？这是一个令人着迷的吊诡问题。自原始社会产生以来，人们基于对原始劳动成果的分配，开始了对正义的思考，但争执不休，至今难以达成一致。博登海默在解释"正义"时说道："正义有一张普洛透斯似的脸（a Protean face），变幻无常、随时可呈现不同的状态，并具有极不同的面貌。当我们仔细查看这张脸并试图解开隐藏其表面之后的秘密时，我们往往会深感迷惑。"[③] 这表明，正义是一种主观的价值判断，不同的标准、不同的角度、不同的立场赋予了正义不同的内涵。

---

① 参见王泽应编著《伦理学》，北京师范大学出版社2012年版，第11页。
② 王海明：《伦理学原理》（第三版），北京大学出版社2009年版，第206页。
③ ［美］E. 博登海默：《法理学——法律哲学与法律方法》，邓正来译，中国政法大学出版社2004年版，第252页。

世界上最伟大的哲学家之一柏拉图认为："正义就是各尽其职。"① 作为柏拉图的弟子，亚里士多德不仅接受了老师的思想，而且在此基础上进行了大胆扬弃。亚里士多德认为："正义乃是一种关注人和人之间关系的美德，正义寓于'某种平等'之中，正义就是中道、均等、平衡和相称。"② 休谟对正义的认识与柏拉图的观点有相似之处，他从"人性至善"理论的角度出发，提出"主张平等分配财产的平等派是一种政治狂信者"③。而正义研究的集大成者罗尔斯认为："正义是社会制度的首要美德，正像真理是思想体系的首要美德一样。"④ 这些"正义观"都强调正义是一种"美德"，具体体现为平等分配财产等稀缺资源。有学者指出："在现代社会，随着价值的主观化，现代人认为道德的唯一课题是解决自利主义者们之间的利害冲突，使得大家都能从这个制度受益，道德问题也仅限于利害冲突所发生的问题。因此，基本上所有的道德问题都被化约成分配公正。"⑤ 这表明分配是否公正的问题不仅在过去是个核心议题，在现代社会依然是人们关注的中心。

德国法学家魏德士（Bernd Ruthers）依据正义规制的对象不同，将其分为美德正义与制度（规则）正义。⑥ 制度正义是人类追求政治文明的一种基本目标，具体体现在制定的规则和程序能让所有人的财产、机会、责任和义务的分配公平、正当。实际上，任何制度都要以一定的价值认识和价值判断为前提，都要以一定的伦理精神为底蕴。毫无疑问，作为伦理道德的正义必然是法律制度的品性和归宿，是其得以建立的前提。实际上，强调正义对法律制度的基础性作用早已存在。⑦ 在历史上，欧洲法律传统认同的"正义是所有合法统治的基础"可以追溯至亚里士多德和奥古斯

---

① ［古希腊］柏拉图：《理想国》，郭斌和、张竹明译，商务印书馆1986年版，第7页。
② ［古希腊］亚里士多德：《尼各马克伦理学》，廖申白译注，商务印书馆2003年版，第134页。
③ ［英］休谟：《道德原则研究》，曾晓平译，商务印书馆2004年版，第45页。
④ ［美］约翰·罗尔斯：《正义论》，何怀宏、何包钢、廖申白译，中国社会科学出版社1988年版，第1页。
⑤ 石元康：《从中国文化到现代性：典范转移?》，生活·读书·新知三联书店2000年版，第116页。
⑥ 参见［德］伯恩·魏德士《法理学》，丁小春等译，法律出版社2003年版，第161页。
⑦ 易军：《法律制度的伦理基础》，《中国社会科学》2004年第6期。

丁。在亚里士多德眼中，正义与合法等同。罗马法学家则认为，"法与善、正义是分不开的"，"法是实现善与公正的艺术"，"法来源于正义，正义如法之母；因此正义先于法诞生"。① 鲍桑葵说："法律本身就意味着有某种值得加以维护的东西，而且这种东西是得到公认的；违反它们不仅不得人心，而且是违背公共利益和毁约的罪恶行为。法律必然涉及主持正义的企图、维护正当的行为并含蓄地指出错误的行为，从而要求据此去理解它和评价它。法律的理想的一个主要方面即在于承认正义。"② 英国法学家认为："普遍的看法是，公平是法律所应当始终奉行的一种价值观。"③ 我国法理学学者李龙教授认为："没有正义就没有法律。"④ 因此，将正义视作法律制度的伦理基础已成为当今世界的普遍共识。法律制度不可抛弃正义，正义不可脱离法律，二者须臾不可分。

二 技术标准化中专利劫持行为打破了专利和标准化法律制度的公平正义生态

专利法律制度通过确认发明创造劳动成果的归属来合理配置发明创造者和社会公众的权利与义务，促进发明创造劳动成果的运用，推动技术进步和经济发展。作为一项法律制度，专利法律制度与其他任何法律制度一样，旨在实现公平正义，即确保专利权人和社会公众平等、公正地享有自己的权利，履行自己的义务。以专利权主体制度为例，各国专利法都规定任何对于发明创造作出实质创造性劳动的自然人，都是发明人，而并不区分发明人的年龄、性别、智力程度等。这充分体现了专利法律制度尊重所有发明人、保护所有发明人的理念，而这种理念正是专利法律制度追求公平正义的结果。此外，专利法中的客体制度、专利权制度、侵犯专利权的救济制度以及专利强制许可制度、不视为专利侵权制度等相关制度的规定，都承载着维护专利法律制度公平正义的价值目标，确保专利法律制度具有正当性。

---

① ［德］伯恩·魏德士：《法理学》，丁小春等译，法律出版社2003年版，第159页。

② ［英］伯纳德·鲍桑葵：《关于国家的哲学理论》，汪淑钧译，商务印书馆1995年版，第73—74页。

③ ［英］彼得·斯坦、约翰·香德：《西方社会的法律价值》，王献平译，郑成思校，中国人民公安大学出版社1990年版，第74页。

④ 李龙、刘连泰：《法学的品格》，《华东政法大学学报》2003年第1期。

标准古已有之，萌芽源自人类改造自然的过程中。随着工业革命的到来，技术标准与质量标准、管理标准相互融合，逐渐形成全面的标准体系。1798年5月1日，美国康涅狄格州的惠特尼上书美国财政部部长，愿意提供他拥有的机器、水力、劳工（原是为准备制造轧棉机招募来的）为国家生产滑膛枪。他在制造武器的过程中运用样板和量规，成批地制造了具有交换性的零部件，为大量生产开辟了一条新途径，从而开启了零部件标准化即"划一制"或者"通用制"的第一步。两百年来，由"技术标准化"这种革命性的思想所带来的大规模生产体制，已经惠及世界。在复杂技术和经济全球化时代，技术标准更是无处不在。由于标准在技术进步和社会发展中发挥着重要作用，因而它逐步形成了特有的法律制度。法律制度主要是指法律体系、法律机构、法律规范和法律规则。标准化法律制度是调整在标准化过程中所发生的社会关系的法律规范的总称，既包括有关标准化的法律、法规、政策性文件等"软件"，还包括标准化活动开展的管理机构、管理方式和运行方式等"硬件"。1918年，法国用法令的形式对标准化进行法制管理，发布了一系列的法规法令。1929年，英国以皇家宪章的形式确定了国家的标准化机构、职能和地位。由此，英国成为标准化立法最早的国家。截止到今天，世界各国逐步建立起各自的标准化法律制度。标准化法律制度的作用是规范标准化法律行为，确保标准的实施符合经济社会的需要，保障消费者的利益。国家运用具有规范性、强制性、固定性的标准制定和实施方式推广标准，适应技术发展的要求，构筑合理的贸易技术壁垒，满足社会公共需要，促进社会公平和正义。可见技术标准法律制度的存在，为消费者识别假冒伪劣产品提供了衡量的标准，从而确保了消费者的利益不受到损害；有利于促进企业在统一的标准中有序、公平竞争；它为国家设置合理的技术壁垒、规避他国技术壁垒限制提供了法律保障。因此，标准法律制度可以保证消费者、企业、国家受益，而这正是作为评价社会美好生活标准的公平正义的要求。

技术标准化中专利劫持行为的道德困境导源于标准必要专利权人的"恶"：他将专利权作为一种霸权，将专利制度功利化，利用专利标准的普适性以满足个人获取超过专利技术价值的许可费或者高额赔偿费之目的。在霸权者视野里，利用专利标准的锁定效应设置专利障碍"劫持"他人财富，重新进行资源利益的分配；在功利主义伦理道德思潮中，"看行为增进或者违反当事者的幸福感"① 成为专利法律制度正当性的评判准则，保护专利权、激励发明创造成为制度设计的唯一指向。效率由此遮蔽了道德与正义，合理利益的分配和责任的分担湮没在标准必要专利权人实施专利劫持行为的快乐中，专利和标准法律制度的公平正义受到严重侵蚀，道德气质不再完整。因此，技术标准化中的专利劫持行为破坏了专利和标准法律制度的公平正义生态。

三 法律规制能够回复专利和标准化法律制度的公平正义价值

罗尔斯指出："……某些法律和制度，不管它们如何有效率和条理，只要它们不正义，就必须加以改造和废除。每个人都拥有一种基于正义的不可侵犯性，这种不可侵犯性即使以社会整体利益之名也不能逾越。"② 专利制度欲走出道德困境，重新回复公平正义，实现专利制度的良性道德生态，就必须寻求治理专利劫持行为的方式。法律规制是治理专利劫持行为的根本方式。诚然，专利劫持行为也可以通过道德治理、政策治理、思想治理等其他方式来实现，但这些方式都只能发挥有限的作用，缺乏像法律规制方式所具有的明确性、确定性、普遍性、稳定性、规范性、利导性以及国家权威性、国家强制性等特性。申言之，法律规制对专利劫持行为具有强有力的调整和规范作用，这是因为"法律是人类最伟大的发明，因为别的发明使人类学会了驾驭自然，而唯有法律让人类学会了如何驾驭自己"③。一般而言，法律对于违法、违约行为都规定了制裁措施，这主要基于违法、违约行为必然破坏了法律制度所孜孜追求的公平正义目标。

对违法行为实施法律规制的直接目的有三：首先是制裁侵害或毁损正义的行为；其次是恢复或补救被侵害或被毁损的正义状态；最后是发挥法律正义的警示和倡导作用，以避免再次发生类似的侵害或毁损正义的行为，或者减少其发生的可能。由此可见，对违法、违约行为予以法律规制是法律制度具有正当性的体现，是实现法律制度正义的内在要求，是基于

---

① ［英］边沁：《道德与立法的原理绪论》，罗也明译，载周辅成编《西方伦理学名著选辑》（下卷），商务印书馆1987年版，第211—212页。

② ［美］约翰·罗尔斯：《正义论》，何怀宏、何包钢、廖申白译，中国社会科学出版社1988年版，第1页。

③ ［美］E. 博登海默：《法理学——法律哲学与法律方法》，邓正来译，中国政法大学出版社2004年版，第219页。

合理配置权利、义务的及时回应。相反，对违法、违约行为不进行规制，法律制度就未能做到"得与失之间的适度调整"，就没有发挥矫正正义的功能，则该制度本身缺乏公正性和合理性，不可能确保社会正义。通过立法、司法、执法等法律方式规制技术标准化中的专利劫持行为，制裁实施专利劫持行为的行为人，保护技术标准化中专利劫持行为受害者的合法利益，重新分配资源和确定责任，目的在于达到公平正义之状态。

第二节　经济学中的交易成本理论

专利权是一种法定的民事权利，它是民事主体依法对特定的发明创造享有的垄断权。在经济学家的眼中，专利信息是生产活动中重要的生产要素和稀缺资源，专利权是一种产权制度安排，用于规范发明创造的运用、管理和保护，实现稀缺资源的优化配置和效益最大化。正如诺贝尔经济学奖获得者、新制度经济学的代表诺斯所指出的："付给数学家报酬和提供资金是刺激努力出成果的人为办法，而一项专为包括新思想、发明和创新在内的知识所有权而制定的法律则可以提供更为经常的刺激。没有这种所有权，便没有人会为社会利益而拿私人财产冒险。"[1] 技术标准就其本身而言，只是一系列技术规范或者规则的集合，具有公共物品的属性。但是专利嵌入技术标准后，则将此种纯公共物品改造为准公共物品，具有了排他性。[2] 经济学旨在优化配置稀缺资源，确保这种配置能产生良好的社会收益。那么，发挥着激励和约束作用的法律制度作为一种政策工具是如何实现稀缺资源的优化配置的，我们可以运用经济学，特别是微观经济学的理论和方法来研究分析法律现象，从而达到效率最大化的目标——"以最低的成本去实现法律制度的目的"。深入研究法律规制技术标准化中专利劫持行为是否具有经济学上的正当性基础，即该制度是否能够降低交易成本，这是关系到是否应当规制技术标准化中的专利劫

---

[1] [美] 道格拉斯·诺斯、罗伯斯·托马斯：《西方世界的兴起》，厉以平、蔡磊译，华夏出版社 2009 年版，第 7 页。

[2] 李保红、吕廷杰：《技术标准的经济学属性及有效形成模式分析》，《北京邮电大学学报》（社会科学版）2005 年第 2 期。

持行为、为什么要选择法律方式规制等重大问题。本节从法经济学的视角出发，分析和探讨法律规制技术标准化中专利劫持行为能实现交易成本的降低，从而证成法律规制技术标准化中专利劫持行为在法经济学上具有正当性基础。

一 交易成本理论的内涵与精髓

交易成本理论是用比较制度分析方法研究经济组织制度的理论，其基本思路是：围绕交易成本的降低这一中心，把交易作为分析单位，找出区分不同交易的特征因素，然后分析什么样的交易应该用什么样的体制组织来协调。可见，交易成本无疑是最重要的研究对象。交易成本，又称为交易费用，是新制度经济学的核心概念，最早出现在科斯于1937年发表的《企业的性质》一文中。科斯首次将交易成本概念引入到经济分析中来，他指出利用价格机制会产生交易成本，包括获得精确的市场信息所产生的成本以及基于交易人之间的谈判、讨价还价和履行合同所产生的成本。[①] 在1960年，他撰文进一步提出："为了进行市场交易，需要发现谁是愿意交易的人，告知愿意交易的人，以什么方式进行交易，进行谈判，乃至讨价还价，缔结契约并检查契约条款是否被违反等。"[②] 这就是著名的科斯定理，其核心思想在于零交易成本的局限性和研究存在交易成本的社会。[③] "可以将科斯定理的简单版表述为：如果交易成本为零，不论法律规则如何选择，有效率的结果都会发生。"[④] 或者说，如果交易成本为零，不论法律如何设定权利，通过市场机制实现资源的优化配置目标均可以达成。但是，由于实际交易中交易成本都是存在的，因此必须在有形或者无形客体上设定财产权才能实现资源的有效配置，从而降低交易成本，这是

[①] Coase, Ronald H., "the Nature of the Firm", *Economica* (Blackwell Publishing), Vol. 4, No. 16, 1937.

[②] Coase, Ronald H., "The Problem of Social Cost", *Journal of Law and Economy*, Vol. 3, No. 5, 1960.

[③] 参见［美］科斯、诺思、威廉姆森著，［法］克劳德梅纳尔编《制度、契约与组织从新制度经济学角度的透视》，刘刚、冯健、杨其静等译，经济科学出版社2003年版，第62—63页。

[④] ［美］A. 米切尔·波林斯基：《法和经济学导论》，郑戈译，法律出版社2009年版，第11页。

法律制度的重要功能。为此，法经济学家认为："包括契约法在内的许多同市场经济有关的法律都被用于减少交易成本，人们根据法律所规定的市场交易规则进行交易，而建立和执行这些法律制度本身的成本相对于其减少的交易成本来说是值得的。"①

需要说明的是，尽管科斯开创性地提出了交易成本概念，但他本人并没有为交易成本构建完整的理论体系。这项工作是由威廉姆森等人完成的。威廉姆森将交易成本分解为6种成本：搜寻成本、信息成本、议价成本、决策成本、交易的成本、事后成本。他还进一步将以上成本分为事前、事后交易成本。前者是指草拟合同、谈判及确保合同得以履行所付出的成本，后者是指交易已经发生之后的成本，包括不适应成本、讨价还价成本、建立及运转成本、保证成本。② 其他经济学家，如张五常认为交易成本是一切不直接发生在物质生产过程中的成本。③ 考特和尤伦认为，交易成本主要是搜寻成本、谈判成本和执行成本三种，它在零和无穷大之间分布，因此必须确定交易中的成本对于交易者来说是否足够低，以至于用市场谈判就能决定资源的有效利用；或者是否过于高昂，从而导致交易不能达成。④ 为什么产生交易成本？威廉姆森提出6个原因：有限理性、投机主义、不确定性与复杂性⑤、少数交易⑥、信息不对称⑦、气氛⑧。威廉姆森的研究还进一步表明，这些原因源自于交易本身的三项特征，即交

---

① 张乃根：《法与经济学》，中国政法大学出版社2003年版，第182页。
② 参见［美］奥利弗·E. 威廉姆森《资本主义经济制度》，段毅才、王伟译，商务印书馆2002年版，第64—68页。
③ 参见张五常《经济解释》，商务印书馆2000年版，第40—43页。
④ 参见［美］罗伯特·考特、托马斯·尤伦《法和经济学》（第五版），史晋川、董学兵等译，格致出版社、上海三联书店、上海人民出版社2010年版，第79—81页。
⑤ 由于环境因素中充满不可预期性和各种变化，交易双方均将未来的不确定性及复杂性纳入契约中，使得交易过程增加不少订定契约时的议价成本，并使交易困难度上升。
⑥ 某些交易过程过于专属性，或因为异质性信息与资源无法流通，使得交易对象减少及造成市场被少数人把持，使得市场运作失灵。
⑦ 因为环境的不确定性和自利行为产生的机会主义，交易双方往往握有不同程度的信息，使得市场的先占者拥有较多的有利信息而获益，并形成少数交易。
⑧ 指交易双方若互不信任，且又处于对立立场，无法营造一个令人满意的交易关系，将使得交易过程过于重视形式，徒增不必要的交易困难及成本。

易商品或资产的特殊性①、交易不确定性②、交易的频率③。这三项特征形成三个维度，影响交易成本的高低。即交易商品或者资产越特殊、交易越不确定、交易的频率越高，交易成本将越高。反之则越低。总之，交易成本理论或者交易费用理论揭示了人们在自愿交往、彼此合作达成交易的过程中，由于人性因素和交易环境因素的交叉影响而产生不可避免的成本。

二 技术标准化中的专利劫持行为导致交易成本的增加

技术标准化中专利劫持行为主体利用专利权的独占性和技术标准的普适性，特别是利用诉讼或者发送律师函等程序性手段实施专利劫持行为，在很多时候其根本目的在于通过与对方讨价还价获取超过专利技术价值的许可费收益或者高额赔偿费用。依此看来，阻止标准必要专利技术实施者继续实施该标准必要专利技术并非大多数标准必要专利劫持行为人的出发点。由此可见，技术标准化中的专利劫持行为旨在追求一定的经济利益，因此从经济学的观点来看，此种行为具有经济行为的特点，因为"经济行为可以被定义为人们为了获取物品的行为"④。

将上述科斯定理应用于技术标准化中专利劫持行为的环境中，我们可以看到：在标准制定和实施环节，由于标准制定组织、标准技术使用者和专利权人的信息并不对称，标准必要专利权人的投机主义和有限理性，FRAND许可合同的不完全性等因素的存在，势必导致标准必要专利技术交易中存在着高昂的交易成本。这些成本具体包括搜寻标准必要专利技术信息与标准必要专利权人的成本、发现标准必要专利权人和标准必要专利

---

① 交易所投资的资产本身不具市场流通性，或者契约一旦终止，投资于资产上的成本难以回收或难以转换使用用途。

② 指交易过程中各种风险的发生概率。由于人类有限理性的限制使得面对未来的情况时，人们无法完全事先预测，特别是在交易过程中买卖双方常发生交易信息不对称的情形下，交易双方因此透过契约来保障自身的利益。因此，交易不确定性的升高会伴随着监督成本、议价成本的提升，从而使交易成本增加。

③ 交易的频率越高，相对的管理成本与议价成本也升高。交易频率的升高使得企业会将该交易的经济活动内部化，以节省企业的交易成本。

④ [美] 约瑟夫·阿洛伊斯·熊彼特：《经济发展理论：对利润资本信贷利息和经济周期的探究》，叶华译，中国社会科学出版社2009年版，第7页。

技术的交易价格的成本、标准必要专利权人与标准化组织、标准必要专利技术使用者的讨价还价、订立基于 FRAND 许可政策合同的费用、督促 FRAND 许可合同条款严格履行的成本等。尤其需要注意的是，复杂技术的到来使得某一特定产品所需的专利技术越来越分散在众多的权利人手里，这无疑进一步加重了标准技术使用者信息搜寻的成本以及交易的不确定性，大大增加了本已昂贵的交易费用。

同样，在因标准必要专利劫持行为而被诉承担侵权责任的案件中，如果被诉人的沉没成本为零或者转换成本为零，即如果被劫持人没有或者不需投入任何成本，就可实现产品的转换，那么被劫持人将以最少的成本防范标准必要专利劫持行为，法律无须另行设置相应制度都能实现资源的优化配置。但实际上，在技术标准化时代，标准必要专利劫持行为的对象多为一些实体的产品生产者，标准必要专利劫持行为实施者在实施专利劫持行为前往往经过精心准备，常以"肥羊"战略方式指控产品生产商，而这些生产商已经在准备和推广实施该技术时投入了大量的资金，产生了大量的沉没成本；如果这些生产商为防止专利侵权，选择采用规避标准必要专利劫持行为人的专利技术方式，就必须寻找替代性技术。很显然，这种转换成本必将大为增加。更为严重的是，就专利标准产品而言，标准必要专利是技术标准所必不可少、不可为其他技术所替代的，它是该技术领域的基础性技术、关键性技术。换言之，如果要生产这种符合统一的合格规定的标准产品，就必须利用该标准必要专利技术。否则只能退出该专利标准产品生产市场，这也是技术标准化的作用之所在。① 除此之外，对被劫持人而言，如果应对诉讼，还会为搜寻不侵权证据而支出大笔费用，包括高昂的律师费等成本。而对于那些本身不进行生产的专利劫持行为人而言，他们没有生产的固定成本、也不用担心反诉成本，这就会造成技术开发者和技术使用者之间分配不公平，提高专利许可的交易成本，降低专利许可谈判成功并降低实现技术交易的可能性，损及带来的社会福利。即使是实体生产商，其劫持之目的在于独占市场，本身就有可能通过种种理由来拒绝许可，导致制造者无论付出多少交易成本都可能达不到目的。此外，据统计，美国专利诉讼案件的司法成本平均为 65 万美元，而一项超过 500 万美元的专利劫持行为诉讼所产生的法律费用平均达到 2500 万美

---

① 麦绿波：《标准化的地位和作用》（下），《标准科学》2013 年第 3 期。

元。谷歌公司、黑莓公司、地球连线公司以及红帽公司等公司曾在 2013 年 4 月向美国联邦贸易委员会和美国司法部提出请求，希望这些部门对专利劫持行为者采取更强硬的姿态。在这份请求中，它们声称专利劫持行为者在 2011 年给美国公司带来了近 300 亿美元的额外开支，带来的直接和非直接相关成本总和已达 800 亿美元。这表明专利劫持行为中的诉讼干扰策略给专利创新系统带来了巨大的经济成本，阻碍了研发的投入，为社会带来了巨大的危害。[①] 而本森和莫尔雷通过实证研究发现，2005—2011 年，经由专利经营实体提起的诉讼给私人公司带来的直接成本达到 146 亿美元。[②]

三 法律规制有利于交易成本的降低

过高的交易成本必然给交易带来诸多不利的影响，这也是市场失灵的表现：减少交易者的交易利益，妨碍交易的正常进行，降低正常的交易量，不能有效激励市场主体主动寻求交易，从而阻碍资源的有效配置。新制度经济学的一个元命题就是制度是降低交易成本的重要途径，有利于促进经济增长。作为一种管束人们行为的一系列规则的制度，[③] 包括正式制度和非正式制度，前者主要指向法律制度，后者则表现为价值信念、风俗习惯、文化传统、道德伦理、意识形态等行为准则。法律制度的产生正是为了促使交易成本的最小化。技术标准化中专利劫持行为的法律规制也是为了解决交易成本过高问题，确保交易过程中维持合理的交易成本，鼓励交易，达成许可，克服交易成本所造成的障碍。

首先，通过法律规制技术标准化中的专利劫持行为，有利于标准必要专利权人与标准技术实施者尽早达成专利许可协议，促进标准必要专利技术推广并尽早转化为生产力，确保标准必要专利产品尽早得以制造与流通，满足消费者需求。通过法律规制给标准必要专利劫持行为人传递的信

---

① 易继明：《遏制专利蟑螂——评美国专利新政及其对中国的启示》，《法律科学》（西北政法大学学报）2014 年第 2 期。

② Bessen, James E., and Michael J. Meurer, "The Direct Costs from NPE Disputes", *Cornell Law Review*, Vol. 99, No. 2, 2014.

③ ［德］T. W. 舒尔茨：《制度与人的经济价值的不断提高》，载［美］科斯、阿尔钦、诺斯等《财产权利和制度变迁——产权学派与新制度学派译文集》，刘守芳等译，上海人民出版社 2004 年版，第 253 页。

息非常清楚,即市场上存在对该标准必要专利技术使用的需求。这使得标准必要专利权人更为容易找到这样的技术使用者,减少了相应的搜寻成本。其次,通过法律规制技术标准化中的专利劫持行为能够消除专利劫持行为带来的违约、专利权滥用甚至反竞争效果。技术标准化中的专利劫持行为是一种违法行为,且违法成本低、收益高。通过法律规制技术标准化中的专利劫持行为,可以提升标准必要专利劫持行为实施者的违法成本,降低信息成本和谈判成本。比如,美国众议院司法委员会主席议员古德雷特2015年2月5日在美国众议院重提《创新法案》,其中第4部分规定了原告的信息披露义务,以提升专利权权属的透明性,减少信息成本。即原告在提交诉讼的同时应当向专利商标局、法院和各被告披露:(a) 涉案专利的权利主体;(b) 任何有权再许可涉案专利的主体;(c) 原告所知晓的、除原告以外的任何与涉案专利之间存在利益关系的主体;(d) 任何与(a)、(b)、(c)项中的主体有关联的幕后专利权利主体。[①]

第三节 管理学中的管理效益原则

管理是个人、企业、国家永恒的主题,是提高经济效益和社会效益最主要的途径。在当代,包括专利制度在内的知识产权制度不仅是一种法律制度,而且是一种管理制度。[②] 专利权之所以备受关注,根源在于对作为专利权客体的发明创造的独占权益构成了一种重要的市场资源。专利权问题离不开对发明技术的开发、经营和管理,从而构成一个管理学问题。标准法律制度主要涉及标准管理体制,比如对标准制定、实施推广的管理,而专利标准化是目前标准制定、实施推广中最重要的形式。因此,在管理学领域,良好的专利标准管理首先应具有合法性,即管理主体在从事专利标准化活动时,不得违反相关法律法规;其次,专利标准化管理应具有市场性,即管理专利标准化的活动应当遵循市场经济原则,以市场机制为导

[①] 更详细信息参见,https://www.congress.gov/bill/114th-congress/house-bill/9/all-actions?q=%7B%22search%22%3A%5B%22INNOVATION+ACT%5C%22%22%5D%7D&resultIndex=23。

[②] 冯晓青:《企业知识产权管理》,中国政法大学出版社2012年版,第1页。

向，以市场效益和社会效益为目标。换言之，违法的专利标准化管理不符合经济效益和社会效益要求，应予以纠偏。

一 管理效益原则的内蕴

管理是协调工作活动使之有效率和有效果的过程，是同别人一起或通过别人使工作活动完成得更有效率和更有效果的过程，也是管理者对管理对象通过计划、组织、协调和控制等行为，使其发展符合管理组织设定目标的活动和过程。① 现代管理学之父德鲁克说："管理就是界定企业的使命，并激励和组织人力资源去实现这个使命。界定使命是企业家的任务，而激励与组织人力资源是领导力的范畴，二者的结合就是管理。"② 在管理学领域，管理活动应遵循一些基本规律和原则。管理效益原则是指管理活动必须以尽量少的消耗和资金占用，生产出尽可能多的符合社会需要的产品，不断提高经济效益。简言之，管理就是对效益的不断追求，而效益包括效果和利益，经济效益和社会效益是衡量效益的两个维度。经济效益是衡量一切经济活动的最终指标，强调人们在社会经济活动中资金投入与产出的比较，社会效益则是对社会发展所产生的积极作用或者贡献，包括对政治、文化、思想等产生的良好效果和影响。这两者既有区别又有联系，联系在于社会效益产生的基础和前提依赖良好的经济效益，而经济效益的提高离不开巨大的社会效益来保证；区别则主要表现在经济效益比社会效益更加直接，可以运用若干经济指标来计算，如财务评价、国民经济评价，而社会效益则难以计量，主要依赖于社会评价和社会公共利益的度量。

二 技术标准化中的专利劫持行为违背了管理效益原则

标准和专利的结合是标准化领域发展的必然趋势，技术标准正在演变成多专利技术的复合体。在技术迅猛发展的今天，专利权离开标准，无法获得更多利益；标准离开专利权，不能称之为真正的技术标准，因此，二

---

① ［美］斯蒂芬·P. 罗宾斯、玛丽·库尔特：《管理学》（第7版），孙健敏、黄卫谓等译，中国人民大学出版社2004年版，第21页。

② ［美］彼得·德鲁克：《管理：使命、责任、实务》（使命篇），王永贵译，机械工业出版社2009年版，第5页。

者的结合不仅是专利权人的要求,也是一国技术发展的方向。技术标准化中的专利劫持行为是企业运用标准必要专利战略获取最佳利益的一种方式,通过标准必要专利管理的方式为企业谋取利益,是企业专利战略的高级形式,属于企业知识产权战略部署的范畴。知识产权法学者冯晓青教授认为:"企业专利战略可以理解为企业为获取与保持市场竞争优势,利用专利制度和专利信息,谋求获取最佳经济效益的总体性谋划。"[1] 按照性质的不同,可将企业专利战略分为进攻性专利战略、防御性专利战略以及攻守兼备型专利战略。企业专利战略是管理企业的一种重要方式,属于知识产权战略部署的环节。何谓知识产权管理?按照知识产权法和管理学学者朱雪忠教授的观点,它是指"政府机关、高校、科研院校、企业或者其他组织等主体计划、组织、协调和控制知识产权的相关工作,并使其发展符合组织目标的过程,是协调知识产权事务的宏观调控和微观操作活动的总和"[2]。知识产权管理包括专利管理、商标管理、著作权管理、商业秘密管理等多种方式。自从19世纪末20世纪初,科学管理诞生之后,标准化就有了生存发展的土壤。随着科学管理的普及,标准化获得了新的发展机遇,而这也为科学管理借助标准化奠定了坚实的科学基础。[3] 作为一种管理方式,专利标准化管理或者标准必要专利管理是指企业对通过研发或者购买方式获得专利后,向正在制定技术标准的标准组织申报并获同意纳入的专利进行有效管理,此种管理必须有利于保护发明创造人,鼓励标准必要专利发明创新和商业化应用,保障消费者利益和公平竞争,提升经济效益和社会效益。然而,与一般企业的进攻性专利战略的目的不同,标准必要专利劫持行为实施者主要是利用标准必要专利权限制和控制目标公司,以获取更多的许可费。由于大多数标准必要专利劫持行为者并不关注标准必要专利技术的真正利用,这种战略并不符合专利制度和标准法律制度的根本目的,损害了社会利益,也不能创造更好的经济效益,因而,这种管理活动不具有合法性。[4]

---

[1] 冯晓青:《企业知识产权管理》,中国政法大学出版社2012年版,第282页。

[2] 朱雪忠主编:《知识产权管理》,高等教育出版社2010年版,第14页。

[3] 李春田:《标准化在市场经济发展中的作用——标准化与管理》,《上海标准化》2003年第4期。

[4] 曾德国主编:《知识产权管理》,知识产权出版社2012年版,第7—8页。

三 法律规制有益于管理效益的提升

专利标准化战略是指将技术标准和专利权结合起来,在技术标准化过程中充分依靠和利用专利权,使专利权成为促进企业或者个人发明创新的动力之源,从而确保在市场竞争中获得最大经济利益,维持长久竞争优势的深层次和全局性的一种策略。在管理学的视野中,企业的标准必要专利管理在企业经营管理中占据十分重要的地位。良好的标准必要专利管理有利于提高对标准必要专利权的认识,激励企业创造出数量更多、价值更高的专利权,积极参与到标准制定中,提升企业竞争力,节约研发成本,也有利于提高标准必要专利权的运用能力。标准必要专利权通过运用,才能体现其存在的价值,提升标准必要专利权运用能力是创新主体的目的,可以借此获得经济价值和社会价值。法律规制技术标准化中的专利劫持行为,首先传递了法律对这种违法行为的否定和难以容忍之态度,表明了尽管技术标准化中的专利劫持行为被作为部分企业运营标准必要专利的一种策略,但这种策略并不符合法律的规定,违背了管理效益原则,不予以鼓励,应受到限制、约束或者干预。其次,法律规制技术标准化中的专利劫持行为不仅是表达了立法机关、司法机关、执法机关对这种经济行为的价值取向,它还通过具体的规制措施矫正标准必要专利劫持行为主体偏离法律规范所实施的违法行为,确保标准必要专利权人在运营标准必要专利时遵循标准必要专利管理的基本原则,符合专利制度促进创新、推动技术发展和标准法律制度保障技术标准的推广和消费者利益的宗旨,从而确保标准必要专利运营与标准必要专利管理效益原则的契合。

第四节 法学中的原则和理论

在法学视域中,法哲学中的权利限制理论、民法学中的诚实信用原则、专利法学中的利益平衡理论和反垄断法中的竞争理论均可为法律规制技术标准化中的专利劫持行为的正当性和合理性提供理论依据与支持。依次阐释如下。

一 法哲学中的权利限制原则

法哲学是什么,对这一问题的回答分歧较大。法理学者李步云教授认为:"法哲学则是马克思主义的唯物论、辩证法在法律现象、法律行为、法律思想中抽象出来的理论。"① 文正邦教授指出,法哲学的基本问题,即构成法的主观精神性要素同制约法的客观物质性要素之间的关系,支配着整个法制体系中的主观与客观,精神与物质乃至主体与客体之间的关系。② 黄文艺教授则为法哲学研究概括了5大基本属性,即总体性、求实性、分析性、批判性、思想性。③ 可见,法哲学就是运用哲学基本原理和方法回答法学中的根本问题。这些根本问题的回答为部门法学的研究提供了观点、立场、方法,也为法律规制专利劫持行为的正当性奠定了妥实的基础。

(一) 权利限制原则的内涵解读

解读权利限制原则,首先需从"权利"开始。什么是权利?一般认为,权利是国家用法律明确规定并用国家的力量保障公民享有的某种利益。何谓利益?庞德说:"在法哲学上,利益可以看作是人们满足的需求、渴望或期望。"④ 根据享有利益的主体之不同,分为个人利益、社会利益、国家利益。在社会的发展过程中,由于利益主体的需求各不相同,利益难免存在冲突。从总体上来看,基于国家利益或社会公共利益的需要,有时会对个人权利给予一定程度的限制,以化解利益冲突。除此之外,作为一种权利规范,它是立法者向受众的确权、授权,少有具体规定权利主体如何行使和实现权利。这一模式在制度上为权利主体滥用权利制造了可能性;与此同时,权利主体的逐利化极易将这种可能性变为现实,影响他人的权利或者利益。诚如法谚所说:"有权利的地方,就会有权利被滥用的情形。" 为阻止权利滥用,有必要确立权利限制原则。实际上,没有不受任何限制的权利。正如孟德斯鸠所说:"自由是做法律所许可的一切事情的权利;如果一个公民能够做法律所禁止的事情,他就不再有自由了,因为其他的人也同样会有这个权利。"⑤ 1948年的《世界人权宣言》(*Universal Declaration of Human Rights*) 在确认人人

---

① 李步云:《法哲学为法学研究提供智慧》,《人民日报》2014年6月20日第7版。
② 文正邦:《论法哲学的基本问题与法的基本矛盾》,《云南法学》2001年第1期。
③ 黄文艺:《法哲学解说》,《法学研究》2000年第5期。
④ [美] 罗斯科·庞德:《法理学》(第3卷),廖德宇译,法律出版社2007年版,第14页。
⑤ [法] 孟德斯鸠:《论法的精神》(上册),商务印书馆1978年版,第154页。

享有权利时，也规定人人对社会负有义务，在行使权利时要受到法律的限制，其理由在于保证对他人的权利和自由给予应有的承认和尊重，符合社会道德、公共秩序和普遍福利的需要。① 德沃金指出了法律限制权利的最重要、最正当的理由在于"避免权利冲突"。② 由此可以得出结论，设立权利限制原则的价值准则在于消除或者调和利益冲突，做到尊重和保障权利，以"对自由的限制换得了对自由的保障"③。这又具体体现在三个方面：确保权利秩序、兼顾其他社会利益、确保权利主体承担重大的社会责任。④

权利限制往往是对权利的结构要素即利益、资格和行为自由的限制，其中限制行为自由是权利限制的关键。一般而言，法律对行为自由的限制主要从以下几个方面进行：（1）行为自由的动机或目的限制，即行为自由只能是出于善意，而非恶意。（2）行为尺度的限制，即行为自由必须适度，不能超过必要的限度。（3）行为方式的限制。即行为自由的方式应适当，否则具有社会危害性。如我国《民事诉讼法》要求当事人在民事诉讼活动过程中应当遵循诚实信用原则，有权依照法律规定处分自己的民事权利和诉讼权利。

权利限制的法律效果表现为受限制权利人的利益受到限制。当然，作为一种限制机制，权利限制本身也应受到一定的限制，应注重限制的正当性、适度性，否则不正当限制权利或者过度限制权利，都会损害权利，违背权利限制原则的精神底蕴，所以"对权利限制措施这样一种矫正措施必须加以限制"⑤。

---

① 参见《世界人权宣言》第29条第（一）、第（二）项：（一）人人对社会负有义务，因为只有在社会中他的个性才可能得到自由和充分的发展。（二）人人在行使他的权利和自由时，只受法律所确定的限制，确定此种限制的唯一目的是确认及尊重他人之权利与自由，并符合民主社会中道德、公共秩序及一般福利需要之公允条件。

② See Dworkin, Ronald, *Taking Rights Seriously*, Harvard University Press, 1978, p. 194.

③ ［德］奥特费利德·德赫费：《政治的正义性——法和国家的批判哲学之基础》，庞学铨、李张林译，上海世纪出版集团2005年版，第3页。

④ 汪太贤：《权利的代价——权利限制的根据、方式、宗旨和原则》，《学习与探索》2000年第4期。

⑤ ［法］雅克·盖斯旦、吉勒·古博、缪黑埃·法布赫-马南协：《法国民法总论》，陈鹏等译，法律出版社2004年版，第741页。

（二）技术标准化中的专利劫持行为对权利限制原则的否定

技术标准化中的专利权是一种法律保护的利益，专利权人享有法律所赋予的制造、使用、销售、许诺销售、出口、许可或者转让专利权的利益，有权禁止他人未经许可实施受保护的发明创造。专利权人也当然有"处分"这种权利的自由，包括在获得某种对价时放弃行使这种禁止性权利，即专利许可实施。从专利法的角度看，专利许可实际上是专利权人对本来可以构成侵犯专利权行为的豁免（被许可人因而可以主张侵权抗辩）。[1] 因此，许可和有权禁止他人未经许可实施发明创造是专利权人的一种自由。但是，技术标准化会影响国家的经济和技术发展，影响产品的安全和政府采购，影响消费者的利益。比如，专利标准技术的实施者只能依赖该标准必要专利技术，对这种技术产品进行投资、生产，否则其生产的产品因不符合产品的技术规范要求而被市场拒之门外。实际上，技术标准化的目的或者核心问题就是"使社会更加有效地利用有限资源，并使所有正在从事各种活动、进行各种交易以及处理各种工作的人们都能享受改进后的技术条件"[2]。基于此，标准必要专利权人的自由应与促进标准技术发展、保护社会公共利益并行不悖。这决定了标准必要专利权人在行使专利权时，应有良好的动机，是一个"善良的人"，其行使标准必要专利权之目的不仅在于为个人增进财富，还在于推动技术进步；这也决定了标准必要专利权人在行使标准必要专利权时必须控制尺度，不得超出权利范围行使权利；这还决定了标准必要专利权人在行使专利权时，不得采用具有社会危害性的方式，不得滥用标准必要专利权获取不正当利益。技术标准化中的专利劫持行为是标准必要专利权人滥用专利权的一种表现，他借着标准必要专利权人的地位，以提起诉讼或者发送律师函的方式威胁标准必要专利技术实施者，主张超出专利价值的许可费，突破了专利权正当行使的界限，损害了国家整体利益或者社会公众利益，应受到相应的限制。

（三）法律规制技术标准化中的专利劫持行为是权利限制原则的适用

"没有合法的垄断，就不会有足够的信息产生；有了合法的垄断，又

---

[1] ［美］贾尼斯·M. 米勒：《专利法概论》法律概论影印系列（英文版），中信出版社2003年版，第271页。

[2] Breitenberg, Maureen A., The ABC'S of Standards Activities, http：//nvlpubs.nist.gov/nistpubs/ir/2009/ir7614.pdf.

不会有太多的信息被使用。"① 这透露出人们对处理垄断权与信息使用权的基本态度，既要保证一定的垄断权，也要防止垄断权的过度保护。技术标准化中的专利权是一种典型的垄断权，对它的保护与对社会公众权利的保护存有矛盾冲突。保护专利权，就是保证专利权人对权利处置的自由，保护程度越高、越强，就越能激励更多发明人参与到创新活动生产中，产出更加丰富的创新成果。然而，过高或过强的专利权保护，对于社会公众的权利而言，都是一种戕害。保护社会公众权利，要求这些创新成果的权利人尽快扩散这些技术，以让社会公众能够对这些技术成果进行充分的传播和应用。这一点，与技术标准化的目的并行不悖。技术标准带有浓厚的公共物品属性，即便是被纳入私权的专利权的技术标准，其作为公共物品的特性也并未因私权的介入而完全被摒弃，技术标准化的作用之一就在于技术以有效且最节约的方式被推广。所以，对被纳入标准中的发明创造享有的专利权和对发明创造享有的传播使用权之间存在客观的冲突。为了消除权利冲突，尊重和保障权利，有必要对标准化中的专利权和社会公众的权利进行适度限制，确保权利的实现。即，专利法不仅要适度保护被纳入标准中的发明创造的权利人的权利，而且要适度保护广大社会公众的权利；既要实现发明创造者对其智力劳动成果保护的期望，又要满足社会公众对标准技术广泛传播和使用的要求，从而在标准必要专利权人对发明创造的垄断利益和社会公众利用标准技术信息、促进标准技术和社会发展的公共利益之间维持一种恰当的平衡。为了实现这一目标，对于技术标准化中的专利劫持行为，法律应予以规制。通过法律规制，可以达到事前阻遏技术标准化中的专利劫持行为，也可以通过事后补救的方式让被劫持人的利益回复到未受损的状态，重新达至平衡。

二　民法中的帝王原则——诚实信用原则

在《知识产权协定》的序言部分，知识产权被明确定性为一种私权。专利权属于知识产权的子集，具有私权的品性，这决定了专利法与民法密不可分。在民法的演进过程中，经由法学家和立法者的努力，最为根本与通行的行为准则逐渐被总结为民法的基本原则，以确保民法在其体系上与

---

① ［美］罗伯特·考特、托马斯·尤伦：《法和经济学》，张军译，上海三联书店、上海人民出版社1994年版，第285页。

社会演化相协调的开放性。诚实信用原则是现代民法的基本原则之一，它要求民事主体在从事民事活动时遵循此原则。比如，在合同的签订、履行时，合同当事人应遵守诚实信用原则。专利许可合同的本性表现是一种合同行为，它的签订和履行应适用诚实信用原则。如果违反诚实信用，应承担相应的法律责任，接受相应的法律制裁。专利劫持行为常常发生在专利许可合同的签订和履行过程中，它是一种违约行为，法律规制的基础在于专利权人违反了诚实信用原则。因此，我们可以以诚实信用原则的解读为研究的进路，探求技术标准化中的专利劫持行为与诚实信用原则扞格不入的真相，从而更好地构建技术标准化中的专利劫持行为的法律规制制度。

（一）诚实信用原则的基本要义

诚实信用原则源于市民社会生活中的一种最为基本的道德规范，在不同时期、不同国家的民法中有着不同的称谓。[①] 在历史上，这一道德规则，曾长期以商业习惯的形式存在，作为成文法的补充而对民法关系起着某种调整作用。由于贯彻近代民法基本原则会产生投机、欺诈、市场失灵等社会弊端，现代民法积极主动寻求道德规则对其进行修正，以实现民事主体与所在社会的协调发展，诚实信用原则由此上升为民法的一项基本原则。关于诚实信用原则的内涵，民法学者梁慧星教授界定其为"市场经济活动中形成的道德规则。它要求人们在市场活动中讲究信用，恪守诺言，诚实不欺，在不损害他人利益和社会利益的前提下追求自己的利益"[②]。民法学者徐国栋教授说："诚实信用原则是不确定但具有强制性效力的一般条款，除了指导当事人正确进行民事活动外，还具有授予法官自由裁量权填补法律漏洞、引导法律与时俱进的作用。"[③] 诚实信用原则已为世界各国民事法律所普遍确认。比如，《德国民法典》第 242 条规定，债务人须依诚实与信用，并照顾交易惯例履行其给付。如果说《德国民法典》尚未将诚实信用原则上升为民事活动应遵循的基本原则，那么 1907 年的《瑞士民法典》则完全可以担当此纲，它将诚实信用原则推升到一个新的发展阶段。在该部法典中，瑞士立法者进一步将诚实信用原则的适用范围

[①] 比如，诚实信用原则在罗马法中称为"善意"原则，法国民法中也称为"善意"原则，德国民法称为"诚实和信用"原则，在日本法中称为"信义诚实"原则。

[②] 梁慧星：《诚实信用原则与漏洞补充》，《法学研究》1994 年第 2 期。

[③] 徐国栋：《诚实信用原则二题》，《法学研究》2002 年第 4 期。

扩大到一切权利的行使和一切义务的履行。这是第一次在立法中将诚实信用原则提升到民法基本原则的高度，从而标志着现代意义的诚实信用原则的确立。我国《民法通则》规定了民事主体在参加民事活动，特别是在行使民事权利、履行民事义务时应当遵循诚实信用原则。① 需要注意的是，《民法通则》并未对诚实信用原则的内涵进行规定。尽管如此，我国立法者参考市场经济发达国家和其他地区的经验，将诚实信用原则确立为民法之基本原则，其适用范围及于整个民事领域，凡一切民事主体，从事一切民事活动，均应遵循，这与现代民法发展潮流完全吻合。该原则也体现在《中华人民共和国民法总则》（以下简称《民法总则》）中。② 由此可见，作为具有法律规则和道德规则双重品格的诚实信用原则，不仅仅是一种价值形态，它还是一种规范形态和事实形态，是民法中的一个基本原则。

（二）技术标准中的专利劫持行为对诚实信用原则的背离

本书在第二部分曾指出，技术标准化中的专利劫持行为主要有三种表现形式。比如，在专利技术标准化过程中，专利权人在标准制定阶段中故意隐藏或不当披露专利信息，包括尚处在申请期而未决的专利信息，而仅在标准被采纳后（或者当标准被广泛应用后）才行使这种强制性权利，且拒绝按照合理的条款和条件对专利进行授权。这是一种典型的违约行为。由时代华纳公司、日立公司、松下公司、三菱公司、东芝公司、JVC公司组成的6C联盟要求中国DVD生产厂家向其交纳专利使用费一案便是一个很好的例子。2001年年初，6C联盟正式提出我国DVD生产商应向其限时缴纳相关的专利技术使用费。2002年年初，欧盟各国的海关对中国的DVD机进行了扣押，随后，6C联盟再次要求中国企业就专利使用费的支付问题给予答复，否则将采取相应的法律措施。实际上，6C联盟累计拥有DVD技术标准中的2000多项专利，它们采用"一揽子许可方式"向中国DVD生产商许可专利池中的技术，但这些专利技术仅有少部分是DVD企业生产所需要的必要专利。6C联盟强迫我国DVD企业高价购买一

---

① 《民法通则》第4条规定："民事活动应当遵循自愿、公平、等价有偿、诚实信用的原则。"第6条规定："当事人行使权利、履行义务应当遵守诚实信用原则。"

② 《民法总则》第7条：民事主体从事民事活动，应当遵循诚信原则，秉持诚实，恪守承诺。

揽子许可、通过专利霸权获得市场垄断地位并攫取超额垄断利润的行为是一种违反诚实信用原则的行为,偏离了民事行为应诚信不欺的轨道,应受到法律制裁。在标准实施过程中,标准必要专利权人违反 FRAND 原则拒绝许可、歧视许可、不合理许可,则是违反了标准必要专利权人负有的 FRAND 许可承诺义务。FRAND 许可政策是各标准组织针对专利权和技术标准结合的态势,为了避免专利劫持行为、尽快完成制定和实施技术标准而推行的一项专利许可政策。尽管很原则,但也绝非虚无缥缈、无法捉摸。[①] 在美国,加入标准组织的标准必要专利权利人应根据诚实信用原则承担 FRAND 许可义务,违反则应承担合同违约责任。[②] 我国司法界主张 FRAND 许可政策为标准必要专利权人设定了一种强制缔约的义务,这种理念也贯穿在华为公司与 IDC 公司的标准必要专利许可费率纠纷案中。[③]

(三) 法律规制技术标准化中的专利劫持行为与诚实信用原则的张扬

在标准必要专利许可合同的订立、履行过程中,标准必要专利权人作为合同订立一方享有合同自由,包括决定是否愿意订立许可合同、与谁订立许可合同、订立一个什么样的许可合同的自由,这种自由体现了标准必要专利权人作为法律主体在进行合同活动时,可以根据自身独立的意志来设立、变更和终止合同权利义务关系。但与此同时,标准必要专利许可行为作为一种民事行为,理当按照诚实信用原则的要求来进行,即在标准必要专利许可合同的订立、履行过程中遵守诚实信用原则。更为重要的是,标准化组织对被纳入技术标准的专利技术制定了 FRAND 许可政策,它要求标准必要专利权人在许可专利时必须遵守此政策。具体来说,在标准必要专利许可合同订立阶段,专利权人负有先合同义务。先合同义务是指缔约过程中,双方当事人承担的法律义务。它是基于民法诚实信用原则而产生的法律义务,主要包括通知、协助、保护、保密、禁止欺诈等义务。在标准必要专利许可合同签订过程中,专利权人和被许可人则应根据诚实信用原则,各自承担通知、协助、保护、保密、禁止欺诈等义务。在标准必

---

① 叶若思、祝建军、陈文全等:《关于标准必要专利中反垄断及原则司法适用的调研》,载黄武双主编《知识产权法研究》(第 11 卷),知识产权出版社 2013 年版,第 19 页。

② Contreras, Jorge L., "Fixing FRAND: A Pseudo-Pool Approach to Standards-Based Patent Licensing", *Antitrust L. J.*, Vol. 79, 2013.

③ 祝建军、陈文全:《标准必要专利使用费率纠纷具有可诉性》,《人民司法》2014 年第 4 期。

要专利许可合同履行过程中,双方当事人应按照合同约定全面地、实际地履行己方义务。其首要之处在于标准必要专利权人不得拒绝许可、不得歧视许可、不得不合理许可。即标准必要专利权人在对方提出合理许可条件后,不得以种种理由不许可、不得向技术实施者提出不合理许可条件甚至采用歧视许可方式进行许可。

与此同时,根据诚实信用原则,双方当事人还应自觉地、善意地履行那些未在合同中约定、但是依法律要求当事人应履行的义务,即附随义务。这些附随义务包括通知、协助、保密等义务。当出现或发生涉及一方利益的重大事项时,比如专利技术已经发生权利主体变更或者专利权的法律状态发生变化,专利权人负有告知或通知对方的义务。此外,双方当事人在专利许可合同履行过程中,一方当事人在另一方当事人因疏忽、专业知识或专业技能限制等因素造成对合同产生重大误解,甚至产生错误情形时,应负有善意告知另一方当事人的义务,不能利用对方当事人的这些缺点,损害其合法利益。依据诚实信用原则所产生的附随义务,不同于当事人在合同中约定的、自始确定的、必备的主要给付义务,不具备对等给付的性质,不发生同时履行抗辩。在双务合同的履行中,一方当事人未履行或不能保证履行合同约定的主给付义务时,对方当事人可以基于同时履行抗辩权的存在,不履行相应义务。当然,即使债务人不履行附随义务,债权人原则上也不能解除合同。在标准必要专利许可合同履行完毕后,合同双方主体依然负有后合同义务。换言之,在标准必要专利许可合同关系终止以后,尽管双方当事人的主合同义务已经履行完毕,但双方当事人还应履行某些依据诚实信用原则所产生的"后合同义务",如保密义务、忠实义务等。如此看来,诚实信用原则要求当事人在标准必要专利合同订立前后、履行过程中和履行结束后均承担相应的附随义务。因一方违反这些义务给另一方造成损害的,另一方可依据不完全给付之规定,请求义务违反方承担损害赔偿责任。法律规制技术标准化中的专利劫持行为,其目的在于确保标准必要专利权人在与专利技术使用者签订专利许可合同的整个过程中,遵循诚实信用原则。

三 专利法中的利益平衡原则

法律中的利益问题是立法和司法中的核心问题。任何一个部门法都体现了利益平衡的艺术,专利法也不例外。专利法与著作权法、商标法等知识产权法律相似，都是建立在利益平衡的基础上。已故知识产权法专家郑成思先生早年曾说过，随着网络技术的发展，"利益平衡"成为中国知识产权领域的一个新话题。① 在专利法中，发明的创造和利用会涉及多重主体，如发明人、专利权人、专利技术使用者、消费者、国家等。这些主体的利益各不相同，需要专利法设定相应的法律制度对这些利益冲突进行协调。专利法调节各方的利益关系，实现相关主体的利益平衡，使专利技术更好地应用于经济发展中，促进社会进步。可见，利益平衡在专利法中具有特别重要的地位和作用。在法律规制技术标准化中专利劫持行为的制度架构证成中，利益平衡是其追求的价值目标和应遵循的基本准则。

（一）利益平衡理论的内涵

法律是以设定权利与义务的形式来调整各种社会关系。它自产生以来，就与利益密切相关，因为构成权利与义务的基础性要素无疑是利益，权利就是法律所保护的利益。换句话说，法律关系实质上也是一种利益关系。利益是个复杂的概念。利益法学的创始人、德国法学家赫克认为："法律之所以产生，原因就在于利益……法律实际上是利益的安排和平衡。"② 孙国华教授认为利益是主客体之间的一种关系，构成人们行为的内在动力。③ 梁上上教授按照层次结构将利益进行分类，并认为该层次结构中的当事人利益、群体利益、制度利益和社会公共利益呈现出从具体到抽象的递进关系，体现了包容和被包容的关系。④

对于人类来说，资源是不可缺少的，是非常重要的。但是基于人类追求的无限性，任何资源都具有稀缺性或者有限性。这就决定了人类在争夺有限资源的过程中会发生冲突。利益推动人类社会发展，利益也滋生社会矛盾。法律领域如是。由于法律关系的内核就是利益关系，而利益关系存在，利益冲突也就必然存在，所以这就决定了法律最主要的任务在于化解这些利益冲突，即法律存在的意义就在于"作为社会控制的手段和利导机制，必须对各种利益作出合理与非理、合法与非法的界

---

① 郑成思：《网络盗版与"利益平衡"》，《韶关学院学报》（社会科学版）2005年第2期。
② 何勤华主编：《西方法律思想史》，复旦大学出版社2005年版，第255页。
③ 孙国华主编：《法理学教程》，中国人民大学出版社1994年版，第83页。
④ 梁上上：《利益的层次结构和利益衡量的展开——兼评加藤一郎的利益衡量论》，《法学研究》2002年第1期。

定，并尽可能公正地平衡各种利益关系"①。冯晓青教授认为："利益平衡是指在一定的利益格局和体系下出现的利益体系相对均势的状态。"② 陶鑫良教授、袁真富教授也以为："利益平衡是指通过法律的权威来协调各方面冲突因素，使相关各方的利益在共存和相容的基础上达到合理的优化状态。"③ 而本书以为，这三位学者界定的利益平衡仅仅指向了利益平衡的结果状态，遗漏了利益平衡作为一种平衡机制在调整过程中所具有的"动态"功能。

法学本质上的利益平衡基于利益冲突而存在，并以消解利益冲突为己任。它既包括实现平衡的努力，又包括平衡实现的状态。④ 首先，利益平衡是平衡各种冲突利益的手段，通过建立相应的法律制度来消解具有负面效应的冲突关系。具体包括：权利确认制度与权利运行制度。⑤ 其次，利益平衡是利益冲突得以消解后的状态。对于利益冲突的解决而言，精心设计利益平衡制度固然重要，但制度的设计目标在于最后真正实现利益平衡。如何衡量是否真正实现了利益平衡？从现实层面看，主要查看利益冲突的调节是否达到现实社会能够承受并与社会整体所确认的主流价值相一致的范围内，是否满足不同利益主体的需要，是否与社会发展的方向保持一致。

（二）技术标准化中的专利劫持行为不符合专利法之利益平衡机制的设计和目标

在当代社会，利益平衡已成为各种法律制度的重要价值取向，这也是专利法律制度遵循的准则。为确保这一目标的实现，专利法通过一系列的制度机制，维持了在专利权人的垄断利益与社会公共利益之间的平衡。具体体现在以下几个方面：第一，专利法在赋予专利权人对发明创造享有垄断权的同时，要求专利权人在申请专利时充分公开技术方案或者设计方

---

① 张文显主编：《法理学》，高等教育出版社、北京大学出版社1999年版，第54页。
② 冯晓青：《知识产权法利益平衡理论》，中国政法大学出版社2006年版，第11页。
③ 陶鑫良、袁真富：《知识产权法总论》，知识产权出版社2005年版，第17—18页。
④ 吴清旺、贺丹青：《利益衡平的法学本质》，《法学论坛》2006年第1期。
⑤ 权利确认制度是通过法律权利确认以确定某种利益是否应受到保障、应受到何种保障、利益归属何种主体、利益大小的份额等各项法律规则，并运用这些规则消解利益冲突。权利运行制度具体包括法律设定权利的取得与丧失、权利的行使、权利的救济等规则，通过这些规则解决各主体之间的利益得失、利益侵害等冲突，从而保证各主体实现利益最大化。

案。第二，专利法确立了可授予专利权的主题范围和条件。为了鼓励创新，各国专利法一般都赋予具有新颖性、创造性、实用性的发明创造以独占权客体的地位；为了确保社会公众对技术知识享有权利，各国专利法都限制某些发明创造，比如违法之发明以及不具备新颖性、创造性、实用性的发明创造，美国司法实践中一直坚持"自然规律、自然现象和抽象想法都不可以申请为专利"的做法，我国《专利法》第22条第1款规定"授予专利权的发明和实用新型，应当具备新颖性、创造性和实用性"。第三，专利法对专利权内容进行了明确规定，这些内容的积极方面主要表现为一系列的权能，如我国《专利法》规定发明或实用新型专利权享有制造、使用、销售、许诺销售、进口其专利产品，或者使用其专利方法以及使用、销售、许诺销售依照该专利方法直接获得的产品等权利。但同时，该法也从消极方面设计了不得滥用专利权、强制许可以及不视为专利权侵权等制度安排。比如，美国司法实践中创设的专利权滥用原则不仅是一个抗辩事由，还是一个独立起诉的诉因。《印度专利法》则明确规定了专利权人如未充分实施专利，未满足公众需求或者公众无力负担，或者不能在印度国土上实施的专利，将允许他人获得强制许可，使用该专利技术。[①]第四，专利法对专利权的保护期限进行了明确规定，此规定具有两方面的重要含义：一是保障专利权人以足够的时间获得对发明的投资回收，二是为竞争者以及其他社会公众的后续发明和作为获取知识与信息的途径创造一个"公共领域"空间。[②]

技术标准化中的专利劫持行为实质上是一种专利权滥用行为，它是标准必要专利权人利用专利权挟持产品生产者的违法行为，不符合禁止权利滥用原则，打破了标准必要专利权人和社会公众的利益平衡状态。技术标准化中的专利劫持行为主体大多并不关注专利技术的真正实施，而只寻求超额的专利许可费或者高额的赔偿费，这无疑会导致生产者将多支付的标准必要专利许可费转嫁至终端消费者，提升消费标准必要专利产品的成本。与此同时，技术标准化中的专利劫持行为对技术实施的"漠然"也

[①]《印度专利法》第84条（1）规定，"基于下列3种情形，任何人都可以自专利授权之日起满3年后申请专利强制许可：（1）是公众对该专利发明的合理要求未能得到满足；（2）是公众无法以合理的可负担的价格获取该专利发明；（3）是被授予专利的发明未能在印度领土上实施。"

[②] 冯晓青：《专利法利益平衡机制之探讨》，《郑州大学学报》（哲学社会科学版）2005年第3期。

会阻碍累积创新的进一步发展，致使社会公众丧失获取更加先进技术信息的机会，延滞技术的进步和技术信息的增进。不仅如此，技术标准化中的专利劫持行为还必然加剧专利竞赛，增加了标准产品生产者的社会成本，浪费了社会财富。技术标准化中的专利劫持行为与专利法律制度的价值目标不一致，应受到法律规制，以利益平衡的手段促使标准必要专利权人和社会公众的利益最后达到平衡。

（三）法律规制技术标准化中的专利劫持行为是专利法利益衡平原则的要求

专利法中利益平衡的实质就是适当限制专利权，以平衡专利权人和其他主体尤其是社会公众的利益。专利权是一种私权，专利法的首要目的是实现发明创造人的私人利益，但专利法也具有重要的公共利益目标。然而，公共利益是一个模糊的富有争议的概念。斯通曾感慨："在何谓公共利益这个问题上，永远无法形成广泛的共识。公共利益如同一个空盒，每个人都可以将自己的理解装入其中。"[①] 虽然学界对于"什么是公共利益"的回答缺乏一致的答案，但这并不等于公共利益是专利法中可有可无的点缀。否认专利法中的公共利益，无疑是贬损专利法律制度的根本价值。

专利法中公共利益的凸显是由专利权的客体属性决定的。专利权的客体是发明创造，是科学技术知识的集合。从社会学的角度来看，发明创造抑或科学技术知识的集合是人类在认识、开发自然和利用自然规律的过程中产生的智力劳动成果，充满了私人性和公共性的烙印。私人性强调发明创造是个人行为，没有发明人个体的参与，发明创造的构思就不可能形成、发明创造活动就不能继续、发明创造成果就不能产生。与此同时，发明人个人的意志和知识对于最后形成的智力劳动成果的层次、性质、特点有决定性作用。不论过去，还是现在，抑或未来，没有个体，就不可能有发明创造活动。可见，个体在发明创造过程中具有重要作用，这也决定了发明创造具有非常浓厚的私人性。然而，专利法律制度作为一种制度设计和安排，还决定了发明创造具有重要的公共性特点。发明创造的公共性强调社会知识、社会资源、社会公众的突出贡献，重视技术传播、后续创

---

① Stone, Deborah, *Policy Paradox*, *The Art of Political Decision Making*, New York: W. W. Norton & Company, 2001, p. 23.

新。发明创造源于发明者的创新活动，但创新活动依赖的知识绝大多数仰赖于人类社会实践活动的共同结晶，而传承和推广发明创造对于人类的社会文明、科学技术的进步具有重要作用。综合起来看，在科技进步过程中，私人性和社会性无疑是发明创造的重要特性，重视私人性有利于保证创新的活力来源，关注社会性有利于保障创新环境的建设。因此，对具有私人性和公共性的发明创造设计利益制度安排，既要保护发明人对其创造的智力劳动成果的垄断利益，又要保护社会公众对该项发明创造的传播和使用利益。但是，达德沃斯和布雷斯维特指出："现代知识产权制度滑向信息封建主义，重要的原因在于知识产权制度为奖励创新，授予个体垄断性权利，使得社会公众对知识的使用成为侵权行为。而他们侵犯的恰是本应属于人类共同遗产的知识，这些知识本应属于他们生而享有的受教育权范围之内。"① 专利法律制度是知识产权法律制度的重要组成部分，有着相同的命运。如何破解保护与利用的棘手难题？恐怕唯有利益平衡机制可担当此任。

在专利法中，公共利益目标在相当大的程度上是通过自身的机制来实现的，如通过专利权不得滥用等制度确保公众对专利发明技术信息的享有，以维护经济社会的稳定有序。但是，专利法设定利益平衡制度并不意味着已经或者完全实现了利益平衡的和谐状态，也不等于各主体法律利益的均等。更有甚者，专利权的不当行使容易对社会公益造成侵害，破坏专利法的利益平衡状态，这也是公权介入的原因。所以，对技术标准化中的专利劫持行为给予法律规制，是专利法律制度利益平衡的要求，是正义性的体现。实施法律规制技术标准化中的专利劫持行为的直接目的有三个：一是给予技术标准化中的专利劫持行为人以应有的打击；二是恢复或补救被专利劫持行为毁损的利益不平衡状态；三是借以发挥法律的警示作用，以避免或减少类似的行为发生。

以司法规制技术标准化中的专利劫持行为为例，考虑到在技术标准化中，特别是信息通信技术（Information Communication Technology, ICT）产业的技术标准实施中，涉及众多社会群体，涉及互联互通、相互兼容的无障碍信息交流，所以，在决定是否签发禁令时必须要考虑利益平衡。张平

---

① ［澳］彼得·达德沃斯、约翰·布雷斯韦特：《信息封建主义》，刘雪涛译，知识产权出版社2005年版，第255页。

教授为此提出在 ICT 产业应审慎决定是否颁发禁令。因为禁令的签发势必造成整个产业界的巨大损失，并波及其他产业，影响信息社会整体的社会公共福利。她还主张当涉及重大公共利益时，法院在认定专利挟持情况下可以不签发禁令，而采用类似于强制许可之做法，判令专利挟持人采用 FRAND 许可方式获得许可费。① 张平教授的主张与美国学者的认识完全一致。② 在美国最高法院审理的 eBay 案中，大法官肯尼迪提出："如果专利权人确实是在用禁令作为工具向禁令被请求人敲竹杠，发出禁令是违背公共利益的，则不应颁布永久禁令。"③ 法院因公共利益而拒绝给予专利权人以禁令救济，理由何在？禁令救济体现了何种公共利益？不同种类的公共利益为什么存在序位之别？eBay 案的判决意见给出了解释。该意见表明，法官在判决时需要在两种不同的公共利益之间进行权衡：一种是通过激励创新而给社会带来长远的、间接的公共利益；④ 另一种是与专利权人利益相对立的、社会的、即时的、直接的公共利益。两相比较，前者当然更重要。但后者如涉及公众的生命权、健康权、福利权，应被看作比前者更重要，法院有权拒绝签发永久禁令。

在技术标准化环境中，专利法律制度通过合理配置发明创造垄断权与发明创造获得权达到利益平衡，契合了科技持续创新和进步的现实需要。诚如哈贝马斯所说："社会交往行动理论为现代科学技术的发展路径建立了以符号为媒介的相互作用的制度框架。"⑤ 对技术标准化中的专利劫持行为予以法律规制是专利法中利益平衡机制的内在要求，是专利法追求利益平衡的法律努力。相反，对技术标准化中的专利劫持行为不

---

① 张平：《技术标准中的专利权限制——兼评最高法院就实施标准中专利的行为是否构成侵权问题的函》，《电子知识产权》2009 年第 2 期。

② Lemley, Mark A., and Pilip J. Weiser, "Should Property or Liability Rules Govern Information?" *Texas Law Review*, Vol. 85, No. 4, 2007. Also see Calabresi, Guido, and A. Douglas Melamed, "Property Rules, Liability Rules, and Inalienability—One View of the Cathedral", *Harv. L. Rev.*, Vol. 85, 1972.

③ eBay Inc., et al. v. MercExchange, L.L.C., 126 S. Ct. 1837 (2006).

④ 在 Pittway v. Black & Decker [667 F. Supp. 585 (N.D. Ill. 1987)] 中，法院认为"保护专利免受可能侵权者侵犯就是在维护公共利益"。

⑤ [德] 尤尔根·哈贝马斯：《作为"意识形态"的技术与科学》，李黎等译，学林出版社 1999 年版，第 49 页。

进行法律规制，就不能实现恢复利益平衡的目标，就会掏空专利法律制度的价值。

四 标准化法中技术标准之准公共物品属性原理

在标准化法律制度的历史长河中，对标准的法律治理滥觞于近代标准化时代，欧洲是近代标准化法的发祥地。标准化法的形成是随着经济基础的发展而不断建立的，与经济发展密切相关，因此，许多国家和国际组织都很重视标准化的立法。比如，美国于1996年3月颁布实施的《国家技术转移和进步法》及其实施指南，日本1949年、1950年先后制订了《工业标准化法》和《与农林物资标准化和品质的正确标识相关的法律》，欧盟理事会（Council of European, CoE）于1985年5月7日通过了《关于技术协调和标准化的新方法决议》，世界贸易组织的前身——准国际组织关税及贸易总协定（General Agreement on Tariffs and Trade, GATT）经过东京回合谈判，最终签订了《技术性贸易壁垒协议》。1995年正式成立世界贸易组织后，该协议成为世界贸易组织三大协定中的《货物贸易多边协定》（Multilateral Agreements on Trade in Goods, MATG)[1]的重要组成部分。我国也于1988年制定并公布了《标准化法》，并于2017年进行了修订。从法律治理追求的价值层面来看，莫不包含自由、正义、秩序、民主、平等、效益等目标，但所有目标的实现皆应建立在对技术标准作为准公共物品属性的考量基础上。

（一）专利技术标准之准公共物品属性原理解析

在经济学领域，经济物品的分类标准具有多样性。基于对公共物品研究的简单化处理原则，萨缪尔森将经济物品分为纯公共物品和纯私人物品。萨缪尔森认为："公共物品是在消费过程中具有非排他性和非竞争性等特征的产品，私人物品则具有竞争性和排他性。"[2] 根据布坎南提出的物品可分性标准，[3] 巴泽尔提出了准公共物品的概念，认为

---

[1] 世界贸易组织的三大协定：《货物贸易多边协定》《服务贸易总协定》（General Agreement on Trade in Services, GATS）和《与贸易有关的知识产权协定》。

[2] Samuelson, Paul A., "The Pure Theory of Public Expenditure", The Review of Economics and Statistics, Vol. 36, No. 4, 1954.

[3] Buchanan, James M., "An Economic Theory of Clubs", Economica, Vol. 125, No. 32, 1965.

它是纯公共物品与纯私人物品的混合，具有不完全非竞争性和非排他性。① 技术标准是技术活动中的技术准则和规范，具有普遍性和重复性。技术标准化是一项有目的的活动，主要是制定标准、实施标准和修订标准，旨在总结以往的经验，选择最佳方案，以促进最佳共同利益。② 正如桑德斯所说："标准化是为了共同利益，特别是为了促进最佳的经济，并适当考虑产品的使用条件与安全，有秩序地制定并实施各项规定的过程。"③ 因此，技术标准在本质上是为公众提供一种可共同使用和反复使用的最佳选择，或为各种活动或其结果提供规则，是一种公共物品。作为一种公共物品，技术标准具有非竞争性和非排他性，其带来的利益具有集体性——每个人均可免费使用而受益，具有正外部性④，容易产生完全的市场失灵。

但是，专利权和技术标准的结合则使技术标准不再作为一种纯公共物品。专利技术标准是指选择的最佳方案中含有他人的专利权。唯有纳入该专利技术，才能完成技术标准的制定，才能保障消费者的利益，才能反映最新的技术水平。而专利权是一种私权，是专利权人享有的一种独占权益，本身具有私人物品性质。作为一种私人物品，既能产生正外部性，也能产生负外部性。这就决定了专利技术标准是一种特殊的物品，既有公共物品的特性，也有私人物品的内核，是一种准公共物品。作为一种准公共物品，它的外部性往往是副产品，这种外部性通常是非故意生产的，可以基于市场进行供给。与公共产品也不一样，准公共物品由于含有私人物品之特性，这决定了它并不在于社会成员免费享有它，而是一定范围的社会成员需通过合理付费的方式享有。

---

① Barzel, Yoram, "The Market for a Semipublic Good: The Case of the American Economic Review", *American Economic Review*, Vol. 61, No. 4, 1969.

② 参见李春田主编《标准化概论》（第六版），中国人民大学出版社 2014 年版，第 9 页。

③ ［英］桑德斯主编：《标准化的目的与原理》，中国科学技术情报研究所译，科学技术文献出版社 1974 年版，第 49 页。

④ 外部性，又称作溢出效应（spill-over effect），是指一个经济主体的行为对另一个经济主体的福利所产生的效果，而这种效果并没有通过货币或市场交易反映出来，分为正外部性与负外部性。参见方福前《公共选择理论——政治的经济学》，中国人民大学出版社 2000 年版，第 138 页。

（二）技术标准化中的专利劫持行为凸显了专利标准之准公共物品之产生和利用短板

专利技术标准化在市场经济发展中发挥了重要作用，其目的在于以科学合理的规定，为人们提供一种最佳选择，建立一种最佳秩序。不仅如此，专利技术标准化还在于促进最佳共同效益。最佳秩序是指通过制定和实施代表某一特定社会群体的共同意志的专利标准，使标准化对象的有序化程序达到最佳状态；最佳共同效益是指相关方的共同效益，这也是作为"准公共物品"的专利标准必须追求的目标。在专利标准化中，存在多方利益主体：专利权人、专利标准技术实施者、专利产品使用者、标准制定或者标准管理机构，各方利益诉求并不完全相同。专利标准也是各方面利益协调的产物。国际标准组织制定的知识产权政策和各国标准化法的规定正是为了反映参与到标准化过程中的主体的利益，而非个别人，比如标准必要专利权人，或者标准技术实施者的利益，甚或标准制定组织的利益。保持参与标准法律关系的利益主体平衡，才可以确保标准同其他规范一样被社会认同，成为有效规范人们行为的准则，在市场经济中发挥秩序作用。

专利标准作为一种准公共物品，并非免费使用的共同资源，具有特殊的私权烙印，商业化气息浓厚，这注定了市场机制在专利标准制定方面存在缺陷，最主要表现为信息不对称，即专利权人将其专利标准化战略或者商业盈利观念不断渗透于专利标准化过程中。在标准制定过程中，专利权人要么积极参与，以促使自己的专利技术被标准化组织的技术专家所认同，从而被纳入标准体系；专利权人要么采用"隐藏策略"或者拒绝策略，在标准制定过程中不公开自己的专利技术或者拒绝将自己的专利技术纳入标准中。在标准实施过程中，已经被纳入标准的专利技术的权利人，即标准必要专利权人不遵守技术标准中确立的标准必要专利许可政策，向标准技术使用者主张高额许可费或者高额赔偿费，违反了专利标准作为准公共物品的合理付费使用原则，损害了专利标准化主体的利益。何为合理付费使用原则？作为一种准公共物品，合理付费首先应确保各方利益主体的平衡，其基本要旨在于标准必要专利权利人不能因为专利技术被纳入标准而应获得额外利益。实际上，专利技术被纳入标准以后，由于标准可以产生锁定效应和马太效应，专利权人许可的范围得以扩大，从而为其获得更大的市场和更多的利润提供了可能。因此，专利权人向标准制定组织隐藏或者向标准制定组织和标准技术实施者拒绝许可自己的专利技术，主张超出专利价值的许可费或者赔偿费用的行为违反了合理付费原则，偏离了专利标准化的目的，破坏了最佳秩序和最大效益之目的，使秩序的形成几无可能，使最佳效益成为空中楼阁。

（三）国家干预技术标准化中的专利劫持行为符合标准化法之要义

标准化是技术进步、管理创新和社会革新的产物，是近代西方工业革命带给人类社会最重要的贡献之一。著名的《纽约客》杂志社记者索罗维基说："如果没有标准化，那么就不会有现代经济。"[①] 随着国际标准组织的逐步建立、经济全球化和信息技术的变革，经历了跳跃式发展并逐步推向纵深的标准化对经济的影响越来越大，尤其是专利权和技术标准的结合，即专利标准化加剧了此种影响。今天，"标准化"无所不在，标准化活动由企业行为步入国家管理，进而成为全球的事业，活动范围从机电行业扩展到各行各业，已经广泛而深入地影响到一国经济生活的各个方面，如食品安全、环境保护、产品质量等，并进而扩散到全球经济的各个领域。但标准具有公共物品的属性，极易产生市场失灵。专利标准是准公共物品，其制定过程中的信息不对称或者使用过程中的免费利用或者以不合理付费方式享有专利标准都将导致过度消费，产生市场失灵，需要国家干预。为此，各国对包括技术标准在内的标准化进行的法律治理也随着标准全球化的脚步已然成为该国的一种社会控制手段。

标准化法是国家对现代化生产进行科学管理的有关标准化的法律规范的总称，是一种国家的干预活动，其立法目的在于推动科技进步，提升产品质量，发展经济，维护国家和人民的利益。由于技术标准化中的专利劫持行为破坏了标准化追求的最佳秩序和最佳效益目标、阻碍了竞争、阻滞了技术创新、损害了消费者利益、制造了不合法的技术贸易壁垒、严重影响一国经济发展，国家必须对此进行干预。干预之旨意在于要求技术标准化中的必要专利权人应遵守标准化法等相关法律的规定，行使自己的权利，从而恢复各方主体利益之平衡，达到最佳秩序，确保专利标准的顺利实施和促进经济科技的发展。

---

① Surowiecki, James M., *Turn of the Century*, https://www.wired.com/2002/01/standards-2/.

五 反垄断法中的竞争理论

反垄断法旨在规制损害市场竞争的经济垄断和行政垄断行为，维持市场的自由竞争状态和良好的运行秩序，保障社会经济的稳定发展。一般认为，以维护自由公平竞争为己任的反垄断法是现代各国发展市场经济所不可缺少的，有着"市场经济的基石""自由企业大宪章""经济宪法"等美誉。反垄断法的基本使命就是反对垄断，保护自由公平的竞争，但是法律所规制的垄断行为并非所有的垄断行为，也存在豁免例外，专利权的行使就是一种特殊的例外情形。专利权是特定的主体对其发明创造依法享有的一种专有权，又被称为独占权或者垄断权，这表明专利权在本质上是法律赋予的一种合法垄断权。专利权人对专利发明享有的合法垄断权，是国家对发明者所付出的智力劳动的奖励，其目的是更好地激发发明人的创新潜能，鼓励竞争企业不断追求技术改进和方法改良，维护自由的市场竞争。但是，由于专利权的垄断特性和权利人的逐利性，专利权人在行使专利权的过程中容易滥用专利权，破坏市场竞争，而专利权自身的内部限制制度并不足以解决这些问题，必须借助于反垄断法这样的国家干预手段对专利权滥用行为进行控制。专利劫持行为是一种专利权滥用行为，这也决定了反垄断法的介入有其可能性和必要性。

（一）竞争的面相及命理

从古至今，从自然界到人类社会，竞争无一不在。达尔文在其著名的生物进化论中提出"物竞天择，适者生存"，充分体现了竞争是自然界的生存法则。竞争也出现在人和人之间。从社会学的角度来看，竞争无外乎是个体或群体间力图胜过或压倒对方的心理需要或者行为过程，旨在调和个体或者群体之间的矛盾。正如德国政治家、经济学家、"社会市场经济之父"艾哈德所说，"竞争不仅在于是获致繁荣和保证繁荣最有效的手段。只有竞争才能使作为消费者的人们从经济发展中受到实惠。它保证随着生产力的提高而带来的种种利益，终归人们享受"[1]，而且竞争对精神文明也具有重要的促进作用。缘于此，"竞争成为工业家、银行家、政府

---

[1] ［德］路德维希·艾哈德：《来自竞争的繁荣》，祝世康、穆家骥译，商务印书馆1983年版，第11页。

商业贸易与产业行政机构最重要的目标"①。关于竞争的概念，法学和经济学下过很多定义。《牛津法律大辞典》解释道："竞争是一种与垄断相违反的经济形式。就其某些特定的货物和劳务而言，存在大量潜在的供应者和大量潜在的消费者，从而在双方之中没有任何人能独自控制货源、价格或其他市场因素。"② 竞争法学者认为："竞争是指在市场经济条件下，经营者为实现自身经济利益最大化，而在投资、生产、销售、管理、技术、服务、消费等诸方面，相互角逐的各种争胜行为，它可以促进资源的合理配置和社会经济发展。"③ 在经济学领域，竞争一般表述为经营者所进行的各种商业性行为，旨在谋取有利的生存发展环境和尽量多的利润。《新帕尔格雷夫经济学大辞典》则指出："竞争系个人（或集团或国家）间的角逐；凡一方或多方力图取得并非各方均能获得的某些东西时，就会有竞争。"④ 综观这些界定，发现竞争具有如下特征：其一，竞争主体是独立的商品生产者、经营者；其二，竞争是由双方经济力量的互相抗衡而引起的；其三，竞争是经营者追逐、实现自身经济利益最大化的过程；其四，竞争的结果是部分经营者被淘汰，部分经营者得以生存。⑤ 当然，竞争必须遵循一定规则，有序竞争是竞争的基本要求。

但是，人类缘何要竞争？追根溯源，主要是为了争夺稀缺和有限的资源，以获得人类自身生存的机会，而除了竞争，人类没有比这更好的选择。在资源有限和稀缺的条件之下，竞争的展开有利于达到资源的最佳配置和利益的最合理分配状态，也有利于推动生产力发展和人类社会文明进步，这也符合商品经济或者市场经济发展的要求。对市场经济来说，竞争是其本质，竞争有利于它的有效运行。没有竞争，市场经济就犹如一潭死水，毫无生机和活力，不能发展。竞争能促进经济效率、推动技术创新、提高经济效益、确保消费者和社会公共福利的增长、调节社会分配，这一点已成为市场经济国家的普遍共识。

---

① ［美］里斯本小组：《竞争的极限——经济全球化与人类的未来》，张世鹏译，中央编译出版社 2000 年版，第 136 页。

② ［英］戴维·沃克：《牛津法律大辞典》，光明日报出版社 1988 年版，第 190 页。

③ 种明钊主编：《竞争法学》，高等教育出版社 2002 年版，第 5 页。

④ ［英］约翰·伊特韦尔等编：《新帕尔格雷夫经济学大辞典》（第 1 卷），经济科学出版社 1992 年版，第 577 页。

⑤ 徐孟洲、孟雁北：《竞争法》（第二版），中国人民大学出版社 2014 年版，第 7 页。

（二）技术标准化中的专利劫持行为损害竞争所导致的社会不利后果

技术标准化中的专利劫持行为往往发生在专利许可合同的签订和履行环节。专利许可协议常常设置了诸多限制竞争的条款，比如拒绝将专利技术许可给特定主体条款、过高定价条款、一揽子许可或者搭售条款等，这些条款的设置目的在于获得垄断利益，但这势必破坏竞争。此外，作为垄断的专利劫持行为，还可以通过以下方式限制市场的自由竞争：其一，部分遭受标准必要专利劫持行为的生产厂商不得不退出市场，造成竞争者数量的减少，致使竞争的活跃性降低。其二，标准必要专利劫持行为人通过技术专利化——专利标准化模式设置壁垒，提高了市场新进入者的门槛，增加了消费者的负担。其三，标准必要专利劫持行为人在专利许可过程中，常常运用一揽子许可策略，迫使标准产品的生产者支付高昂的专利许可费，有时也浪费相应的资金去获得不必要专利的许可权，这可能抑制了中小企业的快速成长，从而减少了市场竞争者数量，降低了企业特别是大企业所面临的竞争威胁，最终破坏了市场的充分、有效竞争秩序，与自由竞争的理念相悖。其四，标准化中的专利劫持行为人通过提起诉讼签发禁令等手段威胁部分技术生产厂商，可能导致其沉没成本难以收回，产生转换成本。进而，也导致消费者最后不得不分担成本，支付高于正常的价格。其五，标准必要专利劫持行为人并不旨在技术的实施，对社会生产力的促进功效不明显。[1]

从理论上说，公平的竞争秩序是竞争者的理想之所在。但实际上，这个观点并不为每一个竞争者所接受。专利权是一种合法的垄断权，它在一定范围内对竞争有一定的限制。法律之所以允许基于专利权的合法行使产生的限制竞争存在，是基于利益平衡的考量，因为这种限制是在可容忍的范围之内，是国家建立专利法律制度以激励创新的必要的代价。但是，基于技术标准产生的网络效应，标准必要专利权的行使往往容易使权利人在某一特定市场上更容易获得垄断地位，或者是在原来的基础上进一步加强此种地位。因此，如果标准必要专利权人利用这种垄断地位限制竞争，就

---

[1] 尽管专利劫持行为确实也会产生正效应，但美国学者所做的越来越多的实证研究已经达成共识：专利劫持造成专利诉讼案件数量急剧增长，而这些诉讼正在对美国创新产生巨大的负面效应。See Cohen, Lauren, and Umit G. Gurun & Scott Duke Kominers, *Empirical Evidence on the Behavior and Impact of Patent Trolls: A Survey*, https://ssrn.com/abstract=2708224 or http://dx.doi.org/10.2139/ssrn.2708224.

违背了自由公平竞争的原则，是一种非法限制竞争的行为，这种行为必然对社会经济的发展、技术的进步、消费者的福利产生重大影响。概言之，技术标准化中构成垄断的专利劫持行为首先会破坏和妨碍自由竞争，损害资源配置效率。这是因为在标准必要专利权许可交易过程中，交易当事人根据自己的需要签订许可合同，可以最有效地配置资源。但在标准必要专利权人实施劫持行为，特别是实施的专利劫持行为已经构成垄断的情形下，消费者为了得到所需的资源就必须支付高于正常价格的代价，这会导致消费者的一部分剩余转移给了标准必要专利劫持行为人，造成消费者福利净损，属于资源配置无效率。此外，构成垄断的标准必要专利劫持行为损害经济民主。作为民主在经济生活中的反映，经济民主是多数人对经济资源、经济机会的分享，是行为主体的抉择自由，它来自于行为主体自身，勿受他人干涉，反对资源和机会集中。然而，构成垄断的标准必要专利劫持行为者往往采取非法手段限制标准产品生产商，妨碍、剥夺生产商或者标准必要专利技术使用者对经济权利的行使，这势必损害经济民主。最后，构成垄断的标准必要专利劫持行为主体可能会产生"寻租行为"[①]和"X非效率"[②]，导致社会福利损失。

（三）控制垄断性的标准必要专利劫持行为是技术标准化条件下反垄断法保护竞争的重要任务

自由竞争乃是市场机制的灵魂，是市场经济保持活力的源泉。反垄断法作为经济法的基石，旨在追求"有效竞争"，维护社会公众利益。在标准化条件下，专利权对竞争的作用越来越突出，专利与标准的结合不仅有利于生产者和经营者获得市场竞争力、阻止竞争对手，而且也成为他们谋求垄断或市场支配地位，获取高额利益的主要工具。这就决定了反垄断法对专利权的行使必然会给予特别的关注并承载着特殊的使命。当专利权人的权利行使与市场的有效竞争相冲突的时候，权利人的专利垄断权就必须让位于竞争有序的市场运作这一更大的价值。反垄断法所要实现的价值和

[①] "寻租行为"是指在没有从事生产的情况下，为垄断社会资源或维持垄断地位，从而得到垄断利润（亦即经济租）所从事的一种非生产性寻租活动。

[②] "X非效率"是指在垄断情况下，由于市场缺乏强有力的竞争对手，没有竞争压力，企业的经营人员或劳动者就会偏离最适于生产的境界，技术落后使得企业的成本增加，垄断企业应该获得的一部分超额利润变成成本，由此而产生的无效率因无适当名称就称为"X非效率"，又被称为技术无效率。

目标决定了它必须介入对标准必要专利劫持行为等专利权滥用行为的限制，而且其基于维护有效竞争的目标所制定的一系列具体规定和指标能够有针对性地约束对专利权的滥用。唯有及时、有效地对包括构成垄断的标准必要专利劫持行为等妨碍、限制、消除市场竞争的非法垄断行为予以规制，才可以推动标准化条件下竞争有序化发展，形成公平的竞争环境，确保竞争的功能，符合竞争的价值和目标。

在复杂技术时代，已经经历了从特权到私权转变的专利权正在发生新的嬗变：从私权到霸权。毋庸置疑，专利权正成为阻碍竞争的壁垒，包括标准必要专利劫持行为在内的非法垄断行为的大量形成及其对自由竞争、对技术发展、对消费者福利带来的严重危害，对专利权垄断提出了严峻的挑战，急需反垄断法的适时介入。因此，作为旨在促进有效竞争与维护消费者利益的反垄断法，应担当起控制包括标准必要专利劫持行为在内的专利权人非法行使专利权导致的垄断的法律重任。

本章小结：正当性之立论与证成

1990年，墨杰斯和勒尔森自经济学领域借用"劫持"至专利法领域，使"专利劫持行为"成为正式术语，并受到热情关注，引发激烈争论。技术标准化中的专利劫持行为本身是一种标准必要专利权人对自己的专利权进行处置的行为，符合专利权人享有专利权行使自由的外观。因此，法律是否应该规制专利劫持行为，换言之，法律规制标准必要专利劫持行为的正当性，是理论界和实务界难以回避的一项基础性工作。唯有找到理据，才可以确保法律规制的必要性和适法性。而"从事法学研究或学习的人必须学会一种特殊的技能，这是一种'发现和说明人类的所有行为都应当有正当理由'的技能"[1]。

透视伦理学的公平正义原则，可以为法律规制标准必要专利劫持行为找到正当性的根基。法律是道德外化的沉淀，法律制度有且唯一的合理性根源是法律具有"善"的品性，能对人的正当权益加以维护，保障公平

---

[1] [日]川岛武宜：《现代化与法》，王志安等译，中国政法大学出版社1994年版，第273页。

正义。公平正义是法律制度的伦理基础，专利法律制度和标准法律制度亦不例外。标准必要专利劫持行为打破了专利法律制度和标准法律制度的公平正义的伦理生态，通过法律规制予以恢复是最重要的一种方式。新制度经济学中的交易成本理论和研究方法不仅对于经济学界产生了重要的影响，而且也对政治学、法学、历史学、社会学等领域科学研究产生了较大的影响。标准必要专利劫持行为是经济学领域中的"劫持"现象在专利法和标准化法领域的复制，这决定了标准必要专利劫持行为的法律规制与经济学有着天然的勾连关系。以新制度经济学中的交易成本理论为依据，分析标准必要专利劫持行为给产品生产者、消费者、社会造成的成本，为法律规制技术标准中的专利劫持行为提供有力依据。管理学理论阐释法律制度的正当性，首要标准在于衡量这种法律制度是否符合管理效益原则。在一定程度上看，标准必要专利劫持行为是专利权人管理标准必要专利和运用标准必要专利的一种方式甚或战略。在技术标准化时代，随着标准必要专利权的价值进一步提升，标准必要专利权的地位越来越高，如何管理标准必要专利、利用标准必要专利不仅是一个法律问题，也是一个管理学问题。在技术标准化语境或者累积创新中，标准必要专利劫持行为不仅没带来经济效益，相反却带来了阻碍技术标准推广、破坏竞争、阻止创新、增加消费者成本、延滞技术进步和社会发展等负效应，湮没了社会效益，需要加以消解。回到法学视域：利益犹如珠玑，在法哲学、民法、专利法、标准化法、反垄断法中穿梭自如。在法哲学视野中，权利限制是法律规定权利的代价。标准必要专利劫持行为突破了专利权正当行使的界限，损害国家整体利益或者社会公众利益，应受到相应的限制。在民法学范畴，诚实信用原则是最低限的道德法律化。而标准必要专利劫持行为违反了 FRAND 许可政策，其道德实质就是欺诈、胁迫甚至完全抛弃伦理，它越过诚实信用之道德的底线，滑向了道德的外围，需要民法的拯救。如果把目光放在专利法领域，标准必要专利劫持行为的危险就在于打破了专利权人和社会公众的利益平衡，如不加以治理，专利法律制度的合理性和合法性将荡然无存。专利标准的准公共物品之特性决定了标准化法介入的必然性和重要性。技术标准化中的专利劫持行为违反适度付费之原则，破坏了公平竞争之秩序，降低了消费者的福利，国家对专利标准作为准公共物品的适度干预符合标准化追求的最佳秩序和最佳效益目标，也符合标准化法调适的目的之所在。反垄断法与专利法总是相互纠缠。竞争理念深深地浸淫于反垄断法，源于对非法垄断的彻底决裂。专利权作为一种专有权，天然有着"垄断"的情结，这在具有锁定效应的技术标准环境中，"垄断"的风险时刻存在。技术标准化中的专利劫持行为可能被识别为非法垄断范畴，一旦认定，标准必要专利权将失去"合法垄断权"的外衣，反垄断法介入的正当性自不待言。

第五章

技术标准化中专利劫持行为法律规制的模式选取

哈贝马斯曾说过:"只有将正当性上升为法律才具有执行效力,也才能更好地体现对社会的引导作用。"① 近年来,技术标准化中专利劫持行为呈高发态势,引发了世界各国的广泛关注与普遍担忧,无论是专利标准发达国家还是不发达国家。技术标准化中专利劫持行为是一种非法行使专利权的行为,是一种典型的滥用专利权行为,它背离了民法上的诚实信用、公平、公序良俗等基本原则,阻滞创新、破坏竞争秩序、损害消费者合法利益、阻碍法律制度的公平正义目标实现,应受到法律规制。就学理而言,针对技术标准化中专利劫持行为应当给予法律规制的立场并无分歧,但如何进行法律规制,抑或究竟选择何种模式进行规制,学界则存在着不同的观点,实务界也有着不同的实践。综观起来,主要分歧在于:应选择单一法律规制模式还是多维法律规制模式?综合法律规制模式的优越性何在?

第一节 单一法律规制模式

主张民法、专利法、反垄断法、标准化法、民事诉讼法规制技术标准化中专利劫持行为的观点,就是主张以合同法律责任制度、侵权法律责任制度、专利无效宣告制度、强制许可制度、禁令制度、反垄断法中的侵权法律

---

① [德]尤尔根·哈贝马斯:《交往行为理论:行政合理性与社会合理化》(第1卷),曹卫东译,上海人民出版社2004年版,第13页。

责任制度、标准化法中专利信息披露制度、民事诉讼法中的诉讼审查许可机制、诉讼费用分担机制和罚款机制等来规制技术标准化中的专利劫持行为。

一 民法规制

技术标准化中专利劫持行为属于专利权主体不正当行使专利权的一种行为表现，常常发生在专利许可合同的签订或者履行过程中。作为一种具有合同的法律外观的专利许可行为，又兼具权利滥用行为之特性，其必然要受到民事法律法规的约束。

(一) 民法规制技术标准化中专利劫持行为的法律依据

专利权是一种私权，属于民事权利的一种，有着民事权利的特征和品格：它是民事主体依法享有并受法律保护的利益，也是权利主体自己或者要求他人实施某种行为或者不实施某种行为的自由，还是权利主体在其权利受到侵害时，可以请求国家机关予以法律救济的权利。除此之外，民事主体在行使民事权利时应遵循权利不得滥用、诚实信用、公序良俗等基本原则。比如我国台湾地区规定：民事主体在行使权利时不得违反公共利益，也不得以损害他人为主要目的。不仅如此，民事主体在行使权利和履行义务时还要求遵守诚实信用原则。我国台湾地区学者王泽鉴教授指出："此一重要规定的解释适用涉及国民的权利意识，权利的社会化及伦理化，最足以显现一个国家的法律文化及社会发展。"① 在普通法系，法律史的研究显示，早在1766年，英国曼斯菲尔德勋爵就已经将诚信称为在各类合同和交易领域内普遍适用的原则。② 在20世纪中期的《美国统一商法典》制定过程中，负责起草工作的卢埃林深受《德国民法典》的影响，将第242条③规定的诚实信用原则移植在法典中，并作为第1-203条，强调根据该法典，当事人均须以善意履行或寻求强制执行合同。《美国合同法（第二次重述）》第205条亦规定："善意行事与公平交易的义务：合同的每一方当事人在履行合同或强制执行合同时都负有善意行事和从事公平交易的义务。"可见，无论是大陆法系国家，还是英

---

① 王泽鉴：《诚实信用与权利滥用——我国台湾地区"最高法院"九一年台上字第七五四号判决评析》，《北方法学》2013年第4期。

② Carter v. Boehm, (1766) 3 Burr. 1905.

③ 《德国民法典》第242条："债务人有义务考虑交易习惯，依照诚实信用原则实施给付。"

美法系国家，民事法律制度或者私法法律制度都规定了民事权利在行使过程中应该遵守诚实信用原则、权利不得滥用原则等基本原则，否则应承担相应的民事法律责任。技术标准化中专利劫持行为可以根据此规定进行规制。

（二）民法规制技术标准化中专利劫持行为的法律后果

1. 合同责任的识别

合同责任是指合同一方当事人因违反合同约定所应承担的法律责任。我国民法学者杨立新教授认为广义的合同法律责任涵盖缔约过失责任、预期违约责任、实际违约责任、加害给付责任、合同无效责任、后契约责任。[①] 第一，就缔约过失责任而言，它是指一方在合同成立前因违反先合同义务，给对方造成损失，受损方可请求缔约过失方承担损害赔偿责任。它是一种新型的责任制度，具有独特和鲜明的特点：产生于缔约过程之中；违反了法律规定的先合同义务；造成他人信赖利益损失；缔约过失方应负损害赔偿责任；是一种补偿性民事责任。技术标准中专利劫持行为人承担该责任的要件包括：标准化中的专利持有人在参加标准化制定过程中，不当披露或者故意隐藏已获得专利权的相关信息或者尚未获得专利权的技术信息，或者在标准被采纳后（或者当标准被广泛应用后）才行使这种强制性权利，导致专利许可合同不能签订，损害标准必要专利技术使用者的信赖利益。在标准化过程中，必要专利的披露和许可是标准化中知识产权问题的两项核心命题。一般来说，标准组织的专利政策都要求被采纳为标准的专利技术的权利人应负有必要专利信息的披露义务。技术标准化中专利劫持行为人故意隐藏或者不当披露相关信息，有悖于诚实信用，未履行先合同义务，主观上具有过错，这种行为如果导致专利许可合同最后不能签订，而标准技术使用人已经为使用该项技术做了必要准备或者支付了相关的费用等，这些费用损失与标准必要专利劫持行为有因果关系，据此，标准必要专利劫持行为人应承担缔约过失责任。第二，其他类型的合同违约责任。在标准化过程中，标准必要专利劫持行为人加入标准组织，并承诺FRAND原则，但在合同履行过程中，标准必要专利劫持行为人对于被纳入标准的必要专利的许可条件违反该原则，向标准必要专利技术使用者主张专利侵权，并以提起诉讼相威胁，索要超高额的专利许可费

---

① 杨立新：《中国合同责任研究》（上），《河南省政法管理干部学院》2000年第1期。

或者拒绝向标准使用者许可专利。对于标准必要专利权人实施的这种行为，标准技术使用者可以主张撤销该合同，也可以要求标准必要专利劫持行为人承担实际违约责任，即支付违约金、赔偿损失或者要求继续履行合同等法律责任。专利劫持行为人以明确的方式表示自己不履行合同义务，或者以自己的行动表明不履行合同义务的，标准技术使用者可以在合同履行期满前要求专利劫持行为人承担预期违约责任。

2. 侵权责任的承担

侵权责任是指民事主体因实施侵犯他人权利的行为而应承担的不利法律后果。任何人不得侵犯他人的合法权利，这是一国法律要求每个公民、法人等民事主体对他人应负的一般性法律义务，对此项义务的违反应承担侵权责任。技术标准化中专利劫持行为是一种权利滥用行为，这种行为致被劫持人的利益遭受损害时，属于一种侵权行为，依照法律规定应当承担侵权赔偿责任。技术标准化中专利劫持行为人承担这一责任应满足以下要件：第一，须有正当的专利权；第二，须专利权人有积极的或消极的行为；第三，这种行为不符合法律的规定；第四，给被劫持行为人造成了损害；第五，专利权人的不当行使行为与被劫持人所受的损害有因果关系；第六，专利权人主观上有过错，多表现为"主观故意"状态。这六个要件须同时具备，方应承担赔偿责任。

但尚需提及的是，随着合同法与侵权责任法的双向扩张，违约责任对绝对权的保护与侵权责任对相对权的保护渐趋普遍，两者的竞合空间和中间领域亦不断扩大，竞合渐成常态。① 发生在标准必要专利许可过程中的专利劫持行为，是一种专利许可行为，但这种行为也是一种权利滥用行为，因此可能产生违约责任与侵权责任的竞合，被劫持人可以根据法律法规进行选择。

二 专利法规制

专利法以专利权为核心和逻辑起点，构建了包含专利权的取得、实施、管理和保护等内容在内的专利制度，所确定的一套权利体系旨在通过保护专利权人的合法权益，鼓励发明创造，推动专利技术的应用。比如，1787年美国宪法制定者确立了著名的知识产权保护"三P"原则：（1）保护创造

---

① 谢鸿飞：《违约责任与侵权责任的再构成》，《环球法律评论》2014年第6期。

者，即宪法赋予创造者对其智力成果享有独占权；（2）促进知识，即知识产权法的立法目标在于促进知识传播和文化科技发展；（3）保留公共领域，即知识产权的授予应设定相应的条件。《日本专利法》（2014年修改）第1条规定："本法的目的是通过保护与利用发明，鼓励发明，以推动产业的发展。"可见，保护专利权和促进专利技术的运用犹如一个硬币的两面，二者不可偏废。部分标准必要专利劫持行为的目的并不在于运用技术，而是以不正当目的将专利权货币化以获取高额专利许可费或者赔偿费用，此种行为已经偏离了专利制度设计者的立法目的，应予以矫正。

（一）专利无效宣告制度

1. 专利无效宣告制度的意义

专利无效宣告是指发明创造获得国家授予的专利权后，相关主体认为此项专利权的授予不符合法律法规规定，要求国家机关启动的重审程序。专利权是发明创造人依法对其创造的发明享有的一种专有权。这种权利是一种推定有效的权利，法律效力具有一定程度的不稳定性。原因在于：第一，专利审查授权的局限性。在实质审查授权条件下，由于现有技术和其他文献资料十分广泛，加之新兴技术的现有技术文献缺乏，以及专利审查主体本身具有的局限性，这就决定了部分已获专利权的发明创造可能并不满足"新颖性、创造性和实用性"（简称"三性"）要求。对于只进行形式审查的发明创造而言，由于不对外观设计或者实用新型的专利申请进行实质审查，这就决定了被授予的专利权的稳定性更加不令人乐观。第二，专利申请人的过错。部分专利申请人基于故意或者过失，向国家专利主管机关提交了不符合"三性"要求的发明创造。

专利无效宣告程序有利于保障专利权的正确授予。当发现已授权的专利存在问题时，相关主体可以申请或者依职权启动相应的法律程序，重新审查已授权专利的有效性和合法性，以确保专利权人和社会公众的利益平衡。所以，专利无效宣告制度可以补正不当授权，诚如知识产权法学者刘春田教授所言："在社会公众辅助和支持下对已经授权的专利进行再次审查，可以弥补授权机构资源和能力的不足，矫正审查工作的失误，实现授权之后的监督。"[①] 除此之外，该项制度还可以快速解决无效纠纷，维护专利权效力的稳定性，维护社会公众的利益。

---

① 刘春田主编：《知识产权法》（第三版），高等教育出版社2007年版，第204页。

2. 专利无效宣告制度在规制技术标准化中专利劫持行为的适用

专利无效宣告制度旨在确认已授权专利的有效性和合法性，保障授权专利质量，保护社会公众利益。技术标准化中专利劫持行为中的"专利"一般经由专利劫持行为人通过并购的方式获得，部分专利则是自己研发所得。但无论是并购所得还是自己研发所得，这些专利中包含了大量的软件专利。对于软件专利而言，这些专利权的保护范围非常模糊或是原本保护范围有限但却被故意用来从事广泛的侵权主张。美国政府考评局的《专利操控实体与创新》报告指出："从 2007 年到 2011 年所增加的被告来看，其中涉及与计算机软件（尤其是涉及所谓'商业方法'，而其中语意内容又不明确的发明专利）相关的专利诉讼就占了 89%，而且由专利货币化实体所提出的专利侵权诉讼也绝大部分涉及计算机软件。这些用来描述新兴技术的语言，比如软件，可能存在固有的不准确性，因为这些技术的发展日新月异。而且有些软件专利的保护范围会将整个功能包含在内，比如说他们会将发送邮件作为一个专利，而非发送邮件的具体方法。"① 凡是涉及计算机软件专利的侵权诉讼，原告获胜率约占 8%—9.2%；而用于生产制造的专利获胜率则占 40%—50%；大约 70% 的专利可能会被判无效。可见，标准必要专利劫持行为人提起诉讼的败诉风险很高，无效可能性高。② 这一点也为勒姆利等人的研究所证实。③

要说明的是，在美国，对于商业方法专利质量的恐惧和质疑早已存在，学界和实务界认为商业方法专利基本上属于"不良专利"或者无价值专利，这也是反对商业方法专利化的最集中声音。美国纽约大学法学院的德拉费斯教授曾不无忧虑地指出："商业方法专利带来两大难题，其一是专利的品质问题，其二是原则上的疑惑：商业竞争应否接受独占权的观念。"④ 针对商业方

---

① USGAO, *Assessing Factors That Affect Patent Infringement Litigation Could Help Improve Patent Quality*, GAO-13-465, http：//www.gao.gov/products/gao-13-465.

② Chien, Colleen V., and Aashish R. Karkhanis, *Comment to PTO-P-2012-0052/Request for Comments and Notice of Roundtable Events for Partnership for Enhancement of Quality of Software -Related Patents*, http：//www.uspto.gov/patents/law/ comments/ sw-f_chien_20130416. pdf.

③ Allison, John, and Mark A. Lemley & Joshua Walker,"Extreme Value or Trolls on Top? The Characteristics of the Most Litigated Patents", *University of Pennsylvania Law Review*, Vol.158, No.1, 2009.

④ Dreyfuss, Rochelle C., "Are Business Method Patents Bad for Business?" *Santa Clara Computer & High Tech L. J.*, Vol. 16, 2000.

法专利权利请求的不明确性,贝森教授和梅尔教授指出:"政策在限制抽象专利时应该划定一条界线,然而不幸的是,这样的界限仅仅落入了语词的沉沙中,以至于我们根本不知道这样的界限会带来什么,特别是针对软件专利。"[①] 基于此,2011年通过的《美国发明法》在第18条专设涵盖商业方法专利的过渡方案对商业方法专利进行审查。2014年6月,美国最高法院公布了涉及商业方法是否具有可专利适格性的又一个界碑性判决,即美国 Alice 公司诉 CLS 国际银行专利侵权案的判决。[②] 在该判决中,美国最高法院认为纯粹的商业方法专利不具有专利适格性,从而收窄了美国商业方法专利的口子,为美国专利商标局对于商业方法专利的无效审查实践提供了新的规则。该案被称为"美国商业方法专利的浩劫"[③],因为该案使12万多件专利处于危险状态,彻底改变未来软件专利的游戏规则与诉讼结果,"显示了美国最高法院重组专利法律体系的决心,也显示了专利法的钟摆在向反专利的方向摆动"。因此,对于拥有大量商业方法专利且早在软件专利领域布下重兵的苹果公司、微软公司、国际商业机器公司、高智公司、朗德罗克研究公司等而言,这并非一个好消息。而利用专利无效程序可以对不满足授权条件的商业方法专利或者其他类型的专利进行补正,从而减少被控侵权人的讼累,阻止标准必要专利劫持行为的发生。

(二)强制许可制度

1. 强制许可制度的基本内涵

专利法领域中的强制许可是指在一定情况下,经当事人申请或者国家主管机关依职权依法许可他人未经专利权人同意,有偿实施受保护的发明创造。可见,"强制性"是专利强制许可的主要特点,它与市场交易中的自愿许可相对应,剥夺了专利权人许可的自由。[④] 专利强制许可制度起源于1925年的《保护工业产权巴黎公约》(*Paris Convention for the Protection*

---

① Bessen, James, and Michael J. Meurer, *Patent Failure: How Judges, Bureaucrats, and Lawyers Put Innovators at Risk*, Princeton: Princeton University Press, 2008, p. 244.

② Alice v. CLS Bank, 2014 U. S. LEXIS 4303; 82 L. Ed. 2d 296 (2014).

③ 王晋刚:《美国商业方法专利浩劫》,http://mp.weixin.qq.com/s?src=3&timestamp=1477901896&ver=1&signature=Spk58BJ3 hUzcZWMtb-wmc 6I2wRSpEyWzO6dw 3xXI8 aLxQrrByu4noMg LdA2hh0tBfrqL3RPmdkNFjOdUkeJ4zh8r4NPQvYiKXbl74kvb6JWigj7eAY0GQDKk42FFqMG1QR 6Dd0Cm846NwDg2AnlfJxOSfwFOqFB * PiP7b * aDMDM = 。

④ 刘强:《交易成本视野下的专利强制许可》,知识产权出版社2010年版,第1页。

of Industrial Property，以下简称《巴黎公约》）第 5 条，该条第 2 款规定联盟成员有权采取措施以防止未实施专利的专利权滥用行为，第 3 款还规定在采取强制许可措施后仍然不能有效防止专利权滥用行为时可以撤销本专利。① 自此以后，专利强制许可制度逐渐替代专利撤销制度，并成为限制专利权滥用的重要制度之一。弗维指出："除美国外，全世界（专利制度）的一个共同点是采用强制许可制度。"② 比如《德国专利法》第 24 条规定了强制许可的颁发条件：申请人适格；申请人已在合理的时间内、以合理的惯用的商业条件，向专利权人要求签订许可协议，但未能成功；颁发该强制许可符合公共利益。此外，该法还特别规定了针对植物新品种专利的强制许可，可以参照普通专利强制许可的规定同样适用。③《印度专利法》（Indian Patents Act）第 84 条也体现了强制许可精神，该条规定任何利害关系人可以基于专利产品未满足公众的合理要求，或者获取专利产品的价格超过公众可以承受的合理范围，或者基于未在印度领土上实施发明等理由申请强制许可。专利权是一种专有权，是世界各国法律普遍认可的一种合法垄断权。但这种权利极易滑向非法垄断的边缘，为此需设计相应的制度限制专利权的不当行使。专利强制许可正逐步发展为阻止专利权滥用的重要手段，是各国专利法实现利益平衡目标的有力保障。

2. 专利强制许可制度的功能

专利强制许可制度是世界各国专利法律制度的重要组成部分，有利于立法者实现利益平衡，它在专利化、经济全球化时代必不可少，有着特殊的作用和地位。

首先，促进技术转移，推动产业发展，减小技术交易壁垒。在专利权市场交易过程中，专利权的独占性和垄断性会在一定程度上阻碍交易的达成。然而，在专利强制许可制度下，专利权人如若拒绝交易，将承担相应的法律责任，为避免承担不利的法律责任，专利权人有可能自愿许可，与他人达成许可协议，尽快、尽早地将专利技术转化为生产力，从而推动产业发展。

---

① 《巴黎公约》第 5 条第 2 款："联盟的成员应有权采取必要的措施防止因行使专利垄断权可能导致的滥用，如未实施专利。"第 3 款："只有在强制许可不足以防止这些滥用行为时，可以采用撤销专利的措施。"

② Fauver, Cole M., "Compulsory Patent Licensing in the United States: An Idea Whose Time Has Come", *NW. J. Int'L L. & Bus.*, No. 8, 1988.

③ 范长军：《德国专利法研究》，科学出版社 2010 年版，第 101—103 页。

其次,丰富专利产品的供给,降低专利产品的价格。在市场经济这个商业环境中,无论专利权人是自然人还是公司,抑或非法人组织,他们都有逐利的本性。商事主体的这种特性,决定了专利权人对利益的集中关注和不断追求,甚至采用"饥饿式"生产模式或者销售手段,导致专利产品单一、产品数量供应不足、产品价格高昂,因而部分需求者享受不到技术进步带来的成果。基于此,设立专利强制许可制度,可以确保专利权人主动丰富专利产品的供给,也可以鼓励满足强制许可实施条件的主体提供相应的专利产品,确保社会公众对专利产品的可及性,降低消费价格,减少成本。

再次,在一定程度上限制专利权人滥用专利权的行为。专利权是一种具有垄断性的私权,法律并不拒绝这种垄断权的存在。但令立法者担忧的是,相对于其他权利,专利权滥用的可能性更大,这必然破坏市场竞争秩序。近几年来,专利权人滥用专利权引起的法律纠纷层出不穷,特别是在技术标准化环境中,专利权人滥用专利权,损害其他生产商或者竞争者利益的行为更是愈演愈烈。为此有必要设计专利强制许可制度以示惩戒。

最后,有利于解决公共健康危机。在医药领域,药品的专利保护是企业发展的生命线。然而,药品专利越多,越容易形成"专利丛林",导致药品的生产和流通不畅,不利于化解公共健康危机。相对而言,发展中国家药品专利的数量和质量都比发达国家差,基于此,发展中国家的企业可以向相关机构申请或者由国家依职权发布专利强制许可,打破藩篱,弱化发达国家对相应药品的控制,解决国内的公共健康问题。如2012年印度颁发首个药品强制许可,允许本国仿制药厂商纳特克公司生产索拉非尼,它是德国拜耳公司拥有专利权的一种抗癌药物。

3. 专利强制许可制度的适用事由

专利强制许可制度的设立旨在防止专利权人滥用其权利,损害社会公众利益,从而在专利权人与公共利益之间寻求利益平衡。因此,专利强制许可制度的设计和实施都必须以利益平衡原则为指导,这意味着,专利强制许可制度的空间大小受限于利益平衡的要求,对专利强制许可制度的评价和检验取决于实现利益平衡的力度、程度和效果。世界上众多国家的专利法都规定了强制许可制度,但强制许可的事由却存在差异。一般认为,如存在专利权人滥用垄断地位、未满足社会公众的合理要求、违反反垄断法的规定、本国经济发展需要和公共利益需要等情形,可以适用专利强制许可。此外,部分国家为保护公共健康,还对食品和药品专利实行广泛的强制许可;还有的国家为了国防的目的实行强制许可。[①]

4. 专利强制许可制度对于技术标准化中专利劫持行为的适用

在专利法领域,专利劫持行为和反公地悲剧现象是"专利法中的逆流"。适用专利强制许可制度对消除"逆流"并保证"顺流"能够发挥积极作用。回溯专利法律制度滥觞之初,产品所含技术较为单一,能够保证一项产品一个专利权。墨杰斯曾指出:"对于杰斐逊时代来说,如果你把一项技术放入包里,再轻轻摇动它,你能从包里听到一些杂音。"[②] 但是,这种模式随着电子技术和生物技术的到来已被悄然打破。在新技术时代,产品所含技术不再单一,而是复杂技术的结合体。虽然单个专利技术占整体产品的比例减小,但由于专利权所具有的垄断性特征,使得其控制和影响的产品范围大幅度地扩大。对于产品生产者和销售者而言,侵权风险大大增加。技术标准化中专利劫持行为是技术标准化过程中,专利权人利用专利权,要挟标准产品生产者或者销售者,旨在获取不当利益的行为。专利强制许可在遏制标准必要专利劫持行为的实施方面有重要作用,特别是在软件专利环境中。专利强制许可制度与 FRAND 许可政策相比,能够克服后者最大的致命缺点:许可费谈判,前者的许可费早已在强制许可前设定,更常见的是,许可费通常经由与专利权人谈判后确定,具有一定的稳定性。[③] 2015 年 2 月,电气和电子工程师协会对 FRAND 政策进行了修改,修改后的 FRAND 政策几乎是专利强制许可制度的变体。[④] 美国司法部对此给予了肯定,认为此种修改有利于竞争。[⑤] 此外,对于法院而言,如果在审理专利侵权诉讼中审慎核发永久禁令或者诉前禁令,采用"司法上的专利强制许可",这意味着专利权人利用禁令获得谈判优势地位的"筹码"已经

[①] 林秀芹:《TRIPS 体制下的专利强制许可制度研究》,法律出版社 2006 年版,第 43 页。

[②] Merges, Robert P., "As Many as Six Impossible Patent before Breakfast: Property Rights for Business Concepts and Patent System Reform", *Berkeley Tech. L. J.*, No. 14, 1999.

[③] Ragavan, Srividhya, and Brendan Murphy & Raj Davé, "Frand v. Compulsory Licensing: The Lesser of the Two Evils", *Duke L. & Tech. Rev.*, Vol. 14, No. 1, 2015.

[④] Policies and Procedures, http://standards.ieee.org/develop/policies/bylaws/sect6-7.html#6.

[⑤] Decker, Susan, and Ian King, *Wi-Fi Inventors' Cut of iPhone 6 Sales to Shrink in Vote*, *Bloomberg Busines*, http://www.bloomberg.com/news/articles/2015-02-02/wi-fi-inventors-cut-ofiphone-6-sales-to-shrink-in-patent-vote.

不存在，但专利权的有效性已得到肯认，从而既能促使专利权人和专利技术使用者本着平等、自由原则达成许可交易，也能减少由于对专利权效力的质疑而启动的法律程序所带来的各种成本。

(三) 禁令制度

1. 禁令制度的基本内容

禁令源于英美法系国家的衡平法，它是指"法庭要求实施某种行为或禁止实施某种行为的命令"，实质上是为遭受侵害的权利人设立的一项救济措施。在专利侵权纠纷的诉讼过程中，涉及的禁令有三种：临时禁令、初步禁令、永久禁令。其中，临时限制令和初步禁令是临时性措施，前者适用于诉前阶段，目的在于维持现状，防止给当事人造成更大损失；初步禁令适用于诉讼程序启动后至判决前的阶段。临时限制令可以转化为初步禁令。永久禁令是法院审结案件时，认定被告侵权事实成立后根据法律规定给予胜诉方的一种救济，禁止被告再次侵权。有学者说，如果说临时禁令是一种消极防卫，永久禁令则体现出积极的防卫性，在理念上更符合预防性救济的逻辑。[①] 在《知识产权协定》中，第 50 条明确规定了临时措施，它包括两个方面：一是司法部门可以主动采取临时性措施，目的在于防止发生对任何知识产权的侵权行为，包括已获批准的进口商品，同时保存有关被指控侵权行为的证据；二是司法部门有权依申请采取临时性措施，特别是当如不采取相应措施，可能对申请人造成无法弥补的损害，或者相关证据有可能被销毁的明显危险性时。根据此项规定，目前世界上各协定成员在司法上均可以采用相应的禁令制度。比如，在日本，根据《民事保全法》第 32 条（2）规定，如果侵权行为对当事人可能造成难以弥补的损害或者巨大危险时，当事人可以请求适用临时禁令制度。[②] 此外，大陆法系的侵权救济制度中的停止侵权责任与永久禁令有相似之处，均为法院在确认侵权后对未来侵权行为的阻止，但二者在适用条件、宗旨上也还存有细微差别。

2. 禁令制度的适用条件

禁令是把双刃剑，既能保护权利人，也能给被申请人带来"锁喉"

[①] 施高翔、齐树洁：《我国知识产权禁令制度的重构》，《厦门大学学报》（哲学社会科学版）2011 年第 5 期。

[②] 白绿铉编译：《日本新民事诉讼法》，中国法制出版社 2000 年版，第 24 页。

的致命伤害。① 为此，有必要对禁令的适用做出明确规定。以《美国专利法》为例，该法规定，为了保护专利权，法院可以基于需要并依据衡平法原则颁布禁令，禁令时间由法院确定。② 美国法院在司法实践中确定了具体的适用规则。在 eBay 案中，联邦最高法院强调坚持"传统衡平四要素法"，认为放松或者收紧此标准都不利于专利权人和社会公众的利益平衡。根据此项标准，禁令的申请人必须证明以下事实：（1）遭受了重大损失；（2）损失赔偿仍不足以填补损害，侵权行为尚未停止；（3）申请人的损失比被申请人的损失更大；（4）禁令签发不损害公共利益。因此，当被告已经停止的侵权行为或者权利人能获得足够赔偿时，法院就没有必要签发永久禁令。

3. 禁令制度对技术标准化中专利劫持行为的调适

禁令是技术标准化中专利劫持行为人威胁实体生产商的重要武器，换言之，禁令是技术标准化中产生专利劫持行为的重要原因。这是因为标准必要专利不同于一般的专利技术，它具有私人物品之特性，也具有公共物品之属性。但作为一种衡平救济方式，法院在决定是否适用禁令制度时享有自由裁量权。如果不签发禁令，专利权人的利益将为此受到不可弥补的损害，那么法院就应该签发。这就意味着，并非在认定专利侵权行为成立时，申请人或者提起诉讼的当事人就能获得禁令。严格适用禁令制度的条件，有利于防止禁令沦落为专利权人威胁他人尤其是生产商的一种工具。与此同时，严格适用禁令，也是阻止标准必要专利技术使用者反向专利劫持行为人的重要方式。当专利权人凭此可以获得高额许可费或者巨额的损失赔偿时，权利人将更愿意选择经济学中的财产规则而非责任规则，从而增加交易成本，导致达成公平交易的可能性减少。所以，如果法院在审理标准必要专利侵权案件中识别出专利权人已经演变为专利劫持行为人时，可以利用自由裁量权决定是否颁发禁令，使得既能维护原告专利权，又能创造平等协商的法律环境，促使许可人和被许可人就专利许可费达成一致意见。谨慎签发禁令有利于遏制技术标准化中的专利劫持行为，因为标准必要专利权利人诉请禁令是一种反竞争行为或者是一种权利滥用行为。③

---

① 卢海君、邢文静：《知识产权禁令救济：法理解析、制度创新与立法完善》，《电子知识产权》2013 年第 3 期。

② 《美国专利法》第 283 条。

③ Hovenkamp, Erik, and Thomas F. Cotter, "Anticompetitive Patent Injunctions", *Minn. L. Rev.*, Vol.100, 2016.

美国联邦最高法院在 eBay 案中已清楚表明基本态度：法院在查实专利权有效并认定侵权事实成立后，仍然需要采用传统的衡平原则，考虑是否满足禁令签发的条件。eBay 案已成为美国法院是否签发永久禁令的界碑案件，它对解决技术标准化中专利劫持行为提供了有益的指导和方向。这与大陆法系国家或者地区对标准必要专利权人要求技术实施者承担停止侵害责任是否应予以支持如出一辙。欧洲委员会认为，标准必要专利权人寻求禁令救济是一种"滥用支配地位"行为，应受到反垄断法的规制。① 日本②和荷兰③也认为，标准必要专利权人诉请法院以获得禁令之行为是一种权利滥用行为，不应获得支持。

（四）专利侵权损害赔偿制度

1. 专利侵权损害赔偿的构成要件

专利侵权损害赔偿是专利法中一种重要的法律制度，是国家为了保护专利权人而制定的制裁专利侵权人的制度设计，它具体是指行为人因过错而侵犯他人专利权，依法应承担一定赔偿数额的民事责任。承担专利权侵权损害赔偿责任需满足以下构成要件：第一，行为人实施了侵害专利权的

---

① See European Commission Press Release IP/14/490, *Antitrust*: *Commission Accepts Legally Binding Commitments by Samsung Electronics on Standard Essential Patent Injunctions*（Apr. 29, 2014）, http：//europa. eu/rapid/ press-release_IP-14-490_en. htm; European Commission Press Release IP/14/489, *Antitrust*: *Commission Finds that Motorola Mobility Infringed EU Competition Rules by Misusing Standard Essen-tial Patents*（Apr. 29, 2014）, http：//europa. eu/rapid/press-release_IP-14-489_en. htm; European Commission Memorandum, *Antitrust Decisions on Standard Essential Patents（SEPs）- Motorola Mobility and Samsung Electronics - Frequently Asked Questions*（Apr. 29, 2014）, http：//europa. eu/rapid/press-release _MEMO-14-322_en. htm.

② See Chiteki Zaisan Koto Saibansho [Intellectual Prop. High Ct.] May 16, 2014, No. 10043, Saibansho saibanrei jOhO [Saibansho web], http：// www. ip. courts. go. jp/eng/ vcms_lf/25ne100 43full. p df; Chiteki Zaisan Koto Saibansho [Intellectual Prop. High Ct.] May 16, 2014, No. 10007, Saibansho saibanrei jOhO [Saibansho web], http：// www. ip. courts. go. jp/eng/vcms_lf/ 25_ra_10007zenbun. pdf; Chiteki Zaisan Koto Saibansho [Intellectual Prop. High Ct.] May 16, 2014, No. 10008, Saibansho saibanrei jOhO [Saibansho web], http：//www. ip. courts. go. jp/eng /vcms_lf/25_ra_10008zenbun. pdf.

③ See Rechtbank's-Gravenhage 14 mars 2012, HA ZA 11-2212, HA ZA 11-2213, HA ZA 11-2215 (Samsung Elecs. Co./Apple Inc.). http：//uitspraken rechtspraak. nl/inziendocument? id = ECLI：NL：RBSGR：2012：BV8811. For discussion in English, see Michael Frohlich & Gertjan Kuipers, FRAND and Injunctive Relief, AIPPI e - News, No. 25 (July 2012). https：//www. aippi. org/ enews/2012/edition25/Michael _ Frohlich. html; Mueller, Florian, *Samsung Suffers Second and Even More Important FRAND Defeat to Apple in the Netherlands*, http：//www. fosspatents. com/2012/03/ samsung-suffers-second-and -even-more. html.

不法行为。即法律无特别规定时，行为人未经许可制造、销售、许诺销售、使用他人专利权产品的行为。第二，专利权人受到损害。损害有二：财产损害，人身损害。对于专利侵权是否会造成人身损害，学术界一直存在争议。[①] 但我们认为，专利权是一种典型的知识财产权，其权利属性表现为财产利益而非人身利益，所以专利权人遭受的损害应是财产损害，体现为财产利益的减少或灭失的客观事实。第三，专利侵权行为与损害后果之间有因果关系。在学理上，侵权损害赔偿中的因果关系认定一直是研究中的热点，也是难点，目前有多种理论，尚没有一致的观点。[②] 反映在专利侵权行为领域，由于专利权客体的无形性，因此认定侵权更为复杂。第四，侵权行为人存在过错，主要体现在归责原则[③]的定性上。对于侵害专利权的民事赔偿责任应当适用何种归责原则，专利法领域或者知识产权领域学者一直有不同见解。[④] 本书认为，专利侵权行为属于一般侵权行为，并非特殊侵权行为，在确定是否承担损害赔偿责任时，应适用过错责任原则，即需要判断侵权行为人在主观上是否存在故意或者过失。如果行为人主观上没有过错，就不用承担赔偿责任。

2. 专利侵权赔偿责任的主要功能

专利侵权损害赔偿作为专利法规定的最基本、最重要的责任承担方式，其功能的厘清有助于制度定位，也有助于科学合理地确定赔偿原则、赔偿范围、计算方式。一般认为，专利侵权赔偿的功能有预防功能、补偿

---

① 廖志刚：《专利侵权损害赔偿研究》，《重庆大学学报》（社会科学版）2007年第3期。

② 这些学说主要有"相当因果关系说""必然因果关系说""盖然性因果关系说""条件说""直接结果说""规则范围说"（或称"法规目的说"）、"原因说"和"义务射程说"等。

③ 归责原则是指行为人因其行为和物件致他人损害的事实发生以后，应依何种根据使其负责。此种根据体现了法律的价值判断，即法律应根据专利侵权行为人的过错还是应以已发生的损害结果为价值判断标准，或者以公平原则等作为价值判断标准，而使侵权行为人承担侵权责任。参见王利明《侵权行为法归责原则研究》，中国政法大学出版社1992年版，第17页。

④ 张玉敏教授认为侵害专利权的行为属于一般侵权行为，应当适用过错责任原则。参见张玉敏《知识产权法》，法律出版社2005年版，第34—36页。郑成思先生认为知识产权侵权行为的属性不是单一的，应当同时适用过错责任原则和无过错责任原则。参见郑成思《知识产权论》，法律出版社2003年版，第272—295页。吴汉东教授主张在适用过错责任原则的基础上，以过错推定原则为补充。参见吴汉东《知识产权保护论》，《法学研究》2000年第1期。张玲教授则提出专利侵权是一种特殊侵权，应适用无过错责任。参见张玲《论专利侵权赔偿损失的归责原则》，《中国法学》2012年第2期。

功能、制裁功能、保护专利权的功能。其中最主要的功能是预防功能、补偿功能。

第一，预防功能。专利权的客体是技术方案或者设计方案，对于无形的发明创造而言，它不同于有形的实物产品，它是一种无形的财产，因而侵权人可以几乎不必付出任何技术开发成本或者仅付出较少的成本，就能使用新技术、新方法，从而获得不法利益。可见，预防专利侵权非常必要，特别是在知识产权时代。实际上，"消除影响及停止侵害行为之诉已经成为欧洲共同的法律制度"[①]。专利侵权损害赔偿规定专利侵权行为人应予以负责，体现法律规范的教导作用以及对有悖于法律和道德的行为的非难，具有一定的预防功能。

第二，补偿功能。填补损害是专利侵权责任制度的基本机能。加害人实施专利侵权行为并致专利权人受损害以后，专利权人应根据专利法的规定寻求救济，令加害人就其侵权行为负责，这既体现了法律对个人自主、个人尊严的维护，也体现了人类社会存在的基本价值追求。专利侵权损害赔偿基于公平正义的理念，目的在于使加害人向受害人承担赔偿责任，以填补专利权人或者利害关系人所受的损失，从而让被害人重新处于如同损害事故未曾发生时的状态。

3. 专利侵权损害赔偿的数额确定

专利权的客体与物权的客体相比，不具有有形性，而无形性的发明创造因他人的侵权受到的损害往往难以确定，因而赔偿数额的准确确定比较困难和复杂。一般来说，专利侵权损害的赔偿数额涉及赔偿范围、赔偿原则和计算方式。侵权损害赔偿的范围是指因侵权人的侵害行为给专利权人造成的损失，表现为直接损失和间接损失，尤以后者为主要表现形式。在认定侵权行为成立和厘清赔偿范围后，还需要考量采取何种赔偿原则来确定赔偿数额，这对于专利权人的保护十分重要。专利侵权作为一种民事侵权行为，其赔偿原则主要有补偿性赔偿与惩罚性赔偿。一般来说，惩罚性赔偿主要存在于美国专利法中，国际条约、英美法系其他部分国家和大陆法系大多数国家的专利法对惩罚性赔偿采用了不同

---

① [德] 克里斯蒂安·冯·巴尔：《欧洲比较侵权责任法》（下卷），焦美华译，张新宝校，法律出版社 2004 年版，第 146 页。

的态度。① 而计算方式主要有权利人的利益损失、侵害人的侵权所得、专利权许可费或者权利许可金以及法定赔偿等多种方式。但对于专利侵权损害赔偿而言，即使已划定赔偿范围、确立赔偿原则、选择计算方式，如何落实赔偿范围、怎样计算最终承担的损害赔偿数额依然不是一件容易的事情。

4. 专利侵权损害赔偿责任对技术标准化中专利劫持行为的适用

专利权作为一项民事权利，当其遭受侵害时，侵权行为人就理应向专利权人承担专利侵权民事责任。但高昂的专利侵权赔偿，尽管能在一定程度上遏制专利侵权行为的发生，然而不得不承认的是，这也是诱发标准必要专利权人实施劫持的重要原因之一。在美国，一方面由于惩罚性赔偿制度的存在，标准必要专利劫持行为人往往以此威胁被指控侵权人，而标准必要专利技术使用者也存在对是否承担惩罚性赔偿责任不确定性的担忧，从而被迫选择妥协，促使专利劫持行为的发生。另一方面，由于专利权的保护对象是非物质性的智力成果，其侵害方式和后果都不具有直观性，因而适用专利侵权损害赔偿责任更为困难，这也加大了不确定性。

作为专利法律和政策中的核心问题，专利侵权损害赔偿近年随着标准必要专利纠纷的大量增多，如何计算合理的许可费更加受人关注。② 在技术标准化中，标准必要专利劫持行为人的专利往往只占被指控侵权人产品的一部分，甚至是微小部分。但专利权人往往要求司法机关根据以下原则来计算赔偿数额：权利人的专利产品在市场中因侵权而造成的减少之总量×每件专利产品的损失；或者根据侵权产品在市场上销售的总量×每件产品之合理利润；甚或侵权产品的营业利润或者销售利润。剥夺侵权人的非法获利，有利于打击侵权人，保护专利权人，维护健康的市场环境。然而，也要防止让侵权人为权利人的所有损失买单之做法。过于加重侵权人的损害赔偿责任，不但违反侵权损害赔偿法律制度所奉行的填平原则，也不符合法律上的正义、公平原则。

---

① 李晓秋：《专利侵权惩罚性赔偿制度：引入抑或摒弃》，《法商研究》2013 年第 4 期。

② Graham, Stuart, and Peter Menell and Carl Shapiro and Tim Simcoe, Final Report of the Berkeley Center for Law & Technology Patent Damages Workshop, https://www.law.berkeley.edu/wp-content/uploads/2016/08/Berkeley-Patent-Damages-Final-Report-2016-08-15-2.pdf.

为了"足够赔偿"权利人，美国法院确立了"全部市场价值原则"。该原则的基本内容是将专利对产品利润的贡献度推定为百分之百，因此其适用无疑能最大限度地实现权利人的诉求，难怪该原则一度成为保护专利权人利益、惩罚和威慑侵权者的有力武器，但该原则也容易导致对专利权人的过度补偿，为此，法院已开始重新考虑技术分摊原则①。2016年12月6日，美国联邦最高法院公布了苹果公司诉三星公司专利侵权的判决意见②，以全票8比0推翻了联邦巡回上诉的判决，确立了比例原则③。此外，美国部分法院、我国法院的法官针对标准必要专利的侵权赔偿，探讨采用最小计算单元原则来计算赔偿的合理许可费。④ 但也有学者对此质疑。⑤ 我们认为，对于技术标准化中的专利劫持行为，坚持技术分摊原则和最小计算单元原则，有利于更好地协调标准必要专利带来的利益冲突，

---

① 技术分摊规则主要是从技术特征、专利的技术贡献度来确定因果关系。它最早可追溯到1853年美国最高法院的两则判例，后在19世纪成为最高法院极为关注的问题。但是，专利技术的市场价值很难由技术特征本身来决定，影响的变量较多，这决定了技术如何分摊本身是个"难题"。此难题的存在成为1946年专利法修改取消非法获利赔偿的重要原因之一。在20世纪后半叶，技术特征因果关系被市场价值的因果关系所取代，从而转向市场分析法，推动了全部市场价值规则的兴起。随着全部市场价值规则的扩展，法院近年逐步发展出适用市场价值规则的严格条件，在一定程度上看，技术分摊规则正在回归到专利侵权赔偿的计算中。还可参见和育东《专利侵权赔偿中的技术分摊难题——从美国废除专利侵权"非法获利"赔偿说起》，《法律科学》（西北政法大学学报）2009年第3期；管育鹰《专利侵权损害赔偿额判定中专利贡献度问题探讨》，《人民司法》2010年第23期；张玲、张楠《侵权损害赔偿额计算中的技术分摊规则》，《天津法学》2013年第1期。

② Samsung Electronics Co. v. Apple Inc., Case No. 15-777, 580 U.S- (2016).

③ 比例原则是许多国家行政法中的一项重要的基本原则。学界通说认为，比例原则包含适当性原则、必要性原则和狭义比例原则三个子原则，其内核在于强调干预的适度性，反对过度干预，实质上体现的是一种适度均衡的理念和思想，其通过对"手段"和"目的"之关联性的考察，以确认国家权力对公民基本权利的干预有无逾越必要的限度。比例原则的精髓在于"禁止过度"，对包括知识产权法、民法在内的整个法律秩序发生作用。参见郑晓剑《比例原则在民法上的适用及展开》，《中国法学》2016年第2期。

④ 如在美国法院审理的微软公司诉摩托罗拉公司标准必要专利纠纷案、我国法院审理的华为诉交互数字技术公司等标准必要专利纠纷案，在计算专利许可费时，都认为应以产品的最小计算单元计算而非产品整体。

⑤ Putnam, Jonathan D., and Williams, Tim A., *The Smallest Salable Patent-Practicing Unit (SSPPU): Theory and Evidence*, https://ssrn.com/abstract=2835617.

实现利益平衡。

三 反垄断法规制

反垄断法与专利法有着天然联系，这给反垄断法规制技术标准化中专利劫持行为提供了合理的依据。反垄断法是现代竞争法的核心内容，它对保障企业公平竞争、维护市场公平竞争秩序、推动市场经济健康发展、保护社会公共利益起着极其重要的作用。部分专利劫持行为阻碍了竞争，损害了消费者的福利，背离了反垄断法的价值和目标。反垄断法的特性决定了其可以作为规制标准必要专利劫持行为的路径，以维护市场的有效竞争。

（一）技术标准化中专利劫持行为的垄断违法性认定

在运用反垄断法规制标准必要专利劫持行为前，必须识别不同的专利劫持行为。这是因为标准必要专利劫持行为虽是一种专利权滥用行为，但它与滥用专利权的垄断行为并不完全一致。滥用专利权的垄断行为，通常是指专利权人将专利权扩张至法律规定的范围之外，在非法行使权利的过程中利用专利权拒绝许可、捆绑交易等限制竞争。由此可以看出，尽管专利权具有合法垄断的特性，但标准必要专利劫持行为并非必然属于反垄断法中指向的垄断行为，除非这种行为滥用市场支配地位或者排除或限制竞争以形成生产者集中等。美国学者对此有清晰的界分，承认如果某种行为根据《谢尔曼法》（Sherman Act）第1条被识别为违反反托拉斯法的行为，则必然存在专利权滥用。但同时强调，依此进行相反推论并不正确。这是因为"无论什么时候，当专利权人试图超出许可范围扩大垄断，不管竞争是否有实质性的减少，或者有其他必要的影响来说明有无违反反托拉斯法的行为，都可能有专利权的滥用"[①]。美国学者的观点表明标准必要专利劫持行为并不总是仅在反垄断法的视野中，除非垄断构成限制竞争。因此，反垄断法规制标准必要专利劫持行为时，必须对该行为是否严重限制竞争，也即是否具有垄断违法性，是否违反反垄断法进行分析。这与欧洲委员会的思路并不一致。欧洲委员会认为，标准必要专利权利人实施的专利劫持行为是一种"滥用市场支配力"的行为，理应受到反垄断法的

[①] [美]约翰·理查兹等：《产品进入美国市场的法律问题》，侯国云等译，中国政法大学出版社1991年版，第215—216页。

规制。

在反垄断法中，判断是否构成垄断有两个原则：本身违法原则、合理原则。专利权与其他知识产权一样，它的合法行使已由反垄断法立法者作为例外进行排除。但专利权的行使对竞争的影响有利有弊，所以不宜以僵硬的本身违法原则来认定，主要还是以合理原则来认定。合理原则来源于美国垄断领域的判例集合，指的是根据市场行为的复杂性，有一些行为不宜认定为法律调整的一般的违法现象，其是否违反反垄断法需要视具体情况而定，其认定主要是以行为的目的、结果、行为人的市场力量为考量因素。① 换言之，采用合理原则认定某种行为是否属于反垄断法中的行为，应注意到某些限制竞争的行为不应被视为必然违法。② 它与本身违法原则不同的是，它并不以行为是否违法作为判断标志，而是以经济利益作为标杆。合理原则作为对本身违法原则的修改与补充，反映了反垄断法的目标是建立一个结构合理、有效竞争的市场模式。③ 在适用该原则时，首先应查明行为有无产生限制竞争的效果；其次应查明该具有限制竞争效果的行为是否为获取某种正当利益所合理需要；最后还要比较该行为所促成的利益是否大于其所造成的危害竞争的损失。作为反竞争行为的标准必要专利劫持行为，在认定其法律性质是否构成垄断时也需要运用合理原则进行评价。

（二）技术标准化中专利劫持行为的反垄断法法律责任

结合世界各国反垄断法的规定，实施违反了反垄断法的标准必要专利劫持行为，有可能承担以下典型的法律责任：

1. 典型的行政法律责任

反垄断法规定的行政责任有劝告、制止违法行为、罚款、没收违法所得、责令暂停营业以及吊销营业执照、责令改正、拆分企业、撤销登记、行政处分等多种承担方式。具体到专利劫持行为，有可能承担以下行政责任：

第一种是劝告。它是反垄断执法机构向标准必要专利劫持行为主体提出的停止违法行为的行政建议。在反垄断执法过程中，对标准必要专利劫

---

① 王保树主编：《经济法原理》，社会科学文献出版社1999年版，第231页。
② 吴太轩：《技术标准化的反垄断法规制》，法律出版社2011年版，第71页。
③ 杨紫烜主编：《经济法》，北京大学出版社1999年版，第179页。

持行为人或者专利权人已经开始实施且尚在进行的限制竞争行为,由反垄断执法机构通过一定的行政程序及时进行劝告,要求标准必要专利劫持行为人停止实施限制竞争行为,这是一种及时、灵活、有效、实用的具有法律约束力的行政措施。比如,欧洲委员会在经过调查后,认定标准必要专利权人三星公司滥用了市场支配地位,实施了专利劫持行为,并对此进行了劝告。

第二种是制止违法行为。在标准必要专利权人实施了专利劫持行为的情况下,反垄断执法机构作为市场秩序的维护者和管理者,在劝告无效或者不宜采用劝告措施时,有权采取一定的措施制止该行为,维护正常的竞争秩序。制止违法行为主要是要求违法主体实施一些作为或者不作为。① 前者如要求标准必要专利劫持行为人以合理条件许可专利权;后者如责令标准必要专利劫持行为人停止实施垄断行为。为了督促违法当事人尽快履行其义务,反垄断执法机构还可对拒不执行或者拖延执行其决定或禁令的经营者课以罚款。

第三种是罚款。罚款是行政处罚中最为常见的一种方式,不同国家和地区有不同的称谓。② 作为一种财产罚,域外地区基于罚款的发生条件和适用对象的不同,形成了两种类型的立法例:一种是仅在特定条件下适用的法律责任,如在德国、美国和我国台湾地区,罚款仅在违法行为人主观上有过错,违反行政机关禁止性命令时才加以考虑;另一种是普遍运用的法律责任,如匈牙利、南斯拉夫等国将罚款作为制止限制竞争行为的有效措施。当然,反垄断执法机构在确定具体的罚款数额时,应考虑标准必要专利劫持行为的性质、对相关市场的危害程度、行为的持续时间、对消费者的影响等因素。比如,我国反垄断执法机构在经过充分的调查后,认定美国高通公司滥用专利权,违反了反垄断法的相关规定,给予了60.88亿元人民币的罚款。

2. 典型的民事责任

从理论上看,技术标准化中的专利劫持行为侵害的是竞争者的正常经营权和消费者的合法权益,应将其认定为侵权行为。纵观各国立法,一般

---

① 王晓晔:《违反〈反垄断法〉的法律责任——〈反垄断法〉释义之九》,《中国商界》2008年第7期。

② 如日本法称其为"课征金",我国台湾地区则称为"罚援"。

将损害赔偿设定为反垄断法中最主要的民事责任。比如，美国《谢尔曼法》第 7 条规定任何人因托拉斯行为所遭受的损害，无论大小，都将获得三倍惩罚性赔偿以及合理的诉讼费用。我国台湾地区的所谓"公平交易法"也有相同规定。[①] 由此可见，世界各国、各地区在追究垄断行为者的民事责任时，主要指向损害赔偿责任。反垄断法对损害赔偿数额的确定有两种模式：一是补偿性赔偿，即要求加害人赔偿的数额不超过受害人实际遭受的财产损失，如日本、德国；二是惩罚性赔偿，即要求加害人向受害人赔偿超过其实际损失的数额。在美国，根据民事权利主体类型的不同，反垄断法分别设计了补偿性赔偿和惩罚性赔偿，前者适用于企业，后者则适用于私人。惩罚性赔偿数额的多少可以由法律法规直接规定，也可以由法官和陪审团自由裁量，但不能由当事人约定。惩罚性赔偿有利于制裁违法者，促进公平竞争，保护社会公众的利益，这一点也为美国司法界和学界所公认。

四　标准化法规制

工业革命、科技革命之后，社会的生产、产品以及服务的供给，都开始被纳入标准化的渠道，由于生产以及产品和服务的极大发展，世界上产生了关于生产以及服务标准的规范体系。随着现代化建设的展开，也出现了生产与服务的标准化。标准早已是国民经济和社会发展的基础制度，是国家治理体系和治理能力现代化的重要支撑。[②] 在知识产权时代，专利权人借着"技术专利化—专利标准化—标准国际化"之策略来追求更多的利益。标准与专利结合后会带来多重效应：一是先进专利技术的标准化带来了技术和产品的整合升级，促进了相关产业的发展；二是权利人可以获得更大的收益和优势；三是专利权的排他性可能造成权利的非法行使，出现专利劫持行为等现象，影响产业利益。因此，在标准化过程中，利用标准化法规制专利劫持行为，意义重大。一般认为，标准化中的专利劫持行为违反了专利信息披露[③]规定，应承担相应的法律责任。

[①] 参见我国台湾地区的所谓"公平交易法"第 31 条："事业违反本法之规定，致侵害他人权益者，应负损害赔偿责任。"

[②] 孙宪忠：《关于加快推动修改〈标准化法〉的议案》，http://www.cssn.cn/fx/fx_ yzyw / 201503/t20150310_ 1539166. shtml。

[③] 标准制定和实施过程中的专利信息披露主要分为两类，一是权利人对标准制定组织的披

（一）专利信息披露义务的违反与技术标准化中专利劫持行为的发生

专利信息披露义务是指标准化组织中的成员依据标准化组织的规定，披露其拥有、控制、了解的专利权信息，标准化组织向社会公众公布其制定的标准中所含有的专利技术的信息。[①] 在具体的制度设计上，各标准组织因为性质或者所处行业的不同而在具体的规定上有所不同。但通常而言，专利信息披露制度一般包括披露的主体、披露的强制性、披露的种类、披露的事项、披露的时间、违反披露义务的后果等内容。本书认为：（1）披露主体的确定应当结合标准制定组织的规模来确定；（2）披露内容包括专利和专利申请[②]；（3）披露时间主要为标准制定阶段；（4）不披露的后果因披露义务是否具有强制性而不同；（5）披露的方式包括自愿披露、自愿事先披露和事先强制披露等，而这三种模式分别为国际电信联盟、电气和电子工程师协会以及 VME 国际贸易协会 3 个标准组织所采用。

该制度主要是为了确保标准必要专利信息的透明度，促进专利技术的推广，防止专利权人利用必要专利劫持标准，为全球化背景下利用复杂技术创造更好的环境。与此同时，该制度的建立还可以消减标准的落后性，有利于整合技术以形成最佳配置的标准体系。专利信息披露义务是标准化组织的知识产权政策中的关键内容。专利信息披露与否、披露多少、如何披露等规定直接关系到标准制定过程中对相关技术方案的选择、采纳、标准的可执行程度，以及日后纠纷的解决等问题。专利信息披露制度是标准组织为了防止部分专利权人利用专利技术控制技术标准的制定与实施、谋求市场垄断地位而设立的。目前，世界上大多数标准组织都将其作为知识产权政策的重要内容，根据该政策，标准组织明文或者暗示成员对其明知的专利权信息应履行披露义务，否则将承担法律责任。比如，2013 年美国白宫政府出台的专利新政，规定应当用法律

（接上页）露，二是标准制定组织对公众的披露，前者主要披露是否包含自己的专利或专利申请，后者主要披露制定中的标准涉及专利或专利申请的情况及许可条件等。本书中的专利信息披露指前者。

① 赵启杉：《论与技术标准有关的专利信息披露制度》，载张乃根、陈乃蔚主编《技术转移与公平竞争》，上海交通大学出版社 2008 年版，第 61 页。

② 此处需要注意的是，对于未公开的专利申请，应当注重保护申请人的利益，可以不披露具体信息，并应签订保密协议，以保障其商业秘密。

或行政手段要求专利权人公开专利转让情况，增加"标准必要专利"转让的透明度；电气和电子工程师协会也于 2015 年对专利政策进行修改，要求公布专利转让人信息。

在标准制定和实施过程中，如果专利技术被标准采纳并得到广泛实施，专利权人的市场竞争力势必大大增强，甚至占有市场支配地位，获得更多利益。这就诱使部分专利权人在标准制定过程中不进行专利信息披露，而在标准制定完成后伺机主张专利权。这属于一种典型的专利劫持行为，有损市场竞争，甚至达到市场支配地位的垄断状态。

（二）违反专利信息披露义务的专利劫持行为人应承担的法律责任

由于披露主体不同，违反专利信息披露义务的法律责任也不同。一般来说，专利权人违反专利信息披露义务的责任承担如下：

1. 参与标准制定的专利劫持行为人的法律责任

参与标准制定的专利权人是标准制定组织的成员，也是标准制定工作组成员，他们能够知晓自己的专利是否会被纳入标准。根据专利披露政策，如果专利权人违反专利信息披露的要求，将承担以下法律责任：降低许可费；不同意降低许可费的，视为免费许可；对免费许可有异议的，因其故意隐瞒专利信息而给标准制定者和实施者造成损失的，应承担相应的法律责任。专利权人事后拒绝许可导致标准无法实施，应赔偿制定组织和标准实施者。我国《标准化法》还规定，专利权人在制定国家标准的过程中故意隐瞒专利信息，应承担相应的刑事责任。除此之外，如果出现专利劫持行为人与标准制定主体同一的情形，特别是产业联盟、大型跨国企业组成的非官方标准制定组织，国家标准化管理委员会应对此标准制定主体给予一定的行政处罚，情形严重的取消其标准制定资质。

2. 未参与或者不参与标准制定的专利劫持行为人应承担的法律责任

此类专利劫持行为人主要指标准制定组织、标准工作组成员以外的专利权人，冈特雷斯教授把这种人称为"外来者"（outsider）。这类专利劫持行为人最开始获得标准必要专利可能是从原标准必要专利权人手中购买而得，或是从另外的第三人处购得；这类专利也有可能以前属于标准必要专利权利人，后来因为某种原因，权利人退出标准组织，或者其专利技术经由自己独立研发所得。[1] 对于从其他标准必要专利权人处购买的专利或者退出标准组织的标准必要专利权人，其专利权主体变动信息应予以披露。根据 IEEE 新的规定，标准必要专利转让的，受让人不得拒绝按照 FRAND 原则许可标准必要专利。而对于从第三人处购买或者自己独立研发所得的专利权人，可以分为两种情形：a. 专利劫持行为人不知晓自己的专利技术已经被纳入标准。由于专利劫持行为人并不是标准制定组织的成员，标准组织披露的专利信息有可能并不为专利劫持行为人知道，在此种情况下，尽管专利劫持行为人未履行披露义务，但这种不披露义务的违反并没有主观上的过错，因此，专利劫持行为人不应承担相应的侵权法律责任。b. 专利权人知晓专利被纳入标准，但故意隐瞒专利信息，违反专利信息披露义务，可以参照参与标准制定的专利权人的责任承担的规定。

五　民事诉讼法规制

法谚说，"没有救济的权利是裸体权利"。而"诉权就是请求法律救济的权利，是一项启动与延续诉讼的权利。在现代社会，它是宪法权利，也是一项基本人权"[2]。可见，作为一种救济权利的权利，诉权具有重要意义。然而，有权利的地方，就会有权利被滥用的情形发生。诉权也不例外。诉权滥用是指诉讼当事人借助诉讼手段谋取不正当利益或者损害他人利益的行为。然而，"社会的每一个人都被认为具有一种基于正义，或者说基于自然权利的不可侵犯性，这种不可侵犯性是任何别人的福利都不可逾越的。正义否认为使一些人享受较大利益而剥夺另一些人的自由是正当的"[3]。因此，当事人的诉权在行使的过程中应受到合理限制；对于不正当行使诉权，造成其他人利益受损的行为，应给予法律的处罚。程序处罚方式直接针对诉权滥用行为而定制，但也不乏通过诉讼法中的相关原则性措施来规制诉权滥用行为，最为突出的是英美法系国家提出的正当程序要

---

[1] Contreras, Jorge, "When a Stranger Calls: Standards Outsiders and Unencumbered Patents", *Journal of Competition Law & Economics*, Vol. 12, No. 3, 2016.

[2] 周永坤：《诉权法理研究论纲》，《中国法学》2004 年第 5 期。

[3] ［美］约翰·罗尔斯：《正义论》，何怀宏、何包钢、廖申白译，中国社会科学出版社 1988 年版，第 25 页。

求和大陆法系国家确立的诚实信用原则。① 技术标准化中专利劫持行为的典型特征之一在于专利劫持行为人利用标准必要专利权以向法院提起诉讼或者以要求法院发布禁止令相威胁，向生产商主张高额的专利许可费或者赔偿费，这是一种具有诉权行使的表面特征，但却隐含着追求非正当目的的不正当行使诉权行为，应受到规制。

（一）诉讼的审查许可机制

诉讼审查许可机制是指在诚实信用原则或正当程序的指导下，法官基于法定的诉权要件或相关要求，对当事人提起的诉讼或上诉进行审查，如符合法定条件，法官便予以认可，否则诉讼将招致驳回。诉讼审查许可机制包括诉讼审查机制和上诉许可机制。以德国、英国等为代表的西方法治发达国家均设立了诉讼审查机制和上诉许可机制。在德国，基于诉讼的可诉性，若诉讼当事人隐藏不法目的或者其提出诉讼的目的仅在于阻碍或损害对方当事人的合法权益，则当事人的诉讼行为就构成了对诉权的滥用，将被驳回。在美国，当事人轻率地、反复地提起诉讼，就构成对诉讼程序的滥用，法庭可以驳回当事人的起诉。对于轻率、反复的认定，《美国民事诉讼规则》第11条予以明确规定："对于反复的认定，既判力规则被广泛使用，既判力规则排除了当事人反复性诉讼的合法性。另外，法庭有权驳回当事人轻率、反复的诉讼，对于为了商业利益或那些富人通过诉讼的方式达到拖垮对方当事人从而获得利益等这样的行为，诉讼被驳回起到了规制的作用。"标准必要专利劫持行为人提起的诉讼，如果被认定为隐藏不法目的或者属于当事人轻率、反复地提起诉讼，则其诉讼请求应予以驳回，包括对禁令请求的驳回。

（二）败诉方诉讼费用承担机制

为防止诉权被滥用，部分国家的诉讼规则中确立或者承认诉权滥用行为导致责任费用的加重负担原则，要求诉权滥用行为的当事人承担一部分责任费用。这样的规制手段来源于大陆法系国家广泛使用的基本原则，是"败诉方承担全部诉讼费用"的一种变通处理。换句话说，法院可以判令滥用诉权提起诉讼的胜诉人承担诉讼费用，而不再由败诉方负担。可见，运用责任费用的特殊分担原则对诉权滥用行为进行规制，旨在平衡双方当事人的诉讼利益。在德国，《民事诉讼法》第138条第1

---

① 张晓薇：《民事诉权正当性与诉权滥用规制研究》，法律出版社2014年版，第234页。

款（D）规定了当事人在陈述案件事实时应是诚实的。在诚实义务原则的统摄下，该法还规定，如果当事人在一二审中主张无益的诉讼，法院均判令该当事人承担诉讼费用。① 美国与德国不同，美国诉讼中的一般规则是法庭费用由败诉方当事人承担，但律师费用一般由各方当事人自行承担，即所谓的"美国规则"。此项规则由美国联邦最高法院在1796年的 Arcambel V. Wiseman 案②中确立，核心内容是"胜诉方不得要求败诉方承担其律师费，除非法律允许"③。根据《美国专利法》第285条规定，法院仅在"例外情况"下才可判决败诉方承担胜诉方的律师费用。只是在实践中，该条的适用非常有限。④ 然而，联邦最高法院在2014年4月公布的两个判决中一改之前对此问题的态度。⑤ 无论是大陆法系国家的诉讼费用承担变通规则，还是美国的律师费转移支付机制，都对引导标准必要专利权人谨慎行使诉权，遏制专利劫持行为的发生具有重要意义。

（三）罚款机制

针对标准必要专利劫持行为人滥用诉权行为，法庭通过对当事人课以一定程度的罚款以达到规制的目的，这一方式在许多国家的立法和实践中都有体现。在法国，《民事诉讼法典》第32条第1款规定，对于当事人的滥用行为，法庭可以处以100—10000法郎的罚款。这种罚款在性质上具备了传统意义上的损害赔偿的特点，进而被称为"损害利益"。当然，这种损害赔偿是法庭直接对滥用诉权行为当事人作出的强制性罚款，而不是基于受害方当事人的请求而产生的。在葡萄牙，《民事诉讼法典》第456条也规定了对恶意诉讼行为当事人，法庭有权处以罚款。可见，法庭对于标准必要专利劫持行为人课以一定数额的罚款，在一定程度上也许可以阻止专利劫持行为的发生。

---

① 参见[德]德国贝克出版社编《德意志联邦共和国民事诉讼法》，谢怀栻译，中国法制出版社2001年版，第20页。

② Arcambel v. Wiseman, 3 U. S. 306, 306 (1796).

③ Alyeska Pipeline Serv. Co. v. Wilderness Soc'y, 421 U. S. 240, 262 (1974).

④ 徐棣枫、郄志勇：《美国专利案件中的律师费承担规则及其发展》，《知识产权》2014年第10期。

⑤ Octane Fitness v. Icon Health & Fitness, 572 U. S. (2014); Highmark Inc. v. Allcare Health Management System, Inc., 572 U. S. (2014).

第二节　多维法律规制模式

一　单一法律规制模式的局限性

从前述分析可知，民法、专利法、反垄断法、标准化法、民事诉讼法可以用于规制技术标准化中的专利劫持行为，且各有所长。但是，不管采用哪一种单一的法律制度，均存在相应的弊端。下面分别对这些弊端加以述之。

（一）民法规制技术标准化中专利劫持行为的不足

首先，就禁止权利滥用原则和诚实信用原则本身来看，其规定过于原则化，缺乏可操作性，对标准必要专利劫持行为的规制效果有限。权利滥用基本原则和诚实信用原则具有高度的抽象性，其在宏观上有助于整个市场环境的良好运行，但在微观层面的规范效果并不强。禁止权利滥用原则和诚实信用原则只有结合具体的案情才可以得出正确的结论。比如，在认定标准必要专利权人行使专利权的行为是否是专利劫持行为时需要考虑：（1）标准必要专利权人行使专利权的时间是否适当。如专利侵权行为发生后，专利权人迟迟不行使，直到于己有利时才行使，或因其不行使状态一直持续，导致标准必要专利技术使用者相信其已行使而实际上并未行使时，其行为才可以被确定为专利劫持行为。（2）标准必要专利权人行使权利的方式是否适当。专利权人在发现他人未经许可使用自己的专利技术后，有权根据法律规定的方式提起诉讼或者寻求其他的救济方式。只有当专利权人提起诉讼或者采用其他方式的目的只是获取超高额的专利许可费或者赔偿费时，才可以被认定为专利劫持行为。（3）标准必要专利权行使的对象是否适当。标准必要专利权人如常以生产制造商作为权利行使对象，滋扰他们的生产活动，获取不法利益，则可以被认定为专利劫持行为。（4）还得考虑专利权行使的程度是否适当以及行使的场合是否适当。这表明运用禁止权利滥用原则规制专利劫持行为，操作性不强。除此之外，技术标准化中专利劫持行为产生了合同撤销权与侵权损害赔偿请求权的竞合，其法律责任属于民法中的合同责任和侵权责任的竞合，而违约责任与侵权责任的区隔和竞合一直是困扰民法学的难题。加之，民法基本原则不能作为直接适用的法律依据，仅对法律适用发挥补充作用。这一观点亦为反垄断法学者王先林教授认同，即在一定程度上，权利不得滥用等民法基本原则可以对一些知识产权滥用行为加以控制，但仅在特定情况下起到漏洞补充的作用，并不能成为主要的适用依据。[1]

其次，民法深重的私法烙印决定了其规制技术标准化中专利劫持行为的能力有限。私法自治是民法的基本要义，公权的干预和介入应被限制在特定范围。按照民法的主旨，契约应当被信守，契约信守精神是契约的伦理价值之所在，人们签订契约是出于彼此的信任。在技术标准化中专利劫持行为发生的情况下，专利权人通常会迫使被许可方签订不合理的合同或者被劫持行为人源于专利权人的欺诈信息而与之签订了合同。根据合同自由和合同信守理念，只要不存在违反国家利益等情形，合同在被撤销之前都具有法律效力，缔约当事人应依约履行合同中约定的义务。除非被劫持行为人在法律规定的时间内向法院或者仲裁机构主张其在该专利许可合同签订过程中受到胁迫或者欺诈，从而享有合同撤销权，有权主张对该合同予以撤销。然而，被劫持行为人如欲撤销合同，一般需依诉讼或者仲裁方式提出，如《法国民法典》第1117条规定当事人可对因错误、胁迫或欺诈而订立的契约请求无效或者撤销。[2] 而诉讼或者仲裁方式增加了被劫持行为人的负担，不符合经济原则。同时，被劫持人如欲撤销合同，必须在规定时间内行使撤销权，否则将丧失撤销权。实际上，在标准必要专利许可合同签订后，被劫持行为人极有可能因某种原因来不及以提起诉讼或申请仲裁等方式行使撤销权，从而不利于被劫持行为人保护自己的合法权益；如果被劫持行为人一直不能得知撤销事由，就不可能行使合同撤销权，该合同的效力一直待定，影响当事人之间法律关系的稳定和交易秩序的维护。[3] 此外，标准必要专利劫持行为的受害者若要依照民法中的侵权法获得救济，需要向法院证明：（1）标准必要专利劫持行为是一种违法行为；（2）标准必要专利劫持行为人有过错；（3）标准必要专利劫持行为已经造成损害；（4）损害与标准必要专利权的行使行为存在因果关系。

---

[1] 王先林：《知识产权滥用及其法律规制》，《法学》2004年第3期。

[2] 参见《法国民法典》第1117条："因错误、胁迫或欺诈而订立的契约并非当然无效；此种契约，依本编第五章第七节规定的情形与方式，仅产生请求宣告其无效或宣告其应予撤销之诉权。"

[3] 张里安、胡振玲：《略论合同撤销权的行使》，《法学评论》2007年第3期。

但在诉讼中，被劫持行为人要完成这些举证是非常困难的。其实关于损害赔偿救济的举证艰难，德国法学大儒耶林早已痛呼，"损害赔偿制度给近代证据理论带来灾难，变成司法为防止不法而曾使用过的手段中尤为绝望的一个"[①]。因此，民法对技术标准化中专利劫持行为的规制存在很大不足。申言之，民法规制技术标准化中专利劫持行为的法律效果难遂人愿。

（二）专利法规制技术标准化中专利劫持行为的不力

1. 专利法不能明确规定如何行使专利权

专利法具有私法属性，而"'法不禁止皆自由'是私法中的一个经典性命题，它与公法的'法不授权皆禁止'的命题相对照"[②]。专利法的主要任务在于从权利内容本身界定何为专利权。因此，专利法并不会具体规定专利权的行使方式和类型。专利法可以基于利益衡平的角度，规定哪些情形应被视为不侵犯专利权、哪些理由可允许申请人申请或者国家依职权给予强制许可以及非生产性经营利用方式等条件下使用专利技术不能被认定为侵权，从而对专利权人的权利施加一些限制，但是却不能明确规定权利人必须如何行使权利。只要不属于专利法所禁止的方式或者类型，专利权人均有权采用，这是专利法作为私法追求的本旨之所在。

2. 技术标准化中专利劫持行为的定性和界定模糊

技术标准化中专利劫持行为与专利法律制度相伴而生，其出现有其必然性。特别是随着标准化时代的到来，此种现象的出现更加"不可阻挡"。目前，世界上大多数国家对于"专利权滥用"尚未进行法律界定和类型化，这容易导致对于技术标准化中专利劫持行为的法律定性不清：是一般的专利权滥用行为，还是特殊的或者说严重的滥用专利权行为，即垄断行为？而法律定性不清将造成无法精准选择规制路径，亦不能有效规制技术标准化中专利劫持行为，而执法当然也令人生疑。

3. 强制性较弱

尽管专利权的获得需要国家的授予，但专利法仍属于私法范畴，主要调整平等主体间的知识财产关系，具有自治法的特性，其法律规范多属于任意性法律规范。对于被标准必要专利劫持遭受损害的当事人的民

---

① ［德］鲁道夫·耶林：《为权利而斗争》，载梁慧星主编《民商法论丛》（2），法律出版社 1994 年版，第 53 页。

② 易军：《"法不禁止皆自由"之私法精义》，《中国社会科学》2014 年第 4 期。

事救济而言，因为"一方利用私法上的权利地位、行使私法上的权利的情况下，法律制度只能采用私法上的手段和思想方式，来给个人提供这种保障"①，所以应主要采取禁令和民事赔偿方式。民事救济方式即民事责任虽有强制性，但相对于行政责任、刑事责任，其强制性无疑是最轻微的、缺乏对标准必要专利劫持行为人的震慑和威力。此外，虽然《知识产权协定》中规定了适用强制许可制度的严格条件和程序，但在实践中，强制许可制度很难被各国真正用到，严重脱离实际需要。专利无效宣告制度也存在耗时过长、产生循环诉讼等问题。对于禁令的司法适用，法官需要良好的法律素养，准确把握自由裁量权。至于司法中如何计算侵权赔偿以支付合理的许可费，这可能已经成为"世界级难题"，无论是美国法院，还是中国法院，甚或欧洲的法院，都对此充满了热切关注。

4. 具有可操作性的程序法律规范未能与之对接

目前，在专利法中尚缺乏一些具有一定可操作性的程序法规范。比如，对专利权人利用诉讼制度的漏洞恶意提起专利侵权诉讼以打击竞争对手的行为，专利法不能有效规制。再比如，部分标准必要专利劫持行为人在发现他人未经许可使用自己的专利技术后，懈怠诉讼，直至对方已经投入大量成本并产生客观利润时才主张权利，从而获取超额利益，目前，专利法律制度对此种行为的规制还存在一定难度。

（三）反垄断法规制技术标准化中专利劫持行为的不能

当技术标准化中专利劫持行为已经构成垄断时，各国可以利用反垄断法对这种专利权的不正当行使行为进行规制，从而在客观上阻止专利劫持行为，确保公平自由的竞争秩序。但是，并非所有的标准必要专利劫持行为均可以由反垄断法进行规制，因为专利权的垄断力并不等同于市场支配力。标准必要专利劫持行为虽涉及反垄断法的规制，但并不都依赖反垄断法的调整。标准必要专利劫持行为首先破坏了专利法所保护的平衡利益，这与专利法律制度促进创新和推动科技进步目标相抵触，也与反垄断法促进竞争的目标相悖。虽然，标准必要专利劫持行为违反反垄断法，会必然构成专利权滥用行为，但是专利权的违法行使并不会必然违反反垄断法。实际上，诸多标准必要专利劫持行为均不属于反垄断法的调适范围。在这

---

① ［德］卡尔·拉伦茨：《德国民法通论》，王晓晔译，法律出版社2003年版，第111页。

一点上，日本的《知识产权利用的反垄断法指南》（2007）有明确规定。[①]而《欧盟运转条约》第 102 条的适用一直小心翼翼，我国《反垄断法》也表现出深深的审慎。美国哥伦比亚地区上诉法院的金斯伯格法官、来自曼逊大学法学院著名的反垄断法专家怀特等人坚持认为，并没有足够证据证明专利劫持行为损害了竞争，用反垄断法调适专利劫持行为并不必要。[②] 依此看来，标准化中专利劫持行为绝不是仅靠反垄断法规制就能解决的。

（四）标准化法规制专利劫持行为的不为

一般来说，标准化法是就国家在对现代化生产进行科学管理的有关标准化过程中形成的法律关系进行调整而形成的法律规范的总称。标准化法中规定专利信息披露义务，是对专利权人施加一定的约束，有利于尽早明确和预防可能出现的专利隐瞒等问题，防止专利劫持行为的发生。但是，规定专利信息披露义务也会带来弊端。比如，为了达到披露目的，标准组织只好延缓标准的制定和推行；由于众多标准组织的政策各不相同，这就决定了拥有大量专利技术的权利人不得不花费更多成本，所以会导致专利权人参与标准制定的积极性降低。此外，由于专利信息披露义务的内容要求不同，是否需要披露正在申请的专利，以及如何与商业秘密的保护加以协调，仍然是一个问题。目前，世界各国、各地区的标准化法尚未将专利信息披露义务规定为一种法定义务，专利信息披露义务本质上属于一种合同义务，是标准化组织知识产权政策中的核心议题之一。[③] 个别标准化组织，如 VEMbus 国际贸易协会有规定强制性披露制度，将专利信息披露义务作为标准组织内赋予成员的合同义务。大多标准化组织不是国家机构，即使像我国法定标准一样有公权的介入，也缺乏行政执法的权力。我国 2014 年 1 月 1 日起施行的《国家标准涉及专利的管理规定（暂行）》第 5 条规定，参与标准制修订的组织或者个人负有披露其拥有和知悉的必要专利信息的义务，否则应承担相应的法律责任。但该条并未规定法律责任

[①]《日本知识产权利用的反垄断法指南》（2007）规定："并非所有与专利法基本目标相偏离的权利行使行为均须适用反垄断法，这类行为还需考察其目的和方式以及该行为对竞争的影响程度，以决定是否适用反垄断法来进行规制。"

[②] Ginsburg, Douglas H., and Koren W. Wong-Ervin & Joshua D. Wright, "The Troubling Use of Antitrust to Regulate FRAND Licensing", *CPI Antitrust Chronicle*, No. 1, 2015.

[③] 巫晓倩：《对标准专利信息披露制度的思考》，《电子知识产权》2014 年第 11 期。

的范围。可见，标准化法对违反专利信息披露义务的专利劫持行为人的规制捉襟见肘，对专利信息披露义务的违反通常只能借助合同法、专利法、反不正当竞争法、反垄断法来加以调整。①

（五）民事诉讼法规制专利劫持行为的不敷

诉权是人类社会的"黏合剂"，没有诉权，人们就无法启动解决法律纠纷的程序，纠纷产生的积怨难以消除，社会的发展必将受到阻碍。对于法治社会来说，诉权更是首要的权利，没有诉权，法律就无法正常发挥作用，法治永远无法实现。利用民事诉讼法规制技术标准化中专利劫持行为，需要法律在正当民事诉权的保护与国家司法权对非正当诉权行使行为的禁止之间寻求恰当平衡。由诉讼审查许可机制、责任费用机制以及罚款机制构成的程序性规制措施，强调了法官在诉讼中能够针对标准必要专利劫持行为人滥用诉权的情形，要求专利劫持行为人承担程序上的行为处罚和经济处罚。这些措施是在"本诉"中针对标准必要专利劫持行为人滥用诉权的情形而做出的对专利劫持行为人的规制措施，受害方当事人不需要另行起诉就可获得对自己所遭受损失的救济。利用民事诉讼法的程序性规制措施对于规范当事人的诉讼行为，特别是标准必要专利劫持行为人的诉讼行为，能够产生相应的诉讼程序上的效果，能够在一定程度上规制专利劫持行为人滥用诉权的行为、阻止专利劫持行为的发生。但是，标准必要专利技术使用者权益遭受严重侵害时，仅仅通过法官判定专利劫持行为人滥用诉权的法律后果和课处相应费用的变通负担等手段来救济是不足够的；同时，程序性规制措施需要法官在诉讼中的积极配合，需要法官在维系中立性的同时有效管理和规范诉讼程序，这容易导致诉讼程序被人为性左右，该问题尤其体现在英美法系国家，法官消极性向积极性的角色转化进度是不可能一蹴而就的；最后，利用民事诉讼法规制标准必要专利劫持行为，仅仅意味着对于进入诉讼阶段的标准必要专利劫持行为，可以利用这些规制措施，而对于尚未或者根本不打算进入诉讼阶段的标准必要专利劫持行为，民事诉讼法却没有适用的空间。因此，规制技术标准化中专利劫持行为的民事程序性措施需要其他规制机制的辅助。

综上所述，单一法律规制的不足，主要源于法律规范本身的特点和功

---

① 樊延霞：《试论技术标准中专利信息不披露行为的规制》，载国家知识产权局编《专利法研究 2013》，知识产权出版社 2015 年版，第 241 页。

能所决定。这也决定了这些不足不能仅仅通过立法完善来补正,也不能仅仅依靠注重司法手段或者加强行政执法来解决。

二 多维法律规制的前提和基本构成

多维法律规制是相关主体在利用法律规制技术标准化中的专利劫持行为时,不仅采用民法、专利法、反垄断法、标准化法,还采用民事诉讼法等法律。此种模式与单一法律规制模式的差别明显,体现了适用法律的综合性。

(一) 多维法律规制的前提:根据技术标准化中专利劫持行为的性质

专利权是发明人或设计人依照法律规定取得对发明创造在法律规定的期限内享有的专有权。法律保护专利权的目的在于通过保护发明创造人的智慧劳动而鼓励创新。技术标准具有准公共产品属性,旨在以大规模使用推广技术,提升消费者福祉,促进经济发展。技术标准化中的专利权人"巧妙地"利用专利权,其真实目的并不在于使用标准必要专利技术,而是为牟取超高额的许可费或者转让费。正如前面所述,此种行为的法律性质具有"复合性",即既有可能是权利滥用行为,同时又构成垄断行为;既是垄断行为,又是违约行为;既是权利滥用行为,又是违约行为。因此,要有效阻遏技术标准化中的专利劫持行为,应根据其不同的法律定性适用不同的法律规范,专利劫持行为者也会为此承担不同的法律责任。

(二) 多维法律规制的基本构成:法律规范和责任的综合

就民法、专利法、反垄断法、标准化法、民事诉讼法而言,其中的法律规范因内容不同,要么属于实体规范,要么属于程序规范。实体规范在于规定和确认技术标准化中专利权人的权利与职权以及应遵守的义务和违反相应义务的责任,比如民事责任、行政责任;程序规范是实体规范的对称,是正确实施实体规范的保障,即它是以保证专利权人的合法权利和职权得以实现或行使,遵守合法行使权利并不得滥用权利的义务,以及在违反前述义务利用专利权劫持技术标准使用者时的民事、行政责任得以履行的有关程序为主要内容的法律规范。对于程序规范而言,缺乏实体规范,犹如无源之水,而对于实体规范而言,缺乏程序规范,就不能实现价值和作用。比如,在技术标准化中专利劫持行为者因违反 FRAND 原则或者因滥用专利权而需承担民事责任时,其中责任的认定是将案件事实与法律规范相结合的过程，包含了对案件事实的认定和法律规范的适用。在此认定过程中需要依靠两种类型的法律规范：一是实体规范；二是程序规范。前者包括民法、反垄断法、专利法中规定的承担民事责任的构成要素、责任免除认定和责任认定的逻辑，后者则是认定民事责任实体构成要素的相关程序规范，其内容包含了举证责任分配规则、证明方式规则、证据效力规则等。再比如专利无效宣告制度，该制度对于专利无效申请的提出、审查、宣告等程序规则进行了明确规定，同时还对专利无效宣告后的法律后果，即专利许可费和赔偿责任的实体规则进行了明确规定。可见，虽然二者内容不同，但是二者的目标具有一致性，即都是为了实现法律规制技术标准化中专利劫持的最高价值：社会正义。可见，多维法律规制在结构上注重实体规范和程序规范的结合，强调法律规范的综合运用，强调多种责任用以阻遏技术标准化中的专利劫持行为。

三 多维法律规制的根本和实现根本的手段

技术标准化中的专利劫持行为是目前技术标准制定和推广过程中最令人困扰的问题。纾困，已成为技术标准制定者、使用者等的共同声音。

（一）多维法律规制的根本：阻遏技术标准化中专利劫持行为的发生

技术标准化中的专利劫持行为是技术标准和专利权融合过程中出现的附随现象，即专利权人的专利技术成为技术标准中的必要专利技术时，专利权人就获得了事实上的优势地位，享有许可费的"议价权"。此种"议价权"带来了诸多负效应，影响到技术标准的大规模推行、技术的进一步创新、经济的快速发展、消费者福祉的提升等，因此有必要对此种行为进行法律规制。不仅如此，从伦理学、经济学、管理学和法哲学的不同视角来看，法律规制技术标准化中专利劫持行为具有相应的正当性。多维法律规制旨在通过综合利用民法、专利法、反垄断法、标准化法和民事诉讼法等法律规范，有效阻遏技术标准化中专利劫持行为的发生。

（二）实现根本的手段：立法规制、司法规制和行政规制的三元联动模式

一般来说，实体规范通过立法（静态）方式来实现目的，程序规范通过司法和行政执法（动态）来实现目的。就规制技术标准化中的专利劫持行为的法律规范而言，对于规定和确认技术标准化中专利权人的权利和职权以及应遵守的义务和违反相应义务的责任的实体规范，通过立法形式形成静态的质的规定,这些规定如需在社会生活中加以落实,则需要借助程序规范所提供的必要规则、方式和秩序,及时、恰当、有效地阻遏技术标准化中专利劫持行为的发生。因此,要实现多维法律规范规制技术标准化中专利劫持行为的目的,需要综合采取相应的对策,不仅需要依靠立法规制,还要注重司法规制和行政规制,可称为三元联动模式。其中,立法规制是指立法机关通过对标准必要专利权主体、标准必要专利技术使用主体和其他社会公众的权利、义务和责任进行事前配置,并通过确立技术标准化中的专利劫持行为含义及其裁判规则,赋予被专利劫持行为人适宜的法律救济手段,以此来实现立法规制的目的;司法规制是司法机关在裁判技术标准化中专利劫持行为诉讼案件过程中遵循既有的法律规则的约束下,充分运用裁判权,在保护标准必要专利权人和专利技术使用者、社会公众之间寻求恰当的平衡,确保司法的裁决结果达到法律效果与社会效果的统一,以此来实现对专利劫持行为的规制目的;行政规制是指特定的行政主体运用行政权力,针对技术标准化中专利劫持行为主体或者专利劫持行为进行规范和限制,并以此来实现规制目的。

四 多维法律规制模式的优越性

与单一法律规制模式相比,多维法律规制模式的优越性体现在以下几个方面:

(一) 多维法律规制与技术标准化中专利劫持行为的现实碰撞

技术标准化中专利劫持行为是一种标准必要专利权人滥用权利的行为,是专利权人利用专利权迫使专利技术使用者支付超过正常的许可费或赔偿费,以获取不当利益的行为。它不仅违反了民法的诚实信用原则和禁止权利滥用原则,也与专利制度的价值目标相背离,它还阻碍了市场的有效竞争和技术标准的制定与实施,同时滥用了司法资源、增加了社会成本、减损了社会公众的福利。标准必要专利劫持行为在不同法域有着不同的负效应表现形式,这也决定了不同法律规制的可能性和必要性。通过前述对民法、专利法等实体法以及程序法规制标准必要专利劫持行为的各自分析,我们可以得出其各有所长,但单独适用任何一部法律都不能完美解决标准必要专利劫持行为带来的负效应问题,均存在很大的缺漏。概述之,就规制标准必要专利劫持行为的力度来看,专利法和反垄断法均强于民法。然而,民法并非可有可无,而是不可或缺的,因为它能够发挥填补漏洞的作用，尤其是诚实信用原则和权利不得滥用原则，它们是规制标准必要专利劫持行为的统领原则；反垄断法虽较民法、专利法的规制更具威慑性和强制性，但部分标准必要专利劫持行为尚不足以构成非法垄断行为，进而不可以适用反垄断法对之进行规制，反垄断法对这些行为可谓鞭长莫及；标准化法的介入非常有限，因为专利信息披露义务并非法定义务，本质上是一种合同义务，即使发生违反专利信息披露义务的事实，法律对于此种行为应承担的法律责任也语焉未详，需要依赖合同法、专利法、反不正当竞争法或者反垄断法来确定责任承担；程序法规制标准必要专利劫持行为自有它的价值，但同样存在着适用空间有限、无法对受害者提供更多的法律支持，对法官素质要求较高，导致审理结果异象等问题。基于此，提供多维法律以规制标准必要专利劫持行为，具有现实意义。

（二）有效避免标准必要专利的反向劫持行为

标准必要专利的反向劫持行为是标准必要专利技术使用者劫持专利权人的行为，它与专利劫持行为不同：其一是实施主体不一样。标准必要专利劫持行为的实施主体是专利权人，而反向劫持行为的实施主体是标准必要专利技术使用者。其二是受害人不同。标准必要专利劫持行为中的受害人是专利技术使用者，通常是产品生产者，而反向专利劫持行为中的受害人是专利权人。其三是实施手段不同。标准必要专利劫持行为的实施手段主要是标准必要专利权人通过向法院提起诉讼要求颁发禁令，或者威胁要采用法律手段主张自己的权利，以作为和解过程中的筹码，获得超额许可费；而反向专利劫持行为人则是以各种理由延迟或者拒绝向标准必要专利权人支付专利技术许可费。正如齐恩教授所说："专利劫持行为和反向专利劫持行为是专利权行使的两个极端，一端是专利权人，另一端是专利技术使用者，对专利权寄予的过多期望和对专利权的不尊重是专利劫持行为和反向专利劫持行为的根源所在。"[①] 而这一点，斯达克教授曾在2010年也表达了此种关心。[②] 我国知识产权法学者李扬教授也指出要警惕

[①] Chien, Colleen V., "Holding up and Holding out", *Mich. Telecomm. L. REV.*, Vol. 21, No. 1, 2014.

[②] Geradin, Damien, *Reverse Hold-Ups: The (Often Ignored) Risks Faced by Innovators in Standardized Areas*, https://ssrn.com/abstract=1711744 or http://dx.doi.org/10.2139/ssrn.1711744.

FRAND 劫持。① 因此，通过多维法律规制标准化中专利劫持行为，不仅可以阻碍专利劫持行为，而且可以防止反向专利劫持行为的发生，纯化专利权的行使。

（三）多维法律规制与法律制度价值取向的耦合

专利法律制度作为保护发明创造人、激励发明创新的制度设计，它认可专利权人对创造性发明享有专有权，保障专利权人在私权领域的利益最大化。从利益的角度考察，尽管专利权是一种私权，但专利法律制度旨在实现专利权人利益与社会整体利益的平衡。利益平衡是专利制度最重要的价值取向，是制度设计的依归。然而一方面，标准化中专利劫持行为打破了这种利益平衡。专利权作为一种财产权，其交易能够促进专利权的价值实现，重新实现市场资源的配置，进一步推动发明创新的可持续发展，这是专利权交易作为一种经济激励机制的效率所在。但另一方面，专利制度的工具性、专利权人的逐利性质却为专利权交易注入了新的风险，即追求高额的专利许可费。在标准必要专利劫持行为发生并导致个体利益与社会整体利益发生冲突之时，作为市场经济"卫士"的反垄断法是平衡专利权人和社会公众利益的重要手段，能最大限度地维护社会公共利益；而作为"帝王条款"的诚实信用原则在一定程度上可以达到消解标准必要专利劫持行为人的道德风险和法律风险，确保专利权人的个体利益的洁净。标准化法关注标准制定过程中如何有效平衡专利权人利益和社会公众利益，程序规范的存在进一步矫正了专利权人滥用诉权的行为，这些与内敛于专利法中的无效宣告制度、强制许可制度、禁令制度、侵权损害赔偿制度中的利益平衡理念相互印证，确保专利制度的价值和目标的正当性。因此，多维法律规制技术标准化中专利劫持行为有利于恢复利益平衡。

综上所述，研究者认为多维法律规制模式既能克服单独运用一种法律进行规制不能完美地解决标准必要专利劫持行为的问题，又能够更好地保护标准必要专利权人的利益和社会公众的利益，符合专利制度的目标和理念，有利于推进技术标准的制定和实施。不管是民法、专利法，还是反垄断法、标准化法以及民事诉讼法，它们在保护标准必要专利权的目的上具有一致性，都应兼及标准的公共产品属性，关注社会的整体利益，以实现专利权人利益和社会公众利益的精妙平衡。同时，多维法律规制模式能够

---

① 李扬：《如何应对"FRAND 劫持"》，《中国知识产权报》2015 年 6 月 10 日第 11 版。

组成一道更为严密的法网,增加标准必要专利权人投机取巧的难度,有效遏制专利劫持行为的发生。基于此,多维法律规制模式应为规制技术标准化中专利劫持行为的最优选择。

本章小结:法律规制模式的现有设计与综合评判

美国行为主义法学代表人物布莱克说:"法律是政府的社会控制,是国家和公民的规范性生活,包括立法、诉讼和审判等。"[1] 可见,在布莱克看来,法律就是政府通过立法、司法等手段对不轨行为加以界定和反应的一种方式。技术标准化中专利劫持行为是标准必要专利权人滥用独占权利的一种外化形式,是专利权人利用法律赋予的强制执行专利权的手段和标准的网络效应及锁定效应,迫使标准必要专利技术使用者支付超过该项专利技术价值的许可费的行为,这种不轨行为不仅破坏了专利法律制度的功能,也与专利法律制度的价值取向不一致,更与标准法律制度与反垄断法律制度的追求目标相背离,因此需要法律的内部制度化运作行为,从制度建构上治理标准必要专利劫持行为。

技术标准化中专利劫持行为的单一法律规制模式主要依赖于民法、专利法、反垄断法、标准化法。在民法视野中,标准必要专利劫持行为违反了民法中的诚实信用原则和禁止权利滥用原则,依法应承担相应的民事责任,即合同责任和侵权责任;专利法与标准必要专利劫持行为联系尤为紧密,专利法中专利无效制度、强制许可制度、禁令制度、专利侵权赔偿制度均可以适用于标准必要专利劫持行为。直言之,被标准必要专利劫持的技术使用者可以向专利主管机关或者向法院主张劫持专利无效,从而彻底扫除生产产品过程中遭遇的专利障碍,让标准必要专利劫持行为人丧失劫持的根基;被专利劫持的主体在特定情形下,也可以根据专利法规定,向相关主管部门或者机构申请强制许可,以获得生产产品的正当权源,消解技术标准化中专利劫持行为主体获取高额许可费的可能性,确保标准必要专利权人和标准必要专利技术实施者谈判地位的平等;标准必要专利劫持

---

[1] [美]唐纳德·J.布莱克:《法律的运作行为》(修订版),唐越、苏力译,中国政法大学出版社2004年版,第2页。

行为主体在专利诉讼过程中请求颁发禁止令时，法院可以通过对专利劫持行为主体身份、动机、行为的识别，决定是否向产品生产者颁发禁止令。由于标准必要专利劫持行为给竞争带来负效应，这与反垄断法承担的使命完全契合。对于经过反垄断法甄别的部分标准必要专利劫持行为，其行为主体需要依法承担相应的行政责任和民事责任，主要体现为劝告、制止违法行为、罚款和赔偿责任。就标准化法而言，标准必要专利劫持行为的受害者及相关利害关系人可以基于专利信息披露的约定或者法定义务，向专利劫持行为主体主张相应的合同法律责任、反垄断法法律责任、专利法律责任。而民事诉讼法通过建立基于标准必要专利劫持行为人提起的诉讼的审查许可制度、标准必要专利劫持行为人承担诉讼费用机制、标准必要专利劫持行为人承担罚款机制等，来阻止专利劫持行为的发生。单一法律规制路径存在一定的局限性：民法基本原则的抽象、专利法的不力、反垄断法的不及、标准化法的缺漏、民事诉讼法的不能，都决定了此种模式不利于对技术标准化中专利劫持行为进行有效控制。

　　技术标准化中的专利劫持行为在法律属性上具有"复杂性"。因此，应根据其不同的法律定性适用不同的法律规范。多维法律规制不仅采用民法、专利法、反垄断法、标准化法中的法律规范，还采用民事诉讼法中的法律规范。此种规制模式在结构上注重实体规范和程序规范的结合，强调法律规范的综合运用，强调多种责任用以阻遏技术标准化中的专利劫持行为；在实现目的的手段上，不仅利用立法规制，而且依靠司法规制和行政规制。唯有采用多维法律规制模式，才能既可以克服前述单一法律规制的不足，又可以通过打造多维法律制度网络，确保引导标准必要专利权人正确行使专利权，保护标准必要专利技术使用者和其他社会公众的利益，从而实现专利、标准等法律制度的价值和目标。

第六章

美欧技术标准化中专利劫持行为法律规制的实践及启示

随着知识产权时代和技术标准化时代的到来，技术标准和专利的结合已成为必然趋势，但专利技术标准是把双刃剑，容易引发专利劫持行为，特别是在迅猛发展并普及的通信技术和移动智能设备领域。这是因为，复杂技术时代的产品不同于机器时代单一专利产品，其中包括数百上千甚至上万件专利，尤其是在信息通信技术行业，所谓"牵一发而动全身"。不仅如此，技术标准化中专利劫持行为犹如一个连环的死结，其引发的一系列负效应正在世界各国的各个领域发酵，已成为各界面临的一个头痛问题。美国是技术标准化中专利劫持行为的滥觞之地，亦是专利劫持行为发展最为迅猛的国家。为遏制技术标准化中的专利劫持行为，美国采取了一系列立法措施、司法行动、行政举措，全方位展开对此种行为的规制，以改善创新机制，保障企业的创新动力，确保美国经济的稳健复苏和世界领先。欧洲亦是技术标准发达之地，近年来也成为专利劫持行为滋生的"领场"。为此，欧盟及其各国也积极探索了相应的法律规制路径，旨在遏制标准必要专利劫持行为。日本、韩国的理论界和实务界也对此表示了极大的关注。无论是美国、欧洲地区，还是日本、韩国，它们均在以法律规制技术标准化中专利劫持行为的实践中积累了有效的应对策略和丰富的经验。当前，技术标准化中专利劫持行为已经演变为一个国际化、全球化问题。他山之石，可以攻玉。是故，欧美和其他地区的实践可为他国镜鉴。

第一节 美国实践

一 立法规制

技术标准化中专利劫持行为使专利制度从一种鼓励研发创新的工具逐步变成一种要挟他人就范以获得私利的手段，从而导致很多市场实体不愿意使用标准技术，甚至退出市场，以至于标准推行受阻。随着全球经济竞争的逐步加剧和标准化时代的到来，专利权滥用现象越来越突出，美国立法者针对既有法律特别是专利法的不足，开始了一系列的专利法改革，以应对困局。

（一）"世纪专利法改革"成果：《美国发明法》

2011年9月16日，美国前总统奥巴马签署了史密斯和莱希共同提出的《美国发明法案》[1]，这标志着自2005年开始的历经六年的美国专利法改革终于落下帷幕。本次改革也是国会自1952年以来对美国专利法律制度进行的最全面、最深入的改革，被称为"世纪专利法改革"，它产生的深刻影响不仅是国内的，也是国际的。该法共37条，内容涵盖面广，既有实体规范，也有程序规范；既有行政规定，也有司法规定。《美国发明法》对原来专利实体法的众多内容进行了重大修改，其中，发明人先申请制取代先发明制最具颠覆性，其意图在于使美国专利制度在内容上与国际接轨，同时保留自身特色。[2] 这样的修改对于消除"潜水艇式"专利，减少专利劫持行为特别是技术标准化中专利劫持行为发生的可能性不无意义。与此同时，《美国发明法》创建了重审程序[3]和过渡性的针对商业方法专利授权后的重审程序。[4] 就后者而言，旨在以特定的标准重新审查商

---

[1] Leahy-Smith America Invents Act（Enrolled Bill [Final as Passed Both House and Senate] - ENR），http://www.govtrack.us/congress/billtext.xpd?bill=h112-1249.

[2] 朱雪忠、漆苏：《美国专利改革法案内容及其影响评析》，《知识产权》2011年第9期。

[3] 即授权后复审（Post-grant review, PGR）和双方复审（Inter-partes review proceeding, IPR）程序。具体规定请见35 U.S.C. §§321-29（2011）、35 U.S.C. §311-19（2011）。

[4] 即针对商业方法发明专利的过渡性的授权后复审程序，《美国发明法》第18条。更多内容请见李晓秋《现实的需要还是立法者的游戏：〈美国发明法〉第18条评介及其启示》，《青海社会科学》2012年第3期。

业方法发明专利的效力,消除其不确定性,提升商业方法专利的质量。在互联互通特征最为明显的互联网产业和信息技术产业,大量的商业方法发明专利遭到越来越多的质疑。被称为"互联网时代的守护神"、斯坦福大学的莱斯格教授反对授予商业方法以专利权,他认为"商业方法专利的出现简直就是一场灾难,是对网络创新的最大威胁"[1]。根据《美国发明法》第34条的规定要求,美国政府考评局于2013年8月向国会提交了一份《测评影响专利侵权诉讼的因素能够帮助改进专利质量》的报告,其中主要回答非专利实施体利用商业方法专利等提起诉讼对美国创新的影响。[2]再者,该法还涉及专利诉讼的司法改革,包括限制专利诉讼地点[3]、限制专利侵权共同诉讼的合并审理以减少共同被告等。[4]

(二) 遏制专利怪客的州立法:《恶意主张专利侵权》

近年来,随着专利怪客或者非专利经营实体的爆炸式增长,许多企业一直抱怨受他们的专利侵权诉讼威胁,各州也对此种行为充满了警惕和厌恶。由于技术标准化中的专利劫持行为常与专利怪客有关联,因此各州通过的遏制专利怪客立法对于技术标准化中专利劫持行为的规制有促进作用。2013年5月22日,来自美国的佛蒙特州率先颁布了旨在打击专利怪客的《恶意主张专利侵权》,该法案自2013年7月1日起生效,作为新增设的第4195—4197条编入佛蒙特州法第9编第120章。[5]《恶意主张专利侵权》共9条。根据该法,即使遭受专利劫持的行为人并未被专利权人提起诉讼,其仍有权对基于专利权的恶意主张导致的损失请求赔偿。该法还规定,佛蒙特州首席检察官有权追究以欺诈手段主张专利权人的民事责任。此外,恶意主张专利权人需缴纳最高25万美元的保证金,用以支付受侵害人的合理费用。但该法未对欺诈行为做出定义,而是列出了一些要素以帮助法官区分合法主张和非法主张。除此之外,该法亦规定法庭有权

---

[1] See Lessig, Lawrence, "The Death of Cyberspace", *Wash & Lee L. Rev.*, Vol. 57, 2000.

[2] United States Government Accountability Office, Assessing Factors That Affect Patent Infringement Litigation Could Help Improve Patent Quality, https://www.uspto.gov/sites/default/files/aia_implementation/GAO-12-465_Final_Report_on_Patent_Litigation.pdf.

[3] See America Invents Act § 19.

[4] See America Invents Act § 19.

[5] See 9 V.S.A. § § 4195-4197, http://law.justia.com/codes/vermont/2014/title-9/chapter-120/section-4197.

考虑其他相关因素。①

《恶意主张专利侵权》的通过开创了美国以专门法案的方式打击专利怪客的先河。②佛蒙特州立法者希望借助该法案为困局中的企业提供最有效的解决途径，以帮助这些企业尽快获得信息，避免不必要的费用支出，同时也不会触犯联邦法律。佛蒙特州立法规制专利怪客的模式已受到美国其他各州的效仿。根据统计，截至 2016 年 7 月 15 日，目前有 33 个州颁布了遏制专利怪客的立法，其中 1 个州于 2013 年通过立法，17 个州于 2014 年通过，9 个州于 2015 年通过，6 个州于 2016 年通过。另外还有 9 个州拟在州立法委员会介绍相类似法案。③这些法案有利于阻遏专利怪客，这也让那些利用标准必要专利实施专利劫持行为的专利怪客头悬利剑。

（三）2015—2017 年提交至美国国会的主要法案

尽管美国专利法完成了世纪修改，但社会各界对此仍然还不够满意，尤其是面对专利怪客提起的大量诉讼所引发的蝴蝶效应。因此，除了各州积极立法以规制专利怪客，联邦立法也非常活跃，只是至今都未有一部法案获得通过，如《创新法案》（2013）④、《SHIELD 法案》⑤ 以

---

① 具体说来，法庭认定主张合法的因素有：主体合法，即由原发明人、大学或致力于该发明商业化的人提出；权利行使行为合法，即专利权人在行使专利权时恪守"诚信商业行为"，旨在使专利权或类似权利商业化；专利权已有维权记录，比如曾经成功通过诉讼行使专利权。法庭认定主张非法的因素有：权利主体不透明，无法确定专利权人；专利权利要求模糊，无法准确陈述专利权如何被侵害；主张过高损害赔偿金；懈怠诉讼；权利主体提出"欺诈性"或"不道德的"索赔等。See Bad Faith Assertions of Patent Infringement by Vermont (H. B. 299), http: //knowledgecenter.csg.org/kc/system/files/Bad%20Faith%20Assertions%20of%20Patent%20Infringement.pdf.

② See Goldman, Eric, *Vermont Enacts The Nation's First Anti-Patent Trolling Law*, http: //www.forbes.com/sites/ericgoldman/2013/05/22/vermont-enacts-the-nations-first-anti-patent-trolling-law/.

③ 2015 Patent Trolling Legislation, http: //www.ncsl.org/research/financial-services-and-commerce/2016-patent-troll-legislation.aspx.

④ Innovation Act, H. R. 3309, 113th Cong. (2013).

⑤ Saving High-Tech Innovators from Egregious Legal Disputes Act (SHIELD) of 2013, H. R. 845, 113th Cong. (2013).

及《专利质量改进法案》①、《匿名专利终结法案》②、《专利诉讼与创新法案》③、《禁止不当使用专利法案》④、《减少专利滥用法案》⑤ 等均未获通过。在第 114 届国会中，提交至国会的、涉及法律规制专利劫持行为的法案有 6 个，它们是：《主张专利透明度法案》⑥、《匿名专利终结法案》⑦、《创新保护法案》⑧、《为国家发展支持技术和研究法案》⑨、《创新法案》（2015）⑩、《保护美国人才与企业家法案》（又称《专利法案》）⑪。在第 115 届国会中，目前提交至国会的、涉及法律规制专利劫持行为的法案有两个，即《更强专利法案》⑫ 和《保护商业并非保护劫持者法案》⑬，但这两个法案都是第 114 届国会期间提出后并未获得通过，而目前再度重新提出，截至现在，尚处于法案介绍阶段，暂无新的立法行动。下面主要介绍《创新法案》（2015）、《保护美国人才与企业家法案》。

---

① Patent Quality Improvement Act of 2013, S. 866, 113th Cong. (2013).

② End Anonymous Patents Act, H. R. 2024, 113th Cong. (2013).

③ Patent Litigation and Innovation Act of 2013, H. R. 2639, 113th Cong. (2013).

④ Stopping the Offensive Use of Patents Act, H. R. 2766, 113 th Cong. (2013).

⑤ Patent Abuse Reduction Act, S. 1013, 113th Cong. (2013).

⑥ Demand Letter Transparency Act of 2015, H. R. 1896, 114th Cong. (2015).

⑦ End Anonymous Patents Act, H. R. 2370, 114th Cong. (2015).

⑧ Innovation Protection Act, H. R. 1832, 114th Cong. (2015).

⑨ Support Technology and Research for Our Nation's Growth or STRONG Patents Act of 2015, S. 632, 114th Cong. (2015).

⑩ Innovation Act, H. R. 9, 114th Cong. (2015), https：//www.congress.gov/bill/114th-congress/house-bill/9/all-actions-without-amendments.

⑪ Protecting American Talent and Entrepreneurship Act of 2015 or the PATENT Act, S. 1137, 114th Cong. (2015), https：//www.congress.gov/bill/114th-congress/senate-bill/1137/all-actions-without-amendments?q=%7B%22search%22%3A%5B%22S.+1137%22%5D%7D&resultIndex=1.

⑫ S. 1390 - STRONGER Patents Act of 2017, https：//www.congress.gov/bill/115th-congress/senate-bill/1390/text?q=%7B%22search%22%3A%5B%22PATENT%22%5D%7D&r=1.

⑬ H. R. 2189 - Trade Protection Not Troll Protection Act, https：//www.congress.gov/bill/115th-congress/house-bill/2189?q=%7B%22search%22%3A%5B%22H.R.+2189%22%5D%7D&r=1.

1. 再次流产的《创新法案》(2015)

2015年2月5日,美国众议院司法委员会保护知识产权小组组长古德莱特向众议院提出了《创新法案》,此版本的法案与2013年版本[①]实质上一样,仅做了少许修改。《创新法案》(2015)共10节,旨在通过对美国专利法的修改。其主要内容包括以下几个部分:第一,规定提起专利侵权诉讼的条件。该法案规定,起诉方应提供比目前的要求更为详尽的材料,包括必要信息,尤其是专利权的真正主体,必须说明遭受侵权的商品和遭受侵权的情形。该规定提高了专利侵权起诉原因的陈述要求,增加了专利劫持行为人提起专利侵权诉讼的难度。第二,败诉方承担诉讼的相关费用。该法案规定,如果专利权人因其诉讼主张不具有合法理由而被判决败诉,法院可以判令败诉方向胜诉方支付包括律师费用在内的诉讼费用。如果支付诉讼费用有困难,允许增加相关当事人(如母公司)来承担。第三,应限制证据开示程序中的信息披露。如果法院认为诉争专利中的某项权利要求的某个字词的解释需要由法院作出判定时,在判定作出之前,对于需要出示的证据,法院不能披露相应的信息,即使披露,也仅限于协助法院作出该判定的相关信息,防止证据开示过程中过早披露信息,从而影响法院的判决结论。第四,保证专利权属的透明化。根据该法案,当事人在提起专利侵权诉讼时,应提供涉及专利的基本信息,包括是否为标准必要专利或潜在标准必要专利等。此种方式可以防止标准必要专利劫持行为人借由空壳公司实施滥诉,还确保了标准必要专利信息的公开,以便于识别诉争专利的性质。

2015年6月11日,《创新法案》(2015)向委员会报告。2015年6月11日,众议院组织听证会。最后,众议院《创新法案》的修订版本以24:8获批在众议院辩论。2015年7月29日,该法案向众议院司法委员会报告并设置了统一的日程安排,最新的一次立法行动发生在2016年2月25日,该法案在小企业和企业家委员会举行听证会。随着美国2016年11月8日总统大选的结束,第114届国会的使命也就此结束,这也意味着《创新法案》再度流产。

---

① 该法案于2013年10月23日首次提出,2013年11月20日向司法委员会报告,2013年12月5日在美国众议院接受审议并以325:91的投票结果通过,但提交至参议院后并未获得通过。

2. 未能走得更远的《保护美国人才与企业家法案》

2015年4月29日，爱荷华州参议员、美国现任司法委员会主席格拉斯利向美国参议院介绍了该法案。2015年6月4日，参议院司法委员会在经过3个小时的听证后以16：4批准该立法案并送往参议院全体会议审议。2015年9月8日，参议院根据通用条令设定了立法日程（日程号：No.203）。与《创新法案》（2015）一样，该法案最新的一次立法行动发生在2016年2月25日，该法案在小企业和企业家委员会举行听证会，但随后并无新的立法动态。

该法案针对的是把侵权诉讼作为主要商业模式的专利持有公司，旨在遏制专利劫持行为主体滥用专利权发起诉讼的行为。该法案要求在专利侵权诉讼中，当法院认定一方当事人为无理行动时，法官应判定无理方支付另一方的律师费。它还要求企业发送专利许可申请书来提供涉嫌侵权的细节，而不是"模糊"的诉求。该法案在一些专利侵权诉讼中的适用将推迟复杂的举证程序，并会防止客户因使用涉嫌侵权的产品而被诉讼。

（四）参议院就标准必要专利与竞争法在第112—113届国会期间举行专门的听证会

根据美国行政部门的要求，即希望参议院对发生在国际贸易委员会的苹果公司与三星公司的标准必要专利纠纷进行调查，参议院高级议员、前司法委员会主席莱希和参议院高级议员格拉斯利等议员于2013年7月30日在参议院司法委员会的反垄断、竞争政策和消费者权利分委员会组织了"标准必要专利与竞争法"听证会。[①] 参加者包括该分委员会主席克娄布查尔等议员，证人包括政策规划办公室副主任、首席知识产权顾问芒克，英特尔公司高级副总裁和总法律顾问梅拉梅德，高通公司常务副总裁、总法律顾问罗森伯格，IEEE组织的标准委员会主席库里克四位。另外，爱立信公司、商业软件联盟的莫林罗还向克娄布查尔、迈克·李发送了信件。在本次听证会上，各位议员对证人就标准必要专利的作用、标准必要专利劫持行为、反向劫持标准必要专利行为、标准必要专利能否在国际贸易委员会获得排除令、能否在法院获得禁令等问题进行了询问，各位证人

[①] Standard Essential Patent Disputes and Antitrust Law, Hearing before the Subcommittee on Antitrust, Competition Policy and Consumer Rights of the Committee on the Judiciary United States Senate, http://www.judiciary.senate.gov/imo/media/doc/CHRG-113shrg88369.pdf.

给予回答并提供了书面的发言稿。

此外,在第 112 届国会期间,参议院的司法委员会还就"关于标准必要专利的禁令或者排除令对竞争造成的影响"举行听证会,司法部和贸易委员会都到此进行作证。[①]

总体看来,美国国会近年来曾以听证会的方式表达对技术标准化中专利劫持行为问题的关注,但并未采取针对性的立法,而数年来采取的专利立法改革更多指向专利劫持行为者。需要说明的是,技术标准化中的专利劫持行为是专利劫持行为的高级形式,这意味着针对专利劫持行为立法在特定情形下可以适用于解决技术标准化中的专利劫持行为问题,即这样的专利劫持行为者必须是标准组织成员,或者是其专利技术被纳入标准的但并未参加标准化组织的成员。

二 司法规制

美国法院多年来深受"亲专利政策"的影响,对专利权人表现得非常友好,因此,专利权的诉讼请求更容易获得法院支持。比如,美国法院在认定专利侵权行为成立后,一般会同意发布永久性禁令;而且,美国的陪审团裁决模式将专利侵权损害赔偿额推向更高。正是基于这些特点,标准必要专利劫持行为人通常以诉讼相威胁,收取高昂的许可使用费以达到非法之目的,而这让标准必要专利技术使用企业防不慎扰,损失惨重。除此之外,专利诉讼的专业性强且案情复杂,往往具有高风险、高成本的特性。部分标准必要专利的大企业可能将标准必要专利转让给非专利实施体,以回收专利投资。由于部分劫持行为人并不生产或销售任何专利产品,这就导致标准必要专利技术使用者无法对其提出交叉许可、反诉或不正当竞争,甚至无法启用 FRAND 政策,因此,标准必要专利劫持行为人的诉讼成本低,"促使"更多诉讼产生。近年来,为减少标准必要专利劫持行为人提起的诉讼,降低对创新的损害,美国法院着力于永久禁令的核发、损害赔偿计算规则、FRAND 原则的阐释及其许可费的确定等方面。

---

① See https://www.justice.gov/atr/congressional‐testimony. Also see https://www.ftc.gov/public‐st atements/2012/07/prepared‐statement‐federal‐trade‐commission‐concerning‐oversight‐impact.

（一） 谨慎核发永久禁令：以 eBay 案为拐点的苹果公司标准必要专利纠纷案[①]

1. eBay 案的基本要点

2006 年联邦最高法院对 eBay 案作出判决，该案因推翻了联邦巡回上诉法院多年来一直坚持的永久禁令"自动核发"一般规则化的判决而具有划时代意义。在该案中，原告 MercExchange 公司是美国的一家专利授权公司，并不从事实体生产，不实施其专利。该公司拥有属于网络拍卖的三项商业方法专利。被告 eBay 公司是全球知名的电子商务提供商，它为销售商和消费者提供第三方网络交易平台服务；被告 Half.com 公司曾是 eBay 公司的子公司，专门用于拍卖物品，目前已经关闭；被告回购公司是一家通过第三方电子交易平台销售从零售商处收购退货的公司。原告在 2000 年发现三被告涉嫌侵犯了其持有的三项专利权。原告与前述三家公司就专利授权许可进行谈判，但是未能达成协议。2001 年原告在美国弗吉尼亚州东区联邦地方法院提起诉讼。Half.com 公司与原告在开庭前达成了和解，因此，2003 年法院针对剩余的两个被告作出了判决。判决意见为：第一，被告故意侵犯了原告的两项专利权；第二，两被告行为属于直接侵权；第三，两被告赔偿原告 3500 万美元；第四，不签发永久禁令。地区法院在判决中就拒绝核发永久禁令时指出，在"原告愿意许可其专利"以及"原告没有实施其专利的商业活动"的情形下，可以认定如果不发出永久禁令，专利权人不会受到"无法弥补的损害"。

双方当事人均不服地区法院的判决，均向联邦巡回上诉法院提出上诉。经审理，法院在 2005 年作出了部分维持、部分改判的判决。在该判决书中，法院认为地区法院滥用裁量权，错误地拒绝签发永久禁令，因此撤销了地区法院关于拒绝核发永久禁令的判决。法院还认为，根据该院已经确立的原则，如若专利侵权事实成立，应核发永久禁令。法院并不赞成地区法院在签发永久禁令时考虑众多因素，认为法院拒绝核发永久禁令的条件仅是为了公共利益的极少数情况，比如公共健康，而其他因素则不应加以考虑。在本案中，地区法院的判决不足以证明原告危害到公共利益。

[①] Apple, Inc., et.al. v. Motorola, Inc., No.1: 11 - cv - 8540, 2012 WL 1959560 (N.D. Ill. June 22, 2012); Apple Inc., et.al. v. Motorola, Inc., No. 2012 - 1548, 1549, 2014 U.S. App. LEXIS 7757 (Fed. Cir. 2014).

据此，联邦巡回上诉法院相当于为原告核发了永久禁令。

2005年联邦最高法院接受了eBay公司等被告的移审诉讼请求，并在2006年5月将案件发回地区法院，要求重审。联邦最高法院的判决意见主要为：依据《美国专利法》第283条规定，在符合衡平原则的情况下，法院"可以"签发禁令。但对于是否核发永久禁令，无论是联邦巡回上诉法院还是地区法院，都没有正确地适用衡平法原则。在专利侵权诉讼中，是否签发永久禁令应与其他案件遵守同样的规则，即应坚持传统衡平四要素法。所以，在认定存在专利侵权行为后，法院并不能以专利权人有授权的意愿或者专利权人未实施专利为当然理由，拒绝核发永久禁令。最高法院重申了获得永久禁令的传统衡平四要素法的基本精神。

需要说明的是，联邦最高法院并没有为是否核发永久禁令提供确定的法则，因此，各法院对是否核发永久禁令享有自由裁量权。不仅如此，联邦最高法院的判决结果表面上一致，但实际上还是分裂的，以首席大法官罗伯特和大法官肯尼迪所提的两个附随意见甚至也是相互对立的，前者主张签发禁令，后者反对签发禁令。[①] eBay案判决之后，各地法院在不同案件中或引用罗伯特的意见，或引用肯尼迪的意见，相比之下引用肯尼迪的意见较多，体现为自该案后发出禁令的比例下降：在eBay案前，法院在95%认定了专利权的有效性和侵权的案件中颁布了禁令，[②] 在eBay案判决后的五年里，地方法院在75%的专利案件中颁布了永久禁令[③]。另外，eBay案判决后，地方法院似乎致力于对当事人关系和经营性质的细致分析。当决定是否颁布永久禁令时，法院还会考虑更

---

① 罗伯特强调"一页历史胜过一卷逻辑"，实际上是要求尊重历史上关于只有例外情况下才能拒绝永久禁令救济的做法；而肯尼迪则提出："专利制度已经发展到超出当初立法者的预见，专利授权已经成为现代社会中专利权的主要利用方式，需要对法院的先例进行适度修正。这是因为，永久禁令的签发在竞争者之间产生的效果是截然不同于专利权人与被授权者之间产生的效果。专利劫持者自身并不生产或者销售任何相关产品，当涉诉专利仅为被告产品中的小部分技术，而且永久禁令威胁被专利劫持人用作和解谈判中敲竹杠的工具时，发出永久禁令不符合公共利益。"

② Lim, Lily E., and Sarah E. Craven, "Injunctions Enjoined: Remedies Res tructured", *Santa Clara Computer & High Tech. L. J.*, Vol. 25, No. 4, 2008.

③ Andrews, Damon C., "Why Patentees Litigate", *Colum. Sci. & Tech. L. Rev.*, Vol. 12, 2011.

多的因素：(1) 有无直接竞争关系；(2) 专利权人是否是一个没有实施专利的实体；(3) 专利技术在侵权设备中所占的比例和相对贡献。与此同时，联邦巡回上诉法院在面临拒绝或颁布永久禁令的问题时，显示出了对地方法院的尊重。[①]

2. 苹果公司案中不予核发标准必要专利权人永久禁令之初测

近年来，美国法院陆续审理了一系列标准必要专利纠纷案，其中关于标准必要专利权人是否可以寻求禁令给出了自己的判决。在苹果公司诉摩托罗拉公司标准必要专利纠纷案中，苹果公司于2010年10月向威斯康星州西部地区法院提起诉讼，后被转移至伊利诺伊州北部地区法院审理，主审法官是著名的波斯纳。在事实审中，苹果公司主张被告摩托罗拉公司侵犯了自己的三项专利权，摩托罗拉公司反诉苹果公司侵犯了自己六项专利，其中两项专利是欧洲标准委员会中第三代通用移动电信技术标准的必要专利。波斯纳在裁决中认为，由于摩托罗拉公司主张支持永久禁令的一项专利是标准必要专利，根据欧洲标准委员会的专利许可政策，此专利应负有承担FRAND许可义务，即受到授权条件之限制。因此，除非苹果公司拒绝支付符合条件要求之许可费，否则核发禁止令不具合法性。在本案中，苹果公司同意向摩托罗拉公司支付2.25%的许可费，并未满足授予永久禁令之条件。波斯纳还援引了美国联邦贸易委员于2012年6月6日向国际贸易委员会针对摩托罗拉公司案件调查（337-T5-752）提交的涉及公共利益的说明，最后裁决不予支持摩托罗拉公司要求核发永久禁令的请求。

摩托罗拉公司不服，向联邦巡回上诉法院提起上诉。上诉法院经过审理后，就其中关于不予支持摩托罗拉公司的永久禁令进行了维持。

需要说明的，标准必要专利权利人是否可以寻求禁令，特别是永久禁令的救济，在美国仍存有一些争议，司法实践中也尚有不同之做法。比如，勒姆利和夏皮罗教授等人认为，在技术标准化中，如果赋予专利权人以请求禁令的权利，那么结果是禁令威胁下的许可谈判会导致许可费不是基于标准必要专利本身的价值，而是基于转换成本，从而使标准实施者被

[①] 郭羽佼、闫文军：《eBay案与美国专利制度改革》，《科技与法律》2012年第2期。

迫接受高额的许可费,损害消费者利益,阻碍标准技术的推广和进一步的研发。① 但怀特教授②、克拉波法官③等人认为,应支持标准必要专利权人在遭受侵权时的禁令请求权。本案中波斯纳法官的观点属于中立,即认为禁令是否应予核发的关键在于看标准必要专利技术使用者是否提出了支付许可费的行为。

（二）侵权赔偿计算规则更加精细和多元：Uniloc 美国公司案④的重要规则法适用的限制和三星公司案中比例原则的适用⑤

根据《美国专利法》第 284 条⑥,法院采取三种方式计算损害赔偿金：权利人所失利润、合理许可费用、侵权人故意侵权时的 3 倍惩罚性赔偿。由于所失利润的赔偿非常难以证明满足"潘蒂特"测试⑦,3 倍惩罚性赔偿需侵权人故意且已经计算出所失利润或者合理许可费用作为基数,如此看来,采用第一种和第三种计算方法都存在一定的难度,所以在计算赔偿数额的司法实践中,广泛采用合理许可费方式。在确定合理许可费的数额时,专家证人通常采用"重要规则法"。"重要规则法"（Rule of

---

① Lemley, Mark A., Carl Shapiro, "Patent Holdup and Royalty Stacking", *Tex. L. Rev.*, Vol. 85, 2007.

② Ginsburg, Douglas, and Taylor M. Owings & Joshua Wright, "Enjoining Injunctions: The Case Against Antitrust Liability for Standard Essential Patent Holders Who Seek Injunctions", *The Antitrust Source*, 2014, https：//ssrn.com/abstract=2515949.

③ Apple, Inc. v. Motorola Mobility, Inc., No. 11-cv-178-bbc (W. D. Wis. Nov. 5, 2012).

④ Uniloc USA, Inc. v. Microsoft Corp., 632 F. 3d 1292 (Fed. Cir. 2011).

⑤ Samsung Electronics Co., Ltd., et al. v. Apple Inc., case Nos.：2014 – 1335, 2015 – 1029（Supreme Court of US.）, https：//www.supremecourt.gov/Search.aspx? FileName =/d ock etfiles/15 - 777.htm.

⑥《美国专利法》第 284 条：损害赔偿金：法院在作出有利于请求人的裁决后,应该判给请求人足以补偿所受侵害的赔偿金,无论如何,不得少于侵害人使用该项发明的合理使用费,以及法院所制定的利息和诉讼费用。陪审人员没有决定损害赔偿金时,法院应该估定之。不论由陪审人员还是由法院决定,法院都可以将损害赔偿金额增加到原决定或估定的数额的三倍。法院可以接受专家的证词以协助决定损害赔偿金或根据情况判定是否是合理的使用费。

⑦ 获得所失利润的救济,权利人需要证明损害与侵权间存在事实因果关系。这一证明规则称为"若非"测试,即必须满足如果没有侵权则可能获得的收益。判断是否满足"若非"测试最常用的方法为"潘蒂特"测试。它包括四要件：对专利产品的市场需求；不存在可接受的非侵权替代产品；专利权人具有满足需求的制造能力和市场销售能力；应该获得的利润值。参见和育东《美国专利侵权救济》,法律出版社 2009 年版,第 157 页。

thumb，也称 25 percent rule)，又称经验法，它是指在知识产权侵权诉讼中，如果不存在具有可比性的合理许可费，专家证人将采用许可费的评估方法进行计算。① 但实际上，知识产权许可费的评估方法尤其是专利许可费的评估方法会受到诸多因素影响，导致如何正确评估专利许可费始终是一个难题。由于专利技术可能只占该产品的一小部分且技术分摊原则并没有被法院普遍适用，因而仍以整个商品的价值为依据的计算方法提高了合理许可使用费的数额。为此，专利侵权损害赔偿一直曾是美国专利法改革的中心议题之一，但由于分歧较大，《美国发明法》在通过前选择了回避。但司法却一直致力于寻求专利侵权损害赔偿计算方式的精细化和多元化。在 2011 年的 Uniloc 美国公司案中，法院限制"重要规则法"的适用即是司法努力的见证之一。

在该案中，专家证人运用"重要规则法"对原告 Uniloc 美国公司的合理许可费进行了计算，并最终确定合理许可费为 564946803 美元。专家证人根据诉争专利"产品激活"防盗版技术的使用时间，为其估价的价值为 10—10000 美元。专家证人以 10 美元作为计算基础，假想在侵权未发生之时，有意愿的被许可人将 25% 的产品销售值支付给原告，而自己保有 75% 的价值。换句话说，被许可人每售出一件产品应支付许可费 2.5 美元。其后，他将 2.5 美元×225978721 份（侵权使用的产品数量），即得到专利权人应获得损害赔偿数额 564946803 美元。专家证人特别强调："'重要规则法'已在其他案件中多次使用，是可接受的合适的许可费计算方法。"为确保准确性，专家证人还对其计算的结果进行了验证，最后认为许可费占产品总价值的 2.9%。

基于许可费与损害赔偿之间的关系角度，审理该案的法官对"重要规则法"的适用有不同的观点，他们质疑"重要规则法"计算赔偿数额的准确性，这是因为：第一，此种方法未能真正体现专利技术与被控侵权产品间存在何种关系；第二，这种方法并未考虑许可双方的谈判关系；其三，这种方法过于主观。与此同时，联邦法院法官还指出，"重要规则法"不符合证据规则要求，它只是一个根据经验抽象出来的法则。对于依照专利许可费计算的赔偿费，"重要规则法"仅给出了可参考的许可费率。因此，该法则的适用应受到限制。

---

① 李秀君：《评美国 Uniloc USA 案中重要规则法适用的转变》，《知识产权》2011 年第 5 期。

美国联邦最高法院 2016 年 12 月 6 日公布的苹果公司诉三星公司外观设计侵权纠纷案的判决书中,确立了比例原则,对以整个产品的价值作为侵权赔偿的依据的做法进行了否定。在该判决正式公布前,首席大法官罗伯茨等对于侵权赔偿费的已有计算规则产生的巨额费用现象,也通过不同的方式明确表达了质疑。他认为:"设计专利只是应用在手机的外部,而不能应用于所有的芯片、线缆等。因此,不应当以手机的全部利润来计算设计专利赔偿金额。"这个观点无疑对三星公司来说是一种福音。①

在美国,数额巨大的专利侵权赔偿金是其专利保护的特点。② 依侵权损害赔偿的计算方式所得的高额损害赔偿金往往导致经济实力较弱的企业发生经营困难,无法继续从事产品生产制造。这也是各界指责美国专利制度的诟病之所在。该案判决表明,美国司法实践已经更加重视如何更多地考虑经济因素,以确定合理的专利许可费,确保专利侵权损害赔偿计算的科学性。这在一定程度上有利于抑制标准必要专利劫持行为人提起诉讼。

(三) FRAND 原则的明晰:微软公司诉摩托罗拉公司案的尝试

标准在现代经济中扮演着日益重要的角色。③ 随着经济全球化的发展和技术的变革,专利权与标准开始结合。专利技术标准化有利,也有弊。"利"在于促进新技术推广,提高生产效率,降低消费者的适应成本,减少国际贸易障碍,"弊"在于提升了标准必要专利权人在专利许可使用谈判中的地位,导致其向标准使用者索要不公平、不合理和歧视性的许可费。④ 而这正是技术标准化中专利劫持行为的典型表现。美国是标准大国,但标准必要专利的许可问题一直困扰着业界。近年来,涉及标准必要专利特别是标准必要专利的许可使用费诉讼频发,美国法院尝试明晰 FRAND 原则以阻止专利标准化过程中的专利劫持行为等负效应的扩散。

---

① 俞飞:《苹果 VS 三星:当专利法遇到高科技》,《法治周末》2016 年 11 月 2 日第 6 版。
② 张玉敏、杨晓玲:《美国专利侵权诉讼中损害赔偿金计算及对我国的借鉴意义》,《司法适用》2014 年第 8 期。
③ U. S. Department of Justice (DOJ) and U. S. Patent and Trademark Office (USPTO), *Policy Statement on Remedies for Standards-Essential Patents Subject to Voluntary F/RAND Commitments*, http://www.uspto.gov/about/offices/ogc/Final_DOJ-PTO_Policy_Statement_on_FRAND_SEPs_1-8-13.pdf.
④ 李扬、刘影:《FRAND 标准必要专利许可使用费的计算——以中美相关案件比较为视角》,《科技与法律》2014 年第 5 期。

2015年7月30日,美国联邦第九巡回上诉法院公布了微软公司诉摩托罗拉公司标准必要专利许可费案的二审判决意见。[①] 该案就如何判断 FRAND 标准必要专利许可使用费提供了程序上的指导,进一步明晰了合理无歧视许可费计算的原则和方法。这有利于阻止专利劫持行为人借着标准必要专利索要高额许可费。

该案始于2010年10月微软公司向美国国际贸易委员会要求启动337调查,指责摩托罗拉公司侵犯其专利权。随后两家公司讨论了交叉许可的可能性。摩托罗拉公司分别于2010年10月21日、10月29日,以书面形式通知微软公司,要求其向自己支付使用802.11无线局域网标准(国际电信联盟制定)与 H.264 视频编解码标准(美国电子和电器工程师协会制订)的必要专利(现已由谷歌公司购买)的许可费,许可费率为微软最终产品价格(比如 Xbox、电脑、智能手机等)的2.25%,相当于每年支付逾40亿美元。2010年11月9日,微软公司向法院提起诉讼,诉称摩托罗拉公司的专利许可合同要约条款违反了 FRAND 协议。本案争议焦点在于:FRAND 费率的计算方法和 FRAND 许可费的考虑因素。就计算方法而言,微软公司和摩托罗拉公司在专利侵权诉讼过程中分别提出了各自的计算方法,法院经过综合考虑采纳了摩托罗拉的建议,即采用假设性双边谈判法(hypothetical bilateral negotiation approach, 即简称"假想谈判法"),模拟在 FRAND 原则下进行双边协商的方法。针对基于 FRAND 原则计算许可费涉及的考虑因素,法院认为在 Georgia-Pacific 案15个因素[②]中,最重要、最基本的三大因素是标准必要专利对标准的贡献度、必要专利对侵权人产品的重要性和如何选择参照物。基于此,2013年4月25日,华盛顿西区联邦地区法院判决摩托罗拉的 H.264 标准必要专利组合的 FRAND 许可费率范围为每单项产品0.555—16.389美分,其中 Xbox 的

[①] Motorola Inc., et al. v. Microsoft Corp., No. 14 - 35393, http://cdn.ca9.uscourts.gov/datastore/opinions/2015/07/30/14-35393.pdf.

[②] 1970年 Georgia-Pacific Corp. v. U. S. Plywood-Champion Papers, Inc. 案判决中总结了15项应考虑的因素,它们是:(1)已收取的许可费证据;(2)被许可人对于类似专利曾支付的许可费;(3)许可协议的性质以及许可范围;(4)许可人的专利策略及销售策略;(5)许可双方的关系;(6)被许可人获得的效果;(7)专利权期限;(8)专利产品的获利等;(9)专利产品的优势;(10)专利权人获得的效果;(11)被许可人使用专利的程度;(12)特定惯例;(13)许可专利的贡献;(14)专家证言;(15)双方可能合理、自愿达成的许可费额。

许可费率为16.389美分/项，其他产品的许可费率为0.555美分/项。摩托罗拉的802.11标准必要专利组合的FRAND许可费率范围为每单项产品3.471—19.5美分，其中Xbox的许可费率为19.5美分/项，其他产品的费率为3.471美分/项，相当于每年支付180万美元。2013年9月，陪审团裁定摩托罗拉公司赔付微软公司1452万美元。

摩托罗拉公司对一审裁决不服，上诉至联邦巡回上诉法院。联邦巡回上诉法院将本案移送至第九巡回上诉法院。上诉理由之一在于摩托罗拉公司认为，地区法院对于FRAND许可费的裁决违反了联邦巡回上诉法院在佐治亚—太平洋公司案[①]中所确立的框架，即15个因素。第九巡回上诉法院认为，本案实质上不是专利纠纷案件，而是合同违约案件，所以地区法院不需要严格参照"佐治亚—太平洋公司因素"，而可以做适当调整，因此决定全部驳回摩托罗拉公司的上诉请求，维持一审判决。

标准化组织的知识产权政策是各成员应遵守的合同条款。目前，诸多标准化组织的知识产权政策都设计了FRAND原则，但通常缺少对其的具体解释，即何为公平、合理和无歧视。有学者认为："如从合同解释的基本理论出发，'公平'、'合理'、'无歧视'的具体含义应依据合同目的进行解释，并以此作为计算公平、合理、无歧视许可费的原则，指导和检验FRAND许可费的计算。"[②] 如果能证明专利权人占有市场支配地位且滥用了该种市场支配地位，专利权人还应受到反垄断法的规制。莱恩法内尔认为，美国法官在解释FRAND许可政策时，FRAND许可费率应该给予专利权人合理补偿、FRAND许可费率仅仅应该体现专利技术本身的价值，而不包括成为行业标准之后所得到额外价值、确定FRAND许可费率时，法院应该考虑具有可比性的其他许可等问题上已经达成的共识，但是对于涉及标准必要专利纠纷，是否考虑专利劫持行为，即是否考虑专利权人"恶意"的存在、是否一定存在专利叠加，即是否考虑专利权人的报价一定有不合理性、标准必要专利的收费计算方法是应该按照最小可销售单元还是

[①] Georgia - Pacific Corp. v. U. S. Plywood - Champion Papers, Inc., 318 F. Supp. 1116 (1970), modified by 446 F. 2d 295 (2d Cir. 1971).

[②] 张吉豫：《标准必要专利"合理无歧视"许可费计算的原则与方法——美国"Microsoft Corp. v. Motorola Inc."案的启示》，《知识产权》2013年第8期。

整机计算、如何界定"具有可比性的许可"等问题还存在争议。① 从本案一审、二审的判决意见来看,法院对于许可费的计算确立了"基础许可费+适度调整"方法。当然,这仅仅只是一种计算方法,并且本案所确立的计算方法并非是计算所有标准必要专利许可费的灵丹妙药,实际上,本案还可能为标准使用者劫持专利权人埋下祸根。尽管如此,本案判决有利于落实标准化组织制定的知识产权政策,弥补专利许可协议的漏洞,防止专利劫持行为的产生,协调专利与标准之间的关系,促进标准的制定和推广应用,保护社会整体利益。

综合起来看,美国以司法规制技术标准化中的专利劫持行为效果明显。在美国,相较之于立法,司法不仅仅是法律适用的过程,它还具有造法之功能。因此,针对技术标准化中专利权人以提起诉讼要求法院判令标准必要专利技术使用者承担禁令责任相威胁,或者以主张高额赔偿相威胁,美国法院的判决越来越精细化。当然,司法中对于如何计算标准必要专利权人的损失、是否支持禁令依然还存有部分分歧。

三 行政规制

美国不仅是专利强国,也是标准大国。在技术标准化时代,专利权和标准的结合所引发的法律问题早已引起美国各界关注。美国白宫政府、联邦贸易委员会、国际贸易委员会、司法部、专利商标局等机构一直在为阻止技术标准化中专利劫持行为的发生、平衡标准必要专利权人与标准技术使用者及其社会公众的权益而进行积极的努力。

(一) 白宫政府的行动

1. 推进专利新政

为阻止专利怪客,特别是实施包括在技术标准化中的专利劫持行为,提升美国企业创新能力,促进高科技发展,推动美国经济尽快复苏,白宫政府于 2013 年 6 月 4 日向社会公布了专利新政,它包括七项立法建议和五项执行措施。立法建议包括:专利权及其相关权主体应披露"真正的利益主体"、允许地区法院在决定败诉方是否承担律师费上享有较大自由裁量权、建议将计算机有关的专利一并纳入商业方法专利

---

① Layne-Farrar, Anne, and Koren W. Wong-Ervin, *Methodologies For Calculating FRAND Damages*, http://www.law360.com/articles/584917/methodologies-for-calculating-frand-damages-part-3.

的过渡方案中、建议保护消费者和企业等终端用户、建议修改国际贸易委员会核发排除令的标准、建议提高侵权通知书的透明性、建议赋予国际贸易委员会更充分的灵活性以聘请高素质的行政法官。五项执行措施包括：定期更正专利权人信息、加强对审查人员的培训、提升消费者和商业用户等终端使用者抵御诉讼风险的能力、重视专利政策和滥用专利诉讼行为的理论研究、强化排除令的执行。① 目前，这些建议和措施正对专利劫持行为的减少、美国企业创新活力的恢复和激发产生重要的影响。

2. 少有动用美国总统否决权否认国际贸易委员会作出的针对苹果公司侵犯标准必要专利权的排除令

2013年6月4日，国际贸易委员会在针对苹果公司侵犯三星公司348号专利案件的337-TA-794调查案中，认为苹果公司的多款电子产品，包括通信设备、便携式音乐和数据处理设备、平板电脑，比如iPhone 4、iPhone 3GS、iPad 3G、iPad 3、iPad 2等产品侵犯了三星公司的编码技术专利权，根据《关税法》第337条（d）（1）和（f）（1）②的规定做出"停止—禁止令"（cease-and-desist order）。依照惯例，该决定需要等待总统签署同意命令才能生效。2013年8月6日，美国贸易代表办公室代表胡如曼代表美国前总统奥巴马，就国际贸易委员会针对苹果公司与三星公司之间的标准必要专利纠纷案所作出裁决的决定致信美国国际贸易会主席威廉森，他说，本决定并非出于三星公司的赔偿基础，而是注意到三星公司的专利已成为标准必要专利，如果支持该决定，这将对于美国经济是毁灭性的，损害公共利益。因此，基于"政策考虑的审查"，他不同意该项排除令。这也是自1987年以来，美国总统首次动用美国总统否决权③否决了国际贸易委员会作

---

① Fact Sheet: White House Task Force High-Tech Patent Issues, http://www.whitehouse.gov/the-press-office/2013/06/04/fact-sheet-white-house-task-force-high-tech-patent-issues.

② 19 U.S. Code § 1337 - Unfair practices in import trade: (f) Cease and desist orders; civil penalty for violation of orders, https://www.law.cornell.edu/uscode/text/19/1337.

③ 美国国际贸易委员会是一个独立的、非党派性质的、准司法性质的联邦机构。它是美国政府机构职能的一部分。对于337案件，它如果裁定存在违反第337条款的行为，接下来就需要经过美国总统的审核。根据法律，总统需要在60天之内决定是否发出"排除令"，总统将此决策的责任授权给了美国贸易代表。

出的决定。①

(二) 联邦贸易委员会的推动

1. 与司法部联合发布《反托拉斯执法与知识产权：促进创新和竞争》

1995 年 4 月 6 日，联邦贸易委员会和司法部曾联合颁布了《知识产权许可的反托拉斯指南》（以下简称《指南》）。《指南》确立了三个原则：(1) 同等对待知识产权与其他财产权利原则；(2) 不得假定知识产权权利人为当然具有市场支配力原则；(3) 认同知识产权许可行为具有促进竞争效果原则。此外，在分析模式上，以合理原则取代了"本身违法原则"。但该《指南》的公布，并不能阻止大量的知识产权反托拉斯诉讼案件的发生。两大执法机构于 2007 年 4 月 17 日又发布了《反托拉斯执法与知识产权：促进创新和竞争》报告（以下简称《报告》）。② 《报告》在基本立场上保持了与《指南》的一致。不同的是，《报告》重点讨论了许可的策略性使用、组合专利的交叉许可和专利联营等内容，集中地反映了美国的最新政策主张，其目的在于更好地寻求知识产权保护与反托拉斯执法之间的平衡，以保证二者合力"鼓励创新、倡导勤勉和竞争"。③ 该报告对于技术标准化中专利劫持行为表达了鲜明的立场：克制并适时介入。

2. 与司法部联合启动并发布《知识产权许可的反垄断指南（1995）修改建议稿》④《国际执行与合作中的反垄断指南（1995）修改建议稿》⑤

---

① White House rejects USITC import ban on some Apple products, http://www.upi.com/Business_News/2013/08/03/White-House-rejects-USITC-import-ban-on-some-Apple-products/UPI-30001375566524/.

② See U.S. Department of Justice & Federal Trade Commission, *Antitrust Enforcement and Intellectual Property Rights: Promoting Innovation and Competition* (2007), http://www.justice.gov/atr/antitrust-enforcement-and-intellectual-property-rights-promoting-innovation-and-competition.

③ 王先林、潘志成：《反垄断执法与知识产权保护之间的平衡——美国〈反托拉斯执法与知识产权：促进创新和竞争〉报告述评》，《知识产权》2007 年第 6 期。

④ *Antitrust Guidelines For the Licensing of Intellectual Property: Proposed Update To the 1995 Guidelines Issued by the U.S. Department of Justice and the Federal Trade Commission*, https://www.ftc.gov/reports/antitrust-guidelines-licensing-intellectual-property-proposed-update-1995-guidelines-issued.

⑤ *Antitrust Guidelines For International Enforcement and Cooperation: Proposed Update of the 1995 Guidelines: Issued by the United States Department of Justice and the Federal Trade Commission*, https://www.ftc.gov/public-statements/2016/11/antitrust-guidelines-international-enforcement-cooperation-proposed-update.

正如上文所述，联邦贸易委员会和司法部于1995年发布了《指南》。2016年8月12日，二者联合发布了《指南》的修改建议稿，并公开征求意见至9月26日。在过去的21年中，《指南》一直作为反垄断执法机构解决受专利法、版权法和商业秘密法保护的知识产权许可以及和专有技术许可适用的反垄断执法政策，为解决企业和公众关心的反垄断问题提供指导，对企业、商业行为起了重要的规范作用，有力地维护了良好的竞争秩序，确保美国经济的创新能力。但由于《乌拉圭回合协议》生效晚于《指南》《发明法》《商业秘密法》[①] 等成文法的修改、制定并实施，以及美国判例法新增加的经验等，有必要对《指南》进行修改。本次修改仍然坚持了制定《指南》的基本原则，所以应该说本次修改对于技术标准化中专利劫持行为的规制没有大的变化，但这也表明了美国反垄断执法机构对于专利劫持行为等垄断行为的深切关注。

同样，为维护良好的国际竞争秩序，联邦贸易委员会和司法部曾于1995年4月5日发布了《国际经营中反垄断执行指南》，其中专门增加一章规定国际合作，解决机构调查反垄断事宜；与此同时，修改了美国反垄断法如何适用外国公司；最后增加了部分案例。这个修改对于贸易全球化中阻碍标准必要专利劫持行为应该有积极作用。

3. 加强准司法

联邦贸易委员会是美国重要的行政机构，隶属于美国国会，它有权管辖垄断纠纷和不正当竞争纠纷，并作出相应裁决。如认定相关企业实施了违法行为，它可以发布限制令或采取其他措施。当事人如若不服，有权向联邦巡回上诉法院提起诉讼。技术标准化中专利劫持行为是一种滥用专利权的行为，当这种滥用行为导致的阻止市场竞争、损害消费者利益已经严重到符合相关法律的规定时，即当证据表明专利劫持行为对竞争者和消费者造成损害，符合反垄断执法的要求时，联邦贸易委员会有职责予以干预。近年，联邦贸易委员会为针对技术标准化中专利劫持行为处理的案件不乏成例，比如蓝博士公司垄断案[②]、谷歌

---

① See S. 1890: Defend Trade Secrets Act of 2016, https：//www.govtrack.us/congress/bills/114/s1890/text/enr. 该法案于2016年4月19日最后通过并签署，其中涉及商业秘密滥用的联邦诉讼程序。

② Rambus, Inc. v. FTC, 522 F. 3d 456 (D. C. Cir. 2008). 对于蓝博士公司如何实施专利劫持的更多信息，可参阅第三章"技术标准化中专利劫持的产生机理"。

公司垄断案①。下面予以简略介绍。

在蓝博士公司垄断案中，联邦贸易委员会于 2002 年 6 月 19 日对蓝博士公司提起反垄断指控，认为该公司在参与 SDRAM 标准制定的过程中，违反电子器件工程联合委员会的内部规章，隐瞒其拥有的相关专利，有垄断同步动态随机存取内存市场之嫌。联邦地方法院一审判决支持了联邦贸易委员会的请求，但联邦巡回上诉法院 2008 年 8 月 26 日驳回了一审法院的决定，否决了联邦贸易委员会的请求，并裁定蓝博士公司的行为并没有违反《谢尔曼法》。虽然该案件没有足够的证据证明蓝博士公司实施了违反《谢尔曼法》的行为，但法院指出，专利权人在参与标准制定活动时，应当遵守标准组织的知识产权披露规则。否则，该公司可能会因为违反了反托拉斯法而受到严厉惩罚。但需要提及的是，在对技术标准中专利劫持行为人的专利收购和专利许可协议进行反垄断分析时，如何认定相关市场②是分析问题的关键。

在微软公司垄断案中，微软公司、甲骨文公司等指控谷歌公司利用在搜索引擎领域的垄断地位，在搜索过程中采用不当算法获取利益。联邦贸易委员会从 2011 年 6 月开始对谷歌公司开展反垄断调查。调查发现，谷歌公司收购摩托罗拉移动公司后获得了大量手机专利技术，且多为标准必要专利技术，比如 ETSI 发布的 GSM、EDGE、CDMA、UMTS、EV-DO 和 LTE 技术标准、IEEE 发布的 802.11 无线局域网标准、ITU 电线标准化部门发布的 H.264 影像压缩标准。联邦贸易委员会还发现，谷歌公司违反 FRAND 许可政策，禁止竞争对手接入谷歌公司的手机安卓操作系统，从而限制竞争对手的发展空间。基于此，在联邦贸易委员会与谷歌公司最后达成的这份协议中，除了对于搜索领域专利的使用进行规定外，还对谷歌公司如何使用其他专利，特别是标准必要专利进行了规定。其中要求谷歌公司不得违反 FRAND 原则提起禁令救济，但可以获得相应补偿。奇恩教授对此评价道："联邦贸易委员会与谷歌公司

---

① In the Matter of Motorola Mobility Llc. and Google Inc., Docket No. C-4410, https://www.ftc.gov/news-events/blogs/competition-matters/2014/02/arbitration-go oglemmi-order.

② 相关市场是指经营者就一定的商品或者服务从事竞争的范围或者区域，主要包含了商品和地域两个要素。界定相关市场是反垄断执法的关键步骤，直接影响甚至决定着反垄断案件的处理结果。判定一个经营者是否居于垄断地位或者市场支配地位，是否排除、限制了市场竞争，都必须以界定相关市场为前提。

达成的这项协议削弱了禁令的限制力，同时鼓励了那些已经存在的免费使用专利行为。"①

4. 展开对专利主张实体大范围的调查并予以公布研究结果

2013年4月，谷歌公司、地球连线公司以及红帽公司等公司通力合作，要求美国联邦贸易委员会和司法部处理专利主张实体所带来的损害。"我们今天的意见同样聚焦于一个可怕的趋势：某些公司正迅速地将专利转化为魔鬼，企图将它们施加于竞争对手身上。这种转化会导致对手成本的提高，并破坏专利平衡。这一趋势就是我们所指的'私掠'：（公司）向恶魔出售专利，以谋求同竞争对手不对称的利益。"2013年6月6日，美国两位议员周和华伦特索德向联邦贸易委员会主席拉米雷斯邮寄了一封代表共和党和民主党意见的信件，敦促联邦贸易委员会审查专利劫持行为人攻击终端用户的恶意滋扰行为，并关注反垄断行为和竞争问题。这里的终端用户指那些为了特定目的使用已出售产品的消费者或者其他用户，包括个人消费者、非营利组织、地方政府、各种类型的企业等。信中指出，当前针对专利主张实体滥用市场地位获取经济利益，并且恶意攻击合法享有自己购买的产品或者服务的终端用户的行为，联邦贸易委员会有义务对此加以阻止，以确保每个消费者免受那些通过恶意商业行为而轻易获利的专利主张实体的侵犯。依据《联邦贸易法案》第5节，针对经调查发现的非专利实施体欺诈或者不公平的违反消费者保护法的行为，联邦贸易委员会有权采取一定的措施进行阻止。随后，前联邦贸易委员会主席莱博维茨在一次面向全美新闻俱乐部的演讲中提到，联邦贸易委员会计划对专利劫持行为人展开大范围的调查，并借助反垄断措施限制专利主张实体的行为。2013年9月30日，联邦贸易委员会发布了针对非专利实施体的《通告和寻求公众评论》②，为寻求执法收集更丰富的信息。

2014年12月10日，联邦贸易委员会专员布瑞尔在一次有关非专

---

① Longstreth, Andrew, *Google Pact with FTC Could Affect Other Patent Disputes*, http://www.insurancejournal.com/news/national/2013/01/07/276251.htm.

② See Notice and Request for Public Comment by Federal Trade Commission, http://www.kslaw.com/library/newsletters/ITCSection337Update/2013/October_3/FTCNotice.pdf.

利实施体的论坛上说，联邦贸易委员会计划在2015年内完成这一正在进行的对专利许可企业（主要指专利劫持行为人）的研究，目前正在评估"委托私人打击对手的执行"①，即当这些企业不正当地威胁提起专利侵权诉讼时，委员会应对其采取执法行动，这是一种私掠行为。②

经过三年多的调查研究，联邦贸易委员会于2016年10月6日对外发布了《专利主张实体行为：来自联邦贸易委员会的研究》报告。在这份长达269页的报告中，研究人员就5个方面进行了研究：专利主张实体的基本理论，包括基本内涵、美国国会、白宫、最高法院、专利商标局对于专利主张实体的态度等，专利主张实体的基本结构和运行机制，专利主张的三种方式：诉讼、律师函、专利许可，无线电子领域的案例研究，专利基本特点。该报告最后的结论认为，应充分利用专利法中的专利权制度促进人们对利益的享有，减少部分基于不必要的诉讼或者许可行为而产生的阻止创新、阻碍竞争、提升价格行为。建议政策制定者从程序和实体规定来调整专利主张实体所带来的不对称性。③ 联邦贸易委员会现任主席拉米雷斯对这份报告给予了高度评价，认为此份报告对于人们关于专利主张实体的运作、专利诉讼制度改革建议的理解注入了新的曙光，提供了新的指引。④

此外，联邦贸易委员会主席拉米雷斯和专员奥尔豪森还通过参与的重要会议向外界传递联邦贸易委员会对于标准必要专利的许可、救济等问题

---

① 2014年5月21日，华盛顿法律基金会网络研讨会（Washington Legal Foundation Web Seminar）就"专利主张实体及委托私人打击敌军：当专利成为产品时，何时引发反垄断法议题的关注？"举行讨论，此次讨论提到了联邦贸易委员会对 MPHJ 技术投资公司采取的第一个强制行动，促成了2014年11月13日对该公司发布同意令。参见 http：//www.wlf.org/comm unicating/mediabriefing_detail.asp？id=255。

② See Gross, Grant, *FTC Will Target Patent Trolls, Commissioner Says*, http：//www.itworld.com/article/2858395/ftc-will-target-patent-trolls-commissioner-says.html.

③ *Patent Assertion Entities (PAE) study executed by FTC*, https：//www.ftc.gov/polic y/studies/patent-assertion-entities-pae-study.

④ *FTC Report Sheds New Light on How Patent Assertion Entities Operate；Recommends Patent Litigation Reforms*, https：//www.ftc.gov/news-events/press-releases/2016/10/ftc-repo rt-sheds-new-light-how-patent-assertion-entities-operate.

的看法。① 而她们的观点无疑对美国联邦贸易委员会处理涉及标准必要专利纠纷时会产生重要影响。

(三) 国际贸易委员会的发力:"337 条款"中的公共利益测量

1. "337 条款"与申请发起

就"337 条款"而言,它是美国 1930 年《关税法》(Smoot-Hawley Tariff Act) 第 337 节的简称,主要是用来制止进口贸易中的不公平竞争行为。根据该法的规定,专利权人如果向国际贸易委员会提出进口产品侵犯了其在美国的专利权要求采取相关措施,需要提供在美国已经存在或正在建立与系争专利权所涉的产品相关的国内产业的证据。② 1988 年美国对"337 条款"进行了修改,根据修改后的规定,对于那些在国内缺乏实际制造产品能力的实体而言,如大学、新创企业等,在进口产品侵犯自己的专利权时,也有权向国际贸易委员会提出申请,要求对侵权产品进行调查,发放排除令,保护自己的权利。但就专利许可行为而言,国际贸易委员会开展调查工作的焦点在于,确认申请人的专利许可行为及其相关的各种活动是否都属于为了开发利用系争专利产品而进行的实质性投资。在这一点上,国际贸易委员会将专利许可行为区分为生产驱动型许可与利益驱动型许可。前者是一种鼓励使用专利技术创建新产品或新的国内产业的许可活动,后者是一种利用专利权,从已有的生产中攫取利益的许可活动。国际贸易委员会倾向于认为生产驱动型许可更能满足国内产业要求。这是因为此种许可方式体现了专利权人致力于专利技术转化为生产力的想法,有利于推动专利许可人在国内开辟新市场,打造新产业。由于新技术的出现,新旧产品发生更替,这无疑有利于消费者获得新技术、新产业带来的便利,对美国市场和消费者能够产生积极的作用,体现了国际贸易委员会对社会公众利益的考量。以下是美国实体生产商和非实体生产商③提起的

---

① See Ramirez, Edith, *Standard-Essential Patents and Licensing: An Antitrust Enforcement Perspective*, https://www.ftc.gov/public-statements/2014/09/standard-essential-patents-licensing-antitrust-enforcement-perspective-0. Also see Ohlhausen, Maureen K., *Antitrust Oversight of Standard-Essential Patents: The Role of Injunctions*, https://www.ftc.gov/public-statements/2015/09/antitrust-oversight-standard-essential-patents-role-injunctions.

② 参见《关税法》第 33 (a) (2) 条。

③ 根据美国国际贸易委员会的说明,非实体生产商 (NPE) 分为两类:一类是个人发明者、初创公司、大学等;另一类是专事进行专利许可和购买专利的公司。

调查案件数统计①：

表 6-1　　　2006—2017 年度 NPE 在美国国际贸易委员会
提起调查的案件　　　　　　（单位：件）

年度	调查总案件	实体生产商提起	第一类 NPE	第二类 NPE
2006.05.16—12.31	15	14	1	0
2007	35	30	4	1
2008	41	34	6	1
2009	31	23	4	4
2010	56	46	6	4
2011	69	56	4	9
2012	40	27	6	7
2013	42	33	3	6
2014	39	36	0	3
2015	36	34	0	2
2016	54	49	4	1
截至 2017 年第三季度	39	31	6	2

表 6-1 中数据说明，在国际贸易委员会提起调查的申请人多为实体生产商，但非实体生产商，特别是专事专利经营的公司提起的调查也不在少数。

2. "337 条款"与法律救济的作出

在美国，专利权受到侵害时，权利主体可以请求法院判决侵权人承担民事责任，也可以请求国际贸易委员会适用"337 条款"对侵权人进行调查。两者的不同之处在于：司法救济适用于所有在美国获批的专利权，法律责任主要是损害赔偿责任和永久禁令；而国际贸易委员会的"337 条款"调查适用的对象仅限于进口货物侵犯在美国的专利权的情形，法律责任仅限于发放一般排除令（General Exclusion Orders，GEOs）、有限制的排除令（Limited Exclusion Orders，LEOs）以及停止和禁止令（Cease and De-

---

① See Section 337 Statistics：Number of Section 337 Investigations Brought by NPEs（Updated Quarterly, issued by ITC in 2017），https：//www.usitc.gov/intellectual_property/337_statistics_number_section_337_investigations.htm.

sist Orders，CDOs）。自从 2006 年 eBay 案公布判决意见后，法院核发禁令需要遵从传统四要素法则，这意味着法院颁发禁令更加谨慎。相反，由于国际贸易委员会属于行政机关而非司法机关，因而 eBay 案的判决对国际贸易委员会的行政法官并无拘束力，即是否发布禁令的传统四要素测试法不适用于"337 条款"调查中救济措施的作出。由于国际贸易委员会审理侵权案件快，申请人比较容易获得救济，所以标准必要专利劫持行为人更愿意将目光投向国际贸易委员会，特别是在 2011—2013 年期间。以下是国际贸易委员会公布的 2006—2017 年度调查的涉及专利权导致的不正当竞争案件的官方数据①：

表 6-2　　　2006—2017 年度国际贸易委员会调查的涉及
　　　　　　专利权的不正当竞争行为案件　　　（单位：件）

年度	2006	2007	2008	2009	2010	2011	2012	2013	2014	2015	2016	2017
专利调查案	60	63	79	77	94	126	119	113	93	71	97	102

这说明，基于司法权和行政权的分离，美国国际贸易委员会在启动"337 条款"调查的案件中，在决定是否给予排除令时，并不适用四要素测试法。这决定了国际贸易委员会应是技术标准化中专利劫持行为者实施劫持的优选之地。

3. 以"337 条款"测量公共利益的实践：交互数字技术公司申请两案

从理论上说，根据"337 条款"的规定，在发布排除令或者停止和禁止令之前，国际贸易委员会必须审查该救济措施对公共利益究竟会产生何种影响。实践中，侵权人以公共利益为由请求国际贸易委员会给予豁免时，国际贸易委员会只关注救济措施的发布对公众健康和福利的影响，以及对美国国内相似或直接竞争产品的生产所造成的影响。② 可见，这两个条款对于防控技术标准化中专利劫持行为是非常有利的。为此，勒姆利和

---

① See Section 337 Statistics：Types of Unfair Acts Alleged in Active Investigations by Fiscal Year（Updated Annually，issued by ITC in 2017），https：//www.usitc.gov/intellectual_property/337_statistics_types_unfair_acts_alleged_active.htm.

② See Chien, Colleen V.，"Protecting Domestic Industries at the ITC"，*Santa Clara Computer & High Tech. L. J.*，Vol. 28，2011.

齐恩教授呼吁国际贸易委员会应重视"337条款"中的公共利益测量,[①]以更好地构建起针对专利劫持行为的防线。[②]

根据国际贸易委员会的统计,自2010年起,行政法官在79个案件中就法定公共利益因素进行了考量。[③] 比如在交互数字技术公司于2013年1月2日向国际贸易委员会提起的申请中,指称诺基亚公司、三星公司、华为公司、中兴公司侵犯了自己对3G和4G领域享有的7项标准必要专利权,这些专利技术主要用于包括智能手机在内的移动电话、移动电脑卡、移动优盘、个人电脑和其他具有移动功能的网络设备产品中,因此涉嫌不公平贸易行为。在本案中,主审法官伊瑟科斯在审理中考量了公共利益因素,最后于2014年7月裁决申诉并不成立。[④] 在2007年9月2日交互数字技术公司向国际贸易委员会提起的申请案中,指称诺基亚公司侵犯了3项标准必要专利,后经过审查,主审法官伊瑟科斯2009年裁决侵权并不成立。但联邦巡回法院对此决定经过审查后要求重审。国际贸易委员会经过再审,主要考察标准必要专利的特性、公共利益因素、是否存在专利劫持行为等因素,并于2014年3月24日作出再审裁决,驳回了再审中的请求。[⑤] 需要提及的是,本案影响很大,在审理过程中,贸易委员会的主席和两个专员都分别向国际贸易委员会提交了自己的评论,其中拉米雷斯认为要着重考量FRAND许可政策,赞同基于公共利益因素做出的裁决;而前专员怀特和奥尔豪森认为,专利劫持行为或者反向专利劫持行为只是人们的一种常有揣测,尽管如此,二人同样赞同该裁决。[⑥] 这两个案件体现

---

① See Chien, Colleen V., and Mark A. Lemley, "Patent Holdup, the ITC, and the Public Interest", *Cornell Law Review*, Vol. 98, No. 1, 2012.

② 李佳、高胜华:《美国国际贸易委员会对专利权主张实体的管制——以美国国内产业标准为研究重点》,《知识产权》2014年第5期。

③ See Section 337 Statistics: Identification and Number of Cases Delegating Public Interest (Updated Quarterly, issued by ITC in 2017), https://www.usitc.gov/intellectual_property/337_statistics_identification_and_number_cases.htm. 需要说明的是,这个数字是国际贸易委员会负责调查的所有案件类型,并非仅针对涉及标准必要专利权利人的调查案件。

④ See Wireless Devices with 3G and/or 4G Capabilities and Components Thereof, Inv. No. 337-TA-868.

⑤ In the Matter of Certain 3G Mobile Handsets and Components Thereof, Inv. No. 337-TA-613.

⑥ Badin, Sandra, and Michael Renaud, *FTC Commissioners Weigh in on FRAND Debate*, http://www.jdsupra.com/legalnews/ftc-commissioners-weigh-in-on-frand-17425/.

了国际贸易委员会的行政法官对于技术标准化中的专利劫持行为的深度关注和应对。

（四）专利商标局的积极跟进：与司法部联合发布《负有 FRAND 许可义务的标准必要专利权利人的救济政策声明》[①]

随着越来越多的标准必要专利纠纷的产生，特别是部分标准必要专利权利人利用专利权在美国法院或者美国国际贸易委员会主张永久禁令或者排除令，这种现象引起了各界关注。对于标准必要专利权利人提起永久禁令或者排除令请求，法院或者国际贸易委员会是否应予以支持，存在一些模糊认识。加之 2006 年的 eBay 案虽然确立了核发永久禁令时必须考虑的四大因素，但是对于标准组织中负有 FRAND 许可义务的专利权人能否寻求救济，也需要进一步加以澄清。为此，2013 年 1 月 8 日，美国司法部反垄断部门和专利商标局共同发布了《负有 FRAND 许可义务的标准必要专利权利人的救济政策声明》。在该声明中，两部门认同标准组织在经济发展中的重要角色的前提下，考虑到并未对负有 FRAND 许可义务的标准必要专利权人是否能够获得救济进行明确规定，认为遵守 FRAND 许可政策的共识之一就是在某些案件中，标准必要专利权利人请求禁令或者排除令是不妥当的，与公共利益相悖。该政策声明还通过举例方式说明，一些专利权人拒绝谈判或者违反诚实信用原则，未按照 FRAND 许可政策进行要约，此时主张禁令或者排除令均是不恰当的。该政策声明鼓励国际贸易委员会采用赔偿责任，而非禁令或者排除令救济。

该政策的出台是近年业界对于标准必要专利的救济措施的思考结果。实际上，2012 年 6 月 19 日，美国参议院的 6 位议员致信给国际贸易委员会，指出在标准必要专利许可费纠纷中，不能核发排除令，否则将破坏标准化过程中吸引更多参与者的良好局面。原美国专利商标局局长卡波斯在国会参议院司法委员会面前作证说：“如果允许标准必要专利权利人获得禁令或者排除令，那就会产生巨大的负效应。”[②] 该政策也阐释了波斯纳法官在苹果公司诉摩托罗拉公司标准必要专利纠纷案的基本思路，同样认

[①] See Policy Statement on Remedies for Standards-Essential Patents Subject to Voluntary FRAND Commitments, issued by the U. S. Department of Justice and the Patent and Trademark Office, https://www.uspto.gov/about/offices/ogc/Final_DOJ-PTO_Policy_Statement_on_FRAND_SEPs_1-8-13.pdf.

[②] See https://www.justice.gov/atr/congressional-testimony. Also see https://www.ftc.gov/public-statements/2012/07/prepared-statement-federal-trade-commission-concerning-oversight-impact.

为标准必要专利不可以因成为标准必要专利而获得额外的力量,特别是劫持的力量。简而言之,该政策声明实际上为标准组织中必要专利权利人向标准技术使用者提起诉讼并主张禁令救济或者排除令责任时,法院和国际贸易委员会如何处理的基本态度和具体实践提供指引。

此外,为了预防专利怪客或者非专利实施体,专利商标局根据《发明法》的要求多次修改《专利审查手册》①,还根据联邦最高法院在 Alice 金融公司案②的判决意见,发布了与商业方法专利申请有关的文件,如《基于联邦最高法院 Alice 金融公司案判决的初步审查指南》③。

(五) 司法部的推进

1. 标准必要专利及 FRAND 原则的最新法律意见

美国司法部的反托拉斯局作为隶属于美国联邦政府的行政执法机构,其职责之一在于调查垄断案件。随着信息通信产业的快速发展,专利劫持行为也愈演愈烈,标准必要专利纠纷呈现爆炸式增长,司法部的反托拉斯局对此给予了高度关注,比如上文已经谈到司法部参与或者采取的一些措施。另外,2015 年 2 月 2 日,美国司法部公布了给 IEEE 顾问的业务审查函。在此之前,IEEE 向司法部递交了其对 IEEE 标准委员会(IEEE-SA)专利政策所建议的更新(新版政策),寻求司法部对该新版政策的执法态度。该新版政策主要对 IEEE 标准必要专利权利人做出的向标准实施者提供"合理、无歧视"许可承诺的含义范围做出澄清,具体而言包括以下四个方面:(1)禁止令是否适用;(2)合理许可费率的含义;(3)允许的互惠许可要求;(4)IEEE 许可承诺适用的生产层级。司法部在审查了 IEEE 及 IEEE 标准委员会的性质、职能范围、IEEE 内部产生该新版政策的过程,分析了该新版政策的具体条款后,决定不"挑战"该新版政策。

在 2015 年 2 月 2 日公布的这份法律意见中,司法部对于标准必要专

---

① 《专利审查手册》的修改内容可参见美国专利商标局网站:https://search.uspto.gov/search?query=standard+essential+patent&op=Search&affiliate=web-sdmg-uspto.gov。

② Alice Corp. v. CLS Bank International, 134 S. Ct. 2347 (2014).

③ See Preliminary Examination Instructions in view of the Supreme Court Decision in Alice Corporation Pty. Ltd. v. CLS Bank International, et. al., No.13 - 298 (Jun. 19, 2014), http://www.uspto.gov/patent/patents-announcements/preliminary-examination-instructions-determining-subject-matter.

利与公平、合理、无歧视原则发表了最新观点。司法部认为"在含义上'合理'和'无歧视'术语固有的欠清晰，可能限制'合理、无歧视'许可承诺的作用""更加清晰、透明可以进一步促进标准的采用和实施""通过进一步澄清 IEEE 合理、无歧视许可承诺的含义，该新版政策潜在地便利和改进了 IEEE 标准委员会的标准制定程序"。在公布的业务审查函的第五部分，司法部对 IEEE 新版政策涉及的上述四个方面的问题做出细致分析，并表明了对于 IEEE 新版政策的支持立场。①

2. 介入谷歌公司并购摩托罗拉移动公司案②、苹果公司诉三星公司标准必要专利侵权案③

司法部的反垄断部门还对谷歌公司并购摩托罗拉移动公司事件进行调查，以确认谷歌公司在并购后是否利用标准必要专利劫持其他标准技术使用者。2011 年 8 月 25 日，谷歌公司与摩托罗拉移动公司达成一致协议，同意以 125 亿美元购买摩托罗拉移动公司，其中包括 17000 件专利和 6800 件专利申请。2012 年 2 月 13 日，美国司法部发布了调查谷歌公司并购摩托罗拉移动公司案的说明。其中谈到，司法部经过深度调查，特别是对于并购对象公司——摩托罗拉移动公司和诺顿网络公司所拥有的标准必要专利在并购后是否拥有市场支配力，并利用该支配力阻碍其他竞争者进入市场，或者提升竞争对手成本等展开调查。声明中说，本次交易并不会明显改变既有的市场竞争格局，谷歌公司、苹果公司、微软公司在交易过程中还就标准必要专利的许可达成各自制定了相应的政策。司法部认为苹果公司、微软公司的 FRAND 许可政策比谷歌

---

① See DepartmentofJusticeWillNotChallengeStandards-SettingOrganization'sProposalto UpdatePatent-Policy by Department of Justice, http：//www.justice.g ov/sites/ default/files/atr/legacy/2015/02/02/311475. pdf.

② Statement of the Department of Justice's Antitrust Division on Its Decision to close investigations into Google Inc.'s acquisition of Motorola Mobility Holdings Inc., the acquisitions by Apple Inc., Microsoft Corp. and Research in Motion Ltd. (RIM) of certain Nortel Networks Corporation patents, and the acquisition by Apple of certain Novell Inc. patents (2012), https：//www.justice.gov/opa/pr/statement-department-justice-s-antitrust- division-its-decision-close-its-investigations.

③ See Statement of the Department of Justice Antitrust Division on Its Decision to Close Its Investigation of Samsung's Use of Its Standards-Essential Patents (2014), https：//www.justice.gov/opa/pr/statement-department-justice-s-antitrust-division-its-decision-clo se-its-investigations.

公司制定的 FRAND 许可政策清楚、确定。声明在最后强调，为了保护消费者和确保市场竞争力，司法部将保持对这些标准必要专利使用情况进行监督。

自 2011 年以来，发生在智能手机领域的苹果公司和三星公司的专利侵权纠纷大战风起云涌。此次全球专利大战不仅涉及法院，还推动立法机构、执法机构积极加入其中。在本案中，三星公司于 2011 年 6 月 28 日向国际贸易委员会提出申请，要求向苹果公司因侵犯自己专利权行为发布排除令，禁止此类产品进口到美国市场。[①] 在审理过程中，司法部反垄断部门就三星公司是否存在利用标准必要专利获取市场竞争力展开调查。而且，司法部特别集中于调查三星公司是否存在违反公平、合理和无歧视原则向苹果公司许可标准必要专利的行为，是否存在就某一系列标准必要专利向国际贸易委会主张排除令，要求不得进口苹果公司的相关侵权产品。国际贸易委经过审理后，作出了苹果公司的"侵权"事实成立，并同意发布禁令。但该决定最后未能获得美国总统签署的同意令。为此，国际贸易委员会对该案重新审理并作出决定。司法部也根据此决定于 2014 年 2 月 7 日发布调查结果声明，终止对三星公司的标准必要专利权行使行为的调查。

从前述介绍来看，技术标准化中的专利劫持行为已经搅动了美国人的"心"。为此，美国白宫、联邦贸易委员会、国际贸易委员会、司法部、专利商标局通过出台相关的政策或者采取相应的行动来遏制技术标准化中的专利劫持行为。通过行政规制技术标准化中的专利劫持行为已经成为美国实践的重要组成部分，也是典型形式。但相对而言，联邦贸易委员会、司法部的规制力度最大、效果最明显。

四 美国实践的特点

（一）致力于美国经济的发展

技术标准化是美国经济发展的"火车头"，这一点早已书面表达在美国联邦贸易委员会 2007 年发布的《反垄断执行与知识产权：促进创新与

---

① In the Matter of Certain Mobile Electronic Devices (Samsung v. Apple; inv. no. 337-TA-794), https://www.usitc.gov/press_room/news_release/2011/er 0727jj2.htm.

竞争创新》中。① 然而,技术标准化中的专利劫持行为无疑是阻碍美国现代经济和社会发展的祸首之一。因此,法律规制技术标准化中的专利劫持行为与美国经济发展密切相关,它通过对专利法律制度和标准化法律制度的深度检视,采用综合性的举措,致力于经济的发达,以恢复美国经济在世界的领先地位。

(二) 构建了法律规制技术标准化中专利劫持行为的立体架构

为遏制技术标准化中的专利劫持行为,美国国会、联邦最高法院、联邦巡回上诉法院及其他各级法院、白宫政府、专利商标局、联邦贸易委员会、国际贸易委员会、司法部等部门和机构,以及美国各州都积极行动起来,形成一股合力。足见技术标准化中专利劫持行为对美国经济的危害之大,已经引起了美国联邦和各州的立法机关、司法部门、行政机构的共同关注。美国已构建了法律规制技术标准化中专利劫持行为的立体架构,以阻击专利劫持行为对美国经济带来的负效应的继续发酵。美国这种打击"技术标准化中专利劫持行为"的力度与其自身科技经济发展相适应,契合了时代的要求,回应了产业界和社会公众的需要。

(三) 采用了多维度的规制路径

前文分析了美国针对技术标准化中专利劫持行为采取的一系列措施,打造了立法、司法、行政全面规制的综合体系。这些措施既有从专利无效程序、专利再审程序、专利诉讼程序、专利信息披露程序等不同方面限制技术标准化中专利劫持行为,也有从实体法角度,比如永久禁令的颁布、专利侵权损害赔偿的计算、FRAND 原则的合理阐释等方面考量对技术标准化中专利劫持行为的控制,还通过设置合同责任、侵权责任、行政责任等不同的法律责任来加以规制。美国规制的多维度路径有助于全方位阻遏技术标准化中专利劫持行为,防止专利和标准化法律制度功能的"失灵"甚至"专利危机"的加剧,确保美国专利和标准化法律制度的价值取向不发生异化。

---

① Antitrust Enforcement and Intellectual Property Rights: Promoting Innovation and Competition: A Report Issued By the U. S. Department of Justice and the Federal Trade Commission (2007), https://www.ftc.gov/reports/antitrust-enforcement-intellectual-property-rights-promoting-innovation-competition-report.

（四）遭遇了技术标准化中专利劫持行为法律规制的复杂性和分歧性

美国遏制技术标准化中专利劫持行为的实践引起了社会公众和产业界的重大反响，但在是否规制、如何规制上，仍然存在分歧甚至难以弥合。比如，夏皮罗教授、勒姆利教授和怀特教授就技术标准化中是否存在专利劫持行为的争战持续近15年，至今也未停息；再比如，针对诉讼中区分专利劫持行为人和非专利劫持行为人的司法实践或者立法建议，里奇教授认为："虽然人们很痛恨专利劫持行为人，但是简单地划定某一类行为违法会造成更大的问题。"① 实际上，《创新法案》在第113—114届国会期间连续流产也诠释了技术标准化中专利劫持行为的复杂性和分歧性。美国联邦贸易委员会于2016年10月6日对外发布的《专利主张实体行为：来自联邦贸易委员会的研究》也印证了这样的观点：专利劫持行为并非只有负效应。而美国法院在审理涉及标准必要专利纠纷案件时，对于是否当然考量专利劫持行为的存在和影响，即法院是否可以推定标准必要专利权人存在"恶意"也不统一。不仅如此，最令美国立法者、司法者、政策制定者头疼的问题，恐怕还在于技术标准本身有锁定效应，专利劫持行为人在实质上就是专利权人，而到底做"流氓"抑或做"绅士"，仅在专利权人一念之间。因此，美国任何意在抑制专利劫持行为的举措，在本质上也就是在抑制专利权，这与其几十年来强化专利权保护的趋势是相悖的。当然，物极必反，盛极必衰，技术标准化中专利劫持行为现象或者正昭示了美国专利保护另一个历史拐点的出现。② 而这恰好与一国专利法律制度总是基于产业利益和国家利益的需要而不断出现摆动相一致。

第二节 欧洲实践

目前，欧洲无疑是世界上一体化最成功的范例。在欧洲一体化的进程中，政治、经济和社会等方面形成的合力推动了一体化的步步深化。其

---

① Risch, Michael, "Patent Troll Myths", *Seton Hall Law Review*, Vol. 42, 2012.
② 张韬略：《"专利流氓"威胁论：先见之明，抑或杞人忧天？》，载吴汉东主编《知识产权年刊》，北京大学出版社2015年版，第86页。

中，技术标准化是一个重要推动因素。可见，技术标准化在欧洲的重要地位。① 目前，欧洲技术标准化体系的构成主要包括欧洲标准化委员会、欧洲电工标准化委员会及欧洲电信标准协会、欧洲各国的国家标准机构以及一些行业和协会标准团体。由于技术标准与专利权结合的不可阻挡之趋势的袭来，加之经济全球化纵深推进，技术标准化中的专利劫持行为也成为一个"显题"。近年来，不仅欧盟委员会、欧盟理事会、欧盟法院对此给予关注，德国、意大利、英国等国，特别是这些国家的法院都有相应的涉及标准必要专利纠纷案件的判决，这些判决体现了法官在判决过程中对标准必要专利权利人不当行使权利的深度关切。

一 立法规制

（一）作为法律规制技术标准化中专利劫持行为的基础法律依据：《欧盟运行条约》第101条、102条

至今为止，欧盟立法并无对专利权滥用的规制进行直接规定，但这并不意味着欧盟不对专利权行使行为进行法律规制。② 由于德国等国家受到美国反托拉斯法的影响，并在国内建立了规制滥用包括专利权在内的知识产权的法律制度，这也引起其他国家的仿效。然而，欧洲一体化是欧盟多年来不懈努力的目标，所以德国之实践对后来的欧盟竞争法产生了很大的影响，而且规制专利权等知识产权滥用问题的特殊性，决定了它成为欧盟竞争法的核心条款。这是因为，一直以来，欧盟都致力于建立起自由竞争的、开放的市场经济。基于此，为保障统一市场的建立，欧盟在1957年签署的《建立欧洲经济共同体条约》（Treaty Establishing European Economic Community，EEC条约）中，借鉴1951年4月8日在巴黎签订《建立欧洲煤钢共同体条约》（2002年失效）第66条中确立的滥用市场支配地位规则，在第86条对滥用市场支配地位进行了规定。但是，第86条采用了概括列举的方式，因此缺乏可操作性。于是1962年，欧共体理事会通过了第17号规则，这是第一个实施第85条和第86条的条例。第17号规则确

---

① 欧洲的技术标准化经历了关税同盟的初步形成（1958—1968年）——无协调阶段、经济一体化的相对停滞（1969—1984年）——旧方法阶段、单一市场的基本完成（1985—1992年）——新方法阶段、欧盟成立后的多速发展（1993年至今）——三轨制阶段。参见陈淑梅《技术标准化与欧洲经济一体化》，《欧洲研究》2004年第2期。

② 张伟君：《规制知识产权滥用法律制度研究》，知识产权出版社2008年版，第99页。

立了一系列的程序制度，对原则作出了更具体的操作指导。① 1997年，根据《阿姆斯特丹条约》，《建立欧洲经济共同体条约》再次修改，其中第85条、第86条变更为第81条、第82条。由于《建立欧洲经济共同体条约》属于《罗马条约》中的组成部分，通常也称为《罗马条约》第81条、第82条。

随着问题的增多，第17号规则显得捉襟见肘，欧共体委员会为此提出修改立法的建议。2002年12月16日，欧共体理事会通过《欧共体条约第81条和第82条的实施条例》，第17号规则也随之失效。该条例于2004年5月1日生效，并分别于2004年和2006年进行了修改，进一步扩大了适用空间。②

自2009年12月1日，《欧盟运行条约》取代《罗马条约》。③依此，《罗马条约》中的第81条、第82条变更为《欧盟运行条约》的第101条、第102条，④ 内容和本质具有一致性。其中，第101条第1款规定了阻碍、

---

① 《欧共体理事会17号规则：实施条约第85条和第86条的第一个规则》第15条第2款规定：委员会可以通过决定向企业或企业联合组织处以1000—100万欧元的罚金，或向每个参与实施了违法行为的企业处以高于上述金额但不超过该企业在前一年度经营总营业额10%的罚金，前提是企业或企业联合组织故意或过失地实施了下列行为：（a）违反了条约第85条第1款或第86条……

② http：//eur-lex. europa. eu/legal-content/EN/ALL/？uri=CELEX：32003R0001.

③ 1951年，欧洲一体化专家摩恩妮特首先对一体化进行设想，该设想最先由法国外长舒曼提出建立欧洲煤钢共同体，旨在约束德国。1951年4月18日，法国、意大利、联邦德国、荷兰、比利时、卢森堡6国在巴黎签订了为期50年的《关于建立欧洲煤钢共同体的条约》。1957年3月25日，在欧洲煤钢共同体的基础上，法国、联邦德国、意大利、荷兰、比利时和卢森堡6国政府首脑和外长在罗马签署了《建立欧洲经济共同体条约》和《欧洲原子能共同体条约》，这两个条约合称《罗马条约》。1965年4月8日，6国签订了《布鲁塞尔条约》，决定将欧洲煤钢共同体、欧洲经济共同体（European Economic Community，EEC）、欧洲原子能共同体（European Atomic Energy Community，EAEC或者Euratom））三大机构合并，统称欧共体（European Community，EC），该条约1967年生效。1991年12月11日，欧共体马斯特里赫特首脑会议通过了建立欧洲经济货币联盟和欧洲政治联盟的《欧洲联盟条约》，并于1993年将《欧洲经济共同体条约》更名为《建立欧洲共同体条约》。2007年12月13日，27个欧盟成员国和政府首脑在修改原《欧盟宪法条约》基础上签署了《里斯本条约》，并于2009年12月1日生效。《里斯本条约》修订了两个基础条约——《欧洲联盟条约》和《建立欧洲共同体条约》，后一条约转变为《欧盟运行条约》。

④ Article 101-102 in consolidated version of the Treaty on the Functioning of the European Union (2012)，http：//eur-lex. europa. eu/legal-content/en/ALL/？uri=CELEX：12012E/TXT.

限制竞争为目的协议、企业决议和行为都被禁止。① 这表明，如果技术标准化中专利劫持行为目的是限制竞争或者构成了限制竞争的后果，则会被认定为垄断而禁止，但若满足条款中规定的例外条件，则可以适用豁免法则。第 3 款则对相应的豁免情形进行了规定。② 第 102 条规定，任何一个或多个在国内市场或其子市场上占有支配地位的企业，都不得滥用其支配地位的行为来影响成员国内部的市场以及成员国间的商品贸易。③

技术标准化能够对欧盟经济产生重大的积极性影响。但是，特定条件下，技术标准的制定也会对欧盟一直致力于创造的良好竞争产生限制性影响。④ 根据《欧盟运行条约》的规定，欧盟标准化机构被视为一个企业或者企业的联合时，则需受竞争法调整。从此可以看出，技术标准化中专利权人的行为是否被界定为专利劫持行为并需要法律规制，前提在于该行为被定性为"与市场不相容的禁止行为"或者"滥用市场支配地位"。但是专利权人如果按照标准组织的 FRAND 许可政策将自己的专利技术许可给使用者，则应享有豁免权，而不应认定为专利劫持行为。

---

① 《欧盟运行条约》第 101 条第 1 款：所有可能影响成员国间的贸易，并以阻碍、限制或扭曲共同市场内的竞争为目的或有此效果的企业间协议、企业协会的决议和一致行动，均被视为与共同体市场不相容而被禁止。此外，还具体规定了禁止行为：(a) 直接或间接地固定购买、销售价格，或其他交易条件；(b) 对生产、销售、技术开发和投资进行限制或控制；(c) 划分市场或供应来源；(d) 对同等交易的其他贸易伙伴适用不同的条件，从而使其处于不利的竞争地位；(e) 使合同的缔结取决于贸易伙伴对额外义务的接受，而无论是依其性质或按照商业惯例，该额外义务均与合同的标的无关。以上禁止的契约、决定、行为是无效的，除非符合这四个条件：有助于改善商品生产或者销售、促进技术或经济的发展；消费者能从以上行为中获得利益；对有关的企业没有施加为达到上述目的以外限制；在所涉及产品的一个相当的范围以内对相关企业没有限制竞争的情况。

② 第 3 款规定：下列协议、决定或一致行动，如果有利于改善产品的生产或销售，或有利于促进技术和经济进步，同时使消费者能公平分享由此产生的利益，并且 (a) 不对企业施加对这些目标之实现并非必不可少的限制；(b) 不致使企业有可能在相关产品的重要部分消除竞争，则第 1 款的规定不适用：企业间的任何一项协议，或企业间任何种类的协议；企业协会的任何一项决议，或任何种类的决议；任何一项一致行动，或任何种类的一致行动。

③ 这些滥用行为主要包括：(a) 直接或者间接地强加一些不公平的情形，如购买或者销售的价格，甚至一些其他不公平的贸易条件；(b) 限制产品、市场或技术的发展，从而对消费者产生损害；(c) 跟其他贸易伙伴进行相同的交易时使用不一样的交易条件，导致其陷入不利的竞争地位；(d) 在缔结合同时，要求对方接受附属义务，而这些义务无论从合同的性质还是商业惯例而言，都与合同的目的没有关联。

④ 于连超：《欧盟横向合作协议指南"标准化协议"条款介评》，《标准科学》2012 年第 3 期。

(二) 欧盟竞争法的新规定:《关于横向合作协议适用〈欧盟运行条约〉第 101 条的指南》及其配套规定中的标准化协议

2001 年 1 月 6 日,欧盟委员会发布了《关于横向合作协议适用〈建立欧共体条约〉第 81 条的指南》,其中对于技术标准化中标准化协议进行了初步规定。[①] 随着世界经济格局的变化和科学技术的迅猛发展,专利权和技术标准紧密结合的情形愈来愈多。欧盟委员会已深感该指南的不力,因此 2008 年启动修改并于 2011 年公布了《关于横向合作协议适用〈欧盟运行条约〉第 101 条的指南》,该指南的第七部分是关于"标准化协议"的规定,包括标准协议和标准条款的界定、相关市场、根据 101 条第 1 款的分析、根据 101 条第 3 款的分析、示例 5 节。其中,第 3 节对于技术标准制定过程的透明度、技术标准中的 FRAND 许可政策进行了专门规定,第 4 节则对于符合特定条件的标准协议或标准条款规定了非规范性的安全港条款,比如何种情形中的 FRAND 许可政策不具有限制竞争的风险。[②]

相比于 2001 年的指南,新指南出台前对高通公司等高科技公司制定标准和实施标准行为进行了大量调查,并将调查成果反映在修订中,反映了技术变革的要求,具有时代性。本次修改还细化了实施规则,具有很强的可操作性,比如第 3、4 节详细规定了如何认定 FRAND 许可政策是否有限制竞争性,从而提供了分析框架。本次指南的修改还体现了欧盟委员会对于商业行为的谨慎干预思想和在限制竞争行为认定中坚持合理原则。对于技术标准化中专利权人而言,其在标准制定过程中如果参与了标准的制定,并同意按照 FRAND 许可政策许可专利技术,但在标准实施中又违反该许可政策,根据第 3 节的分析框架,此种劫持行为可能被认定为一种限制竞争的行为,要承担相应的法律责任。

(三) 影响欧洲技术标准中专利许可和转让协议的新规则:《〈欧盟运行条约〉第 101 条第 3 款对技术转让协议类别的适用条例》及其指南

欧盟委员会认为,包括技术标准中的专利许可和转让协议如果限制竞

---

① Guidelines on the applicability of Article 81 to horizontal co-operation agreements (2001), http://eur-lex.europa.eu/legal-content/EN/ALL/?uri=CELEX:32001Y0106 (01).

② Guidelines on the applicability of Article 101 of the Treaty on the Functioning of the European Union to horizontal co-operation agreements (2011), http://eur-lex.europa.eu/legal-content/EN/ALL/?uri=CELEX:52011XC0114 (04).

争，这将与欧盟竞争法的目的相悖。但是在特定情形下，这种限制效果与积极影响需要考量孰轻孰重。新的"集体豁免"条例和相关技术转让协议指南促使更多的技术转让协议具有了确定性。为此，2014年3月21日，欧盟委员会通过了《〈欧盟运行条约〉第101条第3款对技术转让协议类别的适用条例》（No. 316/2014，简称TTBER），并于2015年5月1日生效。① 该条例用以取代2004年发布的《〈建立欧共体条约〉第81条第3款对技术转让协议类别的适用条例》（No. 772/2004）。② 本次修改的重点有四个方面：第一，何种形式的技术转让协议中的条款可以不适用《欧盟运行条约》第101条的分析；第二，被动销售的限制；第三，回售协议的排除；第四，在特定情形下，专利权人可以终止合同。比如，被许可人挑战专利权的有效性但未落入该条例指向的"安全港"条款。2014年3月28日，欧盟委员会公布了该条例的实施指南。③

根据本条例，技术标准中的专利权人在向使用者许可自己的专利技术时不得以回售协议形式签订合同，否则该协议被认定为无效，此种行为被认定为限制竞争行为。实际上，以回售协议方式签订合同，明显不符合技术标准组织订立的FRAND许可政策，根据该条例的规定，应受到欧盟竞争法的规制。

总体来看，经过近半个世纪的努力，欧盟已经构筑起了一套相当完善且有效的竞争法律机制，对于技术标准化中的专利劫持行为有足够的法律资源。就欧盟各国来说，针对技术标准化中的专利劫持行为，还可以利用专利法中的强制许可制度或者反垄断法或者反限制竞争法来对此进行阻遏。比如，德国《专利法》第24条、第85条规定了强制许可制度以及为

---

① Application of Article 101（3）of the Treaty on the Functioning of the European Union to categories of technology transfer agreements（2014），http：//eur-lex. europa. eu/legal-content /EN/TXT/? qid=1478726007468&uri=CELEX：32014R0316.

② Application of Article 81（3）of the Treaty to categories of technology transfer agreements（2004），http：//eur-lex. europa. eu/legal-content/EN/TXT/? uri=celex：32004R0772.

③ Guidelines on the application of Article 101 of the Treaty on the Functioning of the European Union to technology transfer agreements（2014），http：//eur-lex. europa. eu/legal-c ontent/EN/TXT/? uri=uriserv：OJ. C_. 2014. 089. 01. 0003. 01. ENG.

了公共利益可以实施强制许可颁发临时禁令的规定。① 德国《反限制竞争法》第 33 条规定了经营者的行为符合《欧盟运行条约》第 101 条、第 102 条中的滥用市场支配地位时，受害人可以请求禁令或者损害赔偿。② 德国《反公平竞争法》第 9 条也规定，对因遭受不公平竞争而导致的损害可以请求致害人进行赔偿。③

二　司法规制——以禁令救济为分析主线

（一）以"橙皮书标准案"为分界的标准必要专利纠纷案系列实践：德国法院的立场变迁

1. 作为自动核发禁令救济的特殊情形："橙皮书标准案"前

根据《德国专利法》第 139 条的规定，专利权人权利受到侵犯时，可以请求发布禁令或者给予赔偿。④ 因此，德国法院在处理标准必要专利权人请求禁令救济时依据该条来处理。比如，德国联邦最高法院在 2001 年涉及标准的"斯皮格尔光盘"案⑤中，支持了权利人的禁令救济请求，并对被控侵权人的抗辩进行了否定。当然，该案中法院在阐述理由时依据的是德国《著作权集体管理法》，而非专利法。尽管如此，可以肯定的是德国法院对既有法律规则的严格遵循。

德国法院真正处理的第一个标准必要专利纠纷案件是"标准—栓子圆桶"案。⑥ 在该案中，原告是德国化工行业的一个事实标准中的标准必要专利权利人，但该专利仅免费许可给其中的四家企业，而其他企业要获得许可权必须支付许可费。虽然作为被告的意大利企业曾向原告提出有偿使用该标准必要专利技术，但并未获得原告同意。尽管没有达成许

---

① § 24, § 85, Patent Act（2013 年 10 月 19 日最新修订），http://www.gesetze-im-internet.de/englisch_patg/englisch_patg.html#p0832.

② § 33, Act against Restraints of Competition（Competition Act - GWB, 2014 年 7 月 21 日最新修订），http://www.gesetze-im-internet.de/englisch_gwb/englisch_gwb.html#p0205。

③ § 9, Act Against Unfair Competition（2010 年 3 月 3 日最新修订），http://www.gesetze-im-internet.de/englisch_uwg/englisch_uwg.html#p009。

④ § 139, Patent Act（2013 年 10 月 19 日最新修订），http://www.gesetze-im-internet.de/englisch_patg/englisch_patg.html#p0832.

⑤ BGHZ148, 221-Spiegel CD-Rom.

⑥ BGH, Urt. v. 13.7.2004 - KZR 40/02, GRUR 2004, 966 - Spundfass.

可协议，被告仍继续使用该项技术并销售。后原告于 1999 年 2 月从杜塞尔多夫地方法院获得临时禁令，禁止被告销售相关的合成材料桶，在随后的侵权诉讼中，地方法院作出了支持原告的判决。被告不服，向杜塞尔多夫高等法院上诉，并反诉专利权人限制竞争，违反了《反限制竞争法》，请求法院判令对已作为行业标准的专利技术实施强制许可。在 2002 年作出的二审裁决中，主审法官讨论了依据《德国民法典》第 229 条中的"自力救济"规则[①]拒绝支持标准必要专利权人的禁令救济请求。上诉人认为自己已经向被上诉人表达了寻求许可的意向，加之该专利为标准必要专利，因此自己已经穷尽了所有手段，可以适用"自力救济"规则。上诉法院将案件发回，并驳回反诉。法院则认为，上诉人在提出许可请求被拒绝后，没有请求反垄断行政审查或提起反垄断之诉，而是在被控侵权后提起抗辩，这不符合该规则的适用条件，因此驳回上诉。上诉人就此反诉提出上诉至德国联邦最高法院，法院认为，被上诉人系标准必要专利持有人，其拒绝许可的做法不存在显著合理性，构成滥用市场支配地位行为，违反了《反限制竞争法》第 20 条第 1 款的规定。因此，判决支持上诉人的请求，可以获得强制许可。该案体现了德国法院对于拒绝给予标准必要专利权人的禁令救济请求开始重新考量，但决定的作出非常慎重。[②]

此外，杜塞尔多夫地方法院还在 2006 年的"视频信号编码案"[③]中考量了涉及标准必要专利的案件中是否可以允许被控侵权人的禁令救济抗辩。在本案中，地方法院另辟蹊径，认为即使不能根据"自力救济"规则，也可以依据第 242 条"诚实信用原则"中包含的内核——"恶意主张"抗辩来否定专利权人的禁令救济。虽然在该案中，由于被告未能证明原告有滥用市场支配地位之"恶意"，法院最后并未支持被告的主张，但法院开创了依据竞争法规则判令是否给予标准必要专利权人禁令救济的先河，这为德国法院确立了思路和方向。而且，杜塞尔多夫地区法院一直延续了此案中确立的标准。

---

① See Section 229, German Civil Code（2013 年 10 月 1 日最新修订），http：//www.gesetze-im-internet.de/englisch_bgb/englisch_bgb.html#p0356。

② 魏立舟：《标准必要专利情形下禁令救济的反垄断法规制——从"橙皮书标准"到"华为诉中兴"》，《环球法律评论》2015 年第 6 期。

③ LG Dusseldorf, URT. V. 30. 11. 2006-4 b O508/05—Videosignal-Codierung.

2. 核发禁令的重大转折——基于确立滥用市场支配地位的强制许可抗辩：德国联邦最高法院审理的"橙皮书标准案"①

在该案中，原告飞利浦公司拥有可刻录光盘和可重写光盘的标准必要专利（EP325330），该标准常发布在"橙皮书"（Orange Book）上，也称为"橙皮书标准"。原告就其专利技术对外进行打包许可，但许多生产者或者销售者并没有获得许可。被告是制造、销售含有该标准必要专利的多个主体。② 在双方就专利许可费的谈判过程中，被告主张合理的专利许可费应为产品售价的1%—5%之间，并向飞利浦公司提出了以3%进行专利许可的请求，但遭到飞利浦公司的拒绝。由于未能达成协议，飞利浦公司以被告未经自己的许可使用标准必要专利为由提出专利侵权诉讼，请求法院判决被告赔偿损失并承担禁令责任。被告则以原告的行为构成滥用市场支配地位为由进行抗辩，同时主张强制许可。一、二审法院都支持了原告的请求。德国联邦最高法院最后撤销了一、二审裁决意见，支持了被告的主张。同时，为规范被告的抗辩，法院创设了"橙皮书标准案规则"：一是原告具有市场支配地位，其专利技术是被告进入市场所必不可少的条件；二是原告的拒绝许可缺乏合理性和公正性；三是被告须向原告提出无条件的、真正的、合理的、易于接受的许可要约；四是若该要约被拒，被告需要如同已经达成许可协议那样善意地履行预期义务，如提存合理的许可费等；五是若该要约被拒，原告负有举证责任。

在本案中，法院要求被控侵权人应向原告提出"合理的"许可要约。很显然，此规定对标准必要专利权人更加有利，强调了专利权的财产属性。因此，法院在考量是否支持技术标准化中专利权人的禁令请求权，取决于标准必要专利是否占有市场支配地位，取决于被告的强制许可抗辩是否满足"橙皮书标准案规则"，而这个事实的证明责任由被告承担，否则支持禁令救济。从此可以看出，"橙皮书标准案"

---

① See http：//www.ipeg.com/blog/wp-content/uploads/EN-Translation-BGH-Orange-Book-Stand ard - eng. pdf . Also see Urteil des Kartellsenats vom 6.5.2009 - KZR 39/06, http：//juris. bundesgerichtshof. de/cgi - bin/rechtsprechung/document. py? Gericht = bgh&Art = en&sid = b303f31bca967370d31cdcf59616f987&nr=48134&pos=8&anz=15.

② 由于德国判决书一般隐去诉讼双方当事人的信息，目前众多中外文资料都未提及被告的真实名字，因此本书也以被告指称侵权人。感谢德国马普研究所（Max-Planck-Gesellschaft zur Frderung der Wissenschaften e.V., MPG）的魏立舟博士为本书作者多次进行释疑。

与美国谨慎核发禁令甚至在标准必要专利诉讼中不予核发禁令的路径并不相同。

这种"不同"也让本判决在德国理论界和实务界争论不断，特别是对潜在被许可人是否应该承担事先支付预期许可费义务有不同观点。支持者认为，这有助于平衡专利许可双方的利益，避免出现未经权利人同意而使用必要专利的侵权行为。[①] 批评者则认为，法院没有考虑该案的核心问题是标准必要专利而要求潜在被许可人作出权利人可接受的无条件要约，作出支付许可费的保证，且不能挑战专利的有效性，其结果就是让潜在被许可人易处于被劫持的地位。[②] 欧盟法院前法官、现任欧盟法院总法律顾问瓦斯勒特在2014年11月20日对华为公司诉中兴公司标准必要专利纠纷案中针对"橙皮书标准案"的判决发表了反对意见。他说，如果将"橙皮书标准案"的判决简单适用于标准必要专利，这显然存在着对标准必要专利权人的过度保护；然而，橙皮书标准是一个行业的事实标准，权利人没有向标准组织做过FRAND承诺，这种情况下，只要权利人索取的许可费不是明显过高，他向法院寻求禁令救济不应被视为滥用权利。但是，对于负有FRAND承诺的专利权人如果要获得禁令救济，应当在之前向侵权人发送通知，告知对方需要取得许可，并提出要约。[③] 显然，该案的判决难以得到广泛的认可，因为欧美反垄断执法机构的主流观点是，只要标准必要专利权人在依照FRAND承诺可以得到充分补偿的情况下，再请求获得禁令并不恰当。[④]

3. "橙皮书标准案"规则的适用：曼海姆地区法院的尝试

虽然德国法学界对"橙皮书标准案"评价不一，但该案对德国法院

---

① Maume, Philipp, "Compulsory Licensing in Germany", in Hilty, Reto M. & Kung-Chung Liu (eds.), *Compulsory Licensing：Practical Experiences and Ways Forward MPI Studies on Intellectual Property and Competition Law*, No. 22, 2014.

② Ullrich, Hanns, "Patents and Standards - A Comment on the German Federal Supreme Court Decision Orange Book Standard", *IIC - International Review of Intellectual Property and Competition Law*, Vol. 41, No. 3, 2010.

③ Advocate General's Opinion in Case C - 170/13 (2014), Press Release (No. 155/14) from Court of Justice of the European Union, http：//eur - lex. europa. eu/le gal - content/EN/TXT/? qid = 1478938178591&uri=CELEX：62013CC0170.

④ 王晓晔：《标准必要专利反垄断诉讼问题研究》，《中国法学》2015年第6期。

如何处理标准必要专利权人的禁令请求问题仍然产生了深远的影响，大量案件的被告以强制许可主张抗辩，从而排除了禁令的适用。① 比如，2011年摩托罗拉公司在曼海姆地区法院起诉苹果公司侵犯其在欧洲拥有的标准必要专利，并主张禁令救济。苹果公司则以原告占有市场支配地位为由要求强制许可，不予支持原告的禁令请求。法院在本案判决中援引"橙皮书标准案"确立的规则，认为苹果公司之前向摩托罗拉公司提出的许可协议提案不属于"合理的"许可要约，因此判令支持专利权人的禁令救济请求。苹果公司不服，于2011年12月9日向德国卡尔斯鲁厄地区高等法院提起上诉，同时请求暂停执行初审判决。与此同时，苹果公司又向摩托罗拉公司提出了新的修订协议建议。但在审理中，卡尔斯鲁厄地区高等法院于2012年1月23日裁定苹果公司的修订协议仍然不属于"合理的"许可要约，不满足强制许可抗辩规则。② 为此，苹果公司再次修改协议提案，规定自己如果挑战摩托罗拉公司相关专利权的有效性，摩托罗拉公司则享有解除相关协议的权利。据此，2012年2月27日，卡尔斯鲁厄地区高等法院认定苹果公司已经提供了足以满足摩托罗拉公司合理利益的建议，并撤销了地方法院颁发的禁令。③ 再比如，曼海姆地方法院在2012年5月审理的摩托罗拉公司诉微软公司标准必要专利侵权案中同样援引了"橙皮书标准案"中的强制许可抗辩规则，但同时要求被告在抗辩前已向专利权人给出"明显过多"的许可费报价，以此证明专利权人的行为构成滥用。④

很明显，法院的判决对"橙皮书标准案"进行了扩展性的解读，增加了被告抗辩原告寻求禁令救济的难度。⑤

---

① 张永忠、王绎淩：《标准必要专利诉讼的国际比较：诉讼类型与裁判经验》，《知识产权》2015年第3期。

② 卡尔斯鲁厄地区高等法院认为该协议未包含具体条款，说明苹果公司是否会在签订协议之后继续挑战摩托罗拉公司相关专利权的有效性。

③ Motorola v. Apple, 2012, Higher Regional Court of Karlsruhe, Federal Republic of Germany, Case No. 6 U 136/11.

④ Motorola v. Microsoft, 2012, Regional Court of Mannheim, Federal Republic of Germany, Case No. 2 O 240/11.

⑤ 赵启杉：《竞争法与专利法的交错：德国涉及标准必要专利侵权案件禁令救济规则演变研究》，《竞争政策研究》2015年第5期。

4. "橙皮书标准案"规则的检讨：杜塞尔多夫地区法院就"华为公司诉中兴公司标准必要专利纠纷案"主动向欧盟法院请求释疑

自"橙皮书标准案"作出至今，德国法院已审理近百件标准必要专利侵权案件，其中专利权人在大部分案件中获得了支持，这进一步激发了反对者对于标准必要专利权人"劫持"的担忧。随着标准必要专利纠纷案件的激增，欧盟委员会对苹果公司与三星公司发生在欧洲的标准必要专利系列纠纷表明了态度，这不同于"橙皮书标准案"规则；加之国外的实践经验，德国法院开始检讨"橙皮书标准案"规则，"华为公司诉中兴公司标准必要专利纠纷案"无疑提供了检讨之契机。

本案基本案情为：华为公司是欧洲电信标准化协会的标准必要专利（EP2090050）的权利人。2010年11月到2011年3月，中兴公司曾希望以交叉许可的方式取得该项专利的使用权，但未获得同意。2011年4月28日，华为公司在德国、法国和匈牙利就中兴公司侵犯了自己的专利权和商标权提起诉讼。在标准必要专利诉讼中，华为公司认为被告仅是寻求缔结交叉许可合同，并没有就标准必要专利的许可提出正式要约。在此情形下，中兴公司开始使用诉争专利产品且不支付任何费用。基于此，华为公司主张中兴公司在德国的 LTE 基站设备侵犯了自己的专利权，请求法院根据从"橙皮书标准案"确立的规则核发禁令。中兴公司则在抗辩中指出，作为标准必要专利权人的华为公司在许可专利时违反了 FRAND 承诺。中兴公司还进一步指出，华为公司申请禁令的行为不仅不符合 FRAND 原则，而且根据《欧盟运行条约》第 102 条，此种行为还属于"滥用市场支配地位行为"。

2013年3月21日，杜塞尔多夫地区法院对该案作出裁定：中止审理，同时依据《建立欧盟运行条约》第 267 条，将案件中涉及竞争法的问题提交至欧盟法院中的审判法院以寻求初步裁决。[1] 法院之所以作出这样的裁定，主要考虑以下两方面因素：一是在判定"标准必要专利"是否滥用市场支配地位的问题上，德国联邦最高法院确立的"橙皮书标准案"规则可能同当时欧盟委员会作出的《对三星公司的异议声明》中的"初步结论"存在冲突；[2] 二

---

[1] District Court Dusseldorf, Germany, March 21, 2013, case no. 4b O 104/12.

[2] Antitrust: Commission Sends Statement of Objections to Samsung on Potential Misuse of Mobile Phone Standard-Essential Patents (Issued from European Commission on Dec. 12, 2012), http://europa.eu/rapid/press-release_IP-12-1448_en.htm.

是本案涉及《建立欧盟运行条约》的解释，且缺乏相应的判例。① 为谨慎起见，德国法院将此案中所涉的问题提交至审判法院进行释疑。这些问题概述为：

第一，负有FRAND承诺义务的标准必要专利权人是否会因寻求禁令而被认定为涉嫌滥用市场支配地位？"橙皮书标准案"规则是否具有可适用性？该规则是否与欧盟法律相符？

第二，如果本案适用欧盟委员会在《对三星公司的异议声明》中的"初步结论"确认的"意愿"标准，那么如何认定该"意愿"？

第三，如果德国既有标准中的"无条件且有拘束力的要约"最终成为欧盟法的一项要件，那么是否存在限制？有无特定要求？

第四，如果德国既有标准中的"预期履行合同相关义务"最终成为欧盟法一项要件，那么是否需要提出更进一步的要求？

第五，判断标准必要专利滥用市场支配地位的标准是否可以适用到其他领域？

5. "华为规则"的到来：德国法院依然不尽一致的判决景象

2015年7月16日，欧盟法院中的审判法院公布了世界长久期待的"华为公司诉中兴公司标准必要专利侵权纠纷案"的先行裁决意见。② 该意见被认为确立了"华为规则"③。在后"华为规则"时代，德国法院开始在部分标准必要专利纠纷案件中更详尽讨论欧盟法院所构建的特殊规则，但需要注意的是，各法院的意见并不完全一致。有的法院在一开始就已经适用"华为规则"，④ 有的法院裁决通知义务应有特定的内容要求，⑤

---

① 王徽、李晓郛：《欧盟法"标准必要专利"侵权与反垄断强制许可抗辩——以"华为诉中兴"案为研究的切入点》，《国际经济法学刊》2015年第1期。

② Huawei Technologies Co. Ltd. v ZTE Corp., ZTE Deutschland GmbH, In Case C170/13, http://eur-lex.europa.eu/legal-content/EN/TXT/?qid=1478938178591&uri=CELEX：62013CJ0170.

③ "华为规则"的具体内容请见下文"华为公司诉中兴公司标准必要专利侵权纠纷案：欧洲法院关于禁令救济能否适用的澄清"。

④ See Sisvel Wireless Patent Portfolio v. Qingdao Haier Group, 4a O 93/14 and 4a O 144/14 (Landgericht Düsseldorf Nov. 3, 2015); also see Saint Lawrence Comms. GmbH v. Deutsche Telekom, 2 O 106/14 (Landgerict Mannheim Nov. 27, 2015); Saint Lawrence Communications v. Vodaphone, 4a O 73/14, 4a O126/14, 4a O 127/14, 4a O 128/14, 4a O 129/14, 4a O 130/14 (Landgericht Düsseldorf Mar. 31, 2016).

⑤ NTT DoCoMo v. HTC Germany, 7 O 66/15 (Landgericht Mannheim Jan. 29, 2016).

有的法院裁决标准必要专利权利人将通知发送到指控侵权人的母公司符合通知义务要求[①]。在专利管理公司 Sisvel 公司[②]诉青岛海尔集团标准必要专利侵权纠纷中，原告拥有从诺基亚公司购买的 UMTS 等数百项欧洲标准必要专利，它在 2012—2013 年，多次告知海尔（德国）公司的母公司其专利授权项目，双方在 2014 年进行了授权协商，然而并没有达成协议。协商未果，2014 年 9 月，Sisvel 公司在德国杜塞尔多夫地区法院起诉海尔集团旗下在欧洲的两家子公司侵犯了其拥有的两项专利权（专利号分别为 EP0852885 和 EP1264504），而被告海尔集团在德国销售的智能手机和平板电脑正是采用 ETSI 设定的 UMTS 和 GPRS 行业标准。2015 年 11 月 3 日，德国杜塞尔多夫地方法院基于"华为规则"对该案做出了判决，法院认定了涉案专利被侵权之事实，认为该案提起诉讼早于"华为规则"，根据"橙皮书标准案"规则原告并无义务通知被控侵权人，即使有，诉讼行为本身也可以作为一种通知的形式。但法院同时认为，海尔集团没有遵循"华为规则"履行及时回复要约的义务，也没有提供担保。因此，对于海尔集团的强制许可抗辩，即 Sisvel 公司申请侵权禁令有滥用市场支配地位之嫌，法院予以否决，并对海尔颁布禁令，要求海尔停止销售搭载涉案专利技术的移动设备，提供专利使用和许可费记账信息，并对过去的侵权行为支付赔偿。

海尔集团不服杜塞尔多夫地区法院做出的判决，向杜塞尔多夫地区上诉法院提起了诉讼。2016 年 1 月 13 日，上诉法院经审理查明后，支持了地区法院初审的两项决定：确认侵权、涉案专利有充分的有效性；被上诉人有权要求海尔公司提供专利使用和许可费的记账信息以及做出侵权赔

---

① Sisvel Wireless Patent Portfolio v. Qingdao Haier Group, 4a O 93/14 and 4a O 144/14 (Landgericht Düsseldorf Nov. 3, 2015).

② 原告 Sisvel 公司于 1982 年成立于意大利，是世界上典型的非专利经营实体。它的业务范围遍及全球，在多个国家设有子公司，包括意大利（None Torinese 的 Sisvel 公司和 Sisvel Technology 公司）、美国（华盛顿特区的 Sisvel US 和 Audio MPEG 公司）、中国（Sisvel 香港公司）、日本（东京的 Sisvel 日本公司）、德国（斯图加特的 Sisvel 德国公司）、卢森堡（Sisvel 国际公司）和英国（伦敦 Sisvel 英国公司）。该公司管理的专利组合涵盖 MP3 和 MPEG Audio 等音频压缩标准以及各种广泛使用的技术，如 OSD 技术（屏幕显示技术）、ATSS（自动调谐与分选系统）和 WSS（宽荧幕信令，用于自动电视影像格式切换）。目前，Sisvel 为 DVB-T 标准、DVB-T2 标准、LTE/LTE-A 标准和 Wi-Fi 标准运营专利池和联合授权项目。

偿。但是，上诉法院否决了禁令裁决，暂停了该项禁令实施。上诉法院认为，地区法院错误地应用了"华为规则"，为了平衡原告与被告的利益，新规则设定了相应的"五步骤法"①，应予以遵守。即标准必要专利权人首先要有作为，具体来说，在被告已经表达意愿接受基于 FRAND 原则的许可要约后，标准必要专利权人要提供一个基于 FRAND 原则的要约书。然而在本案中，Sisvel 的许可要约并没有基于 FRAND 原则（即海尔在抗辩中提出的 Sisvel 公司的授权费过高、Sisvel 公司要求许可世界范围内而不仅仅是德国地区的专利权等行为，违反了 FRAND 原则）。因此，上诉法院认为，既然标准必要专利权人没有提供一个基于 FRAND 原则的要约书，被告就没有义务去遵守"华为规则"要求（例如，提供许可费计算和提存担保）。所以，被控侵权人海尔集团的强制许可抗辩成立，Sisvel 公司的禁令救济不应予以支持。②

杜塞尔多夫地区上诉法院的观点在 2016 年 5 月 9 日审结的圣劳伦斯通讯（德国）诉沃达丰公司标准必要专利纠纷案中再一次得到体现。③ 然而，这种思路与曼海姆法院审理的另一桩案件，即世界上著名的专利管理公司金合欢研究集团公司在德国的子公司圣劳伦斯通讯（德国）诉德国电信股份公司标准必要专利纠纷案的思路并不一致。在本案中，原告拥有自适应多速率快带技术的欧洲标准必要专利权。它在提起侵权诉讼后，向被告发出了基于 FRAND 许可承诺的全球范围内的要约。但是被告拒绝了该要约，并将要约信件告知宏达国际电子股份有限公司（HTC 公司）。随后，HTC 公司向原告提出一个反要约，要求许可范围限制在德国，许可费率应按照英国高等法院的裁决数字④确定。HTC 公司还提供了担保和费用计算。法院支持了原告的禁令请求。法院认为，被告未能证明其基于

---

① 详细内容见本书"司法规制"中的"欧盟法院"部分。

② Sisvel Wireless Patent Portfolio v. Qingdao Haier Group, 15 U 65/15 (Oberlandesgericht Düsseldorf Jan. 13, 2016).

③ Saint Lawrence Communications v. Vodaphone, I-15 U 36/16 (Düsseldorf Higher Regional Court 9 May 2016).

④ HTC Corporation v. Nokia Corporation, [2013] EWHC 3778 (Pat) (03 December 2013), http://www.bailii.org/cgi-bin/format.cgi?doc=/ew/cases/EWHC/Patents/2013/3778.html&query=(APPLE)+AND+(V.)+AND+(SAMSUNG)+AND+(standard)+AND+(essential)+AND+(patent).

FRAND许可承诺接受许可的"意愿"。而就HTC的反要约而言,法院认为根据"华为规则",该要约并不"特定",不能充分满足《建立欧盟运行条约》第102条规定。法院进一步认为,反要约中至少应包含特定的许可费数字,而且这种义务不得以通过第三方达到,这种属于单方推迟的形式,不满足"华为规则"中对于被许可人的行为要求,即按照"五步骤法"履行自己的义务。曼海姆法院的判决明显不同于杜塞尔多夫地区上诉法院的裁决思路,前者未能坚持"五步骤法",即双方义务的履行具有前后连贯性。被告不服,向卡尔斯鲁厄地区高等法院提起上诉。目前正等候裁决。①

(二)苹果公司诉三星公司标准必要专利纠纷案:意大利法院的态度②

2011年,三星公司、意大利三星公司以苹果公司、意大利苹果公司、意大利苹果销售公司等侵犯Siri和数据轻触技术两项专利权为由向意大利米兰专门法庭提起请求,要求法院发布临时禁令,禁止被告在2012年12月圣诞节前夕出售iPhone4S和iPad两款产品。随后,苹果公司向法庭提起反诉,指控原告未遵守标准必要专利的FRAND许可政策,违反《欧盟运行条约》第102条之规定,构成侵权行为和反垄断行为。审理该案的塔瓦西法官在审理过程中,考量了双方的主体身份和既有的苹果公司向三星公司提出的基于FRAND原则给予2.4%高额许可费的合同关系,还考虑了三星公司与高通公司、英特尔公司许可合同关系,在权衡双方利益的基础上,塔瓦西法官于2012年1月5日对该案中是否发布禁令作出决定,驳回请求。

(三)三星公司诉苹果公司标准必要专利纠纷案③:英国法院的声音

自2011年三星公司在全球多个国家提起包括标准必要专利在内的专利侵权诉讼以来,英国也是本次诉讼大战的领场之一。而且,三星公司、苹果公司、中兴公司、HTC公司、诺基亚公司、IPCom公司、无线星球国

---

① Herrmann, Nadine E., "Henning Wienstroth (First published on Tuesday", 14 June 2016 and last verified on Friday, 2 September 2016), *IP & Antitrust*, http://globalcompetit ionreview.com/know-how/topics/80/juri sdictions/11/germany/.

② Supplementary publication 5/2015 - Official Journal EPO, http://www.epo.org/law-practice/le gal-texts/official-journal/2015/etc/se5/p211.html.

③ Samsung Electronics (UK) Ltd. & Anor. v Apple Inc., [2012] EWHC 889 (Ch) (04 April 2012).

际公司、Vringo 基础设施公司等纷纷在英国发起或者遭遇标准必要专利诉讼。[①] 在本案中,三星公司是 UMTS 标准必要专利权利人,它指控苹果公司未经许可使用三项标准必要专利的行为属于侵权行为。为此请求法院发布禁令并要求被告赔偿自己的损失。苹果公司提出反诉,主张这三项专利无效并要求发布确权判决。主审法官弗洛伊德认为,此三项专利在英国无效,裁决三星公司对此三项专利不具有执行力,从而做出了确权裁决。[②]

可见,在英国法院的审理中,标准必要专利技术使用者有权对标准必要专利的有效性提出质疑,这在一定程度上可以有效遏制专利劫持行为的发生。在本案中,苹果公司通过挑战三星公司拥有的三项标准必要专利的有效性,获得了胜诉,并成功迫使三星公司放弃请求禁令救济,阻击了三星公司的劫持行为。这也表明英国法院的实践之路不同于德国。

(四) 华为公司诉中兴公司标准必要专利纠纷案:欧洲法院关于禁令救济能否适用的澄清

正如欧盟委员会在对摩托罗拉公司的标准必要专利行使行为进行调查后的意见中所指出的那样,欧盟委员会、欧盟法院在此之前并没有处理类似案件的先例。[③] 当然,知识产权法和竞争法交叉的案件在欧盟法院并不鲜见,且已有一系列重要判例。[④] 但是,就涉及"标准必要专利劫持行为"而言,直接判例尚不存在。2013 年 4 月 5 日,欧盟法院受理杜塞尔

---

① Vringo Infrastructure Inc. v. ZTE (UK) Ltd., [2015] EWHC 818 (Pat) (23 March 2015), http://www.bailii.org/cgi-bin/lucy_search_1.cgi?highlight=1&method=boolean&sort=rank&mask_path=/&results=200&query=(HTC)%20AND%20(V.)%20AND%20(Nokia).

② Samsung Electronics Co. Ltd. v. Apple Retail UK Ltd. & Anor (on 726 and 675 patents), [2013] EWHC 467 (Pat) (07 March 2013), http://www.bailii.org/cgi-bin/format.cgi?doc=/ew/cases/EWHC/Patents/2013/467.html&query=(samsung); also see Samsung Electronics Co. Ltd. v. Apple Retail UK Ltd. & Anor (on 1, 714, 404 patent), [2013] EWHC 468 (Pat) (07 March 2013), http://www.bailii.org/ew/cases/EWHC/Patents/2013/468.html.

③ Antitrust: Commission Finds That Motorola Mobility Infringed EU Competition Rules by Misusing Standard Essential Patents (Issued from European Commission on April 29, 2014), http://europa.eu/rapid/press-release_IP-14-489_en.htm.

④ See AB Volvo. v. Erik Veng (UK) Ltd., [1998] ECR Case-238/87; Radio Telefis Eireann (RTE) and Independent Television Publications Ltd. (ITP) v. Commission of the European Communities, [1995] ECR Joined cases C-241/91 P and C-242/91 P; IMS Health GmbH & Co. OHG v. NDC Health GmbH &Co. KG, [2004] ECR Case-418/01.

多夫地区法院请求释疑的华为公司诉中兴公司标准必要专利纠纷案。2014年12月20日,欧盟法院总顾问瓦斯勒特就该案发表了意见。① 2015年7月16日,欧盟法院公布了让世界长久期待的裁决意见。这则裁决在欧盟范围内,为标准必要专利权人的禁令救济划定了界限,具有里程碑的意义。它的公布为"橙皮书标准案"规则关闭了大门。② 欧盟法院的先行裁决意见并没有逐一对杜塞尔多夫地区法院的释疑请求中前四个问题进行回答,而是针对第五个问题进行回答。回答主要阐述了以下两点意见,可称为"华为规则":

第一,负有FRAND许可承诺的标准必要专利权人寻求禁令救济行为应予以限制。法院认为,与非标准必要专利技术相比,标准必要专利技术限制了标准技术使用人选择替代技术的可能性,换言之,标准必要专利技术是技术使用人的唯一选择,否则只能退出市场。基于此,尽管权利人有权要求法院给予禁令救济,但为防止标准必要专利权人将此种要求作为排挤竞争对手产品的手段,应对此加以限制。与此同时,标准必要专利权人的FRAND承诺使得第三方产生了合理的期待,如果权利人申请禁令,则可能使得第三方的信赖利益受到损害。

第二,构成"滥用"的判断标准。在认定标准必要专利权人行为是否构成"滥用"时,法院设定了"五步骤法"。即,步骤一:标准必要专利权人在向法院起诉前,是否向标准实施者发送警告信;步骤二:在标准实施者同意缔结许可合同后,标准必要专利权人是否向标准实施者发出要约;步骤三:标准实施者是否勤谨回应;③ 步骤四:标准实施者在提出反要约遭拒后,如继续使用标准,是否提供了适当的担保;④ 步骤五:标准

---

① Advocate General's Opinion in Case C-170/13 (2014), Press Release (No. 155/14) from Court of Justice of the European Union, http://curia.europa.eu/jcms/u pload/docs/application/pdf/2014-11/cp140155en.pdf.

② Maume, Philipp, "Huawei ./. ZTE, or, How the CJEU Closed the Orange Book", *Queen Mary Journal of Intellectual Property*, Vol. 6, No. 2, 2016.

③ 标准实施者是否满足勤谨回应的要求,应该根据客观因素来确定。标准实施者如采用任何拖延策略,都不得判定标准必要专利权人"滥用"权利。如果标准实施者不接受权利人提出的要约,则应立即以书面形式向权利人发出一个具体的、符合FRAND要求的反要约,否则也不得判定标准必要专利权人实施了"滥用权利"行为。

④ 如向权利人提供银行担保或者将必要的价款进行提存。

实施者在提出反要约遭拒后,是否在双方同意的情况下及时交由独立的第三方来裁决合理的许可费。

可见,由于权利人的不作为,法院可能据此认定权利人主张禁令救济属于"滥用"之存在。而权利人实施了作为或者标准实施者的不作为,都将排除权利人主张禁令救济的"滥用"定位。在该裁决意见中,法院还考虑到标准必要专利的特殊性,[①] 为标准技术使用者的行为进行"松绑",设定了"三保留":质疑专利的有效性、必要性或保留质疑的权利都不应该受到责难。"三保留"提升了标准必要专利权人获得禁令救济的门槛,有利于保证双方在谈判过程中享有真正的平等地位。此外,法院还进一步确认,从反垄断法角度对标准必要专利权人的权利进行限制,只及于禁令救济和召回侵权产品两项,并不涉及权利人的信息披露请求权和损害赔偿请求权。

总体上看,"橙皮书标准案"规则过于偏向权利人而对标准实施者课以较高的义务,而欧盟委员会关于"标准实施者有协商的意愿"之表述宽泛而缺乏可操作性,因此容易满足此要件,从而导致过于偏向标准技术实施者。审判法院的裁决提供了一条"中间"道路,"基本保持了在标准必要专利权人和标准技术使用者之间的中立,平衡了双方的地位。不仅如此,该裁决为谈判双方提供了'程序性'上的引导,规范了谈判双方的行为,有利于许可的达成"[②]。但不少中外学者和实务界人士认为审判法院的裁决也存在不尽如人意之处,典型表现为:首先,法院仅仅围绕"滥用"之认定,并没有讨论"标准必要专利权人都具有市场支配地位"是否成立。实际上,欧盟法院的瓦斯勒特已经指出,事实上,一个拥有标准必要专利的公司并不必然构成相关市场的支配地位,各国法院应进行个案判断。因此,审判法院裁决的基础是否具有不变性和不被推翻性,尚需讨论。其次,未对FRAND许可声明的法律意义进行评价。审判法院认为标准实施者基于权利人的FRAND许可声明而产生"合理期待",如果权利人拒绝许可原则上会构成支配地位之滥用。但需要考量的是:限制标准必

[①] 一方面,在标准必要专利认定过程中,标准化组织并未查验所谓标准必要专利是否有效或者是否真正"必要";另一方面,被控侵权人本身有权获得有效的司法保护。

[②] 赵启杉:《竞争法与专利法的交错:德国涉及标准必要专利侵权案件禁令救济规则演变研究》,《竞争政策研究》2015年第5期。

要专利权人的禁令救济请求是否应建立在"必须存在FRAND许可声明"之上。最后,"三保留"中"保留标准必要专利技术使用者可以挑战诉争专利的有效性、必要性以及侵权行为是否成立"之规定,本意在于赋权,然而一旦标准必要专利的必要性核实,不再受FRAND许可限制,则从另一方面可能促使专利权人"心无旁骛"地主张权利,其结果更难以控制。[1]

三 行政规制

在欧盟,作为执行机构的欧盟委员会是整个欧共体行政体系的"发动机",由不同的部门和服务机构组成,其中有45个下设机构,比如竞争总司（Directorate-General for Competition,DGC）具体负责欧盟竞争法的执行,也负责欧盟反垄断法的执行。[2] 近年,作为反垄断执法部门的欧盟委员会与世界上其他国家和地区的反垄断执法部门一样,对技术标准化中的专利劫持行为现象给予了极大的关注。其中,欧盟委员会针对摩托罗拉公司与三星公司分别所作的反垄断调查案件颇具代表性。

(一) 摩托罗拉公司案

摩托罗拉公司作为欧洲电信标准协会中的GSM标准必要专利权人,承诺基于FRAND许可政策对外许可其标准必要专利。在德国曼海姆法院于2011年审理的摩托罗拉公司诉苹果公司案[3]中,它以苹果公司侵犯自己的标准必要专利为由主张禁令救济,最后成功从法院获得禁令,并在同意法院判定的FRAND许可费率情况下,仍向法院要求执行禁令。其后,上诉法院撤销了该禁令。苹果公司为此向欧盟委员会进行投诉,欧盟委员会于2012年4月正式对摩托罗拉公司展开调查。2013年5月,欧盟委员会对摩托罗拉公司发出"异议声明"。2014年4月29日,欧盟委员会对该案作出正式裁决。欧盟委员会认为,标准必要专利持有人如果承诺以FRAND原则许可其专利后,仍然针对标准使用者向法院主

---

[1] Lundqvist, Björn, "The Interface between EU Competition Law and Standard Essential Patents-from Orange-Book-Standard to the Huawei Case", *European Competition Journal*, Vol. 11, No. 2-3, 2015.

[2] See about the European Commission, http: //ec. europa. eu/about/ds_en. htm.

[3] Motorola v. Apple, 2012, Higher Regional Court of Karlsruhe, Federal Republic of Germany, Case No. 6 U 136/11.

张禁令救济，则可能构成滥用市场支配地位。还认为，如果支持权利人的禁令救济，就会导致善意被许可人的产品从市场上排挤出去的风险。此外，由于禁令的威胁，专利许可双方在谈判过程中的平等关系被扭曲，难免会出现一些反竞争性的条款，从而阻止创新，损害消费者利益。基于此，欧盟委员会认为，摩托罗拉公司的行为违反了《建立欧盟运行条约》第102条的规定，属于滥用市场支配地位的行为，应消除其导致的负面影响。欧盟委员会还认定摩托罗拉公司以禁令为威胁，让苹果公司放弃质疑其相关标准必要专利的有效性的权利，也构成反竞争行为。尽管认定摩托罗拉公司的行为违法，但考虑到缺乏针对标准必要专利禁令救济行为进行罚款的先例，而且各法院处理不一，欧盟委员会最后决定不对它行使罚款权。①

（二）三星公司案

在本案中，三星公司拥有大量移动通信标准相关的标准必要专利。2011年以来，三星公司在欧盟多个成员国法院就其在欧洲电信标准协会制定的3G标准中的必要专利受到苹果公司侵犯为由，提起诉讼并请求禁令救济。为此，苹果公司向欧盟委员会进行投诉。欧盟委员会于2012年1月对三星公司发起调查，持续近一年。2012年12月，欧盟委员会正式发布异议声明，认为苹果公司是善意被许可人，三星公司的行为可能违反了《建立欧盟运行条约》第102条。为避免欧盟委员会的反垄断处罚，三星公司撤销了禁令申请，并希望欧盟委员会在基于自己提出的承诺方案的基础上停止调查。2013年下半年，欧盟委员会拒绝了三星公司提出的承诺方案，并就摩托罗拉公司案件和该案一起对标准必要专利行使行为的法律性质认定发表相关意见。主要基点在于，对善意被许可人而言，如果允许标准必要专利权人可以寻求禁令救济，则会导致市场竞争环境的破坏，鼓励劫持。2014年2月，三星公司提出最终承诺方案，表示五年内，在欧洲经济区范围内，三星公司承诺不会就智能手机和平板电脑相关的标准必要专利，向善意被许可人寻求禁令救济。2014年4月29日，欧盟委

---

① Antitrust: Commission Finds That Motorola Mobility Infringed EU Competition Rules by Misusing Standard Essential Patents (Issued from European Commission on April 29, 2014), http://europa.eu/rapid/press-release_IP-14-489_en.htm.

员会针对该案正式作出决定，接受三星公司的承诺。①

无论是摩托罗拉公司案还是三星公司案，都诠释了欧盟委员会对于技术标准化中专利劫持行为的密切关注和积极行动，并把实践经验提炼为相应的规则。但该规则中的"标准必要专利技术使用者有意愿"的宽泛和模糊规定受到了质疑，被批评为过度偏向了标准必要专利技术使用者。②

四 欧洲实践的特点

（一）致力于建立和维持欧盟及各国良好的竞争秩序

美国联邦贸易委员会前主席科瓦契奇说："市场竞争可以促进市场主体技术、产品类型和经营模式的创新，是市场主体发展的重要内生动力，对市场经济有着不可替代的重要作用。"③这一点，对于欧盟来说尤为重要，这也是欧盟一体化的最重要目标。对于欧盟内的成员而言，建立和维护良好的竞争秩序同样是非常重要的目标。技术标准化的网络效应在一定程度上破坏有序的竞争，这种效应在专利权和技术标准结合后效果更加明显。所以，无论是欧盟委员会的反垄断调查，还是德国杜塞尔多夫地区法院的释疑请求，都体现了欧盟和各国在面对技术标准化中专利劫持行为时，其治理之根本目标在于更好地建立和维持目前良好的竞争秩序，消除社会各界对于技术标准化中专利劫持行为的担忧，尤其是标准必要专利技术使用者的疑虑，从而确保诚信竞争者之利益。

（二）积极从立法、司法、执法层面介入

随着苹果公司与三星公司的"世纪专利大战"的全面展开，欧洲毫无疑义成为这场大战的主战场之一。然而，卷涉在这场"世纪专利大战"

---

① Antitrust: Commission Sends Statement of Objections to Samsung on Potential Misuse of Mobile Phone Standard-Essential Patents (Issued from European Commission on Dec. 12, 2012), http://europa.eu/rapid/press-release_IP-12-1448_en.htm.

② 韩伟：《标准必要专利行使的反垄断规制——以欧盟2014年摩托罗拉、三星案为视角》，载国家知识产权局条法司编《专利法研究（2013）》，知识产权出版社2015年版，第217页。

③ ［美］威廉姆·科瓦契奇：《欧盟和美国的竞争政策及对中国的启示》，《中国工商管理研究》2014年第11期。

中的公司多为移动通信标准的专利权人,如何规制并引导标准必要专利权人合法行使专利权,势必是标准化时代的重要课题。为此,欧盟委员会、欧盟法院、德国法院、英国法院、意大利法院、荷兰法院、法国法院等都对技术标准化中专利劫持行为给予了积极的回应。尤其是各国法院、欧盟法院和欧盟委员会,它们通过对个案的审理,不仅确立了标准必要专利权利人的行为规范,也为标准必要专利技术使用者提供了行为规范,从而有效遏制技术标准化中专利劫持行为的产生。

(三) 在综合利用民法、专利法、反垄断法等的基础上优选反垄断法路径

在既有的实践中,德国法院对于技术标准化中专利劫持行为的规制经验尤为丰富,其处理模式渗透了法院在处理过程中的谨慎和创新,也体现了德国法官对于标准必要专利纠纷案援引民法、专利法和反垄断法规则作为判断依据的思路变迁。无论是"标准—栓子圆桶案""橙皮书标准案"、华为公司诉中兴公司标准必要专利侵权纠纷案,其根本要义在于如何平衡标准必要专利权人和标准必要专利技术使用者的利益,更好地契合不同利益主体的需求、产业发展的需求、技术变革的需求、时代的需求。英国法院独树一帜,允许标准必要专利技术使用者挑战专利有效性,也为技术标准化中专利劫持行为的法律规制提供了别样路径。但总体上看,欧盟法院、德国法院、意大利法院都坚信在标准化时代,专利权与技术标准的结合促使专利权人占有市场优势,从而为反垄断法的优先适用和径直援引奠定了基础。

(四) 尚未趋于一致的裁决标准

从前文可知,在欧盟法院确立"华为规则"前,对于技术标准化中的专利劫持行为者主张禁令救济而言,意大利法院认为不应支持专利权人的请求,否则阻碍技术标准的制定和实施;德国法院则以"橙皮书标准案"中确立的规则进行判断,有利于专利权人获得禁令救济。2015年7月15日,欧盟法院公布了华为公司诉中兴公司标准必要专利侵权纠纷案的判决意见,也即"华为规则"。该规则具有中立性,在一定程度上为欧盟各国法律规制技术标准化中的专利劫持行为指明了方向和范式。但是,该规则本身并不尽完美,这也导致德国法院在初试"华为规则"后呈现一片乱象。因此,"华为规则"的生命力如何,还有待更多的检验。也许,欧盟统一专利法院①(Unified Patent Court, UPC) 的诞生可以担当重责,更好地规制技术标准化中的专利劫持行为。

第三节 美欧实践的比较及启示

作为技术标准和专利权都非常发达的国家和地区,美欧的立法、司法和行政实践正对其专利权相关的法律制度与创新机制、竞争环境的调整带来重大影响,这种影响甚至已经扩展至世界其他各国和地区。取人之长可为我所用。本书以为,我们在检视美欧实践经验的基础上,或许能寻求可资镜鉴之处。

一 美欧实践的比较

(一) 共认技术标准化中专利劫持行为现象之存在

在标准化时代,技术标准和专利权的结合已成为企业之争甚至国家之争。但是,专利技术标准化在带来竞争机遇的同时,也为竞争带来巨大的挑战,其中专利劫持行为已成为全球化之景象。美欧不仅是世界上的专利强国集中之地,也是技术标准发达之地,因此也必然是专利劫持行为繁荣之地。无论是美国的国会、白宫政府、联邦贸易委员会、国际贸易委员会、专利商标局、法院,还是欧洲的欧盟委员会、欧盟法院、德国法院、英国法院、意大利法院都认同技术标准化中存在专利劫持行为,需要以合理的方式进行规制。

(二) 重视法律对技术标准化中专利劫持行为的反应

技术标准化中专利劫持行为的规制包括标准化组织从自身内部出发的规

---

① 2013年2月19日,欧盟25个成员方在布鲁塞尔签订了《统一专利法院协定》,决定设立欧盟统一专利法院。该法院将在专利纠纷方面享有专门的司法管辖权,以避免在欧洲多达28个不同国家的法院进行多次诉讼。这将削减成本,并致使更快地对专利侵权或专利有效性作出裁决,从而促进整个欧洲的创新。截至2017年11月,法律框架的制定、财政安排、系统开发、基础设施建设以及人力资源和培训等各项工作有序开展,法国、英国等14国已经通知批准。See Unified Patent Court. http://www.consilium.europa.eu/en/documents‐publications/treaties‐agreements/agreement/?id=2013001.

制，比如标准化组织制定 FRAND 许可政策。但是，内部规制本身也还需要法律的规制，否则容易偏离法律的轨道。为此，IEEE 组织要求美国贸易委员会对其制定的 FRAND 许可政策进行反垄断审查。技术标准化中专利劫持行为的规制也依赖于从标准化组织外部的规制，其中法律规制无疑是最重要的规制措施。技术标准化中专利劫持行为是技术标准化中专利权和技术标准融合出现的一种特殊现象，属于专利权人借力标准的网络效应和锁定效应而"任性行使权利"的滥用行为，它背离专利权和标准法律制度的功能，从而走向异化。如不加以有效规制，将阻碍技术进步，损害竞争，减损社会公众利益。因此，面对技术标准化中的专利劫持行为，美欧均选择以法律进行积极应对。

（三）存在差异化的实践：理念、手段

美欧实践表明，尽管各自认同并重视技术标准化中专利劫持行为的法律规制，但规制的理念和手段还存在不同。就美国来说，由于学界和实务界还存在试图测量技术标准化中的专利劫持行为所带来的正效应和负效应孰轻孰重，因此这种理念也反映在立法、司法和执法过程中。比如，寄予期望的美国《创新法案》却两度流产，这也证明美国国内在技术标准化中专利劫持行为的立法规制问题上存在犹豫。在规制的手段上，美国更乐见于行政规制，美国白宫、司法部、联邦贸易委员会、国际贸易委员会都是重要的参与者。与此同时，人们通常认为美国的诉讼制度和专利授权制度"造就"了"专利劫持行为"，因此美国法院、专利商标局也从诉讼程序上、专利权的授权条件及无效程序上进一步加以调整，以应对专利劫持行为。而在欧洲，由于专利诉讼制度和专利授权程序、条件的差异，在一定程度上减轻了"技术标准化中专利劫持行为"的发生，但是经济全球化已经将欧洲各国卷入其中，从而必须加以应对。而德国更为特殊，多年以来，包括技术标准化中专利权人更容易获得法院的青睐，所以相对于美国核发禁令救济的难度而言，德国的"自动核发"更加明显，而这毋庸置疑为专利劫持行为提供了"温床"，这也是为什么德国法院比欧洲其他地区的法院处理了更多的专利侵权纠纷案件。[1]

---

[1] Fomperosa Rivero, Álvaro, "Standard Essential Patents and Antitrust: A Comparative Analysis of the Approaches to Injunctions and Frand-Encumbered Patents in the United States and the European Union", *TTLF Working Papers*, No. 23, Stanford-Vienna Transatlantic Technology Law Forum (2016), https://ssrn.com/abstract=2807193.

在欧洲实践中,欧盟和各国更倾向于从反垄断法的角度加以规制,其中法院具有主导作用。

二 美欧实践的启示

(一) 法律规制宗旨:执持促进创新之理念

创新之目的在于获得新知识、新方法、新技术、新产品、新理念、新制度等,它是人类社会进步的不竭动力。创新需要制度保障,设计良好的制度可以为技术创新增添动力。专利法律制度是一国立法者为激励发明人不断创新而设计的法律机制,在这一点上,林肯总统早已有精辟阐述:"专利给天才之火添加利益之油。"可见,创新之理念早已植根在专利法律制度中。技术标准化中的专利劫持行为虽然能带来一些正效应,比如:促进专利商业化;在一定程度上推动了整个创新环境形成专利权属清晰、界限分明的局面;刺激生产性企业重视专利权,养成在生产前进行专利检索、专利评估等意识;形成专业的专利中介服务机构,能带来新型的投资理念和经营模式;抑制或者抗衡反向专利劫持行为等,但专利劫持行为带来的负效应远远多于正效应:对标准必要专利产品的生产型企业造成威胁甚至造成惨重损失,阻碍标准制定和实施,提升社会成本,降低消费者福祉,导致专利纠纷不断增多,加剧专利丛林和专利竞赛,可能形成市场垄断,阻碍市场自由竞争与创新。美欧无论采用何种方式规制技术标准化中的专利劫持行为,其目的均在于创新,这对于其他国家和地区而言,并无不同。在设计和实践法律规制技术标准化中的专利劫持行为的过程中,立法者、司法者、行政执法者应自始至终贯穿创新之法则。

(二) 法律规制原则:恒守利益平衡之精神

毋庸置疑,利益平衡是专利法律制度的基石。技术标准化中专利劫持行为打破了专利权人和社会公众的利益平衡,需要探寻恢复利益平衡的可能路径,确保专利法律制度的适度回摆。《美国发明法》的及时出台、《创新法案》的重新提出、《知识产权反垄断指南》的修改、美国政府推行的专利新政、"337条款"的重新阐释、永久禁令的慎重颁发、FRAND原则的明晰厘定、"华为规则"的确立等都为法律规制技术标准化中专利劫持行为提供了可能。但专利权是一种私权,是一种受法律保护的垄断权利。对技术标准化中专利劫持行为进行法律规制的目的在于促使专利权人依法行使自己的权利,在法律的框架内发挥专利权最大的商业化价值,促进专利技术的自由流动，这也是利益平衡精神的要旨之所在。在这一点上，技术标准化中专利劫持行为的法律规制应确保同等保护和适度规制兼而有之，不可偏离专利法律制度的宗旨，导致大公司"反向劫持"专利权人，从而戕害创新热情，导致刚刚回复的利益平衡又再次被打破。这对于在标准化时代中的其他任何已经遭遇或者正在遭遇或者即将遭遇专利劫持行为的国家或地区而言，都应以此为鉴。

（三）法律规制依据：专利政策法规因时而动、随事而制

在标准化时代，知识产权特别是专利权是美欧国家和地区的个人财富积聚，企业和国家、地区竞争力提升的核心要素。专利政策法规对于美欧企业、国家和地区的竞争力提升有重要的保障作用，但制度建构总会有缺陷，而正是这些缺陷，"成就"了技术标准化中专利劫持行为，亟须克服，以更好地确保美欧经济的持续发展，这也是近年来美国的国会、法院、行政机构和欧洲的欧盟委员会、欧盟法院、德国等国的法院等机构对于技术标准化中专利劫持行为给予前所未有的高度关注的主要原因。从《美国发明法》到《创新法案》（2015）、从美国最高法院近年来作出的一系列专利案件的判决、从美国白宫政府公布的专利新政、从欧盟委员会公布的摩托罗拉公司、三星公司反垄断调查案以及欧盟法院确立的"华为规则"来看，这些不仅涉及技术标准化中专利劫持行为的法律规制，而且涉及美欧专利法中一些根本问题，对美欧专利法的立法、司法、执法理念都带来了深远的影响。美欧立法、司法、行政正合力推动着专利法律制度进入一场深刻的变革之中，确保其不成为自己经济发展的掣肘。

（四）法律规制模式：创设以专利法为中心或者以反垄断法为中心的立体模式

技术标准化中专利劫持行为的法律规制不仅关涉专利法、反垄断法、民法、合同法，它还关涉标准化法、民事诉讼法等。实际上，社会现象的多维性决定了完全按照理论要求齐整地划分法律部门，在事实上并不可能。在理论上，法律部门是法律研究人员根据调整社会关系的不同领域和不同方法，将法律规范进行的分类。而实践中，不同部门法之间可能存在交叉重叠领域，在特定的社会关系上同时由多个部门法共同调整。技术标准化中专利劫持行为作为一种违法行为，既有背离标准制定和标准实施目的的深刻烙印，还可能有侵权行为的特性，也可能具化为一种合同违约行为，在特殊情况下还是反垄断法视野中的非法垄断行为，这决定了技术标

准化中的专利劫持行为是民法、合同法、专利法、标准化法、反垄断法的调整对象。当然，技术标准化中的专利劫持行为是一种专利制度的衍生物，这决定了专利劫持行为与专利法的天然联系。另外，对于专利技术标准化而言，标准的选定与专利权出现了交集，其中滋生的专利劫持行为应是标准化法不能忽视的内容。所以，采用单一部门法来解决专利劫持行为，难免有所不及。但是，专利劫持行为的诟病之处在于滥用专利权，破坏专利制度的创新功能，阻碍市场竞争秩序的形成，因此，美国实践集中体现了对专利制度的重组与改造，主要表现在以专利法为中心，采用实体法和程序法相结合方式，合力规制专利劫持行为。而在欧洲，一体化的根本目标决定了它的实践景象：更加偏爱反垄断法或者竞争法的介入。无论是选择袭用美欧哪一种模式，都旨在根据各国和地区的实际阻碍技术标准化中专利劫持行为的发生，而采用单一法规制或者专门立法模式规制尚难以获得共识。

(五) 法律规制机构：立法、行政、司法部门联动参与

对于技术标准化中专利劫持行为的法律规制而言，美欧立法者在于构建或者完善相关的法律制度，司法者在于正确恰当地运用既有法律或者通过判例创设法律，行政执法者在于严格执法，切实保障专利劫持行为受害者的合法利益，保证创新机制的建立和健康运行，推动企业的创新和经济的进一步发展。伽达默尔说："一个人需学会超出近在咫尺的东西去视看——不是为了离开它去视看，而是为了在一更大的整体中按照更真实的比例更清楚地看它。"① 专利劫持行为的产生有不同的原因，其表现形式也不尽相同，立法者、司法者和行政执法者以不同的视界察看专利劫持行为，为它们量身定做规制的措施，防止法律规制的空缺，这样的部门网络体系无疑有利于全面规制技术标准化中专利劫持行为。但是尚需注意的是，综合部门规制技术标准化中专利劫持行为也易产生标准不一的现象，从而影响法律规制技术标准化中专利劫持行为的统一性和良好效果。

(六) 法律规制手段：采用民事责任、行政责任、民事制裁措施

技术标准化中专利劫持行为的成因与表现形式非常复杂，规制它需要建立健全多项法律制度，采用多种法律责任。这些法律责任在规制技术标准化中专利劫持行为中的地位与作用是各不相同的：有些着重于治标，有

---

① [德] 伽达默尔：《效果历史的原则》，甘阳译，《哲学译丛》1986年第3期。

些则侧重于治本。比如，技术标准化中的专利劫持行为的受害人可以提起侵权之诉，要求专利劫持行为人承担相应的赔偿责任，或者以违反FRAND原则提起违约之诉，要求专利劫持行为人承担相应的违约责任。行政机构还可以基于法律的规定要求专利劫持行为人承担罚款等行政责任。民事责任、行政责任、民事制裁措施等并不是互相排斥的，同一个专利劫持行为，既可能触犯民事法律，也可能同时触犯行政法律。因此，技术标准化中专利劫持行为人可能既承担民事责任，又同时承担行政责任。在特殊情形下，还要承担民事制裁措施。综合性法律责任提高了技术标准化中专利劫持行为的违法成本，对专利劫持行为人形成了更大的威慑力和约束力，可以有效避免法律规制专利劫持行为的空隙和盲区。

本章小结：域外考察与本土镜鉴

美欧是专利权强盛之地，也是技术标准发达之地。然而，专利权和技术标准的结合又不可避免地"造就"了专利劫持行为，而它正成为数字经济和标准化时代发展的掣肘，特别是信息产业。消除掣肘，已成为美欧经济发展中的重要议题。为此，美国的立法、司法、行政三大部门和欧洲的欧盟委员会、欧盟法院以及部分成员国法院都积极参与其中，纷纷采取了一系列的措施来钳制技术标准化中专利劫持行为，让其回复到专利权人正常行使权利的状态，确保美欧企业的创新能力，重新设置符合复杂技术时代和知识经济时代的创新机制。

在立法层面，美国国会完成的"世纪专利法修改"，即《美国发明法》为技术标准化中专利劫持行为的法律规制不仅提供了实体规则，还增订了程序规则，从而可以确保专利权的质量和抑制"暴涨"的专利侵权诉讼。与此同时，美国各州议会也积极行动起来，2013—2016年，以佛蒙特州为代表的近46个州已经制定并颁布或者采用或者正在制定专门针对专利劫持行为的法案。此外，在2013—2014年、2015—2016年两届国会立法期中，美国国会一直在努力推动并游说出台一部综合性的专利劫持行为法律规制法案。相对而言，欧盟的立法反应要稍许平静一些，但2011年修改后的《关于横向合作协议适用〈欧盟运行条约〉第101条的指南》及其配套规定中的标准化协议说明了欧盟委员会对于标准化中的专利劫持行为的警觉。2016年4月19日，欧盟委员会就信息产业中标准化问题专门发布了《欧盟委员会致欧盟议会、欧盟理事会、欧盟经济和社会委员会、各地区委员会的信函：数字化单一市场中信息产业标准化重要议题》，其中明确要求标准化组织应重视FRAND许可政策的制定并确保它的执行，再次表达了对信息产业标准化的关注。[①] 这无疑是进一步加强法律规制技术标准化中专利劫持行为的重要法律文件。

在司法领域，美国法院和欧盟、德国、英国、意大利法院在规制技术标准化中专利劫持行为方面表现出极大的热情。美国联邦最高法院在这方面风格丕变，近年来更是以惯常少有的关注对专利法律案件签发调卷令，作出不少针对实体法问题的判决。有学者据此指出："最高法院在专利案件上正在全面回归（holistic turn）。"[②] 自谨慎核发永久禁令的2006年eBay案到正在审理的三星公司诉苹果公司专利侵权纠纷案[③]，以及不断精化侵权赔偿计算规则的Uniloc美国公司案、进一步明晰FRAND原则的微软公司诉摩托罗拉公司案，无一不体现出美国法院对规制技术标准化中专利劫持行为的重大努力。德国法院更是走在欧盟各国法院的前面，其对技术标准化中专利劫持行为的法律规制理念和司法实践尤为丰富，无论"橙皮书标准案"中确立的规则有何缺陷，但至少表明德国法官的敏锐力和着重本国经济发展的视界，这也反映在毅然弃用"橙皮书标准"而采用"华为规则"中。针对德国法院、英国法院、意大利法院、荷兰法院陆续对标准必要专利纠纷所作出的判决，以及欧盟委员会对三星公司和摩托罗拉公司的反垄断调查意见，欧盟法院深感厘清标准必要专利权人和被许可人权利行使界限的重要性。

美国白宫政府等行政部门在规制技术标准化中专利劫持行为的体系中担当了重要角色。白宫政府在2013年6月公布了被称为专利新政的七项立法建议和五项执行措施、少有动用美国总统否决权否认国际贸易委员会

---

① Communication from the Commission to the European Parliament, the Council, the Economic and Social Committee and the Committee of the Regions: ICT Standardisation Priorities for the Digital Single Market, http://eur-lex.europa.eu/legal-content/EN/TXT/?qid=14791 16898944&uri=CELEX: 52016DC0176.

② Lee, Peter, "Patent Law and the Two Cultures", *Yale L. J.*, Vol. 120, No. 2, 2010.

③ Samsung Electronics Co., Ltd., et al. v. Apple Inc., Case Nos. (2014-1335, 2015-10-29), https://www.supremecourt.gov/search.aspx?filename=/docketfiles/15-777.htm.

作出的针对苹果公司侵犯标准必要专利权的排除令；联邦贸易委员会与司法部联合发布了《反托拉斯执法与知识产权：促进创新和竞争》《知识产权许可的反垄断指南（1995）修改建议稿》《国际执行与合作中的反垄断指南（1995）修改建议稿》、展开了对专利劫持行为人大范围的调查并公布了《专利主张实体行为：来自联邦贸易委员会的研究》报告、加强了准司法、调查了谷歌公司标准必要专利行使案；国际贸易委员会以"337条款"中的公共利益测试为杠杆对交互数字集团两起申请案进行了裁决；专利商标局与司法部联合发布了《负有FRAND许可义务的标准必要专利权利人的救济政策声明》，为标准必要专利权人寻求救济提供了指引，以减少专利劫持行为发生的可能性；司法部反托拉斯局则在2015年2月公布了标准必要专利及FRAND原则的最新法律意见，还积极介入苹果公司诉三星公司、微软公司诉摩托罗拉公司专利侵权纠纷中，以应对技术标准化中的专利劫持行为。美国行政机构通过制定综合性措施阻击技术标准化中的专利劫持行为，效果明显，意义重大，已成为典范。自2011年起，欧盟委员会也把目光投向了风起云涌的标准必要专利纠纷引发的争战中。欧盟委员会经过充分的调查，相继公布了对摩托罗拉公司、三星公司涉及标准必要专利权行使的调查结果，无疑是欧盟反垄断执法机构甚至是欧洲各国行政机构管控技术标准化中的专利劫持行为的模板。

  法律规制技术标准化中专利劫持行为已成为美欧共识。唯有规制，创新才有保障，经济发展才能注入动力。但法律规制技术标准化中专利劫持行为并非易事，这源于专利劫持行为的外观是专利权的行使，加之各国、各地区的法律制度设计和实践操作并不完全相同。美欧立法、司法、行政合力、适度地规制技术标准化中的专利劫持行为，有助于遏制其负效应的扩散，充分发挥专利标准化的"正效应"。这一点应为其他国家和地区借鉴。

第七章

我国技术标准化中专利劫持行为法律规制的检视

在全球化进程中，法律与经济一样，都被深深地打上了全球化的烙印。今天，技术标准化中的专利劫持行为已经不再仅仅在美欧等域外国家和地区出现，这个问题已经国际化、全球化。因此，它不可避免地"化"到我国。近年来，通信产业中因技术标准化中专利劫持行为引发的诉讼在全球频频爆发，其中我国的联想公司、华为公司、中兴公司、小米公司、魅族科技有限公司（以下简称魅族公司）、深圳市腾讯计算机系统有限公司（以下简称腾讯公司）、海尔公司等企业在"走出去"的过程中无一幸免，屡遭专利劫持行为者的重创，不堪滋扰。回望国内，国外典型专利劫持行为者，如高智公司、IDC公司、高通公司已悄然登陆中国，并陆续开始布局，令人不安，其专利谋划策略应当令国家相关部门和产业界警惕。与此同时，在相关专利政策指引下，国内本土专利权运营机构犹如雨后春笋，渐成气候。① 新生的本土专利权运营机构是否会在技术标准化中出招专利劫持行为，目前尚不能简单置评。但是，公司的逐利本性恐难以阻挡此种现象的产生。总体上看，我国虽不像美欧是技术标准化中的专利劫持行为频发国，但我国企业在"外"早已遭遇技术标准化中的专利劫持行为，在"内"也并非置身于技术标准化中专利劫持行为的沉寂之地。这表

---

① 比如，2010年11月11日发布的《全国专利事业发展战略（2011—2020年）》在"战略重点和保障措施（四）"中明确指出："推动形成全国专利展示交易中心、高校专利技术转移中心、专利风险投资公司、专利经营公司等多层次的专利转移模式，加强专利技术运用转化平台建设。"

明技术标准化中专利劫持行为对于我国绝非"天方夜谭",而是现实存在!

虽然《专利法司法解释(二)》第 24 条规定了标准必要专利的抗辩情形、原国家工商总局公布了《关于禁止滥用知识产权排除、限制竞争行为的规定》(以下简称《规定》)、深圳市中级人民法院对"中国标准专利第一案"进行了判决,这些措施在一定程度上可以阻止或者防止技术标准化中专利劫持行为在我国的发生。但是,从总体上来看,我国规制技术标准化中专利劫持行为的法律资源不够完善、司法经验不够丰富、行政执法措施尚有诸多缺漏,亟须完善。

第一节 我国技术标准化中专利劫持行为法律规制的背景

随着技术标准和专利权结合的广度增加,以及专利权运营产业的逐渐发展壮大,专利劫持行为现象越来越普遍。较之于美欧,我国目前的专利标准化、专利权运营等都还处在初期,因此专利劫持行为尚不多见,发生的专利劫持行为诉讼总数不多。我国企业,特别是"走出去"的企业目前遭受的主要是外国标准必要专利劫持行为者以及专利联盟的标准必要专利劫持行为的侵扰,而我国本土的标准必要专利劫持行为问题并不是很突出。但是,需要注意的是,目前我国有标准必要专利劫持行为生存和发展的基础和条件。由于技术标准化中专利劫持行为带来的负效应远多于正效应,如不加以治理,消除隐患,势必阻抑我国企业的创新,遏制我国经济的发展。

一 技术标准化中专利劫持行为在我国衍生的可能性和现实性

技术标准化中专利劫持行为是技术变革、市场经济成熟、权利意识增长及诉讼文化发展所带来的伴生物。基于此,无论是我国,还是美国,抑或欧洲等世界上已建立专利制度且技术标准较为发达的国家和地区,专利劫持行为都有其衍生的可能性。就我国而言,技术标准化中专利劫持行为已经有鲜活的事实,将我国作为技术标准化中专利劫持行为者理想的目标市场已成为一种不可逆转的发展态势。

(一)国家积极推动实施标准化战略

技术标准是人类文明进步的成果,它助推创新发展、引领时代进步、促进世界互联互通,已成为世界"通用语言"。技术标准化是国家治理体系和治理能力现代化的基础性制度,是社会现代化的基本要素。据统计,我国目前拥有 3646 项强制性国家标准,① 采用国际标准 34005 项,② 国家标准、行业标准和地方标准总数达到 10 万项③。当前,从某种程度上来说,标准化建设是我国向创新大国、文化大国、制造强国转变的重要保障,是实现上述战略目标的基本保证设施,具有基础性、战略性和引领性作用。2015 年 12 月 30 日,国务院公布了《国家标准化体系建设发展规划(2016—2020 年)》(以下简称《规划》),这是我国标准化领域第一个国家专项规划,标志着我国实施标准化战略的开始,特别是技术标准化战略。2016 年 5 月 19 日,中共中央、国务院印发了《国家创新驱动发展战略纲要》,其中规定了实施"知识产权、标准和品牌战略",以保障创新驱动发展战略的实现。这表明,我国政策制定者已经注意到,在技术标准和专利权结合越来越紧密的时代,技术标准化不可避免与专利权发生勾连,甚至将主动拥抱专利权,吸纳专利技术进入标准范畴,从而提升标准覆盖的技术面,体现技术标准代表了当今时代技术的最前沿,具有更加明显的新颖性、创造性和实用性,克服技术标准的滞后性。④ 因此,在我国积极推动实施的标准化战略,特别是技术标准化战略中,标准和专利权的结合应是一种态势。如此,也为专利劫持行为的滋生提供了孕育的母体。

(二) 国家鼓励专利权运营采用新的商业模式

在我国,加强专利权的创造、管理、保护、运用是制定和推行国家知识产权战略中的重要内容。为此,我国颁发了一系列加强专利权保护、运用的政策,鼓励专利权商业化,倡导努力建成专利强国,创建自主创新型国家。专利权商业化有利于实现专利的价值,其路径包括专利的许可、转让、质押融资、作价入股等。创建新的专利运营商业模式,有助于专利运营,确保专利价值的实现。欧洲委员会前秘书长提莫斯将商业模式界定为

---

① 数据来源于中国国家标准化管理委员会强制性国家标准全文公开数据库:http://www.gb688.cn/GBCenter/gb/gbMainQuery? gbstate=%E7%8E%B0%E8%A1%8C%20&gbname=。

② 数据来源于中国国家标准化管理委员会:http://www.sac.gov.cn/was5/web/outlinetemplet/gjbzcx.jsp。

③ 数据来源于国务院 2015 年 3 月 11 日印发的《深化标准化工作改革方案》。

④ 我国涉及专利权的国家标准最早发生在 1987 年采用的国际标准中。总的来看,涉及专利权的国家标准也主要发生在国际采用的标准中。

"产品、服务和信息流的架构,内容包含对不同商业参与主体及其作用、潜在利益和获利来源的描述"①。由此可见,商业模式是一种运营策略。专利劫持行为是专利权人在追求专利商业价值最大化过程中实施的专利许可异象行为,有其独特的商业运行轨迹和商业模式:自己研发或者购买专利→寻找目标公司→发送律师函或者直接提起专利侵权诉讼→寻求和解或者判决→获得超额许可费。作为一种运营策略,技术标准化中专利劫持行为的不法性被专利劫持行为者的商业模式表象所掩盖,难以辨认,从而增加了专利劫持行为发生的可能性,也为其留下了生存空间。

(三) 丰富的专利资源与大量存在的"问题专利"带来的隐患

近年,我国提出的专利申请和授予专利的数量有了大幅提高,呈现"爆炸式增长"。根据国家知识产权局的统计,截至2016年12月,国内专利申请的数量总共达到19802035件,授权量总计11095232件。②另外,2017年1—8月,申请人提交了发明专利申请805574件,实用新型专利申请1056827件,外观设计专利申请393664件。③

表7-1　　　　2017年1—8月三种专利申请受理量　　　　(单位:件)

发明	实用新型	外观设计	合计
805574	1056827	393664	2256065

自2012年起,我国专利申请量已经连续五年排名全球第一。但是数量急剧增长的同时却可能滋生大量的"问题专利"。在我国,实用新型专利和外观设计专利申请并不像发明专利申请那样需要进行实质审查,只进行形式审查,导致已获得授权的实用新型专利和外观设计专利存在"问题"的可能性比发明专利更大。而这些"问题专利"可能成为专利劫持行为者的"最爱",他们以最低的价格获得这些"问题专利"的专有权后,很可能将这些专利作为攻击大、中、小型企业、获得超额许可费的不

---

① Timmers, Paul, "Business Models for Electronic Markets", *Journal on Electronic Markets*, Vol. 8, No. 2, 1998.

② 数据来源于《中华人民共和国国家知识产权局专利统计年报(2016)》的统计信息,http://www.sipo.gov.cn/tjxx/jianbao/2016nb.pdf。

③ 数据来源于国家知识产权局统计信息:http://www.sipo.gov.cn/tjxx/tjyb/2017/201709/P020170920341613804438.pdf。

二选择。这种推测并非没有根据。表7-2反映了2008—2016年专利申请量和侵权案件量的变化（2017年暂不能完全统计）。这说明，我国的专利资源丰富，专利数量逐年上升，专利质量尽管取得了长足进步，但依然堪忧。[1] 专利诉讼数量呈现较大幅度增长。[2]

表7-2　　　　2008—2016年专利授权量和侵权案件量[3]　　（单位：件）

年份	专利授权量	专利侵权诉讼量
2016	1753763	12357
2015	1718192	11607
2014	1302687	9648
2013	1313000	9195
2012	1255138	9680
2011	960513	7819
2010	814825	5785
2009	581992	4422
2008	411982	4074

（四）专利侵权救济制度的"助推"

1. 过度适用停止侵权责任规则

停止侵权责任是一种典型的民事责任。我国学者认为："专利法领域的停止侵权责任是法院判令侵权者承担的永久停止非法实施专利权的行为，是一种针对被告在未来可能继续发生的侵权行为的预防性救济。"[4] 停止侵权责任与美国的永久禁令有相似之处。但在我国，获得"停止侵权责任"似乎更加"自然"，甚至近乎"全自动"。在专利侵权纠纷诉讼中，

---

[1] 在《世界知识产权管理》杂志发布的关于经理人对用户的调查显示，我国国家知识产权局的专利审查质量指数仅为美国专利商标局、英国专利局和欧洲专利局的一半。参见宋河发《从问题到措施——思考我国知识产权政策的走向》，《科技与法律》2015年第4期。

[2] 朱雪忠：《辨证看待中国专利的数量与质量》，《中国科学院院刊》2013年第4期。

[3] 数据来源于国家知识产权局《专利统计年报（2016）》，http：//www.sipo.gov.cn/tjxx/jianbao/2016nb.pdf；最高人民法院《中国法院知识产权司法保护状况（2009—2015年）》白皮书，http：//www.court.gov.cn/zscq/bhcg/；最高人民法院《中国法院知识产权司法保护状况（2016年）》白皮书，http：//www.court.gov.cn/zixun-xiangqing-42362.html；国家知识产权局《2008年中国知识产权保护状况》，http：//www.nipso.cn/onews.asp？id=9481。

[4] 和育东：《专利法上的停止侵权救济探析》，《知识产权》2008年第6期。

如果被告败诉，法院一般当然判令被告承担停止侵权责任。有学者指出，法院一旦确认侵权事实成立，几乎在99%的案件中都判令侵权人承担停止侵权责任，要求其停止侵权行为。①"停止侵权责任"成为技术标准化中专利劫持行为者最有利的制度武器，其近乎自动适用的原则为技术标准化中专利劫持行为的发生预留了足够的空间。

2. 多样化的专利侵权赔偿计算方式以供选择

我国《专利法》第65条规定了专利侵权损害赔偿的四种计算方法，如图7-1所示：

专利权人的实际损失 ⟶ 侵权人的获益 ⟶ 专利许可费的倍数 ⟶ 法定赔偿

图7-1　专利侵权损害赔偿的计算方式选择路线

需要说明的是，这四种方法不能由当事人自由选择，应按照先后顺序排列：在该路线图所列的计算方法中，第一种方法，专利权人的实际损失并不适用于只进行标准必要专利授权许可的专利劫持行为者，因为他们并不实际生产产品，所以无法计算销售产品的损失；第二种方法，即侵权人的获益=销售的侵权产品数×产品单价，简单、操作性强，尤其是对于复杂标准技术产品而言，这种方法可以让专利权人获得比单一部件专利侵权更高的赔偿额，这正是标准必要专利劫持行为者的诉求；第三种方法要求专利权人证明其专利已经许可使用，并且还要证明被许可方已经支付了许可费。一般来说，标准必要专利劫持行为人旨在获取高额许可费用，在发现目标前常常隐藏其专利或者标准必要专利劫持行为人实行打包许可，其中专利许可的费用并非仅仅指向诉争专利，如此，运用该规则计算赔偿额就缺乏基础；第四种方法，人民法院判定的法定赔偿一般来说比较低，中南财经政法大学的詹映副教授在2013年完成的关于近五年来知识产权司法侵权赔偿研究课题成果表明，法定赔偿的平均数额仅仅只有8万元，这样的赔偿金额只占到起诉人诉求赔偿额的1/3甚至更低。② 因此，此种赔偿计算方法被技术标准化中专利劫持行为者利用的可能性很小。但是，随

---

① 贺宁馨、袁晓东：《专利钓饵对中国专利制度的挑战及其防范措施研究》，《科学学与科学技术管理》2013年第1期。

② 张维：《97%专利侵权案判决采取法定赔偿 平均赔偿额只有8万元》，《法制日报》2013年4月16日第6版。

着"知识产权的严格司法保护政策"的推行,最高人民法院提出"提高法定赔偿上限"①;同时,技术标准化中的专利劫持行为人一般精于诉讼,一定会花费大量的精力取证、举证,从而以"侵权人所获利润"规则向法院主张赔偿额,可能获得远超过平均水平的巨额赔偿金。②

3. 如果引入专利侵权惩罚性赔偿

目前,我国专利侵权赔偿与其他民事侵权赔偿一样实行补偿性原则或者填平原则。然而,补偿性的专利侵权损害赔偿未能有效遏制专利侵权行为。基于此,部分学者和实务界人士开始把目光投向源于英美法的专利侵权惩罚性赔偿制度。专利侵权惩罚性赔偿是专利侵权人给付专利权人超过其实际损害数额的一种金钱赔偿,具有惩罚、补偿等功能。在《专利法修改草案(征求意见稿)》和《专利法修订草案(送审稿)》中,起草者拟增设专利侵权惩罚性赔偿制度。③ 但是如何认定故意,《专利法修改草案(征求意见稿)》和《专利法修订草案(送审稿)》并未作出相应规定,这为技术标准化中专利劫持行为者要求法院认定被指控人在主观上具有故意留下了余地,从而为标准必要专利劫持行为者威吓标准必要专利技术使用者提供了法律依据,将助推专利劫持行为者的肆意横行。

(五)专利交易不活跃

我国的专利交易市场形成于20世纪90年代,虽经过20多年的发展,但至今仍不够发达。与国外成熟的专利交易市场相比,还存在很大差距。其中,主要表现为大多数专利中介的法律地位不清、信誉差、服务种类单一、交易额小等。由于专利交易不活跃,导致企业的专利权交易不顺畅,

---

① 贺小荣:《保护产权是依法治国重要标尺》,《人民日报》2016年11月21日第5版。

② 近年来,部分专家和学者认为中国的专利侵权赔偿数额远远低于美国,因此,不会诱使技术标准化中专利劫持行为的发生。本书对此持有不同的观点。笔者以为,中国专利侵权赔偿数额诚然远远低于美国,但对于在中国实施专利劫持的主体而言,其获赔偿数额应与在中国不同的时间获得的赔偿数额进行比较。

③ 参见《专利法修改草案(征求意见稿)》第65条第3款:"对于故意侵犯专利权的行为,人民法院可以根据侵权行为的情节、规模、损害后果等因素,将根据前两款所确定的赔偿数额提高至二到三倍。"《专利法修订草案(送审稿)》对此略作修改,在条款数上变更为第68条第1款,该款将故意侵权的惩罚性赔偿作为赔偿计算方式,计算倍数变为"一倍到三倍",即"……对于故意侵犯专利权的行为,人民法院可以根据侵权行为的情节、规模、损害后果等因素,在按照上述方法确定数额的一倍以上三倍以下确定赔偿数额"。

不利于企业直接防范技术标准化中的专利劫持行为。另外，由于目前的专利交易市场中没有出现类似于美国 RPX 公司的企业，缺乏为企业提供防范技术标准化中专利劫持行为服务的中介，使企业处于孤立无援的被动防范状态，不利于迎接专利劫持行为的挑战。再者，不成熟的专利交易市场难以向企业提供充足的、有价值的专利情报信息，致使企业的技术研发目标不明，未能打通研发与商业化的连接渠道，势必导致专利侵权行为的发生。

（六）产业界对技术标准化中的专利劫持行为的认识还不够深入

技术标准化中的专利劫持行为在美欧早已产生，但是引起我国关注却为时不久。在产业界，一些国内企业近几年已经不断遭遇技术标准化中的专利劫持行为，并尝尽苦头，如今已开始重视这个问题。一些大企业如华为公司、中兴公司、联想集团等极为关注技术标准的制定，重视专利申请，并注重保证专利质量，但我国部分企业申请专利是为了完成政府科研指标或项目要求，或者说是为了参评高新技术企业，极个别的还是为了获得政府财政资助。此种专利，难以确保质量，容易引发侵权，且在谈判中无法储备有力的筹码。

（七）域外标准必要专利巨头在我国已经开始开辟新战场

人类社会进入 21 世纪后，以微电子技术和纳米技术为代表的高新技术正引领技术的发展，这些技术具有复杂性。由于法律的滞后性，专利法一时出现了真空地带，遭遇了空前的挑战。相比较起来，一些发达国家和地区的技术标准发达，专利经营理念浓厚，专利保护力度大，专利保护水平高，为专利劫持行为孕育了土壤，比如美国、欧洲。这些专利劫持行为不仅在美欧"横行"，而且随着经济全球化这一不可阻挡的态势，不断向国外延伸。延伸地主要集中在那些正在致力于推进高科技的发展，但是法律制度和技术交易市场还不是很发达的国家。比如，位于美国加利福尼亚州圣迭戈的高通公司于 1985 年 7 月成立，主要从事无线电通信技术研发，在 CDMA 数字技术和 LTE 技术领域拥有数量众多的标准必要专利。在向下一代无线技术演进的过程中，高通公司致力于打开中国市场。1998 年，北京邮电大学和高通公司联合成立研究中心。20 年来，高通公司先后在北京、上海等地开设了分公司，还设立了研发中心，与清华大学、上海交通大学、浙江大学等多所知名学府和科研院所展开合作。目前，高通公司在中国的合作伙伴已经超过 120 家，已与华为公司、中兴公司、海尔集团、联想公司、小米公司、OPPO公司等签订了3G/4G标准必要专利技术许可协议。与此同时,高通公司正在加快布局中国半导体市场,积极拓展物联网,成立瞄准智能硬件的合资企业,涉足无人机、VR、机器人等领域。2016年是5G标准制定的元年,ITU目前已经为3年后(2020年)5G标准的制定厘定了时间表,从而引发了全球对5G技术标准的大博弈。在2016年10月14日于葡萄牙里斯本举行的会议上,高通公司技压群雄,其研发的LDPC(低密度奇偶校验码)作为数据信道的编码方案最后胜出,从而为高通公司强势占领5G标准奠定了基础。除此之外,高通公司在2014年1月23日与惠普公司签订了购买后者2400多项专利的转让合同。与此同时,高通公司近年已通过标准必要专利授权许可协议对生产商实施劫持,比如要求生产商支付不合理的许可费。所以,高通公司利用通信专利标准布局中国市场,实际上为向中国企业发起标准必要专利劫持行为做好了准备,给中国企业制造了潜在危机。有人甚至为此担心:DVD滑铁卢是否将再现于中国智能手机行业?

二 技术标准化中专利劫持行为与创新目标相悖

2008年6月5日,国务院公布了《国家知识产权战略纲要》。2012年7月5—6日,全国科技创新大会在北京召开。在此次会议上,创新驱动发展的伟大设想首次得以提出,要求将科技创新"必须摆在国家发展全局的核心位置",该战略已写入党的十八大报告。创新驱动发展战略是党和国家作出的重要战略抉择,其核心思想在于提升自主创新的能力,充分重视科学技术在经济社会中的支撑作用,提高科技进步对经济的贡献率。可见,追求科学技术的创新是我国创新驱动发展战略的根本。2015年3月13日,中共中央、国务院联合发布了《关于深化体制机制改革加快实施创新驱动发展战略的若干意见》;2016年5月19日,印发了《国家创新驱动发展战略纲要》;2017年10月18日,习近平总书记在党的十九大作的报告中对创新等重大战略问题给予了回答。可见,创新承载了中国科技进步、经济发展、民族复兴的梦想。

就技术标准化中的专利劫持行为而言,正如本书在第三部分中所述,它有一定的正效应,但负效应更应引起企业、社会甚至国家的重视。本书在前文已经分析了技术标准化中专利劫持行为整体上所表现出来的负面影响①，这些影响无论是在美国、欧洲，还是中国，都具有同一性。本书在此还想着重强调技术标准化中的专利劫持行为对我国企业造成的危害：

第一，导致国内企业需要支付更多的费用获得标准必要专利许可或者应对专利诉讼，对企业的正常经营活动造成严重影响，同时增加的交易成本最终将转嫁给消费者，企业所获利润也随之减少。据统计，就一部售价为 150 美元的国产智能手机而言，生产商需要缴纳的专利许可费用包括：高通公司收取手机售价的 4%—5%，爱立信公司收取手机售价的 3%，诺基亚公司收取手机售价的 2%—3%，微软公司向每台安装了 Android 系统的手机收取 5 美元、平板电脑 10 美元。而一份由两位智能手机诉讼案件律师和一位英特尔公司高管共同撰写的长达 66 页的报告《智能手机累积许可费》显示，一部售价 400 美元的智能手机，需要支付的专利许可费用总计 120 美元左右，甚至超过了设备的零部件成本。这些专利许可费用不仅包括基于使用移动技术如基带或 LTE 的费用，而且包括使用文件格式技术的费用，如 JPEG、MP4 和 AAC；Wi-Fi、蓝牙和 GPS；RAM 和 SD 内存卡；DLNA 和 NFC 以及操作系统。在智能手机专利许可费中，有相当大一部分费用产生于使用标准手机基带芯片（50 美元）技术、802.11 Wi-Fi（50 美元）标准技术，以及 H.264 视频（10.60 美元）标准技术、MP3（0.95 美元）标准技术、AAC（0.20 美元）标准技术和操作系统（5—8 美元）技术。②清单如表 7-3 所示：

表 7-3　　　　　　智能手机专利授权使用费清单

公司	专利授权使用费（售价 400 美元的手机）	每单位产品授权使用费（美元）
朗讯科技公司	10000 美元加每台产品售价的 5%（要求费率）	20.00
Agere	每台产品售价的 5%（要求费率）	20.00
摩托罗拉公司	0.008 美元（法院裁定费率） 0.03 美元（法院对 X-box 裁定的费率）	9.00
Innovatio IP Ventures	3.39—36.9 美元（要求费率） 每个 Wi-Fi 芯片 0.0956 美元	7.20

---

① 详见本书的第三章第三节的第三部分。
② 《一部智能手机要支付多少专利费超过零部件成本》，元器件交易网（http：//news.cecb2b.com/info/20141118/2872092.shtml/）。

续表

公司	专利授权使用费（售价400美元的手机）	每单位产品授权使用费（美元）
Sisvel 专利池	每单位产品 0.71 美元（如果被许可方授予 Nokia802.11 标准必要专利的许可）（要求费率） 每单位产品 0.86 欧元（被许可方不授予 Nokia802.11 标准必要专利的许可）（要求费率）	1.18
Via Licensing	基于销量的每单位产品滑动费率，从 0.05—0.55 美元不等（要求费率）	0.55
爱立信公司	0.5 美元（要求费率）； 每项专利每台产品 0.5 美元（法院裁定费率）	0.50
合计		50.23

由此可以看出，中国手机企业需向标准必要专利权人支付数目可观的专利许可费。

第二，有可能导致我国的标准战略受阻。标准必要专利的权利人与使用人的完全脱节，会引发标准必要专利权人对生产企业形成控制的隐患，使我国推行标准化战略之路步履维艰。此外，国外专利劫持行为者常常设立众多空壳公司，并操纵空壳公司购买包含标准必要专利的技术，而自己隐藏在其背后，无法让人辨识，长此以往，日积月累，企业难以突破标准必要专利重围，从而影响我国技术的进步、标准的推行、经济的发展、国家的安全。

综上可以看出，技术标准化中的专利劫持行为与我国的创新目标相悖。《关于净化体制机制改革加快实施创新驱动发展战略的若干意见》指出，"破除一切制约创新的思想障碍和制度藩篱，激发全社会创新活力和创造潜能"。党和国家对创新寄予深切厚望，任何与创新相违背的行为都应予以矫正。基于此，我国应对技术标准化中的专利劫持行为予以关注，这不仅关系着现在，更重要的是关系着未来。

第二节　我国技术标准化中专利劫持行为法律规制的现状

技术标准化中的专利劫持行为是专利权人利用专利权要挟他人以获取超

出专利价值的许可费的行为,这是一种滥用专利权的行为,是一种违法行为。我国现行立法、司法和行政执法对于此种现象的规制实践分述如下。

一 现行主要的法律资源

在我国现行的法律体系下,《民法通则》《民法总则》《合同法》《专利法》《反垄断法》《对外贸易法》《民事诉讼法》等不同的法律可以对技术标准化中的专利劫持行为进行一定程度的规制。

(一)《民法通则》和《民法总则》

《民法通则》和《民法总则》确立的诚实信用原则和禁止权利滥用原则是对技术标准化中的专利劫持行为进行规制的主要法律依据,其中权利不得滥用是诚实信用原则的本质要求,二者具有一致性。以《民法通则》为例,该法第4条规定:"民事主体在进行民事活动时,应当遵守自愿、公平、等价有偿、诚实信用的基本原则";第7条进一步规定:"民事主体在进行民事活动时,还应当尊重社会公德,不得损害社会公共利益,破坏国家经济计划,扰乱社会经济秩序";第58条规定违反法律或者社会公共利益的民事行为属于无效行为。此外,第59条规定对于显失公平的行为,无过错一方当事人有权请求人民法院或者仲裁机关予以变更或者撤销。专利权属于民事权利的一种,其权利的行使属于一种民事行为,此种民事活动理应遵循《民法通则》和《民法总则》的相应规定。再者,第106条规定了违反合同义务和违反法定义务的民事责任,第134条规定了承担民事责任的形式,包括停止侵害、赔偿损失等。所以,前述条文的规定同样适用于对技术标准化中专利劫持行为的规制。

(二)《合同法》

该法第52条规定:"一方以欺诈、胁迫的手段订立合同,损害国家利益或者以合法形式掩盖非法目的或者损害社会公共利益的合同无效。"第53条则规定对于一方以欺诈、胁迫的手段或者乘人之危订立的合同,如若没有损害国家利益或者社会公共利益,允许受损害方请求人民法院或仲裁机构对此加以变更或者撤销。基于此,技术标准化中被专利劫持行为主体可以主张与专利劫持行为主体签订的专利许可合同无效或者请求人民法院或者仲裁机构加以变更或者撤销。《合同法》第18章规定了与技术有关的合同,包括技术转让合同、技术开发合同、技术咨询和服务合同。立法者对于非法垄断技术、妨碍技术进步或者侵害他人技术成果的技术合同的态度非常明确，均规定为无效。① 技术合同包括了专利技术合同，因此，在涉及专利技术的合同中，只要存在非法垄断技术、妨碍技术进步或损害他人利益的行为，都将受到此条的约束。此外，还规定技术转让合同可以约定让与人和受让人实施专利或者使用技术秘密的范围，但要求不得限制技术竞争和技术发展。② 由此可见，专利劫持行为者实施专利劫持行为，如造成非法垄断技术、妨碍技术进步或者损害生产者利益，双方签订的合同将被认定为无效合同。

（三）《专利法》

1984年制定的《专利法》在吸收国际上专利立法最新经验的基础上，经过三次修正，逐步完善了各项法律制度，包括专利权的客体制度、授予制度、无效制度、先用权制度、非自愿许可制度、侵权救济制度、确认不侵权之诉制度等。其中，无效制度、强制许可制度等可以用于规制技术标准化中的专利劫持行为。③ 在技术标准化中专利劫持行为者提起的专利侵权纠纷诉讼中，特别是对于部分与软件、商业方法有关的标准必要专利，它们的保护范围较宽且模糊，造成专利权的不确定性，为此，被指控侵权人可以以此请求宣告该专利无效。被指控人还可以利用先用权制度对技术标准化中的专利劫持行为者提出抗辩，直接对抗专利劫持行为者的主张。④ 因此，生产商可以基于先用权进行抗辩。此外，现行《专利法》第48条、第49条、第50条规定了强制许可制度适用的不同情形：（1）依申请的强制许可；（2）国家基于公共利益给予的强制许可；（3）从属专利的强制许可。另外，第14条还规定了针对国有企事业单位的发明专利

---

① 参见《合同法》第325条。

② 参见《合同法》第334条。

③ 《专利法》第45条："自国务院专利行政部门公告授予专利权之日起，任何单位或者个人认为该专利权的授予不符合本法有关规定的，可以请求专利复审委员会宣告该专利权无效。"

④ 先用权制度是指一方当事人如果在他人提起专利申请日前，已经制造了或者正在制造相同产品、使用或者正在使用相同方法或者已经作好制造、使用的必要准备，并且仅在原有范围内继续制造、使用的，该方当事人的行为就不应被视为侵犯专利权的行为，而是一种合法行为。参见《专利法》第69条第1款第2项："有下列情形之一的，不视为侵犯专利权：（二）在专利申请日前已经制造相同产品、使用相同方法或者已经作好制造、使用的必要准备，并且仅在原有范围内继续制造、使用的。"

的指定许可。[①]因此，对于符合条件的专利技术，使用人可以申请强制许可，从而解除"劫持"威胁。

（四）《反垄断法》

对于滥用市场支配地位的专利权不当行使行为，可通过这部法律来调整。该法对包括专利权在内的滥用知识产权行为作出了原则性规定。根据该法的第6条，具有市场支配地位的经营者如果滥用市场支配地位，排除、限制竞争，将承担相应的法律责任。第55条被称为"知识产权滥用"专用条款，该条规定经营者如果滥用知识产权，实施排除、限制竞争的行为，要受到反垄断法的规制。技术标准化中的专利劫持行为是一种滥用专利权的行为，如该种行为具有排除、限制竞争的效应，则可以据此进行识别，要求专利劫持行为人承担垄断法律责任。

（五）《对外贸易法》

对于专利权人滥用专利权实施强制性一揽子许可的行为，可在此部法律中找到规制的法律依据。《对外贸易法》在2004年获得修订通过，并于同年7月1日起施行。修订后的《对外贸易法》增设了"与对外贸易有关的知识产权保护"内容，并作为第5章。根据该法的规定，国务院对外贸易主管部门针对专利权利人的以下三种危害对外贸易公平竞争秩序的行为，可以采取必要措施进行防止：（1）专利权人阻止被许可人对许可合同中知识产权的有效性提出质疑；（2）专利权人强迫被许可人接受强制性一揽子许可；（3）专利权人在许可合同中规定排他性返授条件。[②]该条针对标准必要专利权许可人在国际专利许可合同中，利用市场垄断优势进行的专利权滥用行为进行了原则性的限制，有助于减少专利劫持行为。

（六）《民事诉讼法》

我国《民事诉讼法》第13条规定民事诉讼应当遵循诚实信用原则。这就要求当事人在进行民事诉讼时，应当遵循诚实信用原则，根据具体真

[①] 《专利法》第14条："国有企业事业单位的发明专利，对国家利益或者公共利益具有重大意义的，国务院有关主管部门和省、自治区、直辖市人民政府报经国务院批准，可以决定在批准的范围内推广应用，允许指定的单位实施，由实施单位按照国家规定向专利权人支付使用费。"

[②] 《对外贸易法》第30条："知识产权权利人有阻止被许可人对许可合同中的知识产权的有效性提出质疑、进行强制性一揽子许可、在许可合同中规定排他性返授条件等行为之一，并危害对外贸易公平竞争秩序的，国务院对外贸易主管部门可以采取必要的措施消除危害。"

实的情况表达自己的诉讼主张,在法律允许的范围内处分自己的民事权利和诉讼权利。如果当事人违背诚实信用原则而不根据真实的情况进行有效的诉讼,不仅将破坏诉讼制度定纷止争的功能,而且将损害司法权威,浪费司法资源,损害他人利益。技术标准化中专利劫持行为人常以提起诉讼获取高额许可费作为要挟的手段,是一种滥用诉讼程序的行为,可以据此进行规制。

除了以上规定,还有一些法律法规也可以适用于技术标准化中专利劫持行为的规制,比如《侵权责任法》《标准化法》《反不正当竞争法》《技术进出口管理条例》《专利法实施细则》。此外,我国签订的国际公约,如《知识产权保护协定》《保护工业产权巴黎公约》等也可以作为规制依据。可见,我国目前有可以利用的立法资源,但分布比较散,还缺乏明确的针对性。

二 既有的司法实践

在我国,技术标准化中的专利劫持行为虽然尚未像在美国、欧洲一样四处蔓延,近几年才有相应的诉讼案件,[①] 总体上看并不多见;但随着技术标准和专利融合的趋势越来越明显,涉及标准必要专利诉讼纠纷的案件势必越来越多,特别是在信息技术领域,而已有案件已表明司法规制技术标准化中专利劫持行为的基本态度。此外,最高人民法院发布的相应司法解释也为技术标准化中专利劫持行为的法律规制提供了依据。

(一)标准必要专利权人停止侵权请求权的绝对支持:专利被纳入标准并非默示许可

在2007年河南省高级人民法院审理的"河南省天工药业有限公司与广西南宁邕江药业有限公司侵犯发明专利权纠纷上诉案"中,广西南宁邕江药业有限公司(一审原告,二审上诉人)系"一种治疗颅脑外伤及其综合征的药物组合物"发明专利权人,原国家药品监督管理局根据原告提

[①] 实际上,北京市第二中级人民法院在1996年7月8日审理的"天河港湾工程研究所诉原建设部勘察设计研究院侵犯发明专利权纠纷案"应是我国标准涉及专利的首个案件,2001年8月28日云南省昆明市中级人民法院审理了另一个标准涉及专利的重大案例"陈国亮诉昆明岩土工程公司侵犯其《固结山体滑动面提高抗滑力的施工方法》专利权纠纷案"。前案因专利权无效,法院驳回了原告的诉讼请求;后案在审理过程中,原告与被告达成和解并撤诉。因此,两案中法院对于标准必要专利寻求救济的态度如何,不得而知。

供的技术颁布了"复方赖氨酸颗粒"的质量标准及使用说明书。其后,原告以河南省天工药业有限公司(一审被告,二审上诉人)未获得许可生产该药,侵犯自己的专利权为由提起诉讼,南宁市中级人民法院在审理后认为,国家授予原告涉案发明专利的专利权,其合法权利应受到法律的保护;原告获得专利权在国家药品标准颁布实施之前;原告专利技术被国家标准采用;即便原告知道被告是生产复方赖氨酸颗粒的厂家,也并不表示原告已默许他人实施其专利,他人要实施专利仍应取得原告的许可。据此,法院支持了原告关于被告停止侵权并承担赔偿责任的请求。① 二审法院维持了一审法院的裁决。②

(二)标准必要专利权人停止侵权请求权的绝对限制:专利被纳入标准后的使用行为"去非法性"

辽宁省高级人民法院就季强、刘辉与朝阳市兴诺建筑工程有限公司专利侵权纠纷的请示一案是最高人民法院处理的涉及标准必要专利的首案。在该案中,专利权人参与了该标准的制定但没有披露专利权信息。标准实施后,专利权人以被告侵害专利权为由提起诉讼。2008年7月8日,最高人民法院在回复来自辽宁省高级人民法院报请的一份函件中指出:"鉴于目前我国标准制定机关尚未建立有关标准中专利信息的公开披露及使用制度的实际情况,专利权人参与了标准的制定或者经其同意,将专利纳入国家、行业或者地方标准的,视为专利权人许可他人在实施标准的同时实施该专利,他人的有关实施行为不属于专利法第11条所规定的侵犯专利权的行为。专利权人可以要求实施人支付一定的使用费,但支付的数额应明显低于正常的许可使用费;专利权人承诺放弃专利使用费的,依其承诺处理。"③ 由此可以看出,最高人民法院在该回复中表明了对标准必要专利权人寻求司法救济的态度,认为专利权人如果参与了标准制定,或者经专利权人同意将其专利技术纳入国家、行业或者地方标准的,应视为专利权人许可他人在实施标准的同时实施该专利。因此,任何其他第三人的实施行为并不构成专利侵权。标准必要专利权人以他人未经许可实施其专利

---

① (2006)南市民三初字第56号民事判决。

② (2007)桂民三终字第46号民事判决。

③ 参见最高人民法院(2008)民三他字第4号:《最高人民法院关于朝阳兴诺公司按照建设部颁发的行业标准〈复合载体夯扩桩设计规程〉设计、施工而实施标准中专利的行为是否构成侵犯专利权问题的函》。

为由提起诉讼,要求标准必要专利技术使用者支付高额许可费,法院不应予以支持。

(三) 标准必要专利权人停止侵权请求权被拒绝的例外:专利被纳入标准后的使用行为合法性的但书条件

在最高人民法院 2014 年审结的提审案件"衡水子牙河建筑工程有限公司与张晶廷等侵犯发明专利权纠纷案"① 中,涉案专利被纳入地方标准,专利权人参与了标准的制定并对专利信息进行了披露,同时表示实施行为需要经专利权人许可。河北省石家庄市中级人民法院经审理认为被告没有征得标准必要专利权人的同意使用专利技术是一种侵权行为,应当承担停止侵权责任。② 被告不服,提起上诉。二审法院径直援引最高人民法院(2008)民三他字第 4 号函件对一审判决进行改判,判令被告实施标准必要专利技术行为不构成侵权,不承担停止侵权责任。③ 专利权人向最高人民法院申请再审。最高人民法院首先认定:"对个案的答复,不应作为裁判案件的直接依据予以援引。"接着指出:"本案中张晶廷履行了专利信息的披露义务,但披露信息并不是表明专利权人有向公众开放免费的专利使用许可的意图。实施标准必要专利技术,应当获得专利权人的许可,根据公平、合理、无歧视的原则,支付许可费。"进而认为:"在未经专利权人许可使用,拒绝支付许可费的情况下,专利权人请求专利侵权救济原则上不应当受到限制。"这体现了法院对标准必要专利权人的司法救济从"绝对限制"立场转变为"有限限制"的立场。

(四) 标准必要专利使用费的司法测量:华为公司诉美国 IDC 公司标准必要专利使用费纠纷案

华为公司是世界上知名的电信设备提供商,被告 IDC 公司是世界上著名的专利许可商,原被告均是欧洲电信标准化协会成员,其中被告拥有数量众多的无线通信技术领域的标准必要专利,这些专利也是中国电信领域中移动终端和基础设施的标准必要专利。但多年以来,双方对于专利许可未达成一致。2011 年 7 月,被告在美国提起诉讼,同时向美国国际贸易

---

① 参见最高人民法院(2012)民提字第 125 号。
② (2009)石民五初字第 00163 号民事判决。
③ (2011)冀民三终字第 15 号民事判决。

委员会提出申请,以迫使原告签订不公平的专利许可协议。2011年12月6日,华为公司以被告滥用市场支配地位、实施垄断侵权为由向深圳市中级人民法院提起诉讼。原告认为,被告违反了其承诺的FRAND义务,请求法院判令:被告按照FRAND条件确定被告就其标准必要专利许可给华为公司的许可费率或费率范围。深圳市中级人民法院经审理认为,被告是中国电信领域(移动终端和基础设施)技术标准的必要专利权人。根据我国法律,被告应将其标准必要专利以FRAND原则授权给原告使用,并结合相关证据,考虑被告的标准必要专利数量、质量、价值、已许可情况等因素,依据法律的规定,判决确定被告给予原告华为公司合适的许可费率。① 一审宣判后,被告不服提起上诉。二审法院判决驳回上诉,维持原判。②

(五) 最高人民法院发布的司法解释和相关意见

1. 技术分摊规则的初步提出:《关于审理侵犯专利权纠纷案件应用法律若干问题的解释》

为正确审理侵犯专利权纠纷案件,最高人民法院根据《专利法》《民事诉讼法》等有关法律规定,结合审判实际,在2009年12月21日由审判委员会讨论并通过了《关于审理侵犯专利权纠纷案件应用法律若干问题的解释》。其中规定:"在确定侵权人因侵权所获得的利益时,应当仅限于侵权人因侵犯专利权行为所获得的利益,而对于其他权利所产生的利益,人民法院在确定赔偿数额时应当合理扣除。"与此同时,该解释还对于侵犯发明、实用新型专利权的产品系另一产品的零部件以及侵犯外观设计专利权的产品为包装物的赔偿数额做了规定,对于前者,人民法院应当根据该零部件本身的价值及其在实现成品利润中的作用等因素合理确定,对于后者,人民法院应当按照包装物本身的价值及其在实现被包装产品利润中的作用等因素来合理确定。③ 一般认为,此项规定表明我国法院已经意识到如果涉诉专利只涉及产品的零部件、外包装时,需要考虑它们在整个产品的价值比重,而不能以产品的全部价值作

---

① (2011)深中法知民初字第857号判决。
② (2013)粤高法民三终字第305号判决。
③ 参见《最高人民法院关于审理侵犯专利权纠纷案件应用法律若干问题的解释》第16条。

为计算的依据。这给技术标准化中专利劫持行为人获得超过一般赔偿费用的期冀策略增添了障碍。

2. 妥善适用停止侵权责任：《最高人民法院关于当前经济形势下知识产权审判服务大局若干问题的意见》《专利法司法解释（二）》

停止侵权是专利侵权责任的基本方式，但并非适用于所有情形。近年来，最高人民法院有多个领导讲话和司法意见直接对责令停止侵权的自由裁量问题给予了关注。2009年，为落实国家知识产权战略，促进经济平稳较快发展，最高人民法院针对当时知识产权审判工作的若干问题，提出了《关于当前经济形势下知识产权审判服务大局若干问题的意见》（以下简称《意见》）。该《意见》为法院是否判令知识产权侵权人承担停止侵害责任表明了态度，要求法院考虑停止侵害的有关行为是否会造成当事人之间的重大利益失衡，或者是否有悖社会公共利益，或者是否实际上无法执行。如果是，人民法院可以仅判决侵害人承担赔偿责任。而对于权利人的懈怠诉讼，最高人民法院要求人民法院可以审慎地考虑不再责令停止行为，但可以依法给予合理的赔偿。① 2016年3月22日发布的《专利法司法解释（二）》第26条进一步明确规定，被告构成对专利权的侵犯，但考虑到国家利益、公共利益，② 人民法院可以不判令被告承担停止侵权责任，而判令其支付相应的合理费用。所以，在标准必要专利侵权诉讼中，人民法院可以据此作出判决。

3. 标准必要专利侵权诉讼的处理：《专利法司法解释（二）》

随着"中国标准专利第一案"的出现以及美国、欧洲等国家和地区审理的大量标准必要专利诉讼案件，标准必要专利无疑是当前备受关注的话题之一。为了及时回应科技创新对我国司法审判的新期待，《专利法司

---

① 参见《最高人民法院关于当前经济形势下知识产权审判服务大局若干问题的意见》第四部分第15条。

② 北京市高级人民法院2017年发布的《专利侵权判定指南（2017）》对国家利益或公共利益进行了列举。即第148条规定，以下情形可以认定为有损国家利益或公共利益：（1）有损于我国政治、经济、军事等安全的；（2）可能导致公共安全事件发生的；（3）可能危及公共卫生的；（4）可能造成重大环境保护事件的；（5）可能导致社会资源严重浪费等利益严重失衡的其他情形。

法解释（二）》第 24 条首次对推荐性国家、行业或者地方标准[①]必要专利诉讼中权利人的专利信息披露义务、被诉侵权人的 FRAND 抗辩、FRAND 许可费的确定标准进行了规定。该条规定为标准必要专利侵权诉讼和合同之诉提供了法律依据。根据该条第 1 款，标准必要专利权人在技术标准制定过程中如果明示了所涉必要专利的信息，人民法院则对专利技术使用者以实施该标准无须专利权人许可为由提出的抗辩一般不予支持。该款是认定标准必要专利技术实施者在专利信息披露语境下是否存在主观过错的基础和前提。但该款并不涉及"标准未明示所涉必要专利"的情形，也不能根据该款的表述反向推导"标准未明示所涉必要专利"的处理规则。[②] 第 24 条第 2 款进一步规定了专利权遵守 FRAND 的义务及其违反的法律后果。即标准必要专利权人如果主观上存在故意违反该项义务，则将不能获得法院判令停止侵权责任的支持。换言之，专利权人在协商中没有违反 FRAND 许可政策，也没有明显过错，其请求法院判令被告承担停止侵权责任得到支持的可能性很大。至于何为专利许可条件，应由专利权人和专利技术使用者充分协商。如协商不成，由人民法院应当根据综合因素来加以判定。[③] 这表明，本次司法解释已为法院对标准必要专利使用费进行司法干预提供了依据。

可见，我国司法规制主要从司法适用和司法解释两方面出发，前者着重对标准必要专利权人的停止侵害请求权和侵权赔偿请求权加以考量，后者重点阐明司法中如何适用停止侵权责任以及 FRAND 使用费的计算。

三 已有的行政管理和执法经验

技术标准化中专利劫持行为在我国尚不具有规模，但其所产生的负效应已波及部分创新企业。加之我国具备专利劫持行为形成的土壤和条件，这就决定了法律规制的必要性和重要性。技术标准化中专利劫持行为的法律规制不仅需要立法、司法，而且也需要行政执法。近年，我国行政管理

[①] 《国家标准涉及专利的管理规定（暂行）》第 14 条规定：强制性国家标准一般不涉及专利。据此，《专利法司法解释（二）》为保持与该规定的一致性，并未对强制性标准问题作出规定，而仅仅涉及推荐性国家、行业或者地方标准。

[②] 李剑：《专利法司法解释（二）第二十四条之解读》，《竞争政策研究》2016 年第 2 期。

[③] 参见《最高人民法院关于审理侵犯专利权纠纷案件应用法律若干问题的解释（二）》第 24 条第 3 款。

和执法部门积极关注技术标准化中的专利劫持行为,已开始无可避免地介入对其的管理和调控中,并逐渐积累执法经验,出台了相关的政策以预防专利劫持行为的发生或者扩大。

(一) 国务院公布系列与知识产权有关的重要决定

1. 《国家知识产权战略纲要》

《国家知识产权战略纲要》于 2008 年 4 月 9 日经由国务院常务会议审议并通过,2008 年 6 月 5 日正式向社会各界公布。《国家知识产权战略纲要》是我国运用知识产权促进经济、社会全面发展的重要国家战略,也是指导我国知识产权事业发展的纲领性文件。《国家知识产权战略纲要》的核心内容是提升我国创新主体的知识产权创造、运用、保护和管理能力,努力建设创新型国家,实现全面达到小康社会的目标。在这份纲领性文件中,"战略措施(四)"部分规定有关部门应制定相应的法律法规,为知识产权划定相应的界限,确保知识产权人合法行使权利,构建良好的竞争环境,保障社会公众利益[①];"专项任务(一)专利"部分中的第 17 条要求制定和完善与标准有关的政策,规范将专利纳入标准的行为,支持企业、行业组织积极参与国际标准的制定。这对于技术标准化中专利劫持行为的法律规制无疑具有奠基作用,体现了法律规制的期许,指明了法律规制的方向和路径。

2. 《国家创新驱动发展战略纲要》

近年来,经济发展面临资源枯竭、日益严重的生态危机和环境问题、产业结构单一以及原有驱动模式的路径依赖等问题,要素驱动已经不能化解这些困境,因此,需要通过创新驱动解决。创新驱动的概念最早是由美国著名的管理学学者波特教授提出来的,他认为国家竞争力发展分为四个阶段,即要素驱动、投资驱动、创新驱动和财富驱动,而创新驱动是企业持续保持竞争优势、增强市场适应能力和竞争能力的原动力,它是以高技术和新知识作为最重要的资源,以增强企业的创新意识和创新能力,从而驱动经济发展的。[②] 中共十八大明确提出实施创新驱动发展战略,此项战略的提出既是形势所迫,也是面向未来的一项重大举措。2016 年 5 月 19

---

① 参见《国家知识产权战略纲要》"战略措施(四)"部分第 14 条。
② [美] 迈克尔·波特:《国家竞争优势》,李明轩、邱如美译,华夏出版社 2005 年版,第 229—260 页。

日,中共中央、国务院印发了《国家创新驱动发展战略纲要》,其意旨有二:一是鼓励健全专利权和标准化的相互支撑机制,二是鼓励将先进技术转化为标准,从而确保创新驱动发展战略的实现。显而易见,技术标准化中的专利劫持行为将与创新驱动发展战略相悖。

3.《深化标准化工作改革方案》

标准化在保障产品质量安全、促进产业转型升级和经济提质增效、服务外交外贸等方面起着越来越重要的作用。但是,从我国经济社会发展日益增长的需求来看,标准整体水平不高,主导制定的国际标准仅占国际标准总数的0.5%,"中国标准"在国际上认可度不高,现行标准体系和标准化管理体制已不能适应社会主义市场经济发展的需要,甚至在一定程度上影响了经济社会发展。为此,2015年3月11日,国务院印发了《深化标准化工作改革方案》,其中重点改革标准体系和标准化管理体制,免费向社会公开强制性国家标准文本,鼓励支持专利融入团体标准,推动技术进步;改进标准制定工作机制,强化标准的实施与监督,更好发挥标准化在推进国家治理体系和治理能力现代化中的基础性、战略性作用。技术标准化中的专利劫持行为与标准化的治国理念不相吻合,应予以调适。

4.《关于新形势下加快知识产权强国建设的若干意见》

当前,第四次科技革命已经到来,我国经济发展方式加快向供给侧结构转变,创新驱动发展已成为我国新战略,知识产权制度的重要性更加突出。为推进国家知识产权战略和创新驱动发展战略的实施,加快知识产权强国建设,国务院于2015年12月22日公布了《关于新形势下加快知识产权强国建设的若干意见》。其中要求深化改革重点产业知识产权运营基金制度的同时,也明确要求完善规制知识产权滥用行为的法律制度,制定相关反垄断执法指南;完善标准必要专利的FRAND许可政策和停止侵权适用规则。相较之于《国家知识产权战略纲要》,该意见对于如何防范和规制技术标准化中的专利劫持行为,措施更加具体,方向更加明确。

5.《关于完善产权保护制度依法保护产权的意见》

2016年8月30日,中央全面深化改革领导小组审议通过了《关于完善产权保护制度依法保护产权的意见》(以下简称《保护产权意见》)。11月4日,中共中央、国务院印发了《保护产权意见》。11月27日,该意见正式对外公布。这是全面推进依法治国的根本之策,是完善社会主义市场经济体制的内在要求。该意见强调对包括知识产权在内的物权、债权、股权等产权平等保护、依法保护、严格保护，同时还要求将知识产权保护和运用相结合，加强机制和平台建设，加快知识产权转移转化。可见，技术标准化中的专利劫持行为是专利权人利用专利权的垄断性，非法利用诉讼制度获取高于专利权的价值，其根本目的不在于专利权的运用，更多在于阻止竞争对手，或者获取超额许可费，不应受到保护，应受到法律规制，否则与《保护产权意见》的精神相悖。

（二）国务院反垄断委员会发布《关于滥用知识产权的反垄断指南（征求意见稿）》

《反垄断法》并不适用于经营者依照法律法规行使知识产权的行为。但知识产权行使行为有可能背离知识产权制度的初衷，排除、限制竞争，阻碍创新，从而满足《反垄断法》介入的条件。但是，滥用知识产权行为呈现多样化，在行为认定上存在复杂性。为了提高反垄断执法的透明度，给市场提供更为明确的合理预期，引导经营者正当行使知识产权，国务院反垄断委员会部署由国家商务部、原国家工商总局、国家发改委、国家知识产权局四家单位依据职责分别起草《关于滥用知识产权的反垄断指南（草案建议稿）》，最后由委员会办公室统筹形成正式版本。其中，国家发改委价监局于 2015 年 12 月 31 日公布了《关于滥用知识产权的反垄断指南（征求意见稿）》[1]，原国家工商总局在 2016 年 2 月 4 日公布了《关于滥用知识产权的反垄断执法指南（原国家工商总局第七稿）》[2]，其他两个部门起草的版本未向社会公布（如表 7-4 所示）。

表 7-4　国家发改委与原国家工商总局公布的《关于滥用知识产权的反垄断指南（草案建议稿）》比较

拟定机关	国家发改委	原国家工商总局
版本次数	第一稿	第七稿
公布时间	2015 年 12 月 31 日	2016 年 2 月 4 日
篇章及其条款数或者部分数	第 4 部分	第 7 章，第 32 条

---

[1] 《关于滥用知识产权的反垄断指南（征求意见稿）》，http://www.sdpc.gov.cn/gz dt/201512/ t20151231_770313.html。

[2] 《关于滥用知识产权的反垄断执法指南（国家工商总局第七稿）》，http://www.gov.cn/xinwen/2016-02/04/content_5039315.htm。

续表

拟定机关	国家发改委	原国家工商总局
主要内容	基本问题可能排除、限制竞争的知识产权协议涉及知识产权的滥用市场支配地位行为涉及知识产权的经营者集中	总则相关市场界定涉及知识产权的垄断协议，涉及知识产权的滥用市场支配地位，涉及知识产权的经营者集中，涉及知识产权的若干特定行为的反垄断分析
征求意见时间	截至2016年1月20日	截至2016年2月23日

从文本比较可知，国家发改委的版本涵盖的内容更加紧凑，执法标准更严格。比如，原国家工商总局的版本将具有竞争关系的经营者和不具有竞争关系的经营者达到"安全港"所需的市场份额分别规定为20%和30%，而国家发改委公布的版本则规定为15%和25%。就占有市场支配地位的标准必要专利权人寻求禁令救济等典型的专利劫持行为现象，两个文本均规定了规制的基本规则。

2017年3月23日，国务院反垄断委员会办公室在前述四家单位草案建议稿的基础上会同委员会专家咨询组研究，提出了新的《关于滥用知识产权的反垄断指南（征求意见稿）》（以下简称《征求意见稿》）。①《征求意见稿》在体例和内容上主要采用了国家发改委的版本，同时也吸收了原国家工商总局的版本及其公布并实施的《关于禁止滥用知识产权排除、限制竞争行为的规定》的部分内容。《征求意见稿》共有5章，27个条文，包括一般问题、涉及知识产权的垄断协议、涉及知识产权的滥用市场支配地位行为、涉及知识产权的经营者集中、涉及知识产权的其他情形。对于占有市场支配地位的标准必要专利权人，如果在技术标准化中实施专利劫持行为，比如禁令救济，则可以依此进行规制。因此，《征求意见稿》一旦通过，可以增强反垄断法的可操作性和可预见性，提高经营者对自身经营活动的预判性，比如技术标准化中专利权人的权利行使行为，有利于促进健康的市场竞争，推动技术标准的实施。

---

① 《关于滥用知识产权的反垄断指南（征求意见稿）》，http：//fldj.mofcom.gov.cn/article/zcfb/201703/20170302539418.shtml。

（三）国家知识产权局进一步明确商业方法相关发明专利申请的审查方式

商业方法（模式）软件专利是技术标准化中专利劫持行为的重要源泉。商业方法相关发明并非纯粹商业方法，它是指在信息技术时代背景下，与数据处理系统有关的用于商业特定领域的方法。① 自1996年起，美国花旗银行先后向我国提出了19项与其金融产品相关的商业方法专利申请。2003年6月，国家知识产权局对其中两项发明专利申请先后授权。但在2004年以前，国家知识产权局的审查实践总体上尝试以属于"智力活动的规则和方法"为由将此类发明排除在专利权保护客体之外。国家知识产权局在2004年10月发布了《商业方法相关发明专利申请的审查规则（试行）》，要求"采用客观性的判断方式认定技术三要素的性质"。2006年，《中华人民共和国专利审查指南》再次修改，第二部分的第九章也进行了修改，将判定可专利主题时采取的"技术贡献"要件删除，吸收技术三要素（解决的问题、采用的手段和获得的效果）的判断方式，但不再要求对现有技术进行检索。2008年以后，国家知识产权局进一步明确了涉及商业方法的发明专利申请的审查方式，提出了3种审查路径。② 2014年5月1日新修订实施的《专利审查指南》明确软件界面可受到外观设计专利保护，同时规定了受保护的条件。③ 2016年10月28日，国家知识产权局公布了《专利审查指南修改草案（征求意见稿）》，其中修改重点集中在商业模式的可专利性方面以及涉及计算机程序的发明专利申请审查的若干规定，包括进一步明确"计算机程序本身"不同于"涉及计算机程序的发明"，允许采用"介质+计算机程序流程"的方式撰写权利要求、明确装置权利要求的组成部分可以包括程序、将"功能模块"修改为"程序模块"。④ 国家知识产权局对于商业方法类专利申请的审查方

---

① 参见李晓秋《信息技术时代的商业方法可专利性研究》，法律出版社2012年版，第66页。

② 这三种路径是：（1）直接根据说明书中描述的背景技术或公知常识，判断是否属于专利法中的保护客体；（2）根据检索结果，引证对比文件后判断是否属于专利法中的保护客体；（3）可以依据检索到的现有技术判断新颖性或创造性。

③ 参见《专利审查指南》第一部分第三章。

④ 参见《国家知识产权局关于〈专利审查指南修改草案（征求意见稿）〉的说明》，http://www.sipo.gov.cn/tz/gz/201610/t20161027_1298360.html。

式的廓清，有利于提升商业方法专利的质量，减少技术标准化中的专利劫持行为。

（四）国家标准化管理委员会和国家知识产权局联合发布《国家标准涉及专利的管理规定（暂行）》

为鼓励创新，推动标准化工作的开展，保护不同主体的合法权益，国家标准化管理委员会和国家知识产权局依据《标准化法》《专利法》等相关法律法规和规章，共同制定了《国家标准涉及专利的管理规定（暂行）》，并于2013年12月19日向社会发布。根据该规定，任何组织或者个人在参与标准制定或者修订的过程中，负有向特定机关或者机构披露其拥有和知悉的必要专利信息的义务。此项义务还包括提供相应的真实的证明材料。如果未履行此项义务，违反诚实信用原则的，需要承担相应的法律责任。[①] 据此，专利劫持行为人的专利如果是标准必要专利，其在参与标准制定过程中，未按要求披露其拥有和知悉的必要专利，应当承担法律上的不利后果，比如违约责任或者缔约过失责任。

（五）原国家工商总局出台《关于禁止滥用知识产权排除、限制竞争行为的规定》

近年来，滥用知识产权排除、限制竞争问题越来越受到关注。为了引导经营者行使知识产权行为合规，区分合法的权利行使行为与非法的排除、限制竞争行为，原国家工商总局于2015年4月7日公布了中国第一部专门针对知识产权滥用方面的反垄断规则，即《关于禁止滥用知识产权排除、限制竞争行为的规定》。该规定已于2015年8月1日施行，它是2007年《反垄断法》通过后由原国家工商总局出台的第六个配套规章，承载了社会各界的众多期望。虽然只适用于原国家工商总局所管辖的垄断行为案件，不适用于国家发改委所管辖的价格垄断案件和商务部管辖的经营者集中申报案件，但这标志着原国家工商总局在涉及知识产权领域的反垄断立法方面迈出了一大步，同时也意味着原国家工商总局的反垄断执法将在知识产权领域逐步展开。《关于禁止滥用知识产权排除、限制竞争行为的规定》第13条就标准必要专利的定义和标准必要专利持有人的义务进行了具体规定，尤其明确了FRAND原则。该条第2款第（1）项禁止具有市场支配地位的经营者没有正当理由故意不披露或者在明确放弃其权

[①] 参见《国家标准涉及专利的管理规定（暂行）》第5条。

利后又在专利被标准组织采纳后向标准使用者主张权利。① 除此之外，本规定还对搭售行为、必需设施、垄断协议及其安全港原则、附加不合理限制条件的行为、专利联营等做出了规定。这为工商局规制专利劫持行为提供了指引。

（六）我国首个滥用知识产权垄断执法案：国家发改委发布高通垄断调查决定

成立于1985年的美国高通公司是全球3G技术、4G技术和下一代移动技术的佼佼者。该公司在CDMA技术领域拥有3000多项专利及专利申请，在4G、LTE标准领域更是主要的核心专利拥有者之一。高通公司的专利许可模式包括：（1）手机生产商缴纳1亿元人民币左右的标准授权费作为"入门费"；（2）CDMA手机生产商需按销售的每台手机售价的6%作为技术使用费支付给高通公司；（3）CDMA手机生产商如升级支持芯片的软件，需向高通公司支付额外的"授权费"；（4）高通公司与中国企业还签订了"免费反许可"协议。

近年来，该公司因其独特的专利许可模式涉嫌垄断，不断招致欧盟、日本、韩国等地区和国家的反垄断部门的调查。在欧洲，因争议双方和解，起诉方撤诉，欧盟委员会针对高通公司的垄断高价调查目前已终止；在日本，公平贸易委员会作出决定，要求高通公司限期改正滥用专利权的行为，包括滥用市场支配地位、迫使日本公司签署交叉授权许可协议、阻止专利持有人维权等；在韩国，公平贸易委员会已经认定高通公司滥用市场支配地位、收取歧视性差别许可费，并对高通公司处以罚款。纵观这家公司在中国的经历，也早已是跬步之积，招致反垄断调查亦是必然事件。2013年11月，负责反垄断的执法机构——国家发改委根据《反垄断法》对高通在北京和上海的办公地进行调查。2014年2月19日，国家发改委确认就在中国市场的垄断地位、过度收取专利费和搭售的行为，对高通公司进行反垄断调查。2014年7月11日，国家发改委发布信息，通告高通公司新到任总裁阿伯利等人到中国就反垄断调查的有关问题交换意见并接受调查询问，同时概述了高通公司涉嫌的滥用知识产权行为，包括将标准

---

① 《关于禁止滥用知识产权排除、限制竞争行为的规定》第2款第（1）项：在参与标准制定的过程中，故意不向标准制定组织披露其权利信息，或者明确放弃其权利，但是在某项标准涉及该专利后却对该标准的实施者主张其专利权。

必要专利与非标准必要专利捆绑许可；要求中国企业免费反许可；继续收取已过期或已失效专利的许可费；为专利许可合同的签订附加不合理的交易条件；拒绝芯片生产企业的专利许可请求等。同月，国家发改委确定了高通公司垄断的事实。2015 年 2 月 10 日，国家发改委公布了向高通公司罚款的具体数额为 60.88 亿元的信息。① 该案否定了高通公司依靠其市场支配地位，向标准必要专利技术用户强力推动"免费反向授权"的专利许可模式。该案的终结表示我国反垄断进入新常态。这对国内市场竞争环境的改善和提升有着深远的影响。在技术标准化背景下，专利劫持行为人实施的专利劫持行为如有违《反垄断法》的相关规定，应承担反垄断法法律责任。

（七）商务部反垄断局对含有标准必要专利的企业的经营者集中反垄断审查决定：微软公司收购诺基亚公司案和诺基亚公司收购阿尔卡特—朗讯公司案

知识产权和反垄断的关系与调适是一个世界性的热点和难点问题，特别是随着拥有数量众多的标准必要专利的全球高科技大企业之间的收购行为，其引发的垄断问题愈来愈受到各国反垄断部门的关注。我国商务部反垄断局也加大了对经营者集中反垄断审查，其中微软公司收购诺基亚公司案和诺基亚公司收购阿尔卡特—朗讯公司案体现了反垄断部门对于技术标准化中专利劫持行为的浓厚防范意识。②

1. 诺基亚公司收购阿尔卡特—朗讯公司案

2015 年 4 月 21 日，商务部反垄断局收到诺基亚公司收购阿尔卡特—朗讯公司股权案的经营者集中反垄断申报。收购方诺基亚公司是一家跨国通信和信息技术公司，主要有三个业务单元：诺基亚网络、HERE 地图和诺基亚科技，该公司在中国有 15 家子公司。被收购方阿尔卡特—朗讯公司是一家法国公司，其业务单元分为接入及核心网络，在中国有 16 家子公司。这两家公司均参加了多个国际标准制定组织（例如，ETSI、3GPP、国际电信联盟、电气与电子工程师协会），并参与制定了现行主要通信标

---

① 中华人民共和国国家发展和改革委员会行政处罚决定书发改办价监处罚〔2015〕1 号，http：//www.sdpc.gov.cn/gzdt/201503/t20150302_666209.html。

② 截至 2017 年 10 月 16 日，商务部反垄断局通知公告了 57 个案件结果，其中只有 2 件涉及技术标准中专利问题，即微软公司收购诺基亚公司案和诺基亚公司收购阿尔卡特—朗讯公司案。数据来源于中华人民共和国商务部反垄断局网站：http：//fldj.mofcom.gov.cn/article/ztxx/?。

准,而合并后的诺基亚公司在 2G、3G 通信标准必要专利许可市场持有的专利比例将从 25%—35%上升至 35%—45%。据此,商务部反垄断局在审查过程中认为此项经营者集中对通信标准必要专利许可市场可能具有排除、限制竞争效果。2015 年 3 月 2 日,商务部反垄断局公布了审查决定,其中要求诺基亚公司在收购完成后对其 2G、3G 和 4G 蜂窝通信标准必要专利权的行使应遵守四项承诺:第一,在对等的前提下,诺基亚公司不应通过附有 FRAND 承诺义务的标准必要专利寻求禁令救济。但潜在被许可人如在诺基亚公司提供了许可条件而没有善意签订专利许可合同除外。第二,诺基亚公司在未来转让标准必要专利时,需将专利转让的情况及时通知其现有的中国被许可人以及任何正在与其积极进行许可谈判的中国公司,以决定是否就费率重新进行谈判。第三,诺基亚公司在未来转让标准必要专利时,只能在第三方同意接受对标准化组织承诺的 FRAND 义务(包括在此同意的)的条件下进行转让,从而将 FRAND 义务同时转移给新的所有人。第四,商务部有权对诺基亚公司是否履行本承诺进行监督,并要求按照规定时间提供报告。[①] 目前,两家公司已于 2016 年 1 月 14 日正式合并。

2. 微软公司收购诺基亚公司案

2013 年 9 月 2 日,微软公司与诺基亚公司签署《股票及资产购买协议》(以下简称《协议》)。商务部经过审查《协议》后认为,诺基亚公司在通信技术领域持有数千种标准必要专利,包括 2G、3G、4G 领域。2G 领域包括 GSM 和 CDMA 标准,剥离设备和服务业务后的诺基亚公司可能采用新的商业模式。与此同时,微软安卓项目许可包含大量与实现其"智能"功能相关的专利——非标准必要专利,包括智能手机操作系统相关专利、应用专利、网络技术专利等。这些专利不是由标准制定组织或联盟制定的正式技术标准,这些专利往往能够为产品带来增值,其商业重要性各异。一般而言,非标准必要专利不构成重要的市场进入障碍,但也可能构成专利持有人封锁竞争者和从事滥用行为的基础。因此,商务部反垄断局于 2014 年 4 月 8 日发布了审查决定的公告,其中指出此项经营者集

[①] 参见商务部公告 2015 年第 44 号关于附加限制性条件批准诺基亚公司收购阿尔卡特—朗讯公司股权案经营者集中反垄断审查决定的公告,http://fldj.mofcom.gov.cn/article/ztxx/201510/20151001139743.shtml。

中对中国智能手机市场可能具有排除、限制竞争效果,微软公司和诺基亚公司必须分别遵守相应承诺。

就微软公司的标准必要专利而言,商务部要求:第一,自交割之日起,继续遵守其向标准制定组织作出的承诺,在 FRAND 条件下许可其标准必要专利;第二,不得以标准必要专利权人的身份向法院寻求针对中国境内企业的禁令救济;第三,不得要求被许可人向自己反向许可;第四,除非受让人同意前述条件,微软公司不得转让标准必要专利。就诺基亚公司的标准必要专利而言,商务部要求:第一,继续按照 FRAND 政策许可专利;第二,在对等条件下,不得利用标准必要专利向善意的潜在被许可人主张禁令救济;第三,在许可负有 FRAND 义务的专利时,不得要求被许可人同时接受诺基亚公司未受相应 FRAND 义务约束的专利许可为前提;第四,除非受让人同意前述条件,诺基亚公司不得转让标准必要专利;第五,除非有特殊理由,诺基亚公司目前对于各蜂窝通信标准必要专利组合普遍提供的 FRAND 计件费率应保持不变。[①] 2014 年 4 月 25 日,微软公司完成了收购诺基亚公司的设备与服务业务,其中既包括智能设备,也包括移动设备。

除此之外,技术标准化中的专利劫持行为还受到我国海关总署、科技部、工业和信息化部、财务部等部门的关注。这些部门曾于 2012 年 4 月 28 日共同发布了《关于加强战略性新兴产业知识产权工作的若干意见》。由于作为战略新兴产业的电子信息技术产业中的技术标准越来越多,专利权也越来越密集,专利技术标准化渐成常态,该意见对于遏制技术标准化中的专利劫持行为和促进产业发展具有指示意义。

综合起来看,我国技术标准化中专利劫持行为的行政规制参与主体较多,规制措施具有一定的前瞻性和集中度,规制形式包括制定政策、发布行政规章、采用行政执法手段等。

四 与美欧的比较

技术标准化中的专利劫持行为是一种专利权滥用行为,这种违法行为

[①] 参见商务部公告 2014 年第 24 号关于附加限制性条件批准微软收购诺基亚设备和服务业务案经营者集中反垄断审查决定的公告,http://fldj.mofcom.gov.cn/article/z txx/201404/20140400542415.shtml。

应受到法律规制。结合美欧和中国对于专利劫持行为的法律规制状况，下面进行比较分析。

(一) 产生的现实条件

美国曾是技术标准化中专利劫持行为的"福地"，这主要源于美国自20世纪80年代以来法院和政府奉行的"亲专利政策"。"亲专利政策"曾为当时美国的科技优势向竞争优势的转化提供了制度保障。就法院系统而言，美国联邦巡回法院自1982年成立以来最突出的特点就是执行"亲专利政策"路线。正如美国学者之言，"不管有意无意，联邦巡回上诉法院的设立无疑会被将来研究专利制度的历史学家们视为一起分水岭事件"[①]。联邦最高法院也以新的态度对待专利。在政府方面，主要表现为里根政府削减了司法部的反垄断部门的权力，反托拉斯执法被要求与新经济结构相适应。[②] 专利商标局也倾向于对申请专利予以授权的制度性偏好。这些因素促成了技术标准化中专利劫持行为的生长。随着经济全球化以及知识经济的到来，专利权的价值越来越大，专利权的利用形式越来越丰富，技术标准愈来愈多，专利技术标准化趋势愈来愈明显，这也助推了技术标准化中专利劫持行为的进一步繁荣。

德国法院，尤其是杜塞尔多夫和曼海姆的地区法院长期以来也对专利权人充满了偏爱。但相对而言，德国或者欧洲其他国家对于利用知识产权实施限制、排除竞争的行为更加严苛、更加保守。加之，欧洲各国的专利授权范围比美国稍窄，专利权交易不如美国发达，因此，尽管德国、意大利等欧洲各国的技术标准甚为发达，但专利劫持行为目前并不多见。只是随着经济全球化的发展和技术的迅猛变革，有人指出"欧洲正在成为全球专利诉讼的中心"[③]。我国目前与美国当年致力于科技发展的现实具有相似性，出台了《国家知识产权战略纲要》《国家创新驱动发展战略》《深化标准化工作改革方案》《关于新形势下加快知识产权强国建设的若干意见》等重要政策文件，成立了知识产权专门法院等，表明我国对知识产权保护的重视。专利权保护自应也在其中。我国与美国在技术标准化中专利

---

① [美] 威廉·M. 兰德斯、理查德·A. 波斯纳：《知识产权法的经济结构》，金海军译，北京大学出版社2005年版，第425页。

② 宁立志、胡贞珍：《美国反托拉斯法中的专利权行使》，《法学评论》2005年第5期。

③ 牟昌兵：《欧洲正在成为全球专利诉讼的中心》，《科技日报》2015年3月18日第6版。

劫持行为的产生条件方面存在较大差异,而与欧洲相似。即由于经济全球化和知识经济时代将中国推向了世界的中央,技术标准化中的专利劫持行为者也不可避免地将触角延伸至此,我国本土的标准必要专利权人也可能在利益的驱动下变异为专利劫持行为者,向中国企业实施标准必要专利劫持行为。所以,技术标准化中的专利劫持行为在我国的出现并非是不可预测的未来,恰好相反,它已经显山露水。

(二) 立法规制措施

《美国专利法》《谢尔曼法》《合同法》等可以在一定程度上为规制技术标准化中的专利劫持行为提供法律资源,但仍然显得捉襟见肘。为此,美国国会自2003年开始了历史上最重要的一次专利法改革,历时8年,终于通过了《美国发明法案》。但该法案并未成功抑制专利劫持行为,于是国会委员们又开始了新一轮的立法活动,各州国会也参与其中,议员们提出了诸多针对专利劫持行为的法案,比如《创新法案》《SHIELD法案》等,但大部分都已胎死腹中。美国国会针对标准必要专利问题单独召开了听证会,这有利于促成寻求最妥实的立法法案来规制技术标准化中的专利劫持行为。在欧洲,主要通过《欧盟运行条约》来调适技术标准化中的专利劫持行为,而且针对技术标准和专利权结合的趋势,欧盟还围绕该条约制定了相应的条例,以确保技术标准化中专利劫持行为规制的法律资源。我国《专利法》《反垄断法》《民事诉讼法》等法律也可以在一定程度上作为规制技术标准化中专利劫持行为的法律依据,但较为分散,加之条款本身的概括性强,给实践中的操作性增添了难度。我国目前亦在进行《专利法》的修改,其中涉及标准必要专利权的行使规则。但是否能通过,何时能通过,目前还不得而知。

(三) 司法规制实践

1982年建立的联邦巡回上诉法院强化了专利持有者的利益保护,而且对美国知识产权政策的剧烈变化有着深远影响。[1] 十多年来,美国各界对于专利权的司法保护充满了质疑,甚至不满。针对技术标准化中的专利劫持行为,联邦最高法院通过重新阐释永久禁令核发的条件、商业方法可专利性标准、FRAND原则的适用、专利侵权赔偿等加以调适,从而为下

---

[1] 丁道勤:《美国亲专利政策的司法变迁及其启示》,《云南大学学报》(法学版) 2014年第5期。

级法院决定是否授予标准必要专利权人永久禁令提供准则,为 FRAND 许可费的计算寻求更准确的模式,亦为专利商标局的专利审查提供最新标准。德国法院、欧盟法院则通过对标准必要专利权人寻求禁令救济的裁决,进一步统一了认识,促进技术标准市场的有序竞争。我国法院针对标准必要专利侵权案中是否支持禁令的判决,与美国、德国法院的态度都不完全一样,经历了"不限制→绝对限制→相对限制"的演变轨迹。此外,我国法院通过对华为公司诉 IDC 公司滥用市场支配地位垄断案的审判,对标准必要专利许可中的 FRAND 原则进行了厘定;司法解释中也已经承认技术分摊规则,也规定了 FRAND 原则的基本内涵,并为标准必要专利权人的权利行使厘定了规则。

(四) 行政规制方式

近几年来,技术标准化中的专利劫持行为已成为美欧高科技企业,特别是移动通信技术企业的"痛中之痛"。它提高了科技研发与产品生产的成本,阻碍了创新的可持续发展和技术标准的推行,损害了社会公众的利益,让整个专利法律制度和政策的设计所预期的目标与成果荡然无存。鉴于技术标准化中的专利劫持行为对经济、科技、社会产生的日益严重的影响,美国的行政部门,从白宫政府到专利商标局、联邦贸易委员会、国际贸易委员会和司法部,以及欧洲的欧盟委员会都对此保持了高度的警惕,试图对症下药尽快提出有效的方案和措施。我国行政部门,从国务院到原国家工商总局、商务部、国家发改委、国家知识产权局等多个部门对技术标准化中的专利劫持行为给予了关注,无论是正在制定的《关于滥用知识产权的反垄断指南(征求意见稿)》,还是作出的审查决定,抑或行政处罚书,都表达了对技术标准化中的专利劫持行为的高度重视。

第三节 存在的主要不足

从前面的论述来看,尽管我国的立法、司法和行政执法在一定程度上可以规制技术标准化中的专利劫持行为,但规制的法律资源、司法实践经验和行政举措也还存在不足。这些不足的存在,将有可能诱使技术标准化中专利劫持行为的产生,促使专利劫持行为的进一步繁荣,严重阻碍中国企业的创新，破坏专利制度和标准化制度的功能，损害社会公众的福祉。

一 法律资源不敷使用

（一）《专利法》中的强制许可制度规定不够细化

强制许可制度作为专利权人非自愿许可专利的方式，是立法者为保护专利权人与社会公众利益设计的一种利益平衡机制。我国于 1992 年制定《专利法》时引入该制度，但至今尚未在实践中运用。现行《专利法》第 48 条规定了依申请的强制许可，第 49 条、第 50 条是基于公共利益，国家可以依职权给予强制许可。此外，《专利法》还规定了从属专利的强制许可，即国家基于前后两项发明或者实用新型在技术上存在从属关系的事实，根据改进发明专利权利人的申请，可以给予其实施前一发明专利的强制许可。

专利强制许可制度可用于防止专利权的滥用，因此，能在一定程度上规制技术标准化中的专利劫持行为。但事实上，我国的强制许可制度很难发挥其矫正作用，其中主要原因是：第一，规定模糊，没有明确"无正当理由"的具体范围，也缺乏对"显著经济意义"和"重大技术进步"的量化指标提取，且仍然未对"具备实施条件"加以阐释，这为技术标准化中专利劫持行为的实施留下了一定空间。第二，规定略显苛刻，超出国际水平。《知识产权协定》第 31 条（b）项仅规定了"拟使用者"，未对申请人的资格做出任何要求，包括是否应具备实施条件。第三，规定 3 年的等待期太长。在复杂技术时代中，标准必要专利获得产业化的时间很短，技术寿命也很短，特别是在互联网技术和手机技术领域，有的就几个月，所以 3 年的时间规定有可能变得毫无意义，无法阻止专利劫持行为的来袭。第四，规定的强制许可申请理由过于僵硬。我国仅规定了未充分实施、专利权人垄断、公共利益需要、紧急状态和非常情况、从属专利等几种情况，这虽然与《知识产权协定》中所列举的事由相同，但实际上《知识产权协定》并未限定理由。① 第五，没有规定专利使用费的最高限额，导致该制度不能真正发挥作用。根据《专利法》规定，强制许可申请人负有支付专利许可费的义务，其数额多少应与专利权人协商，如协商

---

① 林秀芹：《中国强制许可制度的完善》，《法学研究》2006 年第 6 期。

不成，则由国家相关部门裁决。①但无论是哪种方式，都没有规定专利强制许可使用费的确定原则，这样就给技术标准化中专利劫持行为的实施提供了可能性，即使专利行政部门进行裁决也无法否决专利权人提出的高额许可费要求。第六，强制许可程序复杂。根据我国《专利法》的规定，强制许可决定与强制许可使用费裁决并不会同时进行。这要求申请人只有在获得强制许可后，才能与专利权人协商合理的使用费；若协商不成，要交由主管机关裁决。如不服决定或者裁决结果，可以在收到通知之日起三个月内向人民法院起诉。在科技变革日新月异的今天，如此烦琐的程序规定，对于申请人而言，即使获得了强制许可，也并不一定能够实现自己的目的。我国强制许可的规定缺乏灵活性，这也为部分技术标准化中专利劫持行为人的"逃脱"提供了路径。

（二）《专利法》尚未设置禁止专利权滥用和诚实信用条款

专利权是自然人、法人、其他组织依法享有的一种专有权。专利权的行使不得僭越权利的边界，否则将损害他人合法权益和社会公共利益，应予禁止。现行专利法已经包含了专利权的限制制度，例如强制许可，但缺乏统领上述规定的基本原则，导致法律规定不足。比如，在司法实践中，法院一般不支持对滥用专利权行为的指控。即使下级法院在个别专利侵权诉讼案件中援引了《民法通则》的禁止权利滥用条款，其做法也并未受到上级法院的肯定。②禁止专利权滥用原则旨在弥补成文法的不足，具有使权利范围的外在表述与内在价值体系相一致的兜底作用。③技术标准化中的专利劫持行为人违反诚实信用原则行使专利权，属于一种专利权滥用行为，应受到禁止，但我国现行《专利法》并未设计相应的禁止专利权滥用条款和诚实信用条款来规制此种现象，以平衡专利权人利益与社会公共利益、促进创新。

（三）《反垄断法》中"调整知识产权滥用"条款过于粗疏

专利权的垄断性与反垄断法鼓励的市场充分竞争之间，既有同质性，

---

① 参见《专利法》第54条："取得实施强制许可的单位或者个人应当给专利权人合理的使用费，其数额由双方协商；双方不能达成协议的，由国务院专利行政部门裁决。"

② 例如，2011年"邱则有与上海灵拓建材有限公司等侵害发明专利权纠纷上诉案"中，上海市高级人民法院认为上海市第一中级人民法院"在没有明确认定邱则有的行为属于专利权滥用行为、属于恶意诉讼的情况下，援引《民法通则》第7条不妥，予以纠正"。

③ 张吉豫：《禁止专利权滥用原则的制度化构建》，《现代法学》2013年第4期。

又有异质性。这种异质性，集中体现为专利权人滥用专利权——不正当行使合法垄断权。技术标准化中的专利劫持行为是一种专利权滥用行为，它妨碍技术标准化的推行，限制市场竞争，损害消费者利益，因此，有必要对其进行反垄断法规制。根据我国《反垄断法》第55条规定，经营者依照有关专利法律法规的规定行使专利权的行为，应该受到《反垄断法》的豁免；但是，经营者滥用知识产权，排除、限制竞争的行为，应受到《反垄断法》的调整。然而，如何调整，《反垄断法》并未指明方向。因此，该条规定具有很强的原则性，缺乏足够的针对性和可操作性。对于技术标准化中专利劫持行为是否属于《反垄断法》中的知识产权滥用行为的认定，以及技术标准化中专利劫持行为包括哪些具体表现形式的判断，还缺乏指引。

（四）《标准化法》缺失"专利信息披露义务"的规定

专利信息披露义务主要是指标准化组织中的成员依据规定，披露其拥有、控制、了解的专利权信息，标准化组织据此向社会公众公布相关的专利信息。该制度实质上是为了使专利信息透明化，其不仅可使专利的推广更为便利，避免专利权人劫持技术标准的状况出现，有效解决全球化环境下更加复杂的技术问题，同时还可以改善技术标准的落后性，有利于整合技术以形成最优水平的技术标准体系。[①] 但是，我国1988年制定并于1989年实施的《标准化法》并未对技术标准化中专利信息披露作出规定。实际上，技术标准与专利权结合的态势最早显现于20世纪60年代末期的信息技术领域和高科技领域，比如国际标准化组织制定的标准中涉及专利的时间最早发生在1983年，国际电工委员会制定的标准中涉及专利的时间最早发生在1967年，国际电信联盟制定标准中涉及专利的时间最早发生在1983年。[②] 我国于1978年加入国际标准化组织，1957年加入国际电工委员会，1920年加入国际电信联盟。我国国家标准涉及知识产权最早发生在1987年采用的国际标准中。从总体上来看，我国国家标准涉及知识产权也主要发生在国际采用的标准中。当前，信息技术领域是一个以标准为核心的产业。从信息技术的发展来看，移动通信技术标准的竞争在逐

---

① 王贞华、樊延霞：《技术标准中专利信息不披露行为的审查对策》，《知识产权》2014年第8期。

② 朱翔华：《标准中纳入专利的现状分析及对策研究》，《中国标准化》2011年第10期。

渐加剧,技术标准已经成为移动通信技术产业竞争的制高点。而随着专利数量的不断增加以及技术产业化的不断发展,专利与技术标准的联系越来越密切,冲突也愈来愈明显。为尽可能化解这些冲突,需要对专利信息进行披露。然而,我国《标准化法》并未对此进行回应。

(五)《民事诉讼法》中"恶意诉讼"条款的适用范围太窄

民事诉讼是公民、法人和其他组织等平等主体间因人身关系或者财产关系纠纷依法向人民法院提起的诉讼,旨在解决民事纠纷、维护民事权益。随着依法治国之理念在我国民众间的树立和传播,通过诉讼方式解决法律纠纷无疑成为争议当事人的重要选择。但是,诉讼机制总有罅隙,这决定了诉讼方式也存在消极性,会给法律纠纷解决诉讼化带来诸多难题。滥用诉权是其典型症结之一。广义的恶意诉讼包括串通型与欺诈型虚假诉讼,也包括滥用诉讼权利的一般情形。技术标准化中的专利劫持行为人充分利用诉讼制度规则以谋取不正当利益,属于诉讼权利的滥用,可由广义的恶意诉讼进行涵摄。但是,我国《民事诉讼法》仅规定了串通型诉讼行为的恶意诉讼。而技术标准化中的专利劫持行为实施人和受害人之间不存在串通,故该法规定并不适用于专利劫持行为。除此之外,《民事诉讼法》中的诚实信用原则缺乏规定和判例机制,即使2015年2月实施的《最高人民法院关于适用〈中华人民共和国民事诉讼法〉的解释》第119—120条对诚实信用原则进行了更为清晰的阐释,但该条款也难免成为"睡眠"条款。[①]

二 司法实践尚为缺乏

(一)停止侵权责任的判定存在当然化

专利权是权利主体对特定的发明创造在一定期限内依法享有的一种专有性权利。作为一种专有权,任何单位或者个人未经权利人许可,实施其专利的行为都应被认定为侵权行为。在民法理论中,侵害他人权利的行为必须停止,这几乎成为不言而喻、无须证明的公理。有学者进一步指出,只要有侵权事实,就必须负"停止侵害"责任,不需要考察行为人主观上是否存在过

---

① 张卫平:《民事诉讼中的诚实信用原则》,《法律科学》(西北政法大学学报)2012年第6期。

错。① 实务界也持有这样的观点,即在专利侵权诉讼中,只要认定侵权行为成立,均判决侵权人立即停止侵害。② 可见,责令停止侵害作为专利侵权民事责任的承担方式,是一种最常见的救济措施,适用停止侵权被认为是理所当然,所以在中国法院的判决中已经普遍存在。③ 这与最高人民法院在 2010 年发表的《中国法院知识产权司法保护状况(2009 年)》的结论是一致的。不难看出,在专利侵权诉讼中,停止侵害责任出现当然化的趋势。在复杂技术时代,特别是技术标准甚为发达的信息技术领域,由于专利组成构件细化,停止侵权责任当然化的财产权规则可能为技术标准化中的专利劫持行为实施者提供便利和保障,带来"福音"。

(二) 侵权损害赔偿计算的范围有待厘清

我国《专利法》第 65 条规定了侵权损害赔偿数额的 4 种计算方法:(1)权利人的损失;(2)侵权人所获利润;(3)许可使用费的合理倍数;(4)法定赔偿。尽管这四种方法在适用方面有着严格的先后顺位规定:实际损失→违法所得→合理许可使用费→法定赔偿,但对于专利劫持行为人而言,通常会依据侵权人的违法所得要求生产者进行赔偿。根据最高人民法院在 2015 年 1 月发布的《关于审理专利纠纷案件适用法律问题的若干规定》,专利侵权损害赔偿计算采用了变通的方法,即在计算权利人的损失时,由于难以确定权利人销售量减少的总数,可以把侵权产品在市场上销售的总数×每件专利产品的合理利润之积,视为权利人因被侵权受到的损失。可问题在于:其一,此种计算方法与最高人民法院发布的、依然有效的《最高人民法院关于审理侵犯专利权纠纷案件应用法律若干问题的解释》存在逻辑上的不一致。后者基本上肯定了在计算专利侵权损害赔偿时应考虑技术分摊规则,而前者采用全部市场价值规则,两种方法相互冲突,计算结果存在差异。未加限制的全部市场价值规则的适用无疑有助于技术标准化中的专利劫持行为人获得高额赔偿。其二,"违法所得"究竟指毛获利还是纯获利,素有争议,这也为技术标准化中的专利劫持行为人获得高额赔偿提供了可能性。

---

① 郑成思:《知识产权法:新世纪初的若干研究重点》,法律出版社 2004 年版,第 13 页。
② 张晓都:《专利侵权诉讼中的停止侵权与禁止双重赔偿原则》,《知识产权》2008 年第6 期。
③ 李晓秋:《论自由裁量权在停止专利侵权责任适用中的法度边界》,《重庆大学学报》(社会科学版)2014 年第 4 期。

(三) 计算 FRAND 许可费考虑的因素稍显粗略

在华为公司诉美国 IDC 公司标准必要专利使用费纠纷案中，深圳市中级人民法院首次提出了标准必要专利 FRAND 许可费计算的具体参照因素，包括：（1）实施该专利或类似专利所获的利润，以及该利润在被许可人相关产品销售利润或销售收入中所占的比例；（2）标准必要专利权人仅能够就其专利而获利，不能因为标准而获得额外利益；（3）许可使用费数额高低应当考虑专利权人在技术标准中有效专利的多少，要求标准实施者就非标准必要专利支付许可使用费是不合理的；（4）专利许可使用费不应超过产品利润一定比例范围，应考虑专利许可使用费在专利权人之间的合理分配。[①]这种方法属于"比例原则"法，类似于美国霍德尔曼法官在"Innovatio 知识产权风险公司专利侵权案"中采用的"自下而上"计算方法。[②]正如有学者指出，这种方法对于所有计算 FRAND 许可费的案件并没有一个固定的理想方法，通过这种利润空间和专利贡献率的方法确定许可费或许并不适用所有案件。[③]而相较于美国法院确立许可费考虑的另一种思路，即"Georgia-Pacific 因素"和罗巴特法官对之的修改，[④]我

[①] 广东省高级人民法院（2013）粤高法民三终字第 305 号民事判决书。

[②] 在本案中，霍德尔曼法官基于使用专利的最小单元的平均利润以及必要专利对标准的贡献率构建了一个具体的数学公式，以此计算出最终的 FRAND 许可费。具体思路如下：第一，将 Wi-fi 芯片视为适用涉案专利技术的最小单元并以此作为确定许可费的基础（14.85 美元）；第二，计算相关时间段之内该芯片的平均销售额，并与该段时间内的利润比例相乘（12.1%），许可费计算基础因此变为 1.8 美元；第三，霍德尔曼法官引用了一个研究结论，该研究指出涉案标准 84% 的价值均来源于该标准中前 10%（标准中涉及 3000 个必要专利，前 10% 指最有价值的前 300 项必要专利）的标准必要专利，而 Innovatio 的 19 个标准必要专利大致处于这前 10% 之中，据此，原来的利润基础 1.8 美元被乘以 84%、10% 和 19/300，反映了涉案专利对标准所做的贡献率。See In re Innovatio IP Ventures, LLC Patent Litigation, 921 F Supp. 2d 903 (ND I11 2013).

[③] Garcia Lopez, Alberto, "What is Fair and Reasonable? Determining FRAND Royalties: The Difficult Tasks of Courts and Arbiters in the Smartphone Patent War. An Arbitration Proposal", *MIPLC Master Thesis Series* (2013/2014), https://ssrn.com/abstract=2608398.

[④] 罗巴特法官的修改之处包括：（1）专利权人对涉案专利曾收取的许可费；（2）被许可人曾支付的许可费；（3）许可的性质和范围；（4）涉案专利技术自身的价值；（5）与替代技术相比具有的实用性与先进性；（6）涉案专利的技术贡献；（7）为获得许可使用该发明或相似发明支付的费用在利润或售价中所占的比例；（8）专利产品的当前盈利能力、商业成功状况和市场普及程度；（9）FRAND 条款的目的。See Microsoft Corp. v. Motorola Inc., No. C10-1823JLR, 2013 WL 2111217 (W. D. Wash. Apr. 25, 2013).

国法院考虑的因素还不够多。即使是法院提出了相应的参考因素，这些参考因素也并未贯穿于确定许可费的始终，相关原则和思想还未得到具体的适用和体现。比如，涉案标准必要专利的具体数量、权属、贡献率、使用情况等问题，法院都未予以详细的考察。国外学者认为，FRAND许可承诺在法律性质上是一个合同条款，旨在标准的成功制定和实施。如不明确，应当采用合同目的解释方法。[①] 易言之，标准是否能够成功实施应作为确定FRAND许可费数额的重要基准。

三　行政举措和执法经验不够丰富

（一）反垄断执法机构的设置不科学

对于技术标准化中的专利劫持行为，虽然《民法通则》《合同法》《专利法》《标准化法》《民事诉讼法》等的规制措施可以在一定程度上发挥作用，然而这些措施存在一定缺陷，需要借力《反垄断法》。在美欧，以反垄断法或者反限制竞争法规制技术标准化中的专利劫持行为已成为最主要的方式。反垄断法的组织体制建设是反垄断法制度完善的核心环节，然而我国反垄断执法机构体系的设置并不科学。从机构设置来看，国家发改委、商务部、原国家工商总局均有一定的执法权限，但具体职责分工并不相同。[②] 可见，我国并无专门的反垄断执法机构。这种分散式的执法模式虽然符合当时的现实选择，但在日益发展中也暴露出反垄断执法机构权威性较低、"三驾马车"统一性不足等弊端。如原国家工商总局在2016年4月7日发布被称为"中国首部知识产权垄断执法规则"的《关于禁止滥用知识产权排除、限制竞争行为的规定》，国家发改委价格监督检查与反垄断局于同年6月4日启动了《滥用知识产权反垄断规制指南》的草案制定工作。这两个规章今后是否统一、如何确定适用范围、如何协调等问题也随之而来。加之，当前各部门具体的反垄断执法部门并非专设机

[①] Sidak, J. Gregory, "The Meaning of FRAND, Part 1: Royalties", *Journal of Competition Law&Economics*, No.4, 2013.

[②] 参见第十一届全国人民代表大会第一次会议批准的国务院机构改革方案和《国务院关于机构设置的通知》。根据规定，这三大机构的职责分工为：国家发改委拥有依法查处价格违法行为和价格垄断行为的职责，商务部负责经营者集中的反垄断审查等工作，并承担国务院反垄断委员会的具体工作，原国家工商总局则负责垄断协议、滥用市场支配地位、滥用行政权力排除、限制竞争方面的反垄断执法工作，价格垄断行为除外。

构，而仅仅只是隶属于机构内部的不同职能部门，级别较低、权力受限、独立性弱。再者，我国反垄断执法机构主要负责组织、协调、指导反垄断工作，并没有赋予像美国执法机构享有的那种准司法权、决策权等具有实质性的权力，其作用有限。最后，我国反垄断执法机构缺乏监督机制。良好的监督有利于更好地实施权力，但当前我国的外部监督和内部监督几乎是空白。基于此，反垄断法专家盛杰民教授指出："重组现有的执法机构，使之成为独立、权威和专门的执法机构有必要提上议事日程"。[①]

（二）部分授权专利质量依然较低

专利质量问题是关涉专利制度能否实现其初始目标价值的核心关键问题。[②] 近年，我国专利申请和授权出现了快速增长。国家统计局于2015年3月2日发布了《中国创新指数研究》报告，该报告的研究结论指出："我国每万名R&D人员专利授权数为3477件，发明专利授权数占专利授权数的11.7%，每万名科技活动人员技术市场成交额分指数的增幅为8.91%，这表明我国专利质量逐步提升。"[③] 但外国媒体在一篇名为"中国专利发展的'蛮力'战略"的报道中认为中国把实用新型专利当成武器，用来对付海外的竞争对手。基于美国参议院财经委员会的要求，美国国际贸易委员会于2011年5月发布了《中国的知识产权侵权与自主创新政策对美国经济的影响》报告，该报告通过分析，将美国企业处于竞争劣势中的事实归咎于中国的自主创新政策，从而大张挞伐。[④] 其后，中国欧盟商会在2012年8月21日发布了名为《创新迷途：中国的专利政策与实践如何阻碍了创新的脚步》的报告。该报告对中国的专利质量问题和创新生态系统进行了系统研究，指出："中国在专利质量方面取得的进展落后于其专利申请量的发展速度。"[⑤] 不管这些报道或者报告是否言过其实、

---

① 盛杰民：《完善〈反垄断法〉实施之我见》，《中国物价》2013年第12期。

② 董涛、贺慧：《中国专利质量报告——实用新型与外观设计专利制度实施情况研究》，《科技与法律》2015年第2期。

③ 国家统计局社科文司：《中国创新指数研究》，2015年3月2日发布，http://www.stats.gov.cn/tjsj/zxfb/201503/t20150302_687853.html。

④ See U. S. International Trade Commission, *China*: *Effects of Intellectual Property Infringement and Indigenous Innovation Policies on the U.S.Economy*, http://www.usitc.gov/publications/332/pub4226.pdf.

⑤ Prud'homme, Dan, *Dulling the Cutting-Edge*: *How Patent-Related Policies and Practices Hamper Innovation in China*, http://www.europeanchamber.com.cn/docum ents/confirm/56064a0c9562d/en/pdf/14.

客观合理，不可否认的是，我国的发明专利申请和授权数量虽然在世界上名列前茅，但是授权专利和申请专利的质量却不令人乐观，这主要表现在专利技术"创造性"不高、发明专利授权率低、实施效果不明显、无效专利比例高、国际竞争力十分薄弱等。[1] 而低质量的授权专利、丰富的专利资源都是专利劫持行为滋生的土壤，遗患无穷。

（三）《国家标准涉及专利的管理规定（暂行）》的层次较低且规定简略

2013年12月，《国家标准涉及专利的管理规定（暂行）》正式发布，这是我国首次从管理层面明确规定国家标准中涉及专利的处理办法，主要包括专利信息披露政策、强制性国家标准涉及专利的特殊规定等内容。[2] 这也是我国首部对标准必要专利的专利政策进行规定的办法。但是该规定像大部分国际性标准组织的专利许可政策一样：没有定义何为FRAND，没有规定FRAND许可费的判断规则，只是在附则中简单地规定依据FRAND声明协商处理相关争议事项。[3] 作为一种规章，法院只能参照使用；作为一种规定较为简略的规章，难以确保为行政机关处理技术标准化中的专利劫持行为问题提供指引。

本章小结：问题的梳理与反思

随着经济全球化的发展和技术变革的纵深推进，特别是技术标准化时代和知识产权时代的来临，专利劫持行为不再仅仅是域外国家或者地区所独有的社会现象，它已经国际化、全球化。我国虽非技术标准化中专利劫持行为的重灾区，但也亦非沉寂之地。技术标准化中的专利劫持行为在我国的出现有其可能性和现实性。针对我国实践中已经出现的技术标准化中的专利劫持行为，现行立法，包括《民法通则》《标准化法》《合同法》《专利法》《反垄断法》《对外贸易法》《民事诉讼法》等可以对此进行一定程度的规制。与此同时，我国司法实践中的部分典型案例或者发布的司

---

[1] 朱雪忠、万小丽：《竞争力视角下的专利质量界定》，《知识产权》2009年第7期。
[2] 《国家标准涉及专利的管理规定（暂行）》第二章—第四章。
[3] 《国家标准涉及专利的管理规定（暂行）》第17条。

法解释和意见也对规制技术标准化中的专利劫持行为有指向作用。在行政管理和执法经验层面，国务院公布的《国家知识产权战略纲要》《国家创新驱动发展战略纲要》《深化标准化工作改革方案》等重要文件，原国家工商总局出台的《关于禁止滥用知识产权排除、限制竞争行为的规定》以及国家发改委针对高通公司的滥用知识产权垄断执法案，商务部反垄断局针对谷歌公司收购诺基亚公司、诺基亚公司收购阿尔卡特—朗讯公司等的调查案，这些表明了国家职能部门对专利权滥用行为的高度关注和积极介入的态度。但是，与美欧相比，由于技术标准化中专利劫持行为产生的条件相异，无论是我国的立法规制还是司法规制，甚或行政规制，均表现出典型的"专门性""及时性"。我国技术标准化中的专利劫持行为法律规制还存在着法律资源不敷使用、司法实践尚为缺乏、行政举措和执法经验不够丰富等不足，这些不足将阻碍我国创新驱动发展战略的实施、专利制度功能的实现、标准化制度的目标达成。

第八章

我国技术标准化中专利劫持行为法律规制的完善建议

如前面论及,美欧近年都不同程度受到技术标准化中的专利劫持行为问题困扰。为此,美国采用了修改专利法、重视司法实践、出台行政举措、加强行政执法等综合性措施,以确保美国企业的创新;欧洲,比如欧盟委员会积极介入专利标准的制定和实施纠纷中,欧盟法院也对技术标准化中的专利许可、专利侵权纠纷给予了关注,对于标准必要专利的禁令救济作出重要裁决。但规制之路,并不能一蹴而就,且时时伴随不同声音,需要更全面考量。而今,技术标准化中的专利劫持行为正在国际化、全球化。不管我国政府、相关产业、理论研究人员对此问题持有何种态度,技术标准化中的专利劫持行为已在我国显山露水。它已经不再仅仅是一个有趣的关于美国创新的学术话题,而是一个迫切需要政府和相关产业采取应对措施的实务操作问题,任何消极等待或者漠然视之的态度都将适得其反:撕裂利益衡平之价值理念、扭曲专利制度创新之功能、破坏技术标准推行之宗旨、戕害创新驱动发展之战略之实施。但面对技术标准化中的专利劫持行为,我国的问题与美国并不完全相同,与德国更为相近,主要表现为两面性,也即是一种双重困境:一是要降低维权的相对成本,加大赔付额度,严格保护专利权;[①] 二是要警惕专利权人利用制度规则获取不正

[①] 2016 年 7 月 7 日,最高人民法院陶凯元副院长在全国法院知识产权审判工作座谈会暨全国法院知识产权审判"三合一"推进会上提出了当前和今后一个时期知识产权审判工作的总体思路,并鲜明地凝练出知识产权司法保护应遵循的四项基本司法政策,即"司法主导、严格保护、分类施策、比例协调"。随着中共中央、国务院 2016 年 11 月 4 日印发的《关于完善产权保护制度依法保护产权的意见》,最高人民法院于 11 月 28 日发布了《关于充分发挥审判职能作用切实加强产权司法保护的意见》,国家知识产权局于 11 月 30 日公布了《关于严格专利保护的若干意见》。

当利益，增加社会成本。① 为此，以它国为鉴，结合我国国情，提出以下完善建议。

第一节　树立四个基本观念

法律规制的观念是一种高度系统化、抽象化的终极意识，是对作为社会控制手段之一的法律本质的一种深刻反映，是法律的生命之所在，正所谓"法律制度乃运用之最高原理，为之法律之理念"②。法律规制观念的树立在于为法律规制路径选择和对策设置提供思想引导。任何法律规制观念的提炼、厘定和形成不仅仅受制于法律规制的宗旨，更依赖于特定的社会经济发展背景。在我国，技术标准化中的专利劫持行为尚是一个新鲜的议题，正因如此，论及法律规制首应关注"中国问题"，体现"中国元素"。技术标准化中的专利劫持行为是专利和标准法律制度的衍生物，它与一国创新有关，关涉产业利益和国家利益，这就要求法律规制应考量创新之目标、利益衡平之原则和产业、国家利益之维护等因素。

一　选择合适的立场

技术标准化中的专利劫持行为是技术标准制定或者实施过程中专利权人利用专利权，以提起诉讼或者发送律师函等方式要挟生产者，试图获取高额许可费的行为，此行为可能构成专利权滥用。此种滥用行为会增加社会成本、阻碍市场竞争、妨碍技术进步，导致专利法律制度"危机重重"、利益平衡呈现"断裂"之真空状态。美国有着滋生技术标准化中的专利劫持行为的特殊土壤："亲专利政策"的导向性。它不仅影响司法，而且实际上也指导了专利商标局的审查，甚至还在立法中加以呈现，正如美国最高法院曾在"戴尔蒙德诉查克拉巴蒂案"③ 中所说的"任何阳光下人造的事物都可以专利"。美国的专利权二级市场甚是发达，专利权交易

---

① 易继明：《遏制专利蟑螂——评美国专利新政及其对中国的启示》，《法律科学》（西北政法大学学报）2014 年第 2 期。

② 史尚宽：《法律之理念与经验主义之综合》，载刁荣华主编《中西法律思想论集》，台北汉林出版社 1984 年版，第 259 页。

③ Diamond v. Chakrabarty, 447 U. S. 303, 309 (1980).

非常活跃。但任何事物物极必反,当专利权不再仅仅是一种技术能力的彰显,而是一种获取财富的手段时,隐藏在专利权交易背后的专利劫持行为就应运而生。而随着与技术标准的结合,特别是专利标准集中的信息技术领域,专利劫持行为的"动机"无疑不触也发!尽管欧洲的技术标准很发达,但欧洲并不像美国有着那样诞生专利劫持行为的天然土壤。但是,经济全球化的推进和技术变革的演进,特别是信息技术的快速发展,欧洲正成为专利诉讼的中心,这决定了技术标准化中的专利劫持行为引发的法律诉讼将越来越多。就我国而言,目前的专利权交易和二级市场还在形成,亟须培植;含有专利权的技术标准数量还不多,但总体在增加,且专利劫持行为早已显现;外来专利劫持行为者和本土专利劫持行为者将同时并存。因此,我国技术标准化中的专利劫持行为的法律规制的制度设计应依据"中国国情"量身定做,切忌盲目跟从他国。

二 秉持增进创新的理念

创新是指人类以现有的知识和物质,通过改进或创造,获得新物质、新思想的各种活动。创新存在于社会的各个方面,比如理论创新、制度创新、经营创新、教育创新等。在理论上,一般根据创新的领域不同,将其分为技术创新、管理创新与制度创新等。无论是哪一种创新,其本质在于"突破",目的在于追求"新":或者是技术,或者是产品,或者是工艺,或者是管理形式,或者是制度设计。但技术标准化中的专利劫持行为会带来诸多负效应,这些负效应不仅提升标准必要专利产品生产者的成本,阻止竞争,抑制创新特别是技术创新,而且减损消费者的福祉。美国立法、司法和执法合力剑指此种行为,旨在促进创新;欧盟委员会、欧盟法院、德国等众多欧洲国家就技术标准化中的专利劫持行为及时"发声",目的在于促进竞争,推进技术标准的实施。在这一点上,我国也不例外。在设计法律规制技术标准化中专利劫持行为的各项制度时,立法者、司法者和执法者应直至始终贯穿创新之理念。

三 遵循利益平衡原则

利益平衡是指在一定的利益格局和体系下出现的利益体系相对和平共处、相对均衡的状态。但利益平衡不仅是一种状态,它还是一种过程。它是知识产权法律价值二元取向的内在要求。对此，国内外学者已有共识。[①] 专利权是一种受保护的法律意义上的垄断权，但这种垄断权的行使随着技术标准本身的网络效应容易僭越权利界限异化为权利的滥用。因此，有必要建立一种利益平衡机制，确保技术标准中专利权人和使用人以及社会公共利益之间维系一种平衡状态。利益平衡是专利和标准法律制度存在的基石。在政策科学学者看来，制定一项政策的艰难之处在于确认受益者和受损者。[②] 因此，制定公共政策时常常需要考虑如何在各种冲突利益间寻求平衡，以求公共政策能符合大多数人的要求。专利和标准法律制度都属于政府公共政策中的重要内容，二者的功能和基质完全契合。技术标准化中的专利劫持行为打破了标准必要专利权人和标准必要专利技术使用者、社会公众的利益平衡，规制此种行为旨在恢复利益平衡，实现公共政策的调节作用，为社会造福。

四　维护产业利益和国家利益

从产业角度来看，"专利法既是激励技术创新之法，也是促进产业发展之法"[③]。据此解读，专利权不仅是权利人所享有的一项财产权，而且是企业提升竞争力的有力工具，它还是国家维护产业利益和国家利益、提高世界"话语权"的重要法宝。而技术标准是企业走向国际市场的"通行证"，是市场竞争的制高点，也是国民经济和社会发展的重要技术支撑。因此，技术标准和专利权都能作为产业发展和国家竞争力提升的重要法宝。但是，发展迅猛的高科技产业，尤其是移动通信技术领域，日益增多的技术标准化中的专利劫持行为严重阻碍了美国企业的创新。基于此，美国联邦和各州的国会、美国各级法院、美国政府共同"发声"，为"美国回归世界创新中心"铺平法律的道路。欧盟委员会、欧盟法院、各国法院在对待技术标准化中的专利劫持行为的态度基本一致。另外，尽管技术标准化中专利劫持行为是专利运营异化的一种表现，但它在一定程度上能推动专利服务业的发展，实现专利最大化的价值，促进专利法律制度和与

---

① 吴汉东：《知识产权法的平衡精神和平衡理论——冯晓青教授〈知识产权法利益平衡理论〉评析》，《法商研究》2007年第5期。

② 吴鸣：《公共政策的经济学分析》，湖南人民出版社2004年版，第3页。

③ 吴汉东：《设计未来：中国发展与知识产权》，《法律科学》（西北政法大学学报）2011年第4期。

此相关的法律制度的完善。我国建构合理的技术标准化中的专利劫持行为法律规制制度，有利于高科技产业能力和专利权服务产业能力的培育和提升，防止创新的"锁定状态"，也有利于提高我国竞争力，增强国际话语权。

第二节　选用优化模式：多维法律规制模式

在法律规制技术标准化中专利劫持行为的模式选取上，多维法律规制较之于单一法律规制更具有优越性。多维法律规制目的的实现手段主要表现为立法规制、司法规制和行政规制的三元联动规制模式，此种模式已被应用于美欧实践中。本书以为我国亦可采用该模式。这是因为：

第一，技术标准化中专利劫持行为是一种具有合法外观的复杂性现象，其产生的负效应是多方面的，所以对技术标准化中专利劫持行为进行法律规制的目标应当是多元性的。即对技术标准化中专利劫持行为进行法律规制的目标既要重视事前预防，又要力求事中发现，还要关注事后救济。

第二，任何法律制度与社会需求之间总是存在紧张关系。由立法者及时修订立法是实现法律规则变迁的理想方案，但这却往往是不现实的。这种障碍同样存在于技术标准化中专利劫持行为的立法规制中。美国阻击包括技术标准化中的专利劫持行为的多部法案无疾而终，特别是综合性法案——《创新法案》的一波三折、二度死亡诠释了单纯的立法控制面临的困窘。

第三，实践中真正发挥作用的法律规则并不都是立法者制定的，其中相当一部分是由司法机关透过法律适用；加之"政府存在着比市场更为严重的缺陷，政府干预往往非但不能弥补市场缺陷，反而带来更多更大的问题"，由此，法院的司法行为往往可以发挥关键作用，司法控制应然产生。这对于技术标准化中的专利劫持行为亦然，而且更加重要。但司法控制也存在如下缺点：其一，当没有足够的激励来保证被标准必要专利劫持的行为人提起诉讼，就意味着部分加害人将有机会逃脱追诉，从而激发更多的潜在加害人；其二，当标准必要专利侵权人责任财产不足以用来支付权利人的损失时，完全执行司法判决必然困难重重。依此看来，此种规制方式尚不能对受害人提供做好有效预防的激励，也不能有效提升加害人的谨慎程度。

第四，对行政规制而言，经济学家庇古认为，在任何产业中，如果有理由相信，自利的自由运行将会导致实际使用的资源数量不等于能带来国民所得最大化所需的数量时，那么，从表面上看就有理由进行政府干预。① 技术标准化中的专利劫持行为破坏了创新和市场自由竞争秩序，有必要导入行政规制。但行政规制也存在致命缺点：行政规制主体的信息不完全，也不对称。在技术标准化中专利劫持行为的发生过程中，专利权人和专利技术使用者往往直接接触，信息流通快。行政机关掌握的关于专利劫持行为的信息显著不足，根据经济学中的交易费用理论，信息的搜集又需要雇佣大量的人力，耗费不少财力，而这些都不是免费的午餐，相反，成本巨大。以此来看，昂贵的成本必将严重影响行政规制的实施效果。

综上所述，对技术标准化中专利劫持行为的法律规制属于综合治理的范畴，任何单一的法律规制路径都难以实现多元目标，最终也难以有效遏止或者消减这种异象。基于此，对技术标准化中专利劫持行为的规制应当选择多渠道的、并行使用且交替演化的法律规制之路径，这已成为世界上其他国家应对技术标准化中专利劫持行为的惯常做法，也应是我国的选择。

第三节　制定具体举措

根据前文阐述，我国的立法资源、司法实践和行政举措在规制技术标准化中中专利劫持行为时还存在不足，亟待完善。因此，下面针对这些既存问题，以此种现象的违法性为切入点，恒守利益平衡之精神，着力技术标准的推行和技术创新，心系产业发展和国家安全，论及我国法律规制技术标准中专利劫持行为的具体制度构造。

一　健全立法

(一) 进一步完善专利法律制度

1. 关于强制许可制度的改进

强制许可是立法者设计的防止滥用专有权、维护公共利益的重要制度

---

① ［英］亚瑟·庇古：《福利经济学》，何玉长、丁晓钦译，上海财经大学出版社2009年版，第172—174页。

安排，知识产权国际公约和世界上众多国家的专利法都对此进行了规定。此项制度对防止专利权人不合理甚至不合法地行使其专有权、维护国家和社会公众的利益、增进社会公共福利具有突出的现实意义。技术标准化中专利劫持行为是一种专利权滥用行为，在符合法律规定的条件下，可以运用强制许可制度来规制，它是阻遏技术标准化中专利劫持行为的重要措施。作为我国专利法律制度中的平衡机制，虽几经修改，但仍有亟待改进之处。改进建议如下：

第一，具体、明确相关术语的确切含义。立法者设计具有透明性、具体性和准确性的法律规定，有利于保证相关公众知悉其内涵，正确行使权利，全面履行义务。据此，有必要对强制许可制度中的"正当理由""合理条件""合理时间""紧急状态""非常情况"等术语给予准确的界定。其目的在于通过办法、实施细则或者司法解释对涉及实质问题的内容进行明确的解释，如《涉及公共健康问题的专利实施强制许可办法》第3条将"公共利益"解读为"传染病在我国的出现、流行，以及治疗传染病"，将"紧急状态"指向"由传染病在我国的出现、流行所导致的公共健康危机"，这有利于我国积极预防和有效控制传染病的出现和流行，保障公共健康。此外，"正当理由"可从不可抗力、政策性限制、实施能力欠缺、破产等方面进行规定，"非常情况"可从公共健康危机、战争、骚乱、严重自然灾害等情形规定，"合理条件"可以参照许可使用费或专利评估机构的评估结果，"合理时间"可以在考虑技术周期、研发难度和专利类型等基础上作出判断。

第二，扩大申请人主体范围。目前，英国、印度、加拿大等国家的专利法规定强制许可的申请人可以是"任何人"，包括个人、企业、政府部门等，可为我国借鉴。在未来的专利法修改中，建议直接取消申请人必须"具备实施条件"这一限制，并且将"单位和个人"也扩大，修改成"申请人"。在我国，《专利法》还规定了国家依职权颁发的强制许可。换句话说，这种强制许可不能依据他人申请得以启动，这在一定程度上剥夺了他人申请强制许可的权利，特别是为了公共健康目的。这不仅缩小了申请强制许可的范围，同时被许可人只能被动地接受强制许可并加以实施，不利于反映社会发展情况、满足人们的需求。建议增设"根据有关申请人的申请给予制造并将其出口到符合中华人民共和国参加的有关国家条约规定的国家或地区的强制许可"条款。

第三，增加申请强制许可的事由类型。《专利法》以列举方式规定了强制许可的申请事由，然而此种方法难免挂一漏万，且与《知识产权协议》规定不一致。为更好地处理我国新出现的包括专利劫持行为在内的专利权纠纷，平衡不同利益主体的利益，建议设置一个兜底条款，即"根据国际公约或者其他法律法规可以申请强制许可的情形"。与此同时，鉴于技术标准化中的专利劫持行为在半导体领域最为活跃也最为典型，而原有的半导体技术专利的强制实施许可的范围太狭窄，建议将半导体技术专利强制实施许可的范围从"公共利益的目的和实施垄断的情形"扩大到"公共利益的目的、无正当理由未实施或者未充分实施其专利、实施垄断的情形"。

第四，细化使用费的计算标准和方法，规定最高限额。技术标准化中的专利劫持行为旨在获取高额许可费。而对于如何确定强制许可的使用费数额，各国对此非常关注，但争论不断，分歧颇多。为了避免出现标准必要专利使用费叠加问题，建议我国借鉴他国经验，结合自身实际，精心设计相应的计算标准，比如采用"下降型专利使用费规则"①。除此之外，还可以根据标准必要专利在产品中所做的技术贡献与它们所获得的回报大致相等的原则，明确规定专利强制实施许可使用费的最高限额。

第五，简化使用费的支付等程序。为了提高强制许可的实施效率，简化强制许可生效时间的程序和使用费的支付程序，化繁为易，建议立法机关将颁发强制许可的决定与强制许可使用费的决定进行合并处理，从而最大程度简化法律规定的程序，便利专利技术的推广与应用，促进社会发展，维护社会公共利益。

第六，缩短提出申请的时间。在我国，申请强制许可至少要在发明人提出申请3年后，但当今时代，技术变革迅速，市场竞争激烈，专利产业化时间已大为缩短。因此，建议根据产业的不同规定不同的申请时间，促进技术运用。

第七，恰当设置强制许可终止期。《专利法》第55条第2款规定了如何终止强制许可。然而，强制许可中的被许可人为了获批强制许可并实施强制许可，必然投入了大量资金、人力与技术，因此，当不再适用强制许

---

① 下降型专利使用费规则就是根据重要专利披露的先后顺序来确定专利使用费的比例，越往后披露的专利，其专利使用费所占的比例越小。

可时，建议国务院专利行政部门应被许可人的请求，考虑并审查被许可人的投资与成本回收情况，作出是否立即终止强制许可的决定。对于立即终止的强制许可情形，也应为被许可人设置一定的宽惠期，在此期间其生产、制造、销售、进口等实施专利权的行为不应被认定为侵权行为，不承担侵权法律责任。

2. 在《专利法》中增设权利不得滥用条款——兼议《专利法修订草案（送审稿）》第14条

在专利法领域，专利权的保护方式造成了权利滥用的可能性，但是我国《专利法》通篇并未采用"专利权滥用"措辞。[①] 我国《民法总则》已经明确规定权利不得滥用条款，[②] 加之强制许可制度的存在为滥用专利权设定了法律后果，因而可以推导出专利权不得滥用。但事实上，在专利侵权诉讼中，法官直接援引禁止权利滥用原则来进行裁决尚未出现，即使有，也被上级法院裁定驳回。而强制许可至今也未真正适用。然而，随着经济和技术的发展，专利权价值的提升，包括技术标准化中的专利劫持行为在内的滥用专利权行为越来越凸显，因此有必要根据《民法总则》的规定增设"专利权不得滥用"之条款。

禁止专利权滥用条款的设置旨在弥补成文法的不足，具有使权利范围的外在表述与内在价值体系相一致的"兜底"作用，这对于规制技术标准化中专利劫持行为等专利权滥用行为具有重要意义。[③] 在《专利法修订草案（送审稿）》中，新增设X1条作为本次修改草案文本的第14条。[④] 此项规定有利于更好地阻止技术标准化中专利劫持行为等滥用专利权行为的产生。

需要提及的是，"禁止专利权滥用"条款曾出现在我国《专利法》2008年第三次修改草案版本里，但该条款最后在通过时被移除。其中的原因之一在于，尽管禁止滥用专利权条款有重要的功能价值，但也容易被滥用，进而可能损害专利权人的合法权利，削弱专利制度推动技术创新和

[①] 尹新天：《滥用专利权的内涵及其制止措施》，《知识产权》2012年第4期。

[②] 《中华人民共和国民法总则》第132条：民事主体不得滥用民事权利损害国家利益、社会公共利益或者他人合法权益。

[③] 张吉豫：《禁止专利权滥用原则的制度化构建》，《现代法学》2013年第4期。

[④] 《专利法修订草案（送审稿）》第14条：申请专利和行使专利权应当遵循诚实信用原则。不得滥用专利权损害公共利益或者不合理地排除、限制竞争。

应用的功能。这就要求适用该项制度是只有在确实没有具体法律规范来为案件判决提供依据时，或者有相关依据但不足以解决问题时，才考虑适用禁止专利权滥用的一般条款，且在适用过程中必须考量是否满足禁止专利权滥用的条件：行为人是专利权人，并且行为方式是行使专利权；该行为违反了专利权设置的目的。因此，任何扩大化或者随意化的适用，都将减损该项条款的功能，不利于有效规制技术标准化中的专利劫持行为。

3. 依法推进惩罚性赔偿制度的适用——兼议《专利法修订草案（送审稿）》第68条第1款

惩罚性赔偿又称示范性赔偿、报复性赔偿，它与补偿性损害赔偿相对，属于英美法中的一种侵权责任形式。自设立惩罚性赔偿制度以来，关于其"存废"之争一直延续到今天，这也反映在专利法领域。目前的国际条约、各国和地区的专利法对于是否设立惩罚性赔偿表现出不同的态度。近年来，不少人士主张引入源于英美法的专利侵权惩罚性赔偿制度，主要理由有：（1）专利侵权行为复杂，比如故意侵权、反复侵权等现象愈发频繁；（2）侵权赔偿"低"，不能有效遏制侵权行为；（3）惩罚性赔偿能够鼓励诉讼、激发创新；（4）立法者已在部分立法中设置了惩罚性赔偿制度，如我国《消费者权益保护法》第55条；（5）国外立法实践可资借鉴，如《美国专利法》第284条。2014年11月，我国启动了《专利法》第四次全面修改研究工作，并分别于2015年4月1日和12月2日向社会公布了《专利法修改草案（征求意见稿）》和《专利法修订草案（送审稿）》。本次修改以"保护创新者的合法权益，促进专利实施与应用，充分激发全社会的创新活力"为核心，拟通过增设专利侵权惩罚性赔偿制度来解决专利维权"赔偿低"的现状。

对于专利惩罚性赔偿具有激励维权和创新的先天功能而言，诚然，诉讼是实现公民权利最终和最重要的手段，但激发更多的专利侵权诉讼可能会"使许多令人尊重的职业蒙受耻辱，毁掉有价值的企业……"[1] 美国在这方面已成为前车之鉴。以"兴讼"（或以之作为劫持）为获利手段的"技术标准化中的专利劫持行为"已经成为社会各界深感忧虑的棘手问题。我国如若贸然引入专利侵权惩罚性赔偿并推进适用，势必让专利劫

---

[1] Olson, Walter K., *The Litigation Explosion: What Happened When America Unleashed the Lawsuit*, Dutton: Truman Talley Books, 1991, p. 339.

持行为者"如虎添翼"。另外,对于科技创新主体,专利权保护是一把利弊兼备的双刃剑,尤其是在高科技领域。由于许多技术领域已经形成"专利丛林",专利组合、专利竞赛愈演愈烈,专利权人和侵权人的角色难免会相互转化,比如尚未完全结束的美国苹果公司与韩国三星公司的世纪专利战。有的学者还指出:"知识产权审判中,法官的自由裁量权本来就已很大,建立惩罚性赔偿制度后,法官的自由裁量权会更大,容易产生司法腐败。"[①] 可见,惩罚性赔偿有可能促成"争讼",阻碍创新特别是后续创新,这与技术标准制定的根本目的——推行相悖。进一步说,对于故意侵犯专利权人,如果既有的民事制裁、行政处罚以及刑罚尚不足以发挥功效,积极引入惩罚性赔偿也未必能完全如愿。所以问题解决的首要步骤在于完善专利侵权赔偿制度,全面贯彻专利权侵权赔偿的原则,完整执行法律规定的赔偿制度细则,而不宜突出强调某种制度。在《最高人民法院关于充分发挥审判职能作用切实加强产权司法保护的意见》中,被称为"加强产权保护的十大司法对策"之八中强调加大知识产权司法保护力度。在本书看来,最高人民法院要求适时出台司法解释和指导性案例,依法推进惩罚性赔偿制度,这体现了法院对该项制度的重视,也体现了法院的谨慎。[②] 这与既有的司法政策,即"实现以补偿为主、以惩罚为辅的双重效果"的精神完全一致。实际上,惩罚性赔偿并非知识产权侵权案件中确定赔偿数额的常态。在这一点上,北京市第一中级人民法院法官陈志兴也指出,"加强知识产权保护≠惩罚性赔偿"[③]。

(二)进一步完善标准化法律制度——兼评《中华人民共和国标准化法(修订草案)》

1. 确立专利信息披露义务——兼及《专利法修订草案(送审稿)》

[①] 王峰:《知识产权保护出重拳:提高法定赔偿上限 探索惩罚性赔偿》,《21世纪经济报道》2016年11月22日第6版。

[②] 本书作者在重庆市高级人民法院工作期间,曾对商标侵权诉讼是否适用惩罚性赔偿的案件进行了调研,发现截至2016年8月,全国尚无一例适用惩罚性赔偿的商标侵权诉讼案件。最高人民法院王艳芳审判长在2016年7月到重庆市高级人民法院参加"新《商标法》的适用"研讨会时也谈到商标法中确立的惩罚性赔偿几无适用。

[③] 陈志兴:《加强知识产权保护≠惩罚性赔偿》,http://www.cnfazhi.net/fzjt/2016/1207/60677.html。

第 85 条国家标准必要专利默示许可制度的删除

专利信息披露义务本质上属于一种合同义务，对于专利信息不披露行为的规制，专利法、标准化法、合同法、竞争法（包括反不正当竞争法和反垄断法）等都可以从各自角度发挥一定作用。2015 年 4 月 1 日公布的《专利法修改草案（征求意见稿）》中第 82 条（新增 X9 条）规定了参与国家标准制定的专利权人不披露专利信息的法律后果，2015 年 12 月 2 日公布的《专利法修订草案（送审稿）》中第 85 条（新增 X10 条）做了进一步修改。该项规定与国家知识产权局和国家标准化委员会 2013 年 12 月 19 日共同颁布的《国家标准涉及专利的管理规定（暂行）》第 5 条规定的参与标准制修订的组织或者个人的专利信息披露义务有较大差异，后者并未明确规定不披露的法律责任。

作为一种合同义务，理论界和实务界对于我国《专利法修订草案（送审稿）》的规定争议还颇大。赞成者认为，该条款不仅将弥补我国立法中的空白，而且有利于妥善处理标准与专利之间的关系，促进标准应用，并对产业发展、各方主体具有重要意义。① 甚至有学者提出，这是我国制度文化适当超越和领先的标志，是知识产权强国建设的重要体现。② 反对者认为，到目前为止，没有任何一个国家对国家标准的标准必要专利用成文法的方式进行限制。本条推定的约束对象只是中国企业，相当于只缴了中国企业的"枪"。③ 为此，有学者提出了多个备选方案：删除此条，将问题留给法院个案判定；明确该不披露的法律效果仅作为在专利侵权纠纷个案中被告的抗辩理由；借鉴英国模式，改造成为强制背书当然许可制度。④ 本书以为，在技术标准和专利权的结合日益增多的情形下，建立国家标准必要专利默示许可制度有其正当性，它实际上是对已有制度的法律范式确认，有利于标准必要专利权人和使用者的利益平衡。但是，在国务

---

① 李文江：《我国专利默示许可制度探析——兼论〈专利法〉修订草案（送审稿）第 85 条》，《知识产权》2015 年第 12 期。

② 袁真富：《标准涉及的专利默示许可问题研究》，《知识产权》2016 年第 9 期。

③ 华为公司副总裁宋柳平先生于 2015 年 11 月 7 日在"强国知识产权论坛 2015——大众创业万众创新的法律与实践"会议上所做发言中的核心观点。参见宋柳平《专利法修改草案 82 条——不要缴了中国企业的枪》，http：//www.chinaipmagazine.com/news-show.asp？id=18483。

④ 张伟君：《默示许可抑或法定许可——论〈专利法〉修订草案有关标准必要专利披露制度的完善》，《同济大学学报》（社会科学版）2016 年第 3 期。

院法制办 2016 年 3 月 22 日公布的《标准化法（修订草案征求意见稿）》以及 2017 年 5 月 16 日全国人大常委会公布并于 8 月 28 日提请二审的《标准化法（修订草案）》中，专利信息披露义务并没有确立。本书以为，为保持立法的不重复性和制度的连续性，考虑到标准必要专利信息披露制度已在《国家标准涉及专利的管理规定（暂行）》确立，有必要将该规定上升到法律层面，即在《标准化法》中加以明确规定。基于目前的文本，本书建议在第 16 条①中增设一款作为第 3 款，其他条文顺序不变，即规定：参与标准制修订的组织或个人应当尽早向相关全国专业标准化技术委员会或者归口单位披露其拥有和知悉的必要专利，同时提供有关专利信息及相应证明材料。如此，可以删除《专利法修订草案（送审稿）》的第 85 条。

2. 明确规定标准化组织的权利与义务

当下，技术标准与专利权的结合已成为企业竞争的有力武器、国家话语权的保障。二者的结合有利于统一技术规范、促进技术创新，但也会提高使用其他可替代技术的成本，进而产生阻碍效应，减少企业和消费者的选择机会。部分专利权人甚至故意隐藏专利技术或者利用标准必要专利挟持使用者，导致专利劫持行为频频发生。为减少专利技术标准化中的负效应，专利标准组织一般设定了专利信息披露政策和专利许可政策，要求专利权人在标准制定或实施过程中披露其知悉的有关专利信息，并按照 FRAND 许可政策许可标准必要专利。但是标准化组织一般不将自己设定为专利信息披露的主体，也不对申请加入技术标准的专利的有效性、是否必要性进行审查，此外，标准必要组织界定的 FRAND 许可原则一般比较模糊，且一般不参与专利许可谈判。但是，考虑到专利技术标准的特殊性，应对标准化组织的相应义务和法律责任进行规定。这是因为，技术标准组织本身可以更早介入 FRAND 许可和专利信息披露的政策制定中，掌

---

① 《中华人民共和国标准化法（修订草案）》第 16 条：制定标准应当符合下列要求：（一）有利于保护人身健康和生命财产安全；（二）有利于维护国家安全；（三）有利于促进科学进步和技术创新；（四）有利于提高经济效益、社会效益、生态效益；（五）有利于标准之间的协调配套；（六）有利于增强产品的通用性、可替换性；（七）有利于提升服务水平和质量；（八）有利于方便人民群众生产生活；（九）有利于促进对外经济技术合作和对外贸易；（十）有利于推进军民通用标准建设和资源共享。禁止利用标准实施行业壁垒、地区封锁等妨碍市场竞争秩序的行为。

握的信息更加丰富，可以通过技术专家和法律专家一起审查技术信息、专利信息的真实性、有效性，健全技术标准中纳入专利的事前预防机制，从而减少专利劫持行为的发生。目前的《标准化法（修订草案）》同样未对此进行规定，建议在"总则"中对标准化组织的权利和义务作出规定，在"法律责任"部分规定具体的责任形式，主要应承担行政法律责任和民事法律责任，且责任不宜过重，否则标准化组织将丧失相应的组织标准制定和推动标准实施的热情。

3. 规范涉及专利的技术标准制修订程序

随着标准与专利的结合，传统的标准化过程正在发生着变革。标准的制定程序包含九个阶段，标准制定组织只需按照既定的程序，在协商一致的基础上开展标准化活动。但是，标准中纳入专利后，标准制修订程序更加复杂了。为了更好地适应当前标准与专利结合的潮流，《GB/T 20003.1 标准制定的特殊程序第一部分：涉及专利的标准》，对国家标准中涉及专利的制修订过程作出了详细的规定。具体体现在：（1）预研阶段。项目提案方要尽可能广泛地收集专利信息。（2）立项阶段。对拟立项国家标准进行公示时，要公布已披露的专利清单。（3）起草阶段。工作组的专利信息披露义务以及获取专利权人书面实施许可声明。（4）审查阶段。审查内容应包括专利信息披露表等材料。（5）复审阶段。标准中专利信息发生变化时，应及时对标准进行复审。可见，专利信息披露、实施许可声明等事宜的处理始终贯穿在标准的制修订过程中，标准组织的职责更加丰富。只是该项规定仅仅是一个技术规范文件。涉及专利的标准制定和修订与专利权人、专利技术实施者和消费者利益攸关，有必要规范涉及专利的技术标准制修订程序，适应时代发展潮流，通过合理有效的程序，搭建标准化组织、专利权人以及标准实施者之间利益协商的平台。

（三）完善反垄断法律制度——兼议《关于认定经营者垄断行为违法所得和确定罚款的指南（征求意见稿）》和制订中的《关于滥用知识产权的反垄断执法指南》

随着市场经济的不断发展和互联网浪潮的再次兴起，2008年制定的作为衡量国家法治化程度的"试金石"的《反垄断法》已略显不足，滞后性与局限性日趋显现，亟须修改。当前，《反垄断法》的首次修改已经启动，这对于推进我国市场经济体制的现代化具有重大的现实意义。

第一,明确反垄断规制的专门执法机关。我国现实的反垄断执法体系,呈现出国家发改委、商务部、原国家工商总局三大执法机构并存及其执法不平衡、执法机构与相关机构职能关系不清等问题,这势必影响到对构成垄断的专利劫持行为等行为的规制效果。目前,世界上的反垄断执行机构模式有三种:(1)美国的行政主管机关与法院协调运作型;(2)德国的行政主管机关、顾问机构与法院协调运作型;(3)日本的专门的单一机关与法院协调运作型。借鉴西方经验,结合我国国情,本书亦认为有必要积极推动全国统一的反垄断执法机构的建立,该机构应直接隶属于国务院,以确保该执法机构的权威性、独立性、专门性、精干高效性,有效打击技术标准化中的专利劫持行为。

第二,加大对滥用专利权排除、限制竞争行为的处罚力度。根据《反垄断法》第47条的规定,针对滥用技术标准化中的专利权限制、排除竞争行为,国家发改委、商务部、原国家工商总局根据其职责处以行政责任:一是责令停止违法行为,二是没收违法所得,三是处上一年度销售额1%以上10%以下的罚款。但是,对于何为"违法所得"、选择罚款的幅度考虑的因素,《反垄断法》并没有详细的规定,缺乏威慑力与惩罚性,对违法行为者的行政责任制裁缺乏透明度、确定性和可预见性。[1] 据统计,在《反垄断法》实施近10年中,却几无合理计算并没收违法经营者违法所得的案例。[2] 此外,实践中存在明显的重教育、轻惩罚现象,这种行政责任制度很难达到惩罚违法者的目的。再者,由于反垄断案件的复杂性,特别是对于在域外或跨国经营的主体来说,对其用市场销售额计算并不那么容易。处50万元以下的罚款相对于反垄断复杂调查投入的成本也微乎其微。这种对垄断法律责任规定的处罚力度和范围非常有限,将导致《反垄断法》起不到应有的作用。因此,有必要明确"违法所得"的范围,提升处罚的力度,特别是在未规定刑事责任的情形下,行政责任应起到有效维护市场竞争秩序、迅速排除各类限制竞争行为的干扰或阻碍、惩罚和预防违法垄断行为的作用。

---

[1] 丁国峰:《我国反垄断法律责任体系的完善和适用》,《安徽大学学报》(哲学社会科学版)2012年第2期。

[2] 张维、王楠:《反垄断处罚鲜有没收违法所得案例——违法所得认定指南起草中已修改16稿》,《法制日报》2017年6月12日第6版。

第三，协调《关于禁止滥用知识产权排除、限制竞争行为的规定》和即将出台的《关于滥用知识产权的反垄断执法指南》，在《反垄断法》中进一步明确技术标准中专利权滥用的类型及其构成要件。对于技术标准制定和实施过程中专利权人利用专利权实施劫持，排除、限制竞争，可以依据我国《反垄断法》第 55 条加以调适。但是《反垄断法》调整专利劫持行为需要同时满足经营者滥用专利权和达到排除、限制竞争行为的效果，而何为滥用专利权的行为，目前《反垄断法》和《专利法》都无明确规定。针对知识产权滥用行为的反垄断法规制，美国出台了《知识产权许可反托拉斯指南》，日本也出台了《知识产权利用的反垄断法指南》和《标准和专利池安排指南》，欧盟出台了《欧共体技术许可协议集体豁免条例》，这些知识产权领域的反垄断规则是规制技术标准化中专利劫持行为的重要依据，确保专利权保护和规制的平衡，推进技术标准的实施。但是，对于标准必要专利权人是否有权向国内外使用标准必要专利技术的生产者寻求禁令救济，前述指南都没能给出更多的示例，反垄断法也没有清楚给予基本原则。为此，美国和日本已经分别于 2016 年 8 月 12 日、2015 年 7 月 8 日公布了指南的修订方案并已完成修订。2015 年 8 月 1 日，原国家工商总局制定的《关于禁止滥用知识产权排除、限制竞争行为的规定》正式实施，但此项规定仅适用于工商局所管辖的垄断行为案件。《关于禁止滥用知识产权排除、限制竞争行为的规定》是原国家工商总局根据国务院反垄断委员会的要求制定的《关于滥用知识产权的反垄断执法指南》的一部分，随后又公布了《关于滥用知识产权的反垄断执法指南（原国家工商总局第七稿）》。2015 年 6 月，国家发改委价格监督检查与反垄断局组织正式启动了《关于滥用知识产权的反垄断指南》的制定，2015 年 12 月 31 日，该指南的征求意见稿向外发布。这两个文本认为，标准必要专利权人可以依法寻求禁令救济，但是，拥有市场支配地位的标准必要专利权人不得利用禁令救济排除、限制竞争，否则可被认定为垄断行为。著名反垄断法专家怀特及其所在的乔治梅森大学全球反垄断学会研究组针对国家发改委起草的版本提交的评述中表达了"删除该条款"的强烈建议，他们认为国家发改委不应对仅寻求禁令救济的行为强加反垄断制裁，此条款的风险在于预设了技术标准化中专利劫持行为的发生，忽视了标准技术使用者利用 FRAND 原则反向劫持标准必要专利权人。① 本书建议采用"华为规则"。不管最终的版本如何，这意味着在知识产权领域，今后将存在两个知识产权的反垄断执法规则。为确保这两个规则对技术标准化中专利劫持行为等知识产权滥用行为的适用，有必要协调好关系，在《反垄断法》中进一步明确技术标准中专利权滥用的类型及其构成要件，从而更好地指导实践。

（四） 重新塑造专利恶意诉讼制度

恶意诉讼来源于英美法，这些国家的学者普遍认为，它是指原告提起一个缺乏事实和理由根据的诉讼，其目的在于对他人的财产权或人身权造成损害，但其诉求最后并未获得法院支持。专利恶意诉讼是恶意诉讼在专利法领域的延伸。专利劫持行为者实施劫持行为所用的专利既可能是高质量的专利，也有可能是低质量的专利。一般来说，技术标准中的必要专利的质量较高。但前文曾述及，技术标准化中专利劫持行为主要发生在移动通信技术领域，而这些领域中存在大量的商业方法专利，这些专利存在边界模糊、保护范围过宽等问题。除此之外，由于是否是标准必要专利，标准制定组织一般并不予以认定，这就导致了部分专利并非真正的标准必要专利。甚至部分专利权人打包许可专利，可能造成失效专利进入许可范围中。因此，对于这部分专利劫持行为者，他们提起的诉讼有可能符合恶意诉讼的条件。但我国现行《专利法》并未对此加以规定，唯一可能的是借助于《侵权责任法》的规定。但是，《侵权责任法》第 2 条②规定具有一般性，在实践中适用时可能会遭遇困难。为此，有必要在未来《专利

---

① Wright, Joshua D., and Koren W. Wong‒Ervin and Douglas H. Ginsburg and Bruce H. Kobayashi, "Comment of the Global Antitrust Institute, George Mason University School of Law, on the National Development and Reform Commission's Draft Anti‒Monopoly Guideline on Intellectual Property Abuse", *George Mason Law & Economics Research Paper*, No. 16‒04, 2016, https://ssrn.com/abstract=2715173 or http://dx.doi.org/10.2139/ssrn.2715173。

② 《侵权责任法》第 2 条：侵害民事权益，应当依照本法承担侵权责任。本法所称民事权益，包括生命权、健康权、姓名权、名誉权、荣誉权、肖像权、隐私权、婚姻自主权、监护权、所有权、用益物权、担保物权、著作权、专利权、商标专用权、发现权、股权、继承权等人身、财产权益。

法》的修改中增设"专利恶意诉讼反赔"制度。① 在程序法上，《民事诉讼法》中的"恶意诉讼"指的是双方当事人共谋损害案外第三人的利益，并不包含专利劫持行为人针对专利实施者提起的诉讼。基于此，有必要拓宽《民事诉讼法》关于恶意诉讼的认定，从而将"原告恶意提起，缺乏事实和理由根据，目的是使他人的财产或人身权益受到损害，而其诉求并未获得法院支持的诉讼"认定为恶意诉讼，以有效遏制技术标准化中的专利劫持行为者以提起诉讼要挟生产者，损害生产者的利益和社会公众的利益的现象。

(五) 制定《专利交易市场法》

技术标准化中的专利劫持行为是专利许可过程中的一种"异象"。标准必要专利的专利怪客往往需要出资向他人购买专利权。毫无疑问，标准必要专利劫持行为者与原专利权人达成的专利权交易协议，带动和激活了专利技术交易市场，保证了专利发明人拥有创造热情，开展研究与创造活动。由此可见，规制技术标准化中的专利劫持行为不能只依赖"围堵"方式，还要运用"疏导"方式，制定相关政策，改善专利交易与许可的市场环境，建立一个专利商业化畅通的渠道，打造公平、自由、有效率的专利权二级交易市场，真正推动专利价值的实现。美国长期以来注重对专利交易市场的培育，可以便利被劫持企业获得用于防范的专利资源和诉讼服务。但我国的专利交易市场还不健全，交易中介体系尚未形成，交易还不活跃，难以防范和消除专利劫持行为的负面影响。2015年8月29日，《关于修改〈中华人民共和国促进科技成果转化法〉的决定》已由第十二届全国人民代表大会常务委员会第十六次会议通过，这对于专利交易市场的法治化有重要的意义。但从整体上来看，我国专利交易市场还不够成熟，专利交易的法律法规还比较缺乏。因此在立法层面，有必要制定一部《专利交易市场法》，其中包括专利交易市场主体的准入资格、专利交易主体的分类、专利交易的客体制度、专利价值的评估制度、专利交易应遵

---

① 实际上，我国曾在2006年公布的《专利法（第三次修改征求意见稿）》中首次规定"专利恶意诉讼反赔制度"，即第A10条：审理或者处理专利侵权纠纷的人民法院或者专利行政管理部门依据当事人提供的证据，认定被控侵权人实施的技术或者设计是现有技术或者现有设计的，应当认定该实施行为不构成侵犯专利权的行为。专利权人明知其获得专利权的技术或者设计属于现有技术或者现有设计，恶意指控他人侵犯其专利权并向人民法院起诉或者请求专利行政管理部门处理的，被控侵权人可以请求人民法院责令专利权人赔偿由此给被控侵权人造成的损失。

循的法则、不当专利交易的法律责任,尤其注意设置对大规模专利收购或者转让的审查机制、重大专利技术对外许可制度、对外国专利经营公司集中专利行为的监督机制等。此部法律的制定,有助于厘清正常的专利交易与违法的专利交易,避免技术标准化中专利劫持行为的发生。

二 厘正司法

(一) 重视停止侵权责任的自由裁量权的行使

在美国,技术标准化中专利劫持行为的发生、发展、发达与禁令制度特别是与中国"停止侵权责任制度"相类似的"永久禁令"密切相关。有学者为此指出,"禁令"为专利劫持行为的产生提供了"温床"。[①] 为遏制专利劫持行为,美国联邦最高法院通过对 2006 年 eBay 案的审理,重新强调永久禁令的颁发应遵循"四要素测试法"。美国最高法院对核发禁令的审慎态度对遏制技术标准化中的专利劫持行为产生了重要影响。本书以为,欧盟法院中的审判法院在"华为规则"中确立的"五步骤法"更具参考价值,更具有可操作性,也更符合技术标准的语境,我国司法实践可以以此为镜鉴。此项规则既保护了标准必要专利权人的利益,也保护了标准技术使用者的利益,强调双方的诚实信用,并将司法干预作为双方合意难以达成时的最后解决方式。

根据《专利法》第 57 条的规定,专利权人或者利害关系人可以基于专利侵权行为向人民法院提起诉讼。虽然,人民法院在认定专利侵权行为成立后,侵权人应当承担侵权责任,包括停止侵害、排除妨碍、消除危险、赔偿损失等。但是,停止侵害并非我国法院判决中的当然救济方式。[②] 在技术标准化中,人民法院应适当限制停止侵权责任的适用,削弱标准必要专利权人在许可费谈判中的优势地位。我国《专利法司法解释(二)》第 24 条对标准必要专利权人的禁令救济请求权做了明确规定。但该条只规定推荐性国家、行业或者地方标准,而对于国际标准组织或其他标准制定组织制定的标准却未作任何规定,这就导致推荐性国家、行业

[①] Chien, Colleen V., "Reducing Litigation Abuse by Reducing the Government's Role in the Patent System", *Testimony for Subcommittee on Courts, Intellectual Property and the Internet*, April 16, 2013, http://judiciary.house.gov/hearings/113th/04162013/Chien%20 04162013.pdf.

[②] 李晓秋:《论自由裁量权在停止专利侵权责任适用中的法度边界》,《重庆大学学报》(社会科学版) 2014 年第 4 期。

或者地方标准与国际标准中的专利权人受到区别性对待,同时也导致在国际标准的适用上存在空白和不确定之处。更进一步说,即使是针对推荐性国家、行业或者地方标准,这也并不意味着自由裁量权就可以随意行使,否则将直接损害标准必要专利权人和社会公众的利益,破坏法治原则,有悖于司法机关的性质和宗旨。2017年4月20日,北京市高级人民法院发布了新修订的"专利侵权判定指南",即《专利侵权判定指南(2017)》,其中对标准必要专利技术使用者的"不停止侵权抗辩"做了较大篇幅的规定,有益地补充了《专利法司法解释(二)》的相关内容,对标准必要专利诉讼具有较好的指引作用,也增强了社会公众对于标准必要专利法律适用的可预期性。根据《专利侵权判定指南(2017)》的"五、专利侵权行为的认定",标准必要专利权人负有FRAND许可义务,而标准必要专利使用者在谈判过程中,不仅只需要满足"无明显过程"这一较低的法律要求,还要求"以诚信的原则积极进行协商以获得许可"。[①] 这也是"华为规则"设定"五步骤"的重要考量,二者具有一定的同质性,但"华为规则"已接受检验,更具有可操作性。为此,本书建议进一步完善《专利法司法解释(二)》第24条的规定,实践中参照"华为规则",在判令是否支持标准必要专利权利人的停止侵权请求时应遵循"五步骤法";另外,也对标准必要专利技术使用者通过FRAND原则来反向劫持专利权人的行为判令支持停止侵权请求,从而保护标准必要专利权人的利益。

更进一步说,如果标准必要专利权人利用专利权,以提起诉讼并请求禁令救济来威胁标准技术使用者,即实施专利劫持行为,这属于一种滥用专利权行为。专利权滥用行为究竟引起什么样的法律后果,这是一个值得探讨的问题。一般认为,应根据具体情形,分析专利权滥用行为的法律后果。在有些情况下,专利权滥用者并不承担民事责任,但发生对自己不利的后果,比如专利权的行使行为无效;在有些情况下,专利权滥用者应承担民事责任,比如此种滥用行为造成他人权利或者利益受损,应当承担侵

[①]《专利侵权判定指南(2017)》第150条:在标准必要专利的许可谈判中,谈判双方应本着诚实信用的原则进行许可谈判。作出公平、合理和无歧视许可声明的专利权人应履行该声明下所负担的相关义务;请求专利权人以公平、合理和无歧视条件进行许可的被诉侵权人也应以诚实信用的原则积极进行协商以获得许可。

权责任；在有些情况下，专利权滥用者不仅不承担民事责任，相反，应获得相应补偿，比如基于强制许可而获得相应的许可费。本书以为，在涉及技术标准的专利纠纷案中，专利权人如不当行使权利请求停止侵权，即实施专利劫持行为，此种基于专利权的停止侵权请求权应受到限制，人民法院不应予以支持。

（二）完善专利侵权赔偿数额的计算

有学者说，"知识产权赔偿难的问题，本质上是一个由于实践中的困难而肇致理论贫困化、实体法与诉讼法相交织的问题。"[1] 而在损害赔偿数额的确定问题上，细化裁判规则来规范法官自由裁量远比立法的调整来得更重要。[2] 标准产品，特别是信息通信技术领域的产品通常需要包含多项标准必要专利技术，如果专利劫持行为人以标准产品技术使用者的侵权所得来赔偿数额，那么其主张的赔偿金额实际上会超过涉诉专利对标准产品的真正贡献。为防止被侵权人因损害赔偿不当获利，法院采用了技术分摊规则。比如在美国，侵权赔偿数额的计算并非均以整个产品为标准，特别是对于非单个专利的产品而言，更是如此。即专利持有人的损害赔偿额，应严格依据被告使用涉诉专利获得的实际经济价值计算。[3] 这个规则或者类似的比例规则在美国联邦最高法院 2016 年 12 月 6 日公布的苹果公司诉三星公司专利侵权案中得以重申。这样既符合公平正义要求，又可以减少技术标准化中专利劫持行为人寻租的可能性。

目前，我国的专利侵权赔偿采用填平原则，其赔偿数额尚未像在美国一样成为技术标准化中专利劫持行为的重要经济诱因，但这不能阻止侵权损害赔偿制度成为"专利劫持行为"的威胁手段。技术标准化中的部分专利劫持行为人可能属于典型的专利怪客，由于他们没有从事专利技术的实际生产制造，即无利润损失一说，故在侵权诉讼中一般采用侵权所得来计算赔偿数额。而侵权人侵权所得相对于许可使用费合理倍数和法定赔偿而言，特别是对于大型企业或者专利产品占有很大市场份额的情况下，能

---

[1] 唐力、谷佳杰：《论知识产权诉讼中损害赔偿数额的确定》，《法学评论》2014 年第 2 期。

[2] 洪颠雅：《事实和规范之间：举证妨碍规则在知识产权诉讼赔偿中的应用》，载《全国法院第二十六届学术讨论会论文集：司法体制改革与民商事法律适用问题研究》，2015 年 4 月。

[3] Phillips, Eric, and David Boag, "Recent Rulings on the Entire Market Value Rule and Impacts on Patent Litigation and Valuation", *Les Nouvelles*, Vol. 48, No. 1, 2013.

够保证自己获得高额利润。我国司法实践中已采用技术分摊规则[①]，主要适用于侵权专利产品作为整个产品的零部件或产品备件的情形。从总体上看，法院在适用侵权损害赔偿的填平原则时存在过于简单、随意的情形。为此，本书建议我国在技术标准化中专利劫持行为的诉讼中应借鉴美国的经验，结合技术分摊或者技术贡献规则，综合计算赔偿数额。同时，合理分配举证责任，明确举证妨碍责任中的"正当理由"，将专利权人在专利诉讼中的举证责任明细化，即要求其提供明确详细的侵权产品销售量、净利润、市场占有率等证据，以增加其诉讼成本，使损害赔偿额的计算更为科学、精确。

此外，为了鼓励专利转化，杜绝专利囤积，可以借鉴《商标法》第64条[②]的规定，对于标准必要专利权人在规定期限内无正当理由不实施，或者实施并未满足社会公众需要的，也不能提供实际使用过该专利技术的证据，同时也不能证明自己因侵权行为受到其他损失的，可以判决标准技术使用者的侵权行为成立，但并不承担赔偿责任，从而将民法中的填平原则贯彻始终，有效打击滥用标准必要专利的权利人。

更需提及的是，在涉及技术标准的专利纠纷案中，无论是侵权案件还是合同案件，以专利许可费作为赔偿数额的纠纷越来越多。如何计算基于FRAND原则的标准必要专利的许可费？或者说，司法该如何为 FRAND 原则下的标准必要专利许可费定价？过高，容易引发专利劫持行为；过低，则阻碍专利权人进行科技研发和加入标准的积极性。因此，应寻求双方认可的合理许可费。诚然，正如前文所述，FRAND 原则中的"公平、合理、无歧视"具有模糊性和不确定性，因此，精准计算标准必要专利许可费实际上并不可能。该问题已成为专利法学、竞争法学、经济学界近十年最为

[①] 《最高人民法院关于审理侵犯专利权纠纷案件应用法律若干问题的解释》第 16 条：人民法院依据专利法第六十五条第一款的规定确定侵权人因侵权所获得的利益，应当限于侵权人因侵犯专利权行为所获得的利益；因其他权利所产生的利益，应当合理扣除。侵犯发明、实用新型专利权的产品系另一产品零部件的，人民法院应当根据该零部件本身的价值及其在实现成品利润中的作用等因素合理确定赔偿数额。

[②] 《商标法》第 64 条：注册商标专用权人请求赔偿，被控侵权人以注册商标专用权人未使用注册商标提出抗辩的，人民法院可以要求注册商标专用权人提供此前三年内实际使用该注册商标的证据。注册商标专用权人不能证明此前三年内实际使用过该注册商标，也不能证明因侵权行为受到其他损失的，被控侵权人不承担赔偿责任。

关注的问题之一。① 经济学领域的专家为确定"合理"的专利许可费,设定了三种路径：Swanson-Baumol 事前竞标模型②、Shapley 值方法③ 和 Lemley-Shapiro 仲裁机制④,其中第 1 种路径已被美国法院和执法机关采用。在实践中,我国法院和美国法院都针对标准必要专利纠纷案件中的专利许可费作出了相应的判决,已经产生了重要的影响。丁文联法官认为在目前的司法实践中,对标准必要专利许可费定价的方式有两种：一种是通过司法裁判的方式,另一种是通过传统的双方合议谈判来定价,这两种方式各有利弊。⑤ 李剑教授指出,就标准必要专利许可费的确定而言,许可费"合理"仅在许可方和被许可方基于平等、自愿的条件下才可以实现,现有的增量值法、倒置法、可比较交易法都有其局限性。相对而言,可比

---

① 林平：《标准必要专利 FRAND 许可的经济分析与反垄断启示》,《财经问题研究》2015 年第 6 期。

② 2005 年,斯万桑和鲍莫尔提出事前竞标模型 (Ex-ante Auction Model),其核心思想为,构成一个标准的各项专利的 FRAND 许可费水平应该由该标准建立之前的类似技术相互竞争状况来决定。See Swanson, Daniel G., and William J. Baumol, "Reasonable and Non-Discriminatory (RAND) Royalties, Standards Selection, and Control of Market Power", *Antitrust Law Journal*, Vol. 73, No. 1, 2005.

③ Shapley 值是合作博弈论中最重要的均衡概念,其宗旨是为了确定合作收益在各合作者之间的合理分配。作为一般性合作型博弈的解,Shapley 值由诺贝尔经济学奖得主沙普利教授在 1953 年引入,其在博弈论乃至经济学界具有深远影响,并在不同的经济生活领域中得到应用。See Layne-Farrar, Anne, and A. Jorge Padilla & Richard Schmalensee, "Pricing Patents for Licensing in Standard-Setting Organizations: Marking Sense of FRAND Commitments", *Antitrust Law Journal*, Vol. 74, No. 3, 2007.

④ 该机制的设计思路如下：每一个参与制定标准的专利持有者必须首先承诺,在标准制定以后有义务向任何一个善意的标准实施者 (非故意逃避标准必要专利许可费的标准实施者) 提供一个 FRAND 出价。同时,专利持有者承诺,如果其不能够与标准实施者就相关专利技术达成许可协议,将会接受一个由仲裁程序决定的最终 FRAND 出价。FRAND 出价是指为了让标准实施者按照标准制造、使用和销售产品,持有者以合理、无歧视的条款许可全部标准必要专利组合提供的出价。See Lemley, Mark A., and Carl Shapiro, "A Simple Approach to Setting Reasonable Royalties for Standard-Essential Patents", *Berkeley Technology Law Journal*, Vol. 28, No. 2, 2013.

⑤ 丁文联：《专利劫持与反向劫持：裁判定价或谈判定价》,《竞争政策研究》2015 年第 5 期。

较交易法更具有优势。①

本书以为，法院在计算基于 FRAND 原则的标准必要专利的许可费时，首先应积极促进双方去谈判定价，其次，在标准必要专利权人和标准技术使用者达不成定价协议时或者定价太高时，司法应积极介入，采用裁判定价的方式计算专利许可费。至于裁判定价的方法，本书建议：一是借鉴美国法院修改后的"Georgia-Pacific 因素"，二是结合专利许可费计算的四种通用方法，即收益现值法②、重置成本法③、现行市价法④和 25% 规则来计算标准必要专利许可费，以防止标准必要专利权人获得过高的专利许可费，阻止专利劫持行为的发生。

（三）细化反垄断民事责任制度

专利权人利用专利实施劫持行为，排除、限制竞争，可以由反垄断法加以规制。而反垄断法规制是否有效，主要依赖于法律责任的设计。《反垄断法》规定了民事损害赔偿制度，⑤《最高人民法院关于审理因垄断行为引发的民事纠纷案件应用法律若干问题的规定》对此进行了细化。⑥ 尽

---

① 李剑：《标准必要专利许可费确认与事后之明偏见——反思华为诉 IDC 案》，《中外法学》2017 年第 1 期。

② 收益现值法又称收益还原法、收益资本金化法，是指通过估算被评估资产的未来预期收益并折算成现值，借以确定被评估资产价值的一种资产评估方法。如果标准必要专利的未来收益是可以确定的，则可选择此种方法。

③ 重置成本法就是在现实条件下重新购置或建造一个全新状态的评估对象，所需的全部成本减去评估对象的实体性陈旧贬值、功能性陈旧贬值和经济性陈旧贬值后的差额，以其作为评估对象现实价值的一种评估方法。如果标准必要专利的许可有合适的参照物，则可以选择此种方法。

④ 现行市价法又称市场法、市场价格比较法。它通过市场调节，选择一个或几个与评估对象相同或类似的资产作为比较对象，分析比较对象的现时成交价格和交易条件，通过对此调整，估算出所需评估的资产价值的方法。现行市价法是最直接、最简单的一种评估方法。如果标准必要专利的未来收益不确定，也没有适合的参照物，可以选用此种方法进行计算专利许可费。

⑤ 《反垄断法》第 50 条："经营者实施垄断行为，给他人造成损失的，依法承担民事责任。"

⑥ 《最高人民法院关于审理因垄断行为引发的民事纠纷案件应用法律若干问题的规定》第 14 条：被告实施垄断行为，给原告造成损失的，根据原告的诉讼请求和查明的事实，人民法院可以依法判令被告承担停止侵害、赔偿损失等民事责任。根据原告的请求，人民法院可以将原告因调查、制止垄断行为所支付的合理开支计入损失赔偿范围。

管如此，该些规定还是过于粗疏，欠缺指导性。① 而且，标准必要专利权利人仅在对他人造成垄断损失时，才依法承担民事责任。《关于审查因垄断行为引发的民事纠纷案件应用法律若干问题的规定》重点规定了举证责任的分配、责任的承担方式、归责原则的确定、损害赔偿数额的计算等内容，这对于完善反垄断民事责任制度具有重要意义。但遗憾的是，该司法解释还存在诸多方面的不足。在反垄断民事损害赔偿诉讼中，原告难以获取证据，这是因为经营者的垄断行为一般非常隐秘、不易察觉，所以，要求原告对垄断行为及其损害后果承担举证责任，无疑将使该制度的目的落空。技术标准化中的专利劫持行为人往往利用"空壳公司"进行经营，这对于被劫持人而言收集专利劫持行为者的垄断证据难上加难。为了解决举证难问题，本书建议在反垄断民事侵权损害赔偿诉讼中应该改变原告承担举证责任的分配机制，实行举证责任倒置原则，减轻原告的举证责任。当然，减轻并不等于不承担举证责任。我们认为，原告尚需承担提供因被告垄断行为导致损害的初步证据责任。此外，应借鉴美国反垄断民事责任中三倍损害赔偿制度设计，加大赔偿力度，有效规制技术标准化中的专利劫持行为。

（四）适度限制诉的合并审理

在民事诉讼法中，针对两个或两个以上相互独立却彼此关联的诉，或者是基于相同法律关系或同一事实基础的诉，人民法院可以将它们合并到同一法院管辖、适用同一诉讼程序进行审判，此过程被称为诉的合并审理。② 我国《民事诉讼法》第52条、第53条、第56条、第140条均属于诉的合并审理制度的范畴。诉的合并审理旨在便利当事人诉讼和法官审理，减轻诉讼参与人不必要的讼累，从而节省成本。与此同时，诉的合并审理能确保法院在处理类似案件时作出一致的裁判，从而保证法院裁判的权威性和统一性。根据合并的主体和客体标准不同，诉的合并审理分为诉的主体合并与诉的客体合并审理；根据法院是否享有自由裁量权决定是否合并审理的权限标准，又分为法院必须合并审理和自由裁量的合并审理，

---

① 参见郑鹏程、肖小梅《如何完善反垄断法律责任制度》，《光明日报》2014年5月31日第5版。

② 张晋红：《诉的合并之程序规则研究》，《暨南学报》（哲学社会科学版）2012年第8期。

如必要共同诉讼法院必须合并审理,而其他诉的合并形式可由法院自由裁量。①

技术标准化中的专利劫持行为者为降低自身诉讼成本,通常将多个互不相关的不同被告放入同一个诉讼案件。同时,专利劫持行为者还利用管辖地选择权,向最有利于自己的法院提起诉讼,增加被告诉讼成本。比如,美国德州地区法院,德国的曼海宁法院、杜塞尔多夫地区法院都是专利权人提起诉讼的偏爱之地。针对此种倾向,《美国发明法》规定合并审理必须满足相应条件,包括诉讼请求需针对共同的交易行为、基于共同的事实。此种做法可为我国借鉴,如果诉讼当事人提起的诉讼不是基于"共同的交易行为或由同一交易行为引起",则不合并审理,从而阻止技术标准化中的专利劫持行为者提起滋扰诉讼。

(五) 确立败诉方承担诉讼费、律师费等合理开支规则

依据《专利法》和《最高人民法院关于审理专利纠纷案件适用法律问题的若干规定》的规定②,法院在审理专利侵权案件时,可以要求侵权人承担权利人因调查、制止侵权所支付的合理支出,包括权利人调查侵权、聘请律师所产生的合理费用等。长期以来,法院基本上只支持胜诉原告获得因调查、制止侵权所支付的合理费用的赔偿,至于胜诉的被告却不能获得相关费用的赔偿。③ 显然,此种做法不利于规制技术标准化中专利劫持行为者的滥诉、恶意诉讼等行为。但值得注意的,最高人民法院于2016年9月12日发布了《关于进一步推进案件繁简分流优化司法资源配置的若干意见》,其中在"引导当事人诚信理性诉讼"部分规定了滥用诉讼方向无过错方赔偿合理的律师费等法律责任。④ 即,人民法院可以根据具体情况对无过错方依法提出的赔偿合理的律师费用等正当要求予以支

---

① 田平安:《民事诉讼法原理》,厦门大学出版社2007年版,第314—315页。
② 《专利法》第65条、《最高人民法院关于审理专利纠纷案件适用法律问题的若干规定》第22条。
③ 张体锐:《专利海盗投机诉讼的司法对策》,《人民司法》2014年第17期。
④ 《关于进一步推进案件繁简分流优化司法资源配置的若干意见》第22条规定:加大对虚假诉讼、恶意诉讼等非诚信诉讼行为的打击力度,充分发挥诉讼费用、律师费用调节当事人诉讼行为的杠杆作用,促使当事人选择适当方式解决纠纷。当事人存在滥用诉讼权利、拖延承担诉讼义务等明显不当行为,造成诉讼对方或第三人直接损失的,人民法院可以根据具体情况对无过错方依法提出的赔偿合理的律师费用等正当要求予以支持。

持。因此，对于技术标准化中的专利权人的滥诉、恶意诉讼等行为，无过错的受害人可以向法院提起要求专利劫持行为者赔偿合理的律师费用诉讼，人民法院可以根据具体情况予以支持。

而具有借鉴意义的是，《美国专利法》第285条规定："在特殊情形下，法院可以判决败诉方支付合理律师费给胜诉方。"但是，该法条自设立以后，美国法院适用的案例甚少。随着2014年美国最高法院对奥克滕健康有限责任公司案的审结，胜诉方律师费移转的例外情形被放宽，这有利于遏制技术标准化中的专利劫持行为。据此看来，无论是美国还是中国，技术标准化中的专利劫持行为人承担律师费用等合理开支后，提高了专利劫持行为人的诉讼风险，迫使其更加谨慎地提起侵权诉讼。同时，也可以免去涉诉使用标准必要专利技术的企业尤其是中小型企业承担高昂律师费的后顾之忧，勇于维护自己的合法权益。

（六）增设司法强制许可制度

技术标准化中的专利劫持行为是以专利侵权诉讼来达到目的，因此，为救济被技术标准化中专利劫持行为要挟的被告，可在新的司法解释中进一步明确规定基于FRAND原则，法院有权签发强制许可。在华为公司诉美国交互数字集团公司标准必要专利使用费纠纷、滥用市场支配地位案中，深圳市中级人民法院直接以司法裁判的形式判令标准必要专利权人签发FRAND许可，并判定其许可费率。这一解决方案彰显了我国司法的能动性，但也暴露了我国立法的滞后性——FRAND许可的内涵与法律责任、FRAND许可与强制许可制度、与经营者滥用市场支配地位的程序衔接等问题，存在立法空白。① 在《专利法司法解释（二）》中，尽管人民法院可以根据具体情况裁决FRAND许可费，但是并未直接提及是否可以以裁判的方式判令标准必要专利权人签发FRAND许可。因此，在司法解释中规定法院有权签发FRAND许可，可以确保程序的有效衔接，推进标准的实施。

三　鼎新执法

（一）提升授权专利质量

低质量专利或者问题专利是技术标准化中专利劫持行为实施的重要

---

① 罗娇：《标准必要专利诉讼的"公平、合理、无歧视"许可内涵、费率与适用》，《法学家》2015年第3期。

"宝藏"之一。我国的实用新型审查标准低,只进行形式审查,而不进行实质审查,容易成为专利劫持行为的武器。另外,含有功能性限定特征[①]的权利要求本身具有一定的普遍性,也导致权利要求具有一定的宽泛性特点。再者,与计算机软件有关的发明专利权界限模糊。因此,提高专利审查标准、提升专利质量,能从源头上阻止技术标准化中专利劫持行为的产生。具体措施包括:一是扩展现有技术的范围,确保授权专利的新颖性和创造性,提升专利授权质量。二是提高实用新型发明创造申请获得专利权的门槛,适当控制实用新型的授权数量,促进国内企业加强研发力量,申请核心技术专利,提升真实的技术水平。三是修改《专利审查指南》。针对权利要求中包含有功能性限定特征的申请的授权审查或有效性审查,《最高人民法院关于审理侵犯专利权纠纷案件应用法律若干问题的解释》与《专利审查指南》在规定内容上还存在差异,[②] 后者的规定更加严格,其中规定功能性限定特征在审批中的范围与在诉讼中的保护范围相一致,以提高此类专利质量。四是细化《专利审查指南》,增强与计算机软件发明有关的商业方法专利申请审查的可操作性。[③] 五是借鉴美国采用多种形式的复审制度,以提高专利审查的效率。

(二)建立诉讼风险预警机制

已于2015年年初逝世的德国社会学学者贝克在其著名的《风险社会》一书中强调,工业化过程中出现的一些问题导致全球性风险开始出现,各种全球性风险对人类的生存和发展存在着严重威胁,使人类日益"生活在文明的火山口上"。[④] 在风险社会语境中,专利和标准化法律制度作为一

[①] 关于什么是功能性限定特征,目前还没有明确定义。该术语在专利的审查和司法保护领域已被广泛应用。比如《专利审查指南》第二部分第二章3.2.1"以说明书为依据"中规定:通常,对产品权利要求来说,应当尽量避免使用功能或者效果特征来限定发明。《最高人民法院关于审理侵犯专利权纠纷案件应用法律若干问题的解释》第4条规定,对于权利要求中以功能或者效果表述的技术特征,人民法院应当结合说明书和附图描述的该功能或者效果的具体实施方式及其等同的实施方式,确定该技术特征的内容。

[②] 党延斌:《专利权利要求中功能性限定特征的审查标准及对策建议》,《知识产权》2011年第1期。

[③] 更多内容请参见李晓秋《信息技术时代的商业方法可专利性研究》,法律出版社2012年版,第279页。

[④] [德]乌尔里希·贝克:《风险社会》,何博闻译,译林出版社2004年版,第13页。

种制度文明，也可能存在制度风险。① 比如技术标准化中的专利权在运营过程中存在的劫持风险，这种风险主要表现为专利权利人以提起诉讼或者发送律师函威胁技术使用者，干扰生产，破坏竞争。为此，建议国家知识产权局、商务部、国家发改委等相关部门建立诉讼风险预警机制，定时、定期对相关行业，尤其是移动通信技术、电子技术、材料技术、互联网技术等领域面临的诉讼风险发出预警。此外，还应建立健全高诉讼风险专利识别机制以防止诉讼风险，比如分析诉讼专利具有的专利家族数、专利引用数、权利要求数②以及专利权人的变更次数、专利被引数、专利维护费等。③ 诉讼风险预警机制的建立，有助于技术标准产品生产型企业及时调整产品生产和销售方案，避免专利诉讼风险，降低专利纠纷的发生率，减少不必要的损失，有效应对专利劫持行为。

（三）要求披露真正的标准必要专利权利主体

在美国白宫公布的专利新政中，专利商标局计划启动制定一项"专利权人透明度"规则，即要求专利申请人和专利持有人定期更新专利权利主体的信息。这让技术标准化中部分专利劫持行为人常用"空壳公司"、隐藏真正的利益主体、增加社会公众对其识别难度之策略难以继续，值得我国借鉴。对于申请后获得批准的专利，如果在一定期限内没有实施和转化，国家知识产权局可以要求专利持有人披露真正的利益主体。对于任何提起无效请求或者提起专利侵权诉讼的当事人，必须保证透明度，让隐藏的标准必要专利权人无处遁形。

（四）开展专利服务业建设

在知识产权时代，人们越来越重视专利资源的价值。专利服务业有利于合理有效地开发与利用专利技术，确保专利资源价值的最大化。专利服务业通过为发明创造人或者专利申请人提供"获权—用权—维权"的相关服务，促进发明创造法律权利化、生产商用化、服务产业化，是现代服务业，尤其是知识产权服务业的重要组成部分，是高技术服务业优先发展的重点方向。发展专利服务业，对于自主创新的效能与水平的提高、经济

---

① 吴汉东：《知识产权的制度风险与法律控制》，《法学研究》2012年第4期。

② Allison, John R., and Mark A. Lemley & Joshua Walker, "Extreme Value or Trolls on Top—The Characteristics of the Most Litigated Patents", *U. Pa. L. Rev.*, Vol. 158, No. 1, 2009.

③ Chien, Colleen V., "Predicting Patent Litigation", *Texas L. Rev.*, Vol. 90, 2011.

发展的质量和效益的提升有重要作用,还可以形成符合社会需求的现代产业体系。① 国家知识产权局等相关职能部门在专利服务业建设中担任顶层设计者和分类指导者。技术标准化中的专利劫持行为是标准必要专利权人在运用专利过程中出现的一种异象,这是专利服务业的伴生物,它与专利实施不足并行存在于我国的专利服务业中。根据《关于加快培育和发展知识产权服务业的指导意见》和党的十九大报告的精神,本书建议可从以下四个方面推进专利服务业建设:一是加强专利技术转让平台建设,建立和完善技术转让机制,促进专利技术市场化;二是积极培育本土的专利运营企业,鼓励企业、大学及研究机构等从事专利经营业务;三是进一步开发专利信息资源及专利检索平台,做好专利资源服务等;四是鼓励和规范专利运营活动,促进专利的实施和运用。

(五)适法介入对与专利有关的技术标准的制定和实施的反垄断审查

在现代社会,标准与专利的结合日益频繁和广泛,使得两者的市场影响力得以扩大,因而在涉及专利的标准制定和实施过程中容易发生排除、限制市场竞争的问题。在标准组织制定标准或者实施标准过程中,专利权人违反专利披露义务、虚假承诺以及违反 FRAND 原则,拒绝许可,索要不公平高价,实行价格歧视,搭售以及不正当地寻求禁令救济,这些都是专利标准化过程中的典型现象,可能引发反垄断问题。② 这些行为引起了美国、韩国、欧洲等国和地区反垄断执法机构的关注,甚至介入调查和进行处罚。我国《关于禁止滥用知识产权排除、限制竞争行为的规定》第 13 条对此做了专门的规定。就反垄断审查主体而言,美国通常由联邦贸易委员会依据《联邦贸易委员会法》进行反垄断调查和起诉。在欧盟,欧盟委员会则是主要的反垄断审查机构。但是按照我国《标准化法》的有关规定,标准制定组织具有行政机关性质,这造成了反垄断执法机构不宜对其制定的知识产权政策直接、主动地进行反垄断审查,一般仅能够向其上级机关提出依法处理的建议。③ 但是,不管我国《反垄断法》对行政性垄断规制存在何种不足,本书认为,无论是国家、行业、地方标准,还是企业标准,都存在标准制定组织滥用行政权力,实施排除、限制竞争行

---

① 毛昊、毛金生:《对我国知识产权服务业发展的思考》,《知识产权》2013 年第 12 期。
② 王先林:《涉及专利的标准制定和实施中的反垄断问题》,《法学家》2015 年第 4 期。
③ 《反垄断法》第 51 条。

为的可能性。因此，增强标准制定组织的反垄断意识，建立主动寻求反垄断执法机构对其知识产权政策进行反垄断审查机制，仍具有可行性。①我国反垄断法专家时建中教授主张，应在即将修改的《反垄断法》中确立事先审查机制，建构公平竞争审查制度。②

专利权人违反专利信息披露义务，应该承担相应的法律后果。虚假承诺以及违反 FRAND 原则也一样，这些行为也具有违法性。从反垄断法的角度来看，这些行为可能既排除、限制了为准备进入标准的其他竞争者，也可能明显不正当地利用标准必要专利形成的市场优势。基于此，我国《反垄断法》应将这些行为纳入垄断行为的框架中进行分析。根据《关于禁止滥用知识产权排除、限制竞争行为的规定》第 15 条，分析认定技术标准化中的专利权人涉嫌滥用知识产权排除、限制竞争行为，可以采取以下步骤：一是确定专利权人行使专利权行为的性质和表现形式；二是确定行使专利权的经营者之间相互关系的性质；三是界定行使专利权所涉及的相关市场；四是认定行使专利权的经营者的市场地位；五是分析专利权人行使知识产权的行为对相关市场竞争的影响。可见，与其他国家无异，原国家工商总局在处理涉及技术标准化中的专利劫持行为时应适用合理原则进行分析。因此，无论是技术标准还是技术标准与专利权的结合，其本身并非可责难，即不能适用本身违法原则。换句话说，经营者拥有专利权可以构成认定其市场支配地位的因素之一，但不能仅根据经营者拥有专利权推定其在相关市场上具有市场支配地位，更不能认为专利权人拥有市场支配地位就一定属于滥用专利权的行为。但是，技术标准化中的专利劫持行为毕竟不同于一般的滥用技术标准的行为或者其他反垄断行为，这决定了技术标准化中专利劫持行为的复杂性，因此要求反垄断审查机构在适时审查技术标准化中的专利劫持行为是否构成反垄断行为时考量的因素更为全面、细致，其结论才更具有科学性和说服力，从而快速、准确阻遏技术标准化中的专利劫持行为。

综上所述，基于我国相关立法自身的科学性、司法适用的便利性和行政执法的效率性，借鉴域外先进立法、司法和行政执法经验，我国技术标

---

① 王记恒：《技术标准中专利信息不披露行为的反垄断法规制》，《科技与法律》2010 年第 4 期。

② 肖岳：《〈反垄断法〉首修期待》，《法人》2017 年第 10 期。

准化中专利劫持行为的法律规制尚需注重立法的精进、司法的改进、行政执法的增进，三者均不可或缺。

本章小结：建议的甄别与提出

在"技术专利化—专利标准化—标准全球化"时代，严格保护专利权固然重要，而仅仅强调"严格保护"却易于产生错误的理论逻辑和实践导向，因为对专利权的保护不力是一种误区，但矫枉过正也同样是一种误区。技术标准化中的专利劫持行为与创新目标相悖。而保护创新，是一个国家法律制度的重要内容。因此，我国法律规制技术标准化中专利劫持行为是回应现实之需、契合国家发展之计。吴汉东教授指出："我国知识产权理论建树和制度建设理应服务中国发展大局，体现中国特色，讲好中国故事。"[①] 我国构建技术标准化中专利劫持行为的法律规制制度时，首先应树立四个基本观念：选择合适的立场、秉持增进创新的理念、遵循利益平衡原则、维护产业利益和国家利益。其次，我国应借鉴美欧的实践，采用多维法律规制模式。最后，在设计具体对策的框架中，应从立法精进、司法改进、行政增进入手。具体包括：在立法上，一是进一步完善专利法律制度：改进强制许可制度、在《专利法》中增设权利不得滥用条款、依法推进惩罚性赔偿制度的适用；二是进一步完善标准化法律制度：确立专利信息披露义务、明确规定标准化组织的权利与义务、规范涉及专利的技术标准制修订程序；三是进一步完善反垄断法律制度：明确反垄断规制的专门执法机关、加大对滥用技术标准化中专利权限制、排除竞争行为的处罚力度、协调《关于禁止滥用知识产权排除、限制竞争行为的规定》和即将出台的《关于滥用知识产权的反垄断执法指南》，在《反垄断法》中进一步明确技术标准中专利权滥用的类型及其构成要件；四是重新塑造专利恶意诉讼制度；五是建议制定《专利交易市场法》。在司法中，进一步完善《专利法司法解释（二）》第24条的规定并在实践中重视停止侵权责任的自由裁量权的行使、完善专利侵权赔偿的计算和举证责任、细化反垄断民事责任制度、适度限制诉的合并审理、确立败诉方承担诉讼费、

[①] 吴汉东：《论知识产权事业发展新常态》，《中国知识产权报》2015年7月3日第8版。

律师费等合理开支规则、增设司法强制许可制度。在行政层面，提升授权专利质量、建立诉讼风险预警机制、要求披露真正的专利权利主体、开展专利服务业建设、适法介入对与专利有关的技术标准的制定和实施的反垄断审查。

这些举措可以为技术标准化中的专利劫持行为者设定"层层路障"，从而有效消解专利劫持行为带来的负效应，充分发挥专利制度和标准化法律制度的"正能量"，认真讲述专利大国迈向专利强国、标准大国过程中的"中国故事"。①

---

① 吴汉东：《专利法实施的目标与保障体系》，《知识产权》2015年第4期。

第九章

结论：技术标准化中的专利劫持行为
——共识与期冀

这是一个知识经济时代，这也是一个技术标准时代。标准化是人类文明的重要成果，它正推动现代经济的发展。然而，这更是一个"专利凶猛"[①]的知识产权时代。在这个时代，专利权常常既是国际经贸活动的"标配"，也是一国创新发展的"刚需"。更重要的是，它还是商业中有力的竞争手段。而技术标准和专利权结合后产生的"标准必要专利"助长塑造更加完美的竞争手段，在产业中形成了巨大的市场支配力，这在信息通信技术产业尤为显著。这种支配力对于市场的竞争秩序和消费者的利益影响甚巨。当前，我们看到，全球性企业越来越把能否控制知识产权尤其是必要的构架标准和接口标准视为竞争是否成功的决定性因素，全球最重要的专利许可和交易大都围绕标准必要专利展开，各国政府还将制定标准作为提升国家竞争力和实施创新战略的重要组成部分，比如美国强调专利与标准的结合，利用其技术优势把握市场主导权、国际话语权。欧盟则强调欧洲的统一市场、统一地位，通过利用政府的优势和力量把标准作为一种手段支持技术创新，其重点放在面向全球市场的标准制定上、促进专利被纳入标准中，旨在推动二者的结合，争取将欧洲技术推广到全球。[②] 但是，在专利技术标准化过程中，同时致力于技术创新的扩散和致力于专利权人私益价值的最大化之目标之间

[①] 黄晶、卢学红：《专利凶猛》，企业管理出版社2014年版，扉页。
[②] 张继宏：《专利标准化目标的集成创新——理论、证据与对策》，华中科技大学出版社2011年版，第56—61页。

必然导致冲突的存在，从而决定了专利技术标准化的结果势必伴随巨大的风险和挑战，比如乱象丛生的专利劫持行为、许可费堆叠等。近年来，专利法领域、标准化法领域、合同法领域、反垄断法领域、诉讼法领域、经济学领域、管理学领域等卷帙浩繁的研究文献似乎都表明，技术标准化中的专利劫持行为是最令人沉迷的法学难题之一，这一切只因"在我们面前，有两种未来，可以成就的未来和我们正在成就的未来"[1]。而站在岔路口，何去才能有方向？

技术标准化中的专利劫持行为是专利和标准化法律制度的衍生品，它是指在技术标准制定或者实施过程中，行为主体利用自己研发的且被纳入标准的专利申请或者专利权，或从破产公司及个人等发明人处购买的专利权，以凭借标准必要专利权人身份向技术使用者提起专利侵权诉讼或者发送律师函相威胁等手段主张超出专利本身价值的许可费的行为。它是专利劫持行为的高级形式。尽管技术标准化中专利劫持行为在一定程度上促进了市场交易，整合了市场资源，把专利权的价值推向了极致，但此种行为是标准必要专利权交易中的"乱象"，是一种滥用标准必要专利权行为，它与科技创新大计相悖，侵蚀了市场竞争秩序的健康肌体，降低了社会公众的福祉，打破了利益平衡之机制，加剧了专利危机，阻碍了技术标准的推行，动摇了专利制度和标准化法律制度存在之根基。

技术标准化中专利劫持行为的产生有着特定的机理和运行轨迹。其中，专利标准化是专利劫持行为诞生的逻辑起点。专利权和技术标准的同质性和异质性为其融合后产生专利劫持行为埋下了伏笔。而标准必要专利一旦从技术路径上加以认定，专利权将借着标准的锁定效应变得无比强大，从而在一定程度上成为专利劫持行为的"发生器"和"助推器"。从政策因素考量，专利标准化中的FRAND许可政策的不确定性和模糊性、专利信息披露政策的柔性、标准必要专利保证政策的缺失则为专利劫持行为的产生提供了各种可能。最大经济利益为技术标准化中的专利权人实施专利劫持行为注入了强大的动力，而专利授权制度的症结、专利权的天然垄断性、诉讼制度的滥用、侵权救济制度的滥用等亦

---

[1] ［美］劳伦斯·莱斯格：《思想的未来》，李旭译、袁泳审校，中信出版社2004年版，第7页。

是技术标准化中专利劫持行为的产生诱因。这些致因因素共同作用，"成就"了技术标准化中的专利劫持行为。

技术标准化中的专利劫持行为本身是一种标准必要专利权人对自己的专利权进行处置的行为，符合专利权人享有专利权行使自由的外观。但是，标准必要专利劫持行为打破了专利法律制度和标准法律制度的公平正义的伦理生态；提升了产品生产者、消费者以及社会承担的经济成本；不符合管理效益原则；突破了专利权正当行使的界限，损害了国家整体利益或者社会公众利益；违反 FRAND 许可政策进行许可或者寻求禁令僭越了民法中的诚实信用之基本准则；打破了专利权人和社会公众的利益平衡，加剧了专利危机；背离了标准化法追求的最佳秩序和最佳效益目标；限制、排除了市场竞争，碰触了"反垄断法"之底线。于此，法律规制的正当性无可置疑。

在现代经济学家看来，适当的制度与法律架构有利于经济人在市场上追求自身利益，从而提升社会的整体利益。可见，制度约束和设计具有重要意义。就法律制度而言，"法律的作用和任务在于承认确定实现和保障利益，或者说以最小限度的阻碍和浪费来尽可能满足各种相互冲突的利益"①。法律应时而变，法律应势而变，立法者、司法者和执法者应通过在不断变动生成的新型利益关系中构建一种精巧而微妙的平衡，实现有效的社会控制。针对技术标准化中的专利劫持行为，各国有必要寻求恰当的法律规制路径。技术标准化中的专利劫持行为是一个"跨界"问题，从法律规制的内容载体来看，既有采用民法、合同法、侵权责任法、专利法、反垄断法、标准化法、民事诉讼法等单一法律的规制，也有采用多维法律的规制；从法律规制依赖的不同主体来看，既有重点采用立法规制的，也有重点采用司法规制抑或行政规制的。但由于单一法律的调控难免产生"罅隙"，本书认为采用多维法律规制模式，并依靠立法规制、司法规制和行政规制并合的"三元联动模式"实现调控无疑是最优选择，可以有效地阻遏或者减少技术标准化中的专利劫持行为的发生。

美欧是专利权强盛之地，也是技术标准发达之地。然而，专利权和

---

① [美]罗斯科·庞德：《通过法律的社会控制》，沈宗灵译，商务印书馆 2010 年版，第33页。

技术标准的结合又不可避免地"造就"了专利劫持行为,而它正成为数字经济和标准化时代发展的掣肘,特别是信息和高科技产业更是深受其害。消除掣肘,已成为美欧经济发展中的重要议题。法律规制技术标准化中的专利劫持行为已成为美欧共识。为此,美国国会、联邦最高法院、联邦巡回上诉法院及各级法院、白宫政府、联邦贸易委员会、国际贸易委员会、专利商标局、司法部和欧洲的欧盟委员会、欧盟法院以及部分成员国法院都积极参与其中,纷纷采取了一系列的措施来钳制技术标准化中的专利劫持行为。虽然各国和各地区的技术标准化中专利劫持行为的产生、数量、对社会的影响以及法律制度存在不同,但法律规制的共同特点在于:立法机构积极寻求新的立法或者修订已有法律,司法机构积极探寻不予支持标准必要专利权人的禁令救济请求之实践、反垄断机构积极介入标准必要专利权人寻求禁令救济的反垄断审查。域外实践的影响不仅在美欧经济和科技创新中发酵,而且也随着经济全球化、科技全球化、法律制度全球化、政治全球化而扩及世界上其他各国。美欧经验可为已经或者正在甚至即将遭受技术标准化中专利劫持行为的国家和地区提供借鉴。

目前,我国与专利有关的技术标准并不多,也并非技术标准化中专利劫持行为的重灾区,但亦绝非"沉寂之地"。实际上,我国部分在"外"企业早已频频遭遇专利劫持行为,在"内"企业近年也数度与外国标准必要专利权人过招。而随着我国标准化战略的实施和专利授权量的持续增加,以及专利运营策略的推进,技术标准化中的专利劫持行为有进一步滋生繁荣的可能性和现实性。面对技术标准化中的专利劫持行为,我国的《民法通则》《民法总则》《合同法》《专利法》《标准化法》《反垄断法》《民事诉讼法》《专利法司法解释(二)》等可以作为法律规制的依据;在司法实践中,深圳市中级人民法院审理的华为公司诉数字交互集团公司标准必要专利使用费纠纷案意义重大,被称为"中国首个标准必要专利案",它的审理表明我国法院对于标准必要专利权人要求的 FRAND 许可费的内涵有着特定的理解和考量。不仅如此,该案中所体现的审判思路和对标准必要专利权人的态度具有世界典范性。这也为正在审理的华为公司诉三星公司标准必要专利侵权纠纷上诉案、西安西电捷通无线网络通信股份有限公司诉索尼移动通信产品(中国)有限公司标准必要专利侵权纠纷上诉案①等，以及已经达成和解的高通公司诉魅族公司标准必要专利许可费纠纷案②等案件积累了一定的司法经验。在行政管理和执法领域，我国出台了涉及国家知识产权战略、创新驱动发展战略、标准化战略等战略的多个重要文件，也对高通公司存在的垄断行为作出了行政罚款的决定，还针对诺基亚公司、微软公司收购行为中涉及的标准必要专利进行调查并作出决定等。但是，综观起来，现行法律资源、既有司法实践、行政执法经验还捉襟见肘。

本书认为，我国法律规制技术标准化中的专利劫持行为应在国家创新驱动发展战略背景下，以美欧为镜鉴，结合中国语境，树立四个基本观念：选择合适的立场、秉持增进创新的理念、遵循利益平衡原则、维护产业利益和国家利益，采用多维法律体系规制模式，精心设计相应的法律规制对策。具体建议如下：

在立法上，一是进一步完善专利法律制度：改进强制许可制度、依据《民法总则》在《专利法》中增设权利不得滥用条款、依法推进惩罚性赔偿制度的适用；二是进一步完善标准化法律制度：确立专利信息披露义务、明确规定标准化组织的权利与义务、规范涉及专利的技术标准制订和修订程序；三是进一步完善反垄断法律制度：明确反垄断规制的专门执法机关、加大对滥用技术标准化中专利权排除、限制竞争行为的处罚力度、协调《关于禁止滥用知识产权排除、限制竞争行为的规定》和即将出台的《关于滥用知识产权的反垄断执法指南》，在《反垄断法》中进一步明确技术标准化中专利权滥用的类型及其构成要件；四是重新塑造专利恶意诉讼制度；五是建议制定《专利交易市场法》。

在司法中，进一步完善《专利法司法解释二》第 24 条的规定并在实践中借鉴欧盟法院确立的"华为规则"，审慎核准标准必要专利权人的停止侵权责任请求权；完善专利侵权赔偿的计算，采用技术分摊原则或者技

---

① 西安西电捷通无线网络通信股份有限公司诉索尼移动通信产品（中国）有限公司侵害发明专利权纠纷一审案，参见北京知识产权法院（2015）京知民初字第 1194 号民事判决。

② 2016 年 6 月 23 日，高通公司将珠海市魅族科技有限公司（简称魅族公司）等诉至北京知识产权法院，并请求法院判决高通公司向魅族公司提供的专利许可条件符合《反垄断法》的规定和高通公司所承担的 FRAND 许可义务，同时请求魅族公司赔偿损失 5.2 亿元。参见林永华《高通掀专利诉讼索赔 5.2 亿元 国产手机厂商须自强》，《通信信息报》2016 年 7 月 6 日第 10 版。2016 年 12 月 30 日，高通公司与魅族公司达成专利许可协议。

术贡献度原则来确定标准必要专利技术使用者的侵权赔偿责任,参考美国的"Georgia—Pacific 因素"或者采用成本计算法等方法,计算基于FRAND 许可承诺的标准必要专利许可费;细化反垄断民事责任制度、适度限制诉的合并审理、确立败诉方承担诉讼费、律师费等合理开支规则、增设司法强制许可制度。

在行政层面,提升授权专利质量、建立诉讼风险预警机制、要求披露真正的专利权利主体、开展专利服务业建设、适法介入对与专利有关的技术标准的制定和实施的反垄断审查。

综上所述,"技术标准化中的专利劫持行为"既是一个法律问题,也是一个经济问题,还是一个社会问题;既是一个国内问题,又是一个国际问题。它令人沉思,但切忌陷入迷思。① 2017 年 10 月 18 日,习近平总书记在党的第十九次全国代表大会中指出:"倡导创新文化,强化知识产权创造、保护、运用。"这更加为建设创新型国家明确了奋斗目标,进一步指明了努力方向。当前,我国专利法律制度的首要任务是严格保护和有效运用专利权,而非防止技术标准化中的专利劫持行为等专利权滥用行为,但是这并不意味着立法者、司法者和执法者可以放松警惕,甚至对此加以否定或者惘然不顾。专利权的保护与专利权的限制是专利法领域中的永恒话题,二者不可偏废,否则都会走入误区,背离专利法律制度的立法本旨。在"技术专利化—专利标准化—标准全球化"时代,尤其在信息技术等高科技产业,标准已成为各国消费者福祉享有之基本、企业"一剑封喉"之利器、国家话语权衡量之标志,因此,"如何保护专利权与限制专利权"之问题更为值得关注。技术标准和专利权的融合势在必行,但专利劫持行为、反向专利劫持行为等"乱象"暗潮涌动。专利劫持行为是技术标准化中最为根本和最为棘手的问题,它已成为横亘在我国推动国家知识产权战略、创新驱动发展战略和标准化战略的全面实施过程中的重要藩篱。破除藩篱,除了标准必要专利权人守法之外,尤需立法者、司法者和

---

① 美国专利商标局原局长、IBM 全球副总裁卡波斯于 2016 年 3 月应邀到我国台湾大学参加"标准、标准必要专利与竞争法制国际研讨会",他以 "The Role of IP in Innovation Economy" 为题发表演说。针对创新、标准及专利等议题,卡波斯在指出创新者让科技不断进步的同时,强调政府的政策及立场对于以"标准"为基础的技术创新是有利的;而不是反过头来阻碍科技的进步。参见李淑莲《关于标准必要专利的七大迷思》,http://blog.sina.com.cn/s/blog_14303ccfd0102w6ia.html。

执法者的凝心聚识,合力并进,做到科学立法、严格执法、公正司法。唯此,才能阻止专利劫持行为,确保技术标准化作为"图腾"[①]的存在,激励发明创新,维护社会公众利益,为知识产权强国建设、创新文化的制度支持提供深度关切。

[①] "图腾"一词来源于印第安语"totem",意思为"它的亲属"、"它的标记",是指记载神的灵魂的载体。它是古代原始部落因迷信某种自然或有血缘关系的亲属、祖先、保护神等,而用来做本氏族的徽号或象征。原始民族对大自然的崇拜是图腾产生的基础。不同地区和国家的人有不同的图腾崇拜。运用图腾解释神话、古典记载及民俗民风,是人类历史上最早的一种文化现象。因此,技术标准化的"图腾"是基于文化学的角度而有的认识,它是指技术标准化具有内在合理性,是一种科学与进步的象征,甚至成为一种普遍性与客观性的化身。参见裘涵、陈侃《文化研究:技术标准化研究的新视角》,《浙江社会科学》2011年第4期。

主要参考文献

一 中文类

(一) 专著

白绿铉编译:《日本新民事诉讼法》,中国法制出版社 2000 年版。

程燎原、王人博:《赢得神圣——权利及其救济通论》,山东人民出版社 1998 年版。

方福前:《公共选择理论——政治的经济学》,中国人民大学出版社 2000 年版。

冯晓青:《知识产权法利益平衡理论》,中国政法大学出版社 2006 年版。

傅家骥:《技术创新学》,清华大学出版社 1998 年版。

何勤华主编:《西方法律思想史》,复旦大学出版社 2005 年版。

和育东:《美国专利侵权救济》,法律出版社 2009 年版。

康树华、张小虎主编:《犯罪学》(第 3 版),北京大学出版社 2011 年版。

李春田主编:《标准化概论》(第六版),中国人民大学出版社 2014 年版。

李晓秋:《信息技术时代的商业方法可专利性研究》,法律出版社 2012 年版。

梁慧星:《民法总论》,法律出版社 1996 年版。

林秀芹:《TRIPS 体制下的专利强制许可制度研究》,法律出版社

2006 年版。

刘春田主编：《知识产权法》（第三版），高等教育出版社 2007 年版。

刘银良：《知识产权法》（第二版），高等教育出版社 2014 年版。

卢现祥、朱巧玲主编：《新制度经济学》（第二版），北京大学出版社 2012 年版。

吕明瑜：《知识产权垄断的法律控制》，法律出版社 2013 年版。

马海生：《专利许可的原则：公平、合理、无歧视许可研究》，法律出版社 2010 年版。

齐爱民、朱谢群、李晓秋等：《知识产权法新论》，北京大学出版社 2008 年版。

史尚宽：《民法总论》，中国政法大学出版社 2000 年版。

孙国华主编：《法理学教程》，中国人民大学出版社 1994 年版。

陶鑫良、袁真富：《知识产权法总论》，知识产权出版社 2005 年版。

田平安：《民事诉讼法原理》，厦门大学出版社 2007 年版。

王保树主编：《经济法原理》，社会科学文献出版社 1999 年版。

王海明：《伦理学原理》（第三版），北京大学出版社 2009 年版。

王利明：《侵权行为法归责原则研究》，中国政法大学出版社 1992 年版。

王先林：《知识产权滥用及其法律规制》，中国法制出版社 2008 年版。

王泽应编著：《伦理学》，北京师范大学出版社 2012 年版。

吴汉东主编：《知识产权法学》（第五版），北京大学出版社 2011 年版。

吴汉东主编：《中国知识产权制度评价与立法建议》，知识产权出版社 2008 年版。

吴鸣：《公共政策的经济学分析》，湖南人民出版社 2004 年版。

徐孟洲、孟雁北：《竞争法》（第二版），中国人民大学出版社 2014 年版。

杨帆：《国际技术标准》，法律出版社 2006 年版。

杨紫烜主编：《经济法》，北京大学出版社 1999 年版。

张明楷：《刑法学》（第 4 版），法律出版社 2011 年版。

张乃根：《法与经济学》，中国政法大学出版社 2003 年版。

张平、马骁：《标准化与知识产权战略》（第 2 版），北京出版社 2005 年版。

张伟君：《规制知识产权滥用法律制度研究》，知识产权出版社 2008 年版。

张文显主编：《法理学》，高等教育出版社、北京大学出版社 1999 年版。

张五常：《经济解释》，商务印书馆 2000 年版。

张玉敏：《知识产权法》，法律出版社 2005 年版。

郑成思：《知识产权法：新世纪初的若干研究重点》，法律出版社 2004 年版。

郑成思：《知识产权论》，法律出版社 2003 年版。

郑玉波：《民法总则》，中国政法大学出版社 2003 年版。

种明钊主编：《竞争法学》，高等教育出版社 2002 年版。

朱雪忠主编：《知识产权管理》，高等教育出版社 2010 年版。

（二）译著

[美] 奥利弗·E. 威廉姆森：《资本主义经济制度》，段毅才、王伟译，商务印书馆 2002 年版。

[澳] 彼得·达德沃斯、约翰·布雷斯韦特：《信息封建主义》，刘雪涛译，知识产权出版社 2005 年版。

[美] 波斯纳：《法律的经济分析》（上），蒋兆康译，中国大百科全书出版社 1997 年版。

[德] 伯恩·魏德士：《法理学》，丁小春等译，法律出版社 2003 年版。

[美] 丹·L. 伯克、马克·A. 莱姆利：《专利危机与应对之道》，马宁、余俊译，中国政法大学出版社 2013 年版。

[英] 哈耶克：《个人主义与自由秩序》，邓正来译，生活·读书·新知三联书店 2003 年版。

[德] 卡尔·拉伦茨：《德国民法通论》，王晓晔译，法律出版社 2003 年版。

[德] 拉德布鲁赫：《法学导论》，米健、朱林译，中国大百科全书出版社 1997 年版。

[美] 里斯本小组：《竞争的极限——经济全球化与人类的未来》，张

世鹏译，中央编译出版社2000年版。

［美］罗伯特·考特、托马斯·尤伦：《法和经济学》（第五版），史晋川、董学兵等译，格致出版社、上海三联书店、上海人民出版社2010年版。

［美］罗斯科·庞德：《通过法律的社会控制》，沈宗灵译，商务印书馆2010年版。

［美］迈克尔·波特：《国家竞争优势》，李明轩、邱如美译，华夏出版社2005年版。

［法］孟德斯鸠：《论法的精神》（上），张雁深译，商务印书馆1982年版。

［英］桑德斯主编：《标准化的目的与原理》，中国科学技术情报研究所译，科学技术文献出版社1974年版。

［美］斯科奇姆：《创新与激励》，刘勇译，上海人民出版社2010年版。

［美］威廉·M. 兰德斯、理查德·A. 波斯纳：《知识产权法的经济结构》，金海军译，北京大学出版社2005年版。

［德］乌尔里希·贝克：《风险社会》，何博闻译，译林出版社2004年版。

［古希腊］亚里士多德：《尼各马克伦理学》，廖申白译，商务印书馆2003年版。

［古希腊］亚里士多德：《形而上学》，吴寿彭译，商务印书馆1997年版。

［美］约翰·罗尔斯：《正义论》，何怀宏、何包钢、廖申白译，中国社会科学出版社1988年版。

（三）期刊论文

安佰生：《标准化中的知识产权———一个政策的视角》，《电子知识产权》2009年第2期。

程永顺、吴莉娟：《"专利地痞"在中国的现状评述及对策研究》，《知识产权》2013年第8期。

崔国斌：《商标挟持与注册商标权的限制》，《知识产权》2015年第4期。

戴菊贵：《敲竹杠问题的本质及其解决方法》，《中南财经政法大学学报》2011 年第 4 期。

丁道勤、杨晓娇：《标准化中的专利挟持问题研究》，《法律科学》（西北政法大学学报）2011 年第 4 期。

丁文联：《专利劫持与反向劫持——裁判定价或谈判定价》，《竞争政策研究》2015 年第 5 期。

冯晓青：《专利法利益平衡机制之探讨》，《郑州大学学报》（哲学社会科学版）2005 年第 3 期。

管育鹰：《专利侵权损害赔偿额判定中专利贡献度问题探讨》，《人民司法》2010 年第 23 期。

和育东：《专利侵权赔偿中的技术分摊难题——从美国废除专利侵权"非法获利"赔偿说起》，《法律科学》（西北政法大学学报）2009 年第 3 期。

黄薇君、李晓秋：《论标准必要专利的 FRAND 劫持》，《科技进步与对策》2017 年第 1 期。

李慧颖：《专利劫持和反向劫持的法律关注》，《竞争政策研究》2015 年第 5 期。

李剑：《标准必要专利许可费确认与事后之明偏见 反思华为诉 IDC 案》，《中外法学》2017 年第 1 期。

李剑：《专利法司法解释（二）第二十四条之解读》，《竞争政策研究》2016 年第 2 期。

李龙、刘连泰：《法学的品格》，《华东政法大学学报》2003 年第 1 期。

李素华：《专利权行使与公平交易法——以近用技术标准之关键专利为中心》，《公平交易季刊》2008 年第 2 期。

李晓秋：《论自由裁量权在停止专利侵权责任适用中的法度边界》，《重庆大学学报》（社会科学版）2014 年第 4 期。

李晓秋：《危机抑或机遇：专利经营实体是非置辩》，《中国科技论坛》2012 年第 11 期。

李晓秋：《未决之命题：规制专利恶意诉讼的"路"与"困"——兼评新〈专利法〉第 23 条、第 62 条》，《学术论坛》2010 年第 2 期。

李晓秋：《专利侵权惩罚性赔偿制度：引入抑或摒弃》，《法商研究》2013 年第 4 期。

李扬、刘影:《FRAND 标准必要专利许可使用费的计算——以中美相关案件比较为视角》,《科技与法律》2014 年第 5 期。

梁慧星:《诚实信用原则与漏洞补充》,《法学研究》1994 年第 2 期。

梁上上:《利益的层次结构和利益衡量的展开——兼评加藤一郎的利益衡量论》,《法学研究》2002 年第 1 期。

梁志文:《反思知识产权请求权理论——知识产权要挟策略与知识产权请求权的限制》,《清华法学》2008 年第 4 期。

林欧:《技术标准化中专利挟持的反垄断规制》,《科技管理研究》2015 年第 18 期。

刘孔中:《技术标准、关键内容与强制授权——国际比较下的本土检讨》,《公平交易季刊》2008 年第 3 期。

罗娇:《标准必要专利诉讼的"公平、合理、无歧视"许可内涵、费率与适用》,《法学家》2015 年第 3 期。

马海生:《标准必要专利许可费司法定价之惑》,《知识产权》2016 年第 12 期。

孟雁北、柳洋:《论我国规制标准必要专利定价行为的法律路径——以华为公司诉 IDC 公司案为研究样本》,《竞争政策与研究》2015 年第 2 期。

聂鑫:《专利恶意诉讼的认定及其法律规制》,《知识产权》2015 年第 5 期。

宁立志、胡贞珍:《美国反托拉斯法中的专利权行使》,《法学评论》2005 年第 5 期。

彭立静:《论"专利流氓"之恶》,《伦理学研究》2017 年第 2 期。

[美] 乔瑟夫·凯顿:《专利劫持与 FRAND 原则》,《竞争政策研究》2015 年第 5 期。

邱本:《论市场竞争法的基础》,《中国法学》2003 年第 4 期。

盛杰民:《完善〈反垄断法〉实施之我见》,《中国物价》2013 年第 12 期。

孙远钊:《专利诉讼"蟑螂"为患?——美国应对"专利蟑螂"的研究分析与动向》,《法治研究》2014 年第 2 期。

唐力、谷佳杰:《论知识产权诉讼中损害赔偿数额的确定》,《法学评论》2014 年第 2 期。

汪太贤:《权利的代价——权利限制的根据、方式、宗旨和原则》,《学习与探索》2000 年第 4 期。

王斌:《关于标准必要专利禁令救济的思考》,《电子知识产权》2014 年第 11 期。

王活涛、郑友德:《专利恶意诉讼及其法律应对》,《知识产权》2009 年第 5 期。

王先林:《涉及专利的标准制定和实施中的反垄断问题》,《法学家》2015 年第 4 期。

王晓晔:《标准必要专利反垄断诉讼问题研究》,《中国法学》2015 年第 6 期。

王晓晔、丁亚琦:《标准必要专利卷入反垄断案件的原因》,《法学杂志》2017 年第 6 期。

王泽鉴:《诚实信用与权利滥用——我国台湾地区"最高法院"九一年台上字第七五四号判决评析》,《北方法学》2013 年第 4 期。

王贞华、樊延霞:《技术标准中专利信息不披露行为的审查对策》,《知识产权》2014 年第 8 期。

魏立舟:《标准必要专利情形下禁令救济的反垄断法规制——从"橙皮书标准"到"华为诉中兴"》,《环球法律评论》2015 年第 6 期。

文希凯:《〈专利蟑螂〉的反垄断法规制》,《知识产权》2014 年第 6 期。

文正邦:《论法哲学的基本问题与法的基本矛盾》,《云南法学》2001 年第 1 期。

吴白丁:《专利劫持反垄断法规制的经济学争议》,《电子知识产权》2017 年第 6 期。

吴广海:《标准设立组织对专利权人劫持行为的规制政策》,《江淮论坛》2009 年第 1 期。

吴汉东:《设计未来:中国发展与知识产权》,《法律科学》(西北政法大学学报)2011 年第 4 期。

吴汉东:《知识产权的制度风险与法律控制》,《法学研究》2012 年第 4 期。

吴汉东:《知识产权法的平衡精神和平衡理论——冯晓青教授〈知识产权法利益平衡理论〉评析》,《法商研究》2007 年第 5 期。

吴汉东：《专利法实施的目标与保障体系》，《知识产权》2015 年第 4 期。

肖岳：《〈反垄断法〉首修期待》，《法人》2017 年第 10 期。

谢鸿飞：《违约责任与侵权责任的再构成》，《环球法律评论》2014 年第 6 期。

徐棣枫：《权利不确定性和专利法制度创新初探》，《政治与法律》2011 年第 10 期。

徐国栋：《诚实信用原则二题》，《法学研究》2002 年第 4 期。

续俊旗、李梅：《信息通信领域标准必要专利的不合理定价及其反垄断法规制》，《中国物价》2014 年第 8 期。

杨东勤：《确定 FRAND 承诺下标准必要专利许可费费率的原则和方法——基于美国法院的几个经典案例》，《知识产权》2016 年第 2 期。

杨宏晖：《论 FRAND 授权声明之意义与性质》，《月旦法学杂志》2015 年第 50 期。

杨立新：《中国合同责任研究》（上），《河南省政法管理干部学院》2000 年第 1 期。

易继明：《遏制专利蟑螂——评美国专利新政及其对中国的启示》，《法律科学》（西北政法大学学报）2014 年第 2 期。

易继明：《禁止权利滥用原则在知识产权领域中的适用》，《中国法学》2013 年第 4 期。

易军：《"法不禁止皆自由"之私法精义》，《中国社会科学》2014 年第 4 期。

尹新天：《滥用专利权的内涵及其制止措施》，《知识产权》2012 年第 4 期。

袁晓东、高璐琳：《美国〈专利主张实体〉的经营模式、危害及其对策》，《情报杂志》2015 年第 2 期。

张吉豫：《禁止专利权滥用原则的制度化构建》，《现代法学》2013 年第 4 期。

张里安、胡振玲：《略论合同撤销权的行使》，《法学评论》2007 年第 3 期。

张玲：《论专利侵权赔偿损失的归责原则》，《中国法学》2012 年第 2 期。

张平：《论涉及技术标准专利侵权救济的限制》，《科技与法律》2013年第5期。

张卫平：《民事诉讼中的诚实信用原则》，《法律科学》（西北政法大学学报）2012年第6期。

张文显、于莹：《法学研究中的语义分析方法》，《法学》1991年第10期。

张晓都：《专利侵权诉讼中的停止侵权与禁止双重赔偿原则》，《知识产权》2008年第6期。

张玉敏、杨晓玲：《美国专利侵权诉讼中损害赔偿金计算及对我国的借鉴意义》，《司法适用》2014年第8期。

张振宇：《技术标准化中的专利劫持行为及其法律规制》，《知识产权》2016年第5期。

张志成：《专利形态及许可方式演变对创新的影响及政策应对——兼论NPE等现象的发生》，《电子知识产权》2014年第6期。

赵启杉：《竞争法与专利法的交错：德国涉及标准必要专利侵权案件禁令救济规则演变研究》，《竞争政策研究》2015年第5期。

郑晓剑：《比例原则在民法上的适用及展开》，《中国法学》2016年第2期。

周永坤：《诉权法理研究论纲》，《中国法学》2004年第5期。

朱理：《标准必要专利的法律问题：专利法、合同法、竞争法的交错》，《竞争政策研究》2016年第2期。

朱雪忠：《辨证看待中国专利的数量与质量》，《中国科学院院刊》2013年第4期。

祝建军：《标准必要专利禁令救济的成立条件》，《人民司法》2016年第1期。

祝建军：《标准必要专利使用费的公开——以治理专利劫持行为和反向劫持为视角》，《人民司法》2015年第15期。

(四) 报纸类

贺小荣：《保护产权是依法治国重要标尺》，《人民日报》2016年11月21日。

李步云：《法哲学为法学研究提供智慧》，《人民日报》2014年6月20日。

李心萍：《平衡车产业为何"野蛮生长"》，《人民日报》2016年5月16日。

李扬：《如何应对"FRAND劫持"》，《中国知识产权报》2015年6月10日。

吴汉东：《论知识产权事业发展新常态》，《中国知识产权报》2015年7月3日。

吴汉东：《知识产权的无形价值及经营方略》，《中国知识产权报》2014年1月29日。

张维、王楠：《反垄断处罚鲜有没收违法所得案例——违法所得认定指南起草中已修改16稿》，《法制日报》2017年6月12日。

（五）电子文献

陈志兴：《加强知识产权保护≠惩罚性赔偿》，http：//www.cnfazhi.net/fzjt/2016/1 207/60677.html。

李淑莲：《关于标准必要专利的七大迷思》，http：//blog.sina.com.cn/s/blog_14303c cfd0102 w6ia.html。

宋柳平：《专利法修改草案82条——不要缴了中国企业的枪》，http：//www.chin aipmagazine.com/news-show.asp？id=18483。

孙宪忠：《关于加快推动修改〈标准化法〉的议案》，http：//www.cssn.cn/fx/f xyzyw/201503/t20150310_1539166.shtml。

王晋刚：《美国商业方法专利浩劫》，http：//mp.weixin.qq.com/s?src=3&time stamp=1477901896&ver=1&signature=Spk58BJ3hUzcZWMtb-wmc6I2wRSpEyWzO6dw3xXI8aLxQrrByu4noMgLdA2hh0tBfrqL3RPmdkNFjOdUkeJ4 zh8r4NPQvYiKXbl 74kvb6JWigj7eAY0GQDKk42 FFqMG1QR6Dd0Cm846 NwDg2AnlfJx OSfwFOqFB * PiP7b * aDMDM=。

（六）会议论文集

洪颠雅：《事实和规范之间：举证妨碍规则在知识产权诉讼赔偿中的应用》，《诉讼赔偿中的适用全国法院第二十六届学术讨论会论文集：司法体制改革与民商事法律适用问题研究》，2015年4月。

张平、马骁：《技术标准与专利许可策略》，《信息网络与高新技术法律前沿——中华全国律师协会信息网络与高新技术专业委员会成立大会论文集》，2001年11月。

（七）其他

尹新天：《美国专利政策的新近发展动向》，载刘春田主编《中国知识产权评论》（第三册），商务印书馆 2008 年版。

［英］约翰·伊特韦尔等编：《新帕尔格雷夫经济学大辞典》（第 1 卷），经济科学出版社 1992 年版。

张韬略：《"专利流氓"威胁论：先见之明，抑或杞人忧天？》，载吴汉东主编《知识产权年刊》，北京大学出版社 2015 年版。

［英］Catherine Soanes 编：《牛津袖珍英语词典》（第 9 版），外语教学与研究出版社 2004 年版。

二 外文类

（一）专著

Bessen, James, and Michael J. Meurer, *Patent Failure：How Judges, Bureaucrats, and Lawyers Put Innovators at Risk*, Princeton, PA：Princeton University Press, 2008.

Burk, Dan L., and Mark A. Lemley, *The Patent Crisis and How the Courts Can Solve It*, Chicago：University of Chicago Press, 2009.

Jaffe, Adam B. et al., *Innovation Policy and the EconomyI*. Cambridge：MIT Press, 2000.

（二）期刊论文

Allison, John R., and Mark A. Lemley & David L. Schwartz, "Understanding the Realities of Modern Patent Litigation", *Texas Law Review*, Vol. 92, 2014.

Allison, John R., and Mark A. Lemley & Joshua Walker, "Patent Quality and Settlement Among Repeat Patent Litigants", *Georgetown Law Journal*, Vol. 99, No. 3, 2011.

Allison, John, and Mark A. Lemley & Joshua Walker, "Extreme Value or Trolls on Top? The Characteristics of the Most Litigated Patents", *University of Pennsylvania Law Review*, Vol. 158, No. 1, 2009.

Bekkers, Rudi, and Geert Duysters & Bart Verspagen, "Intellectual Property Rights, Strategic Technology Agreements and Market Structure —The case of GSM", *Research Policy*, Vol. 31, 2002.

Bessen, James, and Michael J. Meurer, "The Direct Costs from NPE Disputes", *Cornell Law Review*, Vol. 99, No. 2, 2014.

Bessen, James, "Holdup and Licensing of Cumulative Innovations with Private Information", *Economics Letters*, Vol. 82, No. 3, 2004.

Calabresi, Guido, and A. Douglas Melamed, "Property Rules, Liability Rules, and Inalienability— One View of the Cathedral", *Harv. L. Rev.*, Vol. 85, 1972.

Carrier, Michael A., "A Roadmap to the Smartphone Patent Wars and FRAND Licensing", *CPI Antitrust Chronicle*, No. 2, 2012.

Chien, Colleen V., "Of Trolls, Davids, Goliaths, and Kings: Narratives and Evidence in the Litigation of High-tech Patents", *North Carolina Law Review*, Vol. 87, No. 1, 2009.

Chien, Colleen V., and Mark A. Lemley, "Patent Holdup, the ITC, and the Public Interest", *Cornell Law Review*, Vol. 98, No. 1, 2012.

Chien, Colleen V., "From Arms Race to Marketplace: The Complex Patent Ecosystem and Its Implications for the Patent System", *Hastings L. J.*, Vol. 62, 2010.

Chien, Colleen V., "Holding up and Holding out, Mich. Telecomm". L. REV., Vol. 21, No. 1, 2014.

Chien, Colleen V., "Protecting Domestic Industries at the ITC", *Santa Clara Computer & High Tech. L. J.*, Vol. 28, 2011.

Coase, RonaldH., "The Problem of Social Cost", *Journal of Law and Economy*, Vol. 3, No. 5, 1960.

Contreras, Jorge L., "Fixing FRAND: A Pseudo-Pool Approach to Standards-Based Patent Licensing", *Antitrust L. J.*, Vol. 79, 2013.

Contreras, Jorge, "When a Stranger Calls: Standards Outsiders and Unencumbered Patents", *Journal of Competition Law & Economics*, Vol. 12, No. 3, 2016.

Cotropia, Christopher A., and Jay P. Kesan & David L. Schwartz, "Unpacking Patent Assertion Entities (PAEs)", *Minnesota Law Review*, Vol. 99, 2014.

Cotter, Thomas F., "Patent Holdup, Patent Remedies, and Antitrust Responses", *Iowa J. Corp. L.*, Vol. 34, 2009.

Dreyfuss, Rochelle C., "Are Business Method Patents Bad for Business?"

16 *Santa Clara Computer & High Tech L. J.*, Vol. 16, 2000.

Duffy, John, "Innovation and Recovery", *Intellectual Property Law Review*, Vol. 14, No. 2, 2010.

Elhauge, Einer, "Do Patent Holdup and Royalty Stacking Lead to Systematically Excessive Royalties?" *Journal of Competition Law and Economics*, No. 3, 2008.

Elhauge, Einer, "Treating RAND Commitments Neutrally", *Journal of Competition Law and Economics*, Vol. 11, No. 1, 2015.

Epstein, Richard A., and F. Scott Kieff & Daniel F. Spulber, "The FTC, IP, and SSOs: Government Hold-Up Replacing Private Coordination", *Journal of Competition Law & Economics*, Vol. 8, No. 1, 2012.

Farrell, Joseph, and John Hayes & Carl Shapiro &Theresa Sullivan, "Standard Setting, Patents, and Hold-Up", *Antitrust Law Journal*, No. 3, 2007.

Feldman, Robin, and Tom Ewing,"The Giants Among Us", *Stan.Tech.L. Rev.*, Vol.1, 2012.

Galetovic, Alexander, and Stephen Haber, "The Fallacies of Patent Holdup Theory", *Journal of Competition Law and Economics*, Vol. 13, No. 1, 2017.

Geradin, Damien, and Anne Layne-Farrar & Jorge Padilla, "The Complements Problem within Standard Setting: Assessing the Evidence on Royalty Stacking", *Journal of Science and Technology Law*, Vol. 14, No. 2, 2008.

Geradin, Damien, and Anne Layne-Farrar, et. al., "Elves or Trolls? the Role of Non- Practicing Patent Owners in the Innovation Economy", *Industrial and Corporate Change*, Vol. 21, No. 1, 2011.

Geradin, Damien, and Miguel Rato, "Can Standard-Setting Lead to Exploitative Abuse: A Dissonant View on Patent Hold-up, Royalty Stacking and the Meaning of FRAND", *Euro. Competition L. J.*, Vol. 3, No. 1, 2007.

Geradin, Damien, "The Meaning of 'Fair and Reasonable' in the Context of Third-Party Determination of FRAND Terms", *George Mason Law Review*, Vol. 21, 2014.

Ginsburg, Douglas H., and Bruce H. Kobayashi, Koren W. Wong-Ervin and Joshua D. Wright, "'Excessive Royalty' Prohibitions and the Dangers of Punishing Vigorous Competition and Harming Incentives to Innovate", *CPI Antitrust Chronicle*, No. 3, 2016.

Ginsburg, Douglas H., and Koren W. Wong-Ervin & Joshua D. Wright, "The Troubling Use of Antitrust to Regulate FRAND Licensing", *CPI Antitrust Chronicle*, No. 1, 2015.

Ginsburg, Douglas, and Taylor M. Owings & Joshua Wright, "Enjoining Injunctions: The Case Against Antitrust Liability for Standard Essential Patent Holders Who Seek Injunctions", *The Antitrust Source*, October 2014.

Golden, John M., "'Patent Trolls' and Patent Remedies", *Texas Law Review*, Vol. 85, 2007.

Hovenkamp, Erik, and Thomas F. Cotter, "Anticompetitive Patent Injunctions", *Minnesota Law Review*, Vol. 100, No. 3, 2016.

Hovenkamp, Erik, and Thomas F. Cotter, "Anticompetitive Patent Injunctions", *Minn. L. Rev.*, Vol. 100, 2016.

Katz, Michael L., and Carl Shapiro, "Technology Adoption in the Presence of Network Externalities", *Journal of Political Economy*, Vol. 94, No. 4, 1986.

Layne-Farrar, Anne, "Payments and Participation: The Incentives to Join Cooperative Standard Setting Efforts", *Journal of Economics & Management Strategy*, Vol. 23, No. 1, 2014.

Lee, Peter, "Patent Law and the Two Cultures", *Yale L. J.*, Vol. 120, No. 2, 2010.

Lemley, Mark A., and Carl Shapiro, "A Simple Approach to Setting Reasonable Royalties for Standard-Essential Patents", *Berkeley Technology Law Journal*, Vol. 28, 2013.

Lemley, Mark A., and Carl Shapiro, "Patent Holdup and Royalty Stacking", *Tex. L. Rev.*, Vol. 85, 2007.

Lemley, Mark A., and A. Douglas Melamed, "Missing the Forest for the Trolls", *Columbia Law Review*, Vol. 113, 2013.

Lemley, Mark A., "Antitrust and the Internet Standardization Problem", *Conn. L. Rev.*, Vol. 28, 1996.

Lemley, Mark A., "Ten Things to Do about Patent Holdup of Standards (And One Not to)", *Boston College Law Review*, Vol. 47, 2007.

Lichtman, Douglas, "Understanding the FRAND Commitment", *Hous. L. Rev.*, Vol. 47, 2010.

Lim, Daryl, "Standard Essential Patents, Trolls, and the Smartphone Wars: Triangulating the End Game", *Penn St. L. Rev.*, Vol. 119, 2014.

Lundqvist, Björn, "The Interface Between EU Competition Law and Standard Essential Patents – from Orange-Book-Standard to the Huawei Case", *European Competition Journal*, Vol. 11, No. 2-3, 2015.

McDonough Ⅲ, James F., "The Myth of the Patent Troll: An Alternative View of the Function of Patent Dealers in an IdeaEconomy", *Emory Law Journal*, Vol. 56, 2006.

Merges, Robert P., "The Trouble with Trolls: Innovation, Rent-Seeking, and Patent Law Reform", *Berkeley Technology Law Journal*, Vol. 24, No. 4, 2009.

Merges, Robert P., and Jeffery M. Kuhn, "An Estoppel Doctrine for Patented Standards", *Cal. L. Rev.*, Vol. 97, No. 1, 2009.

Mossoff, Adam, "Patent Licensing and Secondary Markets in the Nineteenth Century", *George Mason Law Review*, Vol. 22, No. 4, 2015.

Osenga, Kristen J., "Formerly Manufacturing Entities ——Piercing the 'Patent Troll' Veil", *Connecticut Law Review*, Vol. 47, No. 2, 2014.

Pohlmann, Tim, and Marieke Opitz, "Typology of the Patent Troll Business", *R & D Management*, Vol. 43, No. 2, 2013.

Rantanen, Jason, "Slaying the Troll: Litigation as an Effective Strategy Against Patent Threats", *Santa Clara Computer & High Tech. L. J.*, Vol. 23, 2006.

Risch, Michael, "Framing the Patent Troll Debate", *Expert Opinion*, Vol. 24, No. 2, 2014.

Schwartz, David L., and Jay P. Kesan, "Analyzing the Role of Non-Practicing Entities in the Patent System", *Cornell Law Review*, Vol. 99, No. 2, 2014.

Scotchmer, Suzanne, "Standing on the Shoulders of the Giants:

Cumulative Research and the Patent Law", *Journal of Economic Perspectives*, Vol. 5, No. 1, 1991.

Scotchmer, Suzanne, "Standing on the Shoulders of the Giants: Cumulative Research and the Patent Law", *Journal of Economic Perspectives*, Vol. 5, No. 1, 1991.

Shapiro, Carl, "Injunctions, Hold – Up, and Patent Royalties", *American Law and Economics Review*, Vol. 12, No. 2, 2010.

Shapiro, Carl, "Patent Remedies", *American Economic Review: Papers & Proceedings*, Vol. 106, No. 5, 2016.

Sidak, J. Gregory, "Patent Holdup and Oligopsonistic Collusion in Standard – Setting Organization", *Journal of Competition Law & Economics*, Vol. 5, No. 1, 2009.

Sidak, J. Gregory, "The Meaning of FRAND, Part 1: Royalties", *Journal of Competition Law&Economics*, No. 4, 2013.

Swanson, Daniel G., and William J. Baumol, "Reasonable and Non-Discriminatory (RAND) Royalties, Standards Selection, and Control of Market Power", *Antitrust Law Journal*, No. 1, 2005.

Torti, Valerio, IPRs, "Competition and Standard Setting: In Search of a Model to Address Hold – Up", *European Competition Law Review*, Vol. 33, No. 9, 2012.

Tsai, Joanna, and Joshua D. Wright, "Standard Setting, Intellectual Property Rights, and the Role of Antitrust in Regulating Incomplete Contracts", *Antitrust Law Journal*, Vol. 80, No. 1, 2015.

Ullrich, Hanns., "Patents and Standards – A Comment on the German Federal Supreme Court Decision Orange Book Standard", *IIC – International Review of Intellectual Property and Competition law*, Vol. 41, No. 3, 2010.

Wright, Joshua D., and Aubrey N. Stuempfle, "Patent Holdup, Antitrust and Innovation: Harness or Noose?" *Alabama Law Review*, Vol. 61, 2010.

Wright, Joshua D., and Douglas H. Ginsburg, "Patent Assertion Entities and Antitrust: A Competition Cure for a Litigation Disease?" *Antitrust Law Journal*, Vol. 79, No. 2, 2014.

(三) 电子文献

Allison, John R. , and Mark A. Lemley & David L. Schwartz, *How Often Do Non-Practicing Entities Win Patent Suits?*, http: //papers. ssrn. com/sol3/papers. cfm? abstract_id = 2750128##.

Becker, Gary, *On Reforming the Patent System*, The Becker-Posner Blog, http: //www. becker-posner-blog. com/2013/07/on -reforming- the- patent- system-becker. Html.

Bekkers, Rudi, and Andrew S. Updegrove, *A Study of IPR Policies and Practices of a Representative Group of Standards Setting Organizations Worldwide*, https: //ssrn. com/abstract = 2333445 or http: //dx. doi. org/10. 2139/ssrn. 2333445.

Bekkers, Rudi, *Concerns and Evidence for Ex-post Hold-up with Essential Patents*, http: //ssrn. com/abstract = 2663939 or http: //dx.doi. org/10. 2139 / ssrn. 2663939.

Bessen, James, "Holdup and Licensing of Cumulative Innovations with Private Information", *Economics Letters*, Vol. 82, No. 3, 2004, http: //www. sciencedirect. com/ science/article/pii/S0165176503002581? np = y.

Boldrin, Michele, and David K. Levine, *The Case Against Patents*, Fed. Reserve Bank of St. Louis Research Div. Working Paper Series, Paper No. 2012 - 035A, 2012), http: //research. stlouisfed. org/wp/ 2012/ 2012-035. pdf.

Brooks, Roger G. , *Patent "Hold-Up", Infringement Remedies, and the Operation of Standards-Setting Organizations: How the FTC's Ill-Advised Campaign Against Innovators Threatens Incentives*, http: //ssrn. com/abstract = 1923735 or http: // dx. doi . org/10. 2139/ssrn. 1923735.

Chien, Colleen V. , *Patent Assertion Entities: Presentation to the Dec. 10, 2012 FTC /DOJ Hearings on PAEs*, http: //ssrn. com/abstrac t = 2187314.

Contreras, Jorge, *A Brief History of FRAND: Analyzing Current Debates in Standard Setting and Antitrust Through a Historical Lens*, http: //ssrn. com/abstract = 2374983 or http: //dx. doi. org /10. 2139 /ssrn. 2374983, American University, WCL Research Paper No.2014-18.

Fomperosa Rivero, Álvaro, *Standard Essential Patents and Antitrust:A Com-*

parative Analysis of the Approaches to Injunctions and Frand-Encumbered Patents in the United States and the European Union, TTLF Working Papers, No. 23, Stanford-Vienna Transatlantic Technology Law Forum, https：//ssrn.com/abstract=2807193.

Galetovic, Alexander, and Stephen Haber & Ross Levine, *No Empirical Evidence that Standard Essential Patents Hold - Up Innovation*, http：//papers.ssrn.Com/sol3/papers.cfm? abstract_id=2588169.

Galetovic, Alexander, and Stephen Haber & Ross Levine, *Patent Holdup: Do Patent Holders Holdup Innovation?*, Hoover IP2, Working Paper Series No. 14011, 2014, http://faculty.haas.berkeley.edu/ross_levine/Papers/PatentHoldup_7may20 14. pdf.

Goldman, Eric, *Vermont Enacts the Nation's First Anti-Patent Trolling Law*, http：//www.forbes.com/sites/ericgoldman/2013/05/22/vermont-enacts-the-nati ons-first- anti- patent-trolling-law/.

Graham, Stuart, and Peter Menell and Carl Shapiro and Tim Simcoe, *Final Report of the Berkeley Center for Law & Technology Patent Damages Workshop*, https：//www.law.berkeley.edu/wp-content/uploads/2016/08/Berkeley-Patent-Damages-Final-R eport-2016-08-15-2. pdf.

Herrle, Maximilian R., *Economy in Danger? The Failures of German Injunction Jurisprudence in Patent Litigation with Special Regard to Standard Essential Patents and Their Solution*, Chicago-Kent College of Law Research Paper, https：//ssrn.com/abstract=2172387.

Hovenkamp, Herbert J., *Competition in Information Technologies: Standards-Ess ential Patents, Non-Practicing Entities and FRAND Bidding*, http：//papers.ssrn.com/sol3/papers.cfm? abstract _id=2154203.

Jorge, Contreras, *Assertion of Standards - Essential Patents by Non - Practicing Entities*, University of Utah College of Law Research Paper No. 144, http：//ssrn.com/abstract=2700117.

Layne-Farrar, Anne, *The Economics of FRAND*, http：//papers.ssrn.com/sol3/papers.cfm? abstract_id=2725959.

Lemley, Mark A., and Robin Feldman, *Patent Licensing, Technology Transfer, & Innovation*, http：//papers.ssrn.com/sol3/ pape rs.cfm? abstract_ id = 2738819.

Meyer, David L., *How to Address "Hold Up" in Standard Setting without Deterring Innovation: Harness Innovation by SDOs*, http://www.justice.gov/atr/speech/how-address-hold-standard-setting-without-deterring-innovation-harness-inn ovation-sdos.

Ohlhausen, Maureen K., *Antitrust Oversight of Standard - Essential Patents: The Role of Injunctions*, https://www.ftc.gov/public-stateme nts/2015/09/ant itrust-over sight-standard -essential-patents-role-injunctions.

Posner, Richard A., *Why There Are Too Many Patents in America*, The Atlantic, http://www.theatlantic.com/business/arc hive/2012/07/why - there - are-too -many-p atents-in-america/259725/.

Shapiro, Carl, *Property Rules vs. Liability Rules for Patent Infringement*, https://ssrn.com/abs tract = 2775307 or http://dx.doi.org/10.2139/ssrn.2775307.

Sichelman, Ted M., *Are Patent Trolls "Opportunistic"?*, http://papers.ssrn.com/sol3/papers.cfm? abstract_id = 2520125.

Wright, Joshua D., and Koren W. Wong-Ervin and Douglas H. Ginsburg and Bruce H. Kobayashi, *Comment of the Global Antitrust Institute, George Mason University School of Law, on the National Development and Reform Commission's Draft Anti - Monopoly Guideline on Intellectual Property Abuse*, George Mason Law & Economics Research Paper No. 16 - 04, https://ssrn.com/abstract = 2715173 or http://dx.d oi. or g/10. 2139/ssrn. 2715173.

(四) 其他

Garner, Bryan A., ed., *Black's Law Dictionary (8th Edition)*, St. Paul, MN: Thomson West, 2004.

后　记

本书是在我主持完成的国家社会科学基金项目"技术标准化中的专利劫持行为及其法律规制研究"（项目编号：12FX111）最终成果基础上修改而成的。

从入夏到秋浓，再到深冬，我已在法学院度过了第456个夜晚。这一刻，5：18，清晨如此静谧而清幽，不时寒意阵阵，但我的头脑里却飘荡普希金的吟唱："严寒和太阳：美妙的一天！迷人的朋友，你还在沉睡……"[①] 顿感胸中犹如装满暖阳，照进自己的心房！

时光如水样流泻，记忆却像流沙沉积。回想今生，2012年5月21日——2012年度国家社科基金项目评审结果公布日的下午，这注定是我永远不能也不会忘记的下午，它因集美丽与智慧为一身的黄玉烨院长简短的祝福短信而定格在历史的瞬间！而快速通过网络确认后的幸福感觉更是让我几近晕眩。

首先要特别感谢全国哲学社会科学规划办公室设立国家社科基金项目，它让众多和我一样沉醉于哲学社会科学研究的学者，树立了毕生要致力于赢取代表国家最高级别研究项目荣誉的宏大目标；特别感谢匿名通信评审专家、会评专家，正是因为你们的不吝肯定和大力举荐，我才可以葆有对本课题的持续研究热情和十年如一日的学术情怀！特别感谢参加本课题开题论证会的专家：张玉敏教授、蔡守秋教授、刘想树教授、黄锡生教授、齐爱民教授、曾文革教授，以及参加结题论证会的专家：吴汉东教授、张玉敏教授、许明月教授、宁立志教授、张舫教授、曾文革教授，你

[①] 章小凤：《普希金〈冬天的早晨〉赏析》，《俄语学习》2013年第4期。

们的独具慧识与大家风范确保了本书阐释的正确路径和最后的选择！特别感谢不辞辛苦审阅和评审最终成果的全国哲学社会科学规划办公室的各位领导和匿名通信鉴定专家，你们的不吝肯定和宝贵建议及意见字字珠玑，为本书的出版指明了方向，也使我进一步的研究和长期的学术未来更加明确了目标；特别感谢重庆哲学社会科学规划办公室唐汪虎主任、陈开慧调研员等的精心安排和辛苦付出，是你们，促成并打造了重庆哲学社会科学研究的繁荣、丰富、创新、和谐的别样风景！

永远感恩我的博士后合作导师——兼具极富魅力的人格和令人敬仰不止的学格的吴汉东教授。恩师在课题研究和本书撰写期间，对于学生所取得的微不足道的成绩的大力肯定和谆谆教导，总是回荡在耳旁！师恩浩荡，学生没齿难忘！

未曾忘记重庆大学发展规划处现任处长、社会科学研究处原处长蔡珍红教授的指导和帮助！没有他放弃春节休假而逐字逐句地研读，并对申报项目的最初文本提出的宝贵修改建议，我究竟何时才能与国家社会科学基金有首次相遇，难以预料，也不敢设想！

他们——原课题组成员：徐小钦教授（已逝）、宋宗宇教授、姜丹明院长、马海生副教授、黄薇君博士、郑煜博士、杨宇静博士是我学术生涯中最重要共同体的缔造者！谢谢你们见证并作为不可或缺的一员参与本课题的前期精心论证—认真申报并焦虑等待—获批后的不懈努力！亲爱的徐老师，英年早逝的您，上天定是妒人！见到您最后静静地躺在那里，悲从心来，我只祈求天堂中再也没有病痛！

感谢黄玉烨院长、林四平主任、胡志平女士、李芬莲主任、张九庆主任以及尚不知其名的各位编审专家和外审专家，正是你们曾对与本课题相关的研究成果的投稿论文的智鉴与惠荐，让我不断积聚勇气和信心，砥砺学术品格，恒守学术信仰！

感谢在课题研究和拙著撰写期间，为我提供学术咨询的各位专家！你们的慧言和真知灼见，让我得以走出迷惑与懵懂！

感谢在课题研究和拙著撰写期间，为我提供分享本课题成果的学术发言平台：比如已成为知识产权法学界两大品牌的"知识产权南湖论坛""中国知识产权法年会"等。通过这些学术大领场，我有幸能更加辨明研究的内容、决定是否以及如何修正自己书中的观点。

感谢在课题研究和拙著撰写期间，曾给予支持的深圳华为技术有限公司、深圳中兴通讯技术有限公司、深圳峰创智诚科技有限公司、深圳市中级人民法院、重庆市高级人民法院等单位的相关人员，谢谢你们无遗余力的支持和细心的回答！

感谢在课题研究和拙著撰写期间，重庆大学社会科学研究处袁文全处长、重庆大学法学院的黄锡生院长、刘西蓉书记、秦鹏副院长、原副院长张舫教授、重庆市高级人民法院的陈彬副院长、重庆市高级人民法院民三庭喻志强庭长等相关领导和老师、同事给予我和原课题组成员的大力关心、巨大支持以及悉数帮助和不厌其烦的解答，没有你们，无法成就今天！

感谢全国哲学社会规划办公室组织评审和结题工作的老师们！本书撰写期间，我曾根据官方网站上的电话，冒昧致电，忐忑请教，却不曾想到获得百忙之中的责任老师的耐心解答和指导，"谢"字难表心中感激！我也曾斗胆向《成果要报》投稿，拙稿虽最后折戟，但相关老师欣然多次指导并费墨修改，实让人感动不已！

感谢重庆大学法学院和中国社会科学出版社联袂打造的"重大法学文库"学术平台，感谢重庆大学法学院原院长助理肖红副教授的惠荐，感谢政法出版中心梁剑琴编辑等各位领导和编辑为本书的出版付出的辛勤劳动、耐心和细心！

感谢参加"美国苹果公司诉韩国三星公司智能手机专利诉讼""深圳华为技术有限公司诉美国 IDC 公司标准必要专利许可费纠纷案"等多个讨论会，按照要求针对本书拟定问卷、收集近五年国内外涉及技术标准化中的专利劫持行为的案件资料、承担繁重的文稿校正等工作的"春秋桃李群"的所有群友们——我指导的博士、硕士研究生：黄薇君、李婉婉、郑煜、孙卿轩、李雪倩、孙炜等，谢谢你们的陪伴、付出和热情，谢谢让我有机会与你们一起成长！

如果本书完成意味着艰辛的最高点、忐忑的最大处、幸福的可能释放源，那么我想说，所有的煎熬和等待都是为了这一天！"五味年华"：2012 年第一次职称评定遇挫后江边默默流泪；抹干眼泪的 2013 年苦苦撰写；2014 年高龄怀孕多次晕倒、生产遭遇难产，导致 2015 年近 9 个月的坐姿恢复训练，这让我对生命有了完全不一样的感悟，但也因此不得不延迟结题；2016 年有幸作为"国家双千计划"入选到重庆市高级人民法院民三庭工作，沉淀了研究风格和方向；2017 年近一年一遍又一遍地逐字逐句研读、反复修改，以及提交结题后忐忑、期盼，数晚窗边伫立，整宿未眠，永远难以忘怀……此外还担任法学院知识产权学科负责人和学术委员，个中压力皆能一一逐步消解，坦然笑对。尽管两鬓已不时滋长出白发，然而心依然年轻、充满向往！

但是，我的内心，此时、此刻，没有什么能阻止我对父母和家人的自责、内疚，甚至莫大的悲伤！即使这样，世间最悲伤的事情莫过于，无论你有多自责、内疚和悲伤，都无法回到从前。每次静静地看着我的贝贝眉宇间深深的缝线伤口，我的心中难以平复，不敢回想2016年3月11日，当我73岁的患有近30年高血压和心脏病的妈妈看到年仅1岁半的孩子因重重撞击在菜坛边缘鲜血直涌而有的巨大恐慌和惧怕！妈妈一直颤抖说，她真的好怕！2016年11月28日晚，72岁的孩子奶奶在接送我的宝宝上晚自习回来的路上猛烈地碰撞到电梯支柱锋利的边缘上，从而导致面部严重受伤，血流如注，很快不省人事。我12岁的宝宝，在短暂的惊惧后冷静地拨打110，为奶奶的抢救赢得了宝贵的时间！感谢上天悯人！但是，对不起，两位妈妈，那一刻，我因出差和上课而不在你们身边；对不起，宝宝和贝贝，妈妈没有好好地保护你们！我为什么要流泪？这个年龄，其他一切皆可不惧，但深夜急速响起的电话却是心底最大的顾虑！这是因为面对家中平均年龄77岁的四个老人和幼龄刚刚3岁的小儿，除了挂念就是满心的担忧！2016年夏天的两晚，均在午夜3∶20左右，外面雷声大作，风雨交加，刚刚入睡的我被急剧的电话声吵醒，小儿呕吐白沫、高烧、腹泻、惊厥，那一刻的心情无以言表。顾不上其他，甚至不想等到先生的到来，迅速冲下漆黑的但我已经熟悉的楼梯，抱歉叫开大门，在雨中疾跑，黑夜犹似不在！

回望前年，展开昨年，驻足今年，整整数百个夜晚，着力本书的写作与修改。在这砥砺奋进的年代，何以从未停歇？只缘坚信"不忘初心，方得始终"！而后的路，定当继续永藏恩典之情，葆有学术研究的挚爱和自信，稳步向前迈进！

最后，感谢书后附录参考文献中所有的著译者。即将付梓的拙稿是借助于无数前辈和同辈的肩膀。没有你们，本书难以为继！还要感谢未提及的更多人，对你们的感恩，全然在我心里！

李晓秋

初稿成于2017年11月20日于重庆大学法学楼
修改稿成于2018年7月28日于重庆大学法学楼